सूरकाव्य में लोकतान्त्रिक चेतना

सूरकाव्य में लोकतान्त्रिक चेतना

डॉ. समीक्षा पाण्डेय

वाणी प्रकाशन

वाणी प्रकाशन
4695, 21-ए, दरियागंज, नयी दिल्ली 110 002
फ़ोन : +91 11 23273167 फ़ैक्स : +91 11 23275710

शाखाएँ
अशोक राजपथ, पटना 800 004, बिहार
कॉफ़ी हाउस कैम्पस, महात्मा गांधी मार्ग, इलाहाबाद 211 001, उत्तर प्रदेश
महात्मा गांधी अन्तरराष्ट्रीय हिन्दी विश्वविद्यालय, वर्धा 442 001, महाराष्ट्र
सुल्तानिया रोड, मोतिया पार्क, भोपाल 462 001, मध्य प्रदेश

www.vaniprakashan.com
marketing@vaniprakashan.in
sales@vaniprakashan.in

SOORKAVYA MEIN LOKTANTRIK CHETNA
by Dr. Samiksha Panday

ISBN : 978-93-88684-16-3
Criticism

प्रथम संस्करण 2020

मूल्य : ₹ 750

सिटी प्रेस, दिल्ली-110 095 में मुद्रित

वाणी प्रकाशन का लोगो मक़बूल फ़िदा हुसेन की कूची से

दो शब्द

साहित्य राजनीति की मशाल लेकर आगे-आगे और राजनीति उसके पीछे चलने वाली धुरी के समान है। साहित्य और राजनीति के लोकतन्त्र में शासन का खुला होना अनिवार्य है। यदि सरकार के कार्यकलाप के बारे में ठीक-ठीक सूचना नहीं होगी और उनके परिणामों का ज्ञान नहीं होगा तो शासन के लोक सेवकों का उत्तरदायित्व निश्चित नहीं किया जा सकेगा। वह भी उस दौर में जहाँ परिवार जाति और क्षेत्रीयताका बोलबाला था। भारतीय संस्कृति में शासक चुने भी जाते थे और परिवार के बड़े व्यक्ति को शासन का दायित्व दिया भी जाता था और चुना व्यक्ति इन सबसे परे होकर लोकतन्त्र के माध्यम से मानवतावाद की बुनियाद रखता था।

मध्यकाल और आधुनिक काल में लोकतन्त्रात्मक स्वरूप में गुणात्मक अन्तर यह है कि मध्यकाल में जनता के बीच लोकतन्त्र था और शासन उसके स्वरूप पर प्रहार करता था तो जनता की चित्तवृत्ति को केन्द्र में रखकर कनि प्रतिरोधात्मक लोकतन्त्र की स्थापना करता था जिसके कारण उसका साहित्य साधारणीकृत होता था और उस रचनाकार की सांस्कृतिक पहचान बनती थी। इसकी अपेक्षा आधुनिक काल में ब्रिटिश सत्ता के बाद कांग्रेस के लोकतन्त्रात्मक स्वरूप में गुणात्मक परिवर्तन दिखायी पड़ता है। कांग्रेस ने स्वतन्त्रता के बाद जिस नारंगियत लोकतन्त्र की स्थापना की थी उसमें मध्यवर्ग की पूरी उपेक्षा थी, पूँजीपतियों को कालाधन बनाने की छूट थी और धर्म निरपेक्षता और हरिजन उत्थान के नाम पर तुष्टिकरण की धारणा को पुष्ट करते हुए नेहरू वंशवाद की कुर्सी को कालजयी रूप देना था। यही कारण है कि ऐसे वातावरण में मध्यवर्ग उपेक्षित था,

उसका साहित्य उपेक्षित था। क्षेत्रीयता और जातीयता के मोह में जकड़ा समाज, मध्यवर्ग को ही नहीं मध्यवर्ग के दो बड़े रचनाकार सूर और तुलसी को भी उपेक्षा की दृष्टि से देखने लगा था और ब्राह्मण धर्म को ब्राह्मण जाति के कर्मकाण्ड से जोड़कर उनकी उपेक्षा करने लगा था अर्थात् सामाजिक विघटन की प्रक्रिया मतों के ध्रुवीकरण की ओर बढ़कर नयी-नयी शब्दावली को अर्थ की छायाओं से उपमित करने लगी थी। विमर्शों के दौर में स्त्री और दलित अस्मिता को आधार मानकर सूर और तुलसी की उपेक्षा की जाने लगी थी। इससे सबका साथ और सबका विश्वास प्राप्त करने में धर्म निरपेक्षता, अल्पसंख्यक अधिकार और गंगा-जमुनी तहजीब के सहारे तुष्टीकरण की रोटी सेंकी जाने लगी थी और यह लोकतन्त्र के विरुद्ध घातक हथियार थे।

समय और समय की माँग को देखते हुए डॉ. समीक्षा पाण्डेय ने सूर तुलसी के माध्यम से लोक तन्त्रात्मक दृष्टि का जो विवेचन अपनी रचनाओं में किया है इसके लिए वे बधाई की पात्र हैं।

प्रो. कृपाशंकर पाण्डेय

हिन्दी विभाग

इ.वि.वि. इलाहाबाद

अनुक्रम

प्रथम अध्याय

लोकतन्त्र की अवधारणा और स्वरूप

लोकतंत्र का आशय

राज्य के अस्तित्व के लम्बे इतिहास में परिस्थितियों व काल विशेष की आवश्यकताओं के अनुरूप शासन के प्रकार देखने को मिलते रहे हैं। राज्य के इतिहास में कभी भी ऐसा समय नहीं रहा है जब विश्व के सभी राज्यों में शासन का एक प्रकार या रूप सर्वत्र प्रचलित रहा हो। प्रजातंत्र एक आकर्षक राजनीतिक शब्दावली है। मानव सभ्यता के आदिम युग से लेकर आज तक स्वतंत्रता, समानता और न्याय की संस्थात्मक प्रतीक समझी जाने वाली लोकतंत्रात्मक व्यवस्था एक साधन है और साध्य भी। इसकी रक्षा के लिए सदियों से युद्ध लड़े जाते रहे हैं।

मानव जीवन का सर्वाधिक महत्वपूर्ण पक्ष उसकी सामाजिकता है; क्योंकि पदार्थ के रूप में मनुष्य एक सामाजिक प्राणी है। समाज जहाँ एक ओर व्यक्ति के अस्तित्व को सुरक्षा और सुविधा प्रदान करता है वहीं दूसरी ओर उससे वैयक्तिक सीमाओं का अतिक्रमण कर न्याय, औचित्य जैसी अतिवैयक्तिक और तटस्थ दृष्टि से प्रतिष्ठित होने की अपेक्षा भी करता हैं। यह अपेक्षिक दृष्टि विवेक है। समाज मनुष्यों के समूह को ही नहीं कहते, समाज तो तब बनता है जब मनुष्यों के समूह में कुछ पारस्परिक सम्बन्ध स्थापित होता है। यह पारस्परिक सम्बन्ध व्यवस्थित एवं अव्यवस्थित दोनों प्रकार का हो सकता है। जब यह व्यवस्थित होता है तभी हम उसको सामाजिक संगठन कहते हैं। वस्तुतः संगठन के बिना समाज का अस्तित्व ही नहीं है। प्रकृति भी संगठन का मिला–जुला रूप है।

वास्तव में संगठन समाज की एक विशेष अवस्था का नाम है, जहाँ कोई एक निश्चित उद्देश्य होता है, और इस उद्देश्य को पूर्ण करने के लिए

किसी भी प्रकार के अव्यवस्थित समाज में एक विशेष प्रकार की व्यवस्था उत्पन्न हो जाती है। यदि यह व्यवस्था स्वतः विकसित होती है और इसके लिए हमें किसी प्रकार के प्रयत्न करने की जरूरत नहीं पड़ती तो उसे हम स्वतः विकसित संगठन कहते हैं किन्तु जिन्हें सप्रयास बनाया जाता है उन्हें निर्मित संगठन कहते हैं। उदाहरणार्थ परिवार क्रमशः प्रथम प्रकार का आदर्श है तो राजनैतिक दल या किसी शासन की स्थापना दूसरा आदर्श है। समाज व्यवस्था के दो आधारभूत अंग हैं रचना और कार्य। कार्य यदि संगठन का वाह्य रूप है तो रचना उसका आभ्यन्तर रूप माना जाता है। समाज जैसा एवं जिस रूप में है; यह उसकी रचना है, समाज जो करता है वह उसका कार्य हुआ। यदि किसी के शरीर का कोई अंग गायब हो तो यह शरीर रचना का दोष है, लेकिन यदि अंग होने के बावजूद भी यदि वह ठीक से कार्य न करे तो यह उसके कार्य का ही दोष माना जायेगा।

इस प्रकार व्यक्ति ही वह धुरी है जिसे केंद्र में रखकर समाज का गठन होता है। समाज के गठन में वह स्वेच्छा से अपनी प्राकृत स्वतंत्रता पर सामूहिक नियंत्रण स्वीकार करता है। मनुष्य की इसी सामूहिक नियंत्रण का परिणाम समाज के रूप में हमारे सामने आता है। कालांतर में यह सामाजिकता ही मानव का स्वभाव बनती है। उसका जन्म एवं विकास उसकी सभ्यता, संस्कृति उसकी समृद्धि एवं उसका ज्ञान–विज्ञान सब कुछ समाज पर निर्भर है। वास्तव में मनुष्य बिना समाज के नहीं रह सकता। अकेला वह न अपना निर्माण कर सकता है न ही समाज का। शिष्टाचार, धर्म, नैतिकता, राजनीति, सभ्यता एवं संस्कृति मिल कर समाज गठन का कार्य करते हैं, इसलिए अरस्तु ने मनुष्य को एक सामाजिक प्राणी माना है। मैकाइवर ने भी समाज हित के बाद सामाजिक अंतःसम्बन्धों को सामाजिक जीवन का आधार माना है।

टालकोट पासन्य ने अपने लेख सोसायटी में समाज का विश्लेषण करते हुए निम्नलिखित निष्कर्ष उपस्थित किये हैं–

(1) समाज मनुष्य के जटिल सम्बन्धों का योग है।

(2) सामाजिक कर्म इन जटिल सम्बन्धों को जन्म देते हैं।

(3) साध्य और साधन का प्रतीकों के रूप में सामाजिक कर्म इन सम्बन्धों को जन्म देते हैं।[1]

इस प्रकार सामाजिक कर्म के तीन संयोजक होते हैं। (1) व्यक्तित्व (2) संस्कृति और समाज व्यवस्था। व्यक्ति जब अपने विचारों को मूर्त रूप

देता है तो वे उसके व्यक्तित्व का अंग बन जाते हैं और यही व्यक्तित्व सामाजिक प्रक्रिया के क्रम में चिन्ह, प्रतीक अर्थ एवं प्रणाली में परिवर्तित हो जाते हैं तब संस्कृति का निर्माण होता है; इसी सांस्कृतिक प्रणाली में व्यक्ति अपनी आवश्यकताओं के निमित्त कुछ सामाजिक नियमों का प्रतिष्ठापन करता है, जिससे समाज की समाजशास्त्रीय अवधारणा प्रस्फुटित होती है। जब समाज है तो समाज को चलाने वाले संगठन भी आवश्यक हैं जिसका एक मोटा स्वरूप राज्य के रूप में हमें दिखायी देता है। वास्तव में राज्य समाज की सबसे व्यापक और सबसे प्रभावशाली संस्था है; कहा ही जाता है–

"सर्वधर्मा राज्यधर्मे निमपेञ्नाः"[2]

समाज में दो प्रकार के समूह होते हैं– (1) प्राथमिक रूप से उपयोगात्मक (2) प्राथमिक रूप से सांस्कृतिक। प्रथम के अन्तर्गत मुख्यतः आर्थिक संगठन आते हैं। इसके अन्तर्गत विभिन्न प्रकार के छोटे–छोटे समूह आते हैं। ये समूह सम स्वार्थता के आधार पर निर्मित होते हैं। सहजता इसका नियम है। राज्य इसके विपरीत व्युत्पन्न या गौण (Secondary Group) है, क्योंकि यहाँ व्यक्तियों में प्रत्यक्ष सम्बन्ध नहीं रहता है जब प्राथमिक समूह से कार्य संचालन में बाधा आती है तब नियमों से युक्त व्युत्पन्न समूह की आवश्यकता महसूस होती है। यही व्युत्पन्न समूह राज्य है। राज्य का कार्य समाज में शांति स्थापित करना है, यह ऐतिहासिक तत्व है। मेकाईवर के अनुसार– "राज्य एक समुदाय है जो बल प्रयोग की सामर्थ्य से सम्पन्न सरकार के द्वारा चलाये हुए कानून के द्वारा एक विशेष भू–भाग के जन समुदाय पर सामाजिक व्यवस्था के नियमों का आरोप करता है।"[3] राज्य के मूल तत्व चार हैं–

(1) जनसमुदाय या जनसंख्या
(2) निश्चित भू–भाग
(3) सरकार
(4) प्रभुसत्ता

भू–भाग और जनसंख्या के होने से ही राज्य सम्पूर्ण नहीं हो जाता है। उसके लिए एक ऐसे संगठन की निरन्तर आवश्यकता पड़ती है जो लोगों को सुरक्षा और शान्ति प्रदान करे। सरकार एक ऐसा ठोस संगठन है जो राज्य की इच्छाओं तथा उसके उद्देश्यों को पूरा करता है। सरकार ही वह तंत्र है जिसके जरिये राज्य का काम होता है इसलिए बिना

सरकार के राज्य की कल्पना करना असम्भव है। वास्तव में सरकार समाज के आत्मनियमन के संकल्प का क्रियान्वयन है। सरकार किसी देश के प्रशासित होने की व्यवस्था का नाम है।

सरकार के कई रूप विभिन्न समाज व्यवस्थाओं में प्रचलित रहे हैं। एकतंत्र, राज्यतंत्र, लोकतंत्र, कुलीनतंत्र इत्यादि। राजतंत्र में किसी एक राजा का राज्य होता है। वह बलात् या अधिकारी वंश विशेष से जुड़े होने के कारण शासन का अधिकार स्वतः प्राप्त कर लेता है। इस व्यवस्था में वंशानुगत परम्परा चलती रहती है। इस व्यवस्था को प्राचीन विचारक ठीक मानते हैं, परन्तु यदि राजा स्वेच्छाचारी हो जाये तो वह निरंकुशतंत्र में बदल जाता है, जहाँ सामाजिक विकास की गति अवरुद्ध हो जाती है। इतिहास में ऐसे अनेक उदाहरण पड़े मिले हैं। हमारे पौराणिक मिथक शास्त्रों में तो इसके अनेक उदाहरण हैं, यदि राम, कृष्ण जनता के आदर्श राजा हैं जो राजतंत्र के उदाहरण हैं, तो वहीं कंस और रावण जैसे राजा भी हैं जो स्वेच्छाचारी अत्याचारी, निरंकुश राजा के उदाहरण भी मौजूद हैं।

कुलीनतंत्र राजतंत्र से एक कदम आगे की कड़ी है जिसमें सत्ता किसी एक व्यक्ति के हाथों में न रहकर कुछ चुने हुए लोगों के हाथों में होती हैं। यह व्यवस्था सामान्यतः लम्बे समय तक जनसामान्य के कल्याण के हितार्थ कार्य नहीं कर पाती। जनता महत्वपूर्ण न होकर स्वयं का हित इसमें प्रभावी हो जाता है और परस्पर गुटों में विभाजित होकर सामाजिक विकास की जड़ों को काटते हुए प्रपंच में फंसकर तंत्र के विकृत रूप में परिवर्तित हो जाता है। सामान्यतः बहुसंख्या का शासन लोकतंत्र कहलाता है। लोकतंत्र शासन का वह प्रकार है जिसमें राज्य शक्ति जनता अथवा जनता की बहुसंख्या में निहित होती है और वे लोग सार्वजनिक हित के लिए शासन करते हैं। अरस्तू के मतानुसार मध्यश्रेणी के लोगों का इस प्रकार के शासन में प्राधान्य होता है और इस प्रकार वर्ग सम्बन्धी आधार के द्वारा यहाँ शासन के प्रकार का निर्धारण होता है।

लोकतंत्र के अर्थ (The Meaning of Democracy)

लोकतंत्र केवल सरकार या शासन का स्वरूप ही नहीं है। वह राज्य का एक प्रकार और समाज की एक व्यवस्था भी है। लोकतंत्र के समर्थकों ने भी कभी–कभी उसकी व्याख्या शासन के एक प्रकार के रूप में की है। जे0आर0एस0 लॉवेल लोकतंत्र को शासन के क्षेत्र में केवल एक प्रयोग

मानते हैं–[4] (An Experiment) लिंकन लोकतंत्र को जनता के लिए, जनता द्वारा, जनता का शासन (Government of the people by the people and for the people)[5] कहकर परिभाषित करते हैं। वास्तव में प्रजातंत्र एक आकर्षक राजनीति शब्दावली है इसके किसी रूप का विरोध करते ही इसके आलोचकों को तानाशाही का तमगा दे दिया जाता है। मानव सभ्यता के इतिहास में स्वतंत्रता, समानता और न्याय की प्रतीक समझी जाने वाली लोकतंत्रात्मक व्यवस्था एक साधन है और साध्य भी।

लोकतंत्र शब्द अपने आप में व्यापक अर्थ रखता है, इसके लिए हिन्दी में जनतंत्र, लोकतंत्र, प्रजातंत्र, लोकशाही, लोकसत्ता आदि शब्दों का प्रयोग किया जाता हैं अंग्रेजी में एक ही शब्द है, डेमोक्रेसी (Democracy)। डेमोक्रेसी शब्द की व्युत्पत्ति ग्रीक भाषा के दो शब्दों डेमॉस (Demos) तथा क्रेटिया (Kratia), कहीं–कहीं क्रेटिक (Cratic) से हुई है जिसका क्रमशः अर्थ है शक्ति एवं जनता लोकतंत्र; इस प्रकार शाब्दिक अर्थ के अनुसार डेमोक्रेसी (Democracy) अथवा जनतंत्र या लोकतंत्र का अर्थ है जनता के हाथ की शक्ति (Power of the People as a Whole)।[6]

प्राचीनकाल से लेकर आज तक अनेक लोगों ने लोकतंत्र को परिभाषित करने का प्रयास किया है किन्तु उनके अर्थों में विभिन्नता स्पष्ट परिलक्षित होती है, कारण इसका यह है कि यह शब्द (लोकतंत्र) काफी व्यापक और लचीला तो है ही इसके साथ ही साथ यह एक ऐसा मूल्यवान प्रत्यय है कि चाहे वह पूंजीपति हो, साम्यवादी हो, अथवा साम्राज्यवादी सभी अपनी चिन्तनधारा या व्यवस्था को लोकतान्त्रिक या जनतांत्रिक कहते हैं। मोटे तौर पर लोकतंत्र शासन का वह प्रकार होता है जिसमें राज्य के शासन की शक्ति किसी विशेष वर्ग अथवा वर्गों में निहित न होकर सम्पूर्ण समाज के सदस्यों में निहित होती है।

लोकतंत्र शब्द का प्रयोग अपने यहाँ श्रीमद्भागवत के तृतीय स्कन्ध के छठे अध्याय के प्रथम श्लोक में विराट शरीर की उत्पत्ति के प्रसंग में देखने को मिलता है–

"इति तासा स्वशक्तिनां सतीनामसमेत्य सः
प्रसुप्त लोकतन्त्राणं निशाम्य गतिमीश्वरः"[7]

यहाँ लोकतंत्र शब्द का प्रयोग विश्व रचना के सन्दर्भ में किया गया है।

लोक शब्द के कितने ही अर्थ मिलते हैं, जिनमें साधारण दो अर्थ

विशेष प्रचलित हैं– एक तो वह जिसमें इहलोक, परलोक अथवा त्रिलोक का ज्ञान होता है। लोक का दूसरा अर्थ होता है जनसामान्य लोक शब्द (लोक–धञ) से बना है; तंत्र शब्द की उत्पत्ति तन + ष्ट्रन शब्द के योग से हुई है जिसके सामान्यतः दस से ज्यादा अर्थ निकलते हैं किन्तु शासन इसके लिए सर्वथा उपयुक्त है अर्थात् जब हम इन दोनों शब्दों को मिलाते हैं तो उसका जो अर्थ निकलता है वह है जनता का शासन।[8]

सीले लोकतंत्र को ऐसा शासन मानते हैं जिसमें हर व्यक्ति भाग लेता है।[9]

A Government in which everyone has a share

डायसी लोकतंत्र का सरकार का ऐसा स्वरूप बताता है जिसमें जनता का बहुत बड़ा भाग शासन करता है।[10]

अरस्तु के अनुसार जनतंत्र जनता की सरकार है।[11]

प्रो. गिडिंग्स (Giddings) लोकतंत्र को सरकार ही नहीं बल्कि राज्य और समाज का ढांचा मानते हुए कहते हैं– "लोकतंत्र सरकार का एक रूप हो सकता है अथवा राज्य का या समाज का एक रूप या इन तीनों रूपों का मिश्रित स्वरूप हो सकता है।"[12]

बोडे– "जनतंत्र जीवनयापन की रीति है और जीवनयापन की रीति का तात्पर्य है – जीवन के प्रत्येक प्रमुख क्षेत्र को प्रभावित करना।"[13]

मेजिना– "सच्चे जनतंत्र का तात्पर्य है सबसे योग्य तथा सबसे अच्छे नेतृत्व में सबकी सबके द्वारा उन्नति।"[14]

लार्ड ब्राइस– "जनतंत्र एक ऐसी सरकार है जिसमें शासन करने की शक्ति किसी व्यक्ति अथवा वर्ग के हाथों में न रहकर समस्त जनता के हाथों में सामूहिक रूप से होती है।"[15]

शुम्पीटर (Shumpeter) प्रजातंत्र एक राजनीतिक तरीका है अर्थात् एक प्रकार की संस्थागत व्यवस्था है जिसके द्वारा राजनैतिक व्यवस्थापिका सम्बंधी एवं प्रशासनिक निर्णयों तक पहुँचा जा सकता है और यह अपने आप में एक लक्ष्य नहीं है, चाहे इसके द्वारा प्रदत्त ऐतिहाकि परिस्थितियों में कोई निर्णय लिया जाए।"[16]

मैक्सी (Mexy) ने लोकतंत्र को केवल शासन या समाज पद्धति तक ही सीमित नहीं माना है। बल्कि उसने इसे एक विशिष्ट जीवन पद्धति (Way of Life) मानते हुए कहा है कि– "लोकतंत्र एक ऐसी जीवन पद्धति का अन्वेषण है जिसमें कम से कम बल प्रयोग या दबाव से व्यक्ति

की स्वतः प्रेरित स्वतंत्र बुद्धि और उसके कार्यकलाप का मेल बैठाया जा सके और यह विश्वास है कि ऐसी ही जीवन पद्धति समस्त मानव जाति के लिए आदर्श पद्धति होगी और जो मनुष्य और ब्रह्माण्ड की प्रकृति से सर्वाधिक मेल खाती होगी।"[17]

Maxy. It (Democracy) is a search for a way of life in which the Valuntary free intelligence and activity of man can be, harmonized and co-ordinated with the least possible coerion, and it is the belief that such a way of life is the best way for all man kind the way most in keeping with the nature of man and the nature of the universe:]

लोकतंत्र केवल सरकार का स्वरूप नहीं है। ऐसा भी नहीं है कि लोकतंत्र पहले सरकार का स्वरूप हो और बाद में कुछ और। लोकतंत्रात्मक सरकार के लिए लोकतंत्रात्मक राज्य का होना जरूरी है। लोकतंत्रात्मक राज्य के बिना लोकतंत्रात्मक सरकार नहीं हो सकती। पर लोकतंत्रात्मक राज्य के लिए लोकतंत्रात्मक सरकार का होना जरूरी नहीं है। एक लोकतंत्रात्मक राज्य में सरकार लोकतंत्रीय निरंकुश अथवा राजतंत्रीय किसी भी प्रकार की हो सकती है। वह चाहे तो सर्वोच्च अधिकार सत्ता किसी एक अधिनायक को सौंप दे। हर्नशा ने कहा है कि– **"लोकतंत्रात्मक राज्य का मतलब केवल इतना ही है कि पूरे समाज को अन्तिम सम्प्रभु शक्ति प्राप्त रहती है और वह सभी मसलों पर अन्तिम नियंत्रण रखता है। राज्य के एक प्रकार के रूप में लोकतंत्र किसी सरकार को नियुक्त करने, उसका नियंत्रण करने और उसे बरखास्त करने की केवल एक पद्धति ही है।"**[18]

लोकतंत्र शासन की एक पद्धति और राज्य का एक प्रकार होने के साथ समाज की एक व्यवस्था भी है। एक लोकतंत्रीय समाज में समानता एवं बंधुत्व भावना होती है, परन्तु यह कदापि आवश्यक नहीं कि ऐसे समाज में लोकतंत्रात्मक राज्य या सरकार ही हो। कुछ लोग समाजवाद को लोकतंत्र की असली व्यवस्था बताते हैं। यह धारणा चाहे सही हो या गलत परन्तु लोकतंत्र शासन व सरकार की एक पद्धति, राज्य का एक प्रकार तथा समाज की एक व्यवस्था होने के अलावा और भी बहुत कुछ है। उसका सम्बंध समाज के प्रत्येक क्षेत्र से है। वह उद्योग क्षेत्र से भी जुड़ा है और धर्म से भी। यह सत्य है कि कोई भी समाज अपने आप को तब तक पूर्ण रूप से लोकतंत्रीय नहीं कह सकता जब तक वह जीवन

के कुछ क्षेत्रों में लोकतंत्रीय पद्धति का उपयोग करता है और दूसरे क्षेत्रों में स्वेच्छाचारी पद्धति का।

इस प्रकार लोकतंत्र एक आदर्श जीवन पद्धति की खोज है जहाँ मानव समन्वय और मानव स्वतंत्रता ये दो बड़े मूल्य विद्यमान हैं। इसलिए सीले की यह परिभाषा कि लोकतंत्र वह शासन व्यवस्था है जिसमें प्रत्येक व्यक्ति भागीदार होता है काफी आकर्षक होते हुए भी संकुचित लगती है। वास्तव में लोकतंत्र एक साथ शासन, राज्य, समाज और जीवन की एक समन्वित पद्धति है।

उपर्युक्त अर्थ व परिभाषाओं से लोकतंत्र एक विशुद्ध और महत्वाकांक्षी विचार धारा लगती है, लोकतंत्र की अवधारणा को स्पष्ट करते हुए इसके तीन अन्तःसम्बन्धित अर्थ ज्ञात होते हैं– ये अर्थ है–

(1) यह निर्णय करने की विधि है।

(2) यह निर्णय लेने के सिद्धांतों का समूह है।

(3) यह आदर्शों (Normative) मूल्यों का समूह है।

अर्थात् लोकतंत्र में विचार–विनिमय, अनुमन्यता, जनसहभागिता, बहुमतता, संवैधानिकता और अल्पसंख्यकों के हितों की रक्षा होती है। लोकतान्त्रिक ढंग से लिए गये निर्णयों का आधार खुला विचार विनिमय होता है; लोकतंत्र में निर्णय चाहे किसी भी स्तर पर लिए जायें, पर उनमें जोर जबरदस्ती के तत्व के बजाय विचार–विमर्श, वाद–विवाद और समझाने बुझाने का अंश प्रधान रहता है। लोकतंत्र के निर्णय प्रक्रिया में जन समाज की सहभागिता का होना अनिवार्य है, अर्थात निर्णय की प्रक्रिया में सभी नागरिकों का प्रत्यक्ष या अप्रत्यक्ष सम्मिलन आवश्यक है। निर्णय प्रक्रिया में सम्पूर्ण समाज को सहभागी बनाने का दूसरा नाम लोकतंत्र है। निर्णय लेने के ढंग के रूप में लोकतंत्र ऐसी व्यवस्था है जिसमें समाज के लिए मानदण्ड स्थापित होते है और व्यक्ति की राजनीतिक, सामाजिक गतिविधियों का सुनिश्चित प्रतिमान प्रकट होता है।

शासन का प्रतिनिधि स्वरूप ही किसी राजनैतिक व्यवस्था को लोकतान्त्रिक कहने के लिए पर्याप्त नहीं है। यहाँ यह भी आवश्यक है कि शासक अपने प्रत्येक निर्णय व कार्य के लिए प्रत्यक्ष रूप से जनता के प्रति उत्तरदायी रहे। लोकतंत्र में शासकों को सत्ता जनता की धरोहर के रूप में प्राप्त रहती है तथा इस सत्ता का उन्हें जनता के हित में जनता की उन्नति व प्रगति के लिए प्रयोग करना होता है। साफ शब्दों में वही राजनीतिक

समाज लोकतान्त्रिक माने जाते है जहाँ शासक निरन्तर उत्तरदायित्व निभाते हैं, अर्थात् जिस राज्य में जनता सर्वोपरि होती है, जहाँ जनता की इच्छा से कार्य संपादित होते हैं वही सच्चा लोकतान्त्रिक राज्य है। लोकतान्त्रिक समाज या सरकार की पहचान ही जनता की सम्प्रभुता है।

लोकतंत्र में जनता की संप्रभुता के साथ मूल्य भी महत्वपूर्ण है क्योंकि इन मूल्यों के द्वारा ही निर्णय सिद्धातों तथा निर्णय के ढंगों का नियमन होता है। अन्य प्रशासनिक तन्त्रों यथा राजतंत्र कुलीनतंत्र तथा लोकतंत्र में मूल्य व्यवस्था का अन्तर ही आधारभूत होता है। इन्हीं मूल्यों के आधार पर किसी व्यवस्था को लोकतान्त्रिक या अलोकतान्त्रिक कहा जा सकता है। लोकतान्त्रिक मूल्य निम्नलिखित है–

(1) व्यक्तिगत स्वतंत्रता (Individual Freedom)

(2) विवेक में विश्वास (Believe in Rationality)

(3) समानता (Equality)

(4) व्यक्तिगत व्यक्तित्व का सम्मान (Respect for Individual Personality)

(5) न्याय (Justice)

(6) विधि का शासन या संविधानवाद (Role of law or Constitutionalilism)

उपर्युक्त परिभाषाओं के विश्लेषण पर यह स्पष्ट है कि लोकतंत्र वास्तव में जीवन का एक तरीका हैं यह राजनीतिक समाज के मूल्यों का भी द्योतक है यह उन सिद्धातों व निर्णय करने की प्रक्रियाओं का संकेतक भी है जिनसे यह मूल्य सुरक्षित और व्यावहारिक बनते हैं। ये दोनों अर्थ, निर्णय लेने के ढंग के रूप में तथा निर्णय लेने के सिद्धान्तों के रूप में लोकतंत्र के पूरक है तथा यह दोनों आदर्श मूल्यों के रूप में लोकतंत्र को वास्तविक स्वरूप प्रदान करते हैं।

लोकतंत्र का क्षेत्र– लोकतंत्र का जनतंत्र मनुष्य के जीवन से जुड़ा हुआ है। जहाँ मानव समुदाय विकसित है, वहीं उसका तंत्र भी विकसित होता है भले ही उसका स्वरूप कैसा हो, जनता या लोकतंत्र मानव समुदाय की सहभागिता का परिणाम है और मानव समुदाय के समस्त क्षेत्रों से वह जुड़ा हुआ है चाहे वो आर्थिक हो, या राजनैतिक अथवा सामाजिक।

राजनैतिक लोकतंत्र– राजनीतिक लोकतंत्र का अर्थ है जनता का जनता द्वारा जनता के लिए शासन। लोकतंत्र की आत्मा लोक में बसती है।

लोकतान्त्रिक राज्य व्यवस्था में जनता ही सर्वप्रमुख है। इस अर्थ में राजनीतिक लोकतंत्र का अर्थ है, जनता द्वारा जनता का जनता के लिए किया गया शासन जिसमें शासन की बागडोर केवल एक व्यक्ति अथवा विशिष्ट व्यक्तियों के हाथों में न होकर समस्त जनता के हाथों में होती है। राज्य के सभी निर्णय सभी व्यक्तियों पर समान रूप से लागू होते हैं चाहे वे किसी भी जाति अथवा धर्म, रंग, रूप व वर्ग आदि से हो। इस प्रकार राजनीतिक लोकतंत्र के अंतर्गत शासन का कार्य देश की समस्त जनता के द्वारा संचालित होता है।

लोकतंत्र को प्रारम्भ में राजतंत्र का ही एक रूप माना गया था जिसका विकास एवं व्यक्ति की जीवन दृष्टि के विनियोग से सम्भव हुआ। "**आस्टिन रैने** (Austin Ranney : The Governing of Ten, New York : Henry Holt & Co. 1958 p.171) ने लोकतंत्र के अर्थ को समझाते हुए कहा है कि– "लोकतंत्र को एक राजनीतिक संस्कार एवं मूल्य मिल गया है, क्योंकि वर्तमान विश्व में सब कोई लोकतंत्र को सौम्य एवं शुभ तथा इसके विरोधियों को असौम्य एवं निकृष्ट मानते हैं।"[19]

वास्तव में, लोकतंत्र में सरकार जनता की होती है और जनता या जनप्रतिनिधि के द्वारा ही शासित एवं नियंत्रित होती है। न केवल इतना बल्कि जनता ही शासन की शक्तियों (कार्यपालिका, न्यायपालिका एवं व्यवस्थापिका) को अधिकार प्रदान करती है। जनता ही सरकार की वास्तविक मालिक होती है।

इस प्रकार राजनैतिक लोकतंत्र में न शासक महत्वपूर्ण है न कार्यपालिका और न ही कार्यपालिका को भंग करने वाली विधायिका महत्वपूर्ण है। लोकतंत्र में यदि कोई महत्वपूर्ण है तो वो जनता है और उसे यह अधिकार है कि वह किसी भी अयोग्य शासक को जब चाहे पद से हटा सकती है।

आर्थिक लोकतंत्र– आर्थिक लोकतंत्र का अर्थ है जनता द्वारा जनता के लिए धन की उत्पत्ति तथा वितरण। इस प्रकार की अर्थव्यवस्था में आर्थिक शक्ति किसी विशिष्ट वर्ग अथवा मुट्ठीभर पूँजीपतियों के हाथों में न होकर समस्त जनता के हाथों में होती है। लोकतंत्रीय अर्थव्यवस्था में प्रत्येक नागरिक समान रूप से भागीदार होते हैं और इसमें प्रतिस्पर्द्धा की अपेक्षा सहयोग पर अधिक बल दिया जाता है। सबसे बड़ी बात इसके अन्तर्गत प्रत्येक नागरिक को उसकी रुचि योग्यता तथा क्षमता के

अनुसार कार्य करने के समान अवसर मिल जाते हैं। यह मुख्यतः सहयोग एवं सहकारिता पर आधारित होता है जिसमें उत्पत्ति के समस्त अधिकार जनता के होते हैं। समत्व की जो कल्पना है, वह यहाँ आर्थिक क्षेत्रों में प्रयोग की जाती है।

सामाजिक लोकतंत्र– सामाजिक लोकतंत्र का अर्थ है मनुष्य को रंग, रूप, जाति, धर्म तथा वर्ग एवं लिंग के आधार पर कोई अन्तर न मानते हुए सबको समान माना जाये। सबको अपनी–अपनी रुचियों योग्यताओं तथा क्षमताओं के अनुसार अवसर की समानता प्रदान की जाए तथा सबको अपने–अपने पूर्ण विकास के लिए हर प्रकार की स्वतंत्रता मिले। यदि उसकी क्रियाओं से दूसरों को कोई हानि न होती हो। इस दृष्टि से सामाजिक लोकतंत्र के अंतर्गत प्रत्येक नागरिक का राजनीतिक, आर्थिक एवं सामाजिक क्षेत्रों में काम करने के समान अवसर प्रदान किये जाते हैं जिससे वह अधिक विकसित हो सके। संक्षेप में सामाजिक लोकतंत्र के अन्तर्गत प्रत्येक व्यक्ति के निजी व्यक्तित्व का आदर किया जाता है तथा उस पर विश्वास किया जाता है।

सच्चे अर्थों में लोकतंत्र केवल राजनीतिक व्यवस्था ही नहीं है अपितु एक आदर्श जीवन यापन का ढंग है। जिससे मानवीय जीवन का प्रत्येक पक्ष पूर्णतया प्रभावित होता है। लोकतंत्र ऐसी व्यवस्था है जिसमें प्रत्येक व्यक्ति को स्वतंत्र से चिन्तन मनन तथा कार्य करने के समान अवसर प्राप्त होते हैं। प्रत्येक व्यक्ति को अपना मत प्रकट करने का अधिकार प्राप्त होता है। वह अपनी बात को कहने के साथ दूसरे व्यक्तियों को विचार व्यक्त करने की स्वतंत्रता का आदर भी करता हैं। इस प्रकार सामूहिक विचार–विमर्श, आपसी आदान–प्रदान तथा परस्पर सहयोग की भावना से लोकतत्र परिष्कृत और परिमार्जित होता है।

लोकतंत्र के प्रत्यक्ष प्रतिनिधिमूलक स्वरूप (Direct and Representative forms of Democracy)– संकीर्ण अर्थों में लोकतंत्र अनेक लोगों द्वारा किया गया शासन है। ऐसा माना जाता है कि लोकतंत्र का आरम्भ यूनान के प्राचीन नगर राज्यों में हुआ था। इन सभी राज्यों को पूर्ण स्थानीय स्वशासन प्राप्त था। यूनान ने इन नगर राज्यों में सरकार के विभिन्न रूपों जैसे राजतंत्र (Monarchy), निरंकुश तंत्र (Tyranny), कुलीनतंत्र (Oristocraoy), अल्पतंत्र (Oligarchy) का शासन के क्षेत्रों का नियमित तथा विषद वर्गीकरण प्रस्तुत किया। अरस्तू ने राज्यों के

वर्गीकरण के सन्दर्भ में अपने विचार प्रस्तुत करते हुए राज्यों का उसके अनुसार प्रत्येक प्रकार की सरकार अथवा शासन की प्रभुत्व शक्ति सम्पूर्ण राज्य पर होनी चाहिए और यह शक्ति आवश्यक रूप से एक, कुछ अथवा अनेक व्यक्तियों के हाथों में होनी चाहिए। इनके द्वारा जब प्रभुत्व शक्ति का उपयोग सार्वजनिक हित के लिए किया जाता है तब राज्यों में सुशासन होता है।''[20]

वस्तुतः अरस्तू ने इन सभी में लोकतंत्र के संयमित स्वरूप को (Polity of moclerate form of democracy) को नगर राज्यों के लिए आवश्यक माना है। यूनान के नगर राज्यों का लोकतंत्र शुद्ध अथवा प्रत्यक्ष लोकतंत्र था, भारत की प्रारम्भिक आदम व्यवस्था में भी लोकतंत्र का शुद्ध रूप देखने को मिलता है। यूनान में सभी स्वतंत्र व्यक्ति (Freeman) आम सभाओं में एकत्र होते कानून बनाते और उन्हें लागू करते, राजदूतों से मिलते और जूरियों की भाँति काम करते थे। आदिकाल के प्रारम्भ में पूर्व वैदिक युग में इसी लोकतंत्र का पालन सर्वत्र होता दिखायी देता है, जहाँ महिलाओं को ऋचा लिखने का अधिकार प्राप्त है और अपनी रुचि के अनुसार विषय चुनने का अधिकार प्राप्त है तथा गंभीर से गंभीर मसलों पर निम्न से निम्न व्यक्ति भी अपनी राय प्रकट करता दिखायी पड़ता है। ऐसा ही लोकतंत्र एक बार फिर मध्ययुग में इटली के नगर राज्यों में हुआ। स्विट्ज़रलैण्ड के फॉरेस्ट कैटनों (Forest Contones) में उस समय से अब तक प्रत्यक्ष लोकतंत्र बना हुआ है। रूसो भी लोकतंत्र के इस रूप के समर्थक थे और कहते थे कि शुद्ध लोकतंत्र के लिए अनेक चीजों की एक साथ जरूरत है और इन चीजों का एक साथ होना कठिन है, ये जरूरत है–

(1) एक छोटा राज्य जिसके नागरिक आसानी से एक जगह इकट्ठा हो सके अैर जिसमें हर नागरिक दूसरे नागरिक को आसानी से पहचान सके;

(2) बहुत ही सरल व्यवहार

(3) प्रतिष्ठा और सम्पत्ति में काफी समानता

(4) बहुत कम विलास या विलासहीनता[21]

वास्तव में लोकतंत्र केवल अधिकार ही नहीं, कर्तव्य को भी जीवन में स्थान देता है। शायद इसका मूल कारण इसके अन्दर विद्यमान स्वतंत्रता तथा समानता का भाव है किन्तु यहाँ स्वतंत्रता से तात्पर्य स्वच्छन्दता

से बिल्कुल नहीं है बल्कि इसके साथ इसमें सहिष्णुता (Tolerance) भी विद्यमान है। सरकार के प्रकार के रूप में राजतंत्र, कुलीनतंत्र और लोकतंत्र में से प्राचीन ढाँचे के अनुसार लोकतंत्र ही हमारे शासन व्यवस्था के लिए सही रूप है। यद्यपि सरकार चाहे जो भी हो परन्तु उसमें ये सभी तत्व भिन्न–भिन्न मात्रा में अवश्य मौजूद होने चाहिए। विद्वानों का मत है कि लोकतंत्र में कुलीनतंत्र का होना भी आवश्यक है किन्तु कुलीन से तात्पर्य उच्च जाति या वर्ण से नहीं अपितु बुद्धि, सामर्थ्य और चरित्र से है। "पाश्चात्य विचार ब्राइस मानते है कि वास्तव में सभी सरकारें कुलीनतंत्रीय होती है। ब्राइस लोकतंत्रात्मक शासन (सरकार) को कई प्रकार का मानता है। उसके अनुसार लोकतंत्रीय सरकारें गणतंत्र (Republic) या नाममात्र (Nominal) या राजतंत्र के अधीन हो सकती है। वे नम्य (Flexible) अनम्य (Rigid) संविधान के अधीन हो सकती है पर उन सबका आधार जनवादी सम्प्रभुता (Popular Sovereignty) का सिद्धान्त ही होता है।"[22]

लोकतंत्र एक सामाजिक परिस्थिति (A Political Status) एक नैतिक धारणा (An Ethical Concept) है। लोकतंत्र से तात्पर्य ही मनुष्य की कल्याण भावना से मुक्त एक ऐसे राज्य से है जिसमें बड़े–छोटे, ऊँच–नीच आदि का भेदभाव नहीं रहता, जिसमें सब समान होते हैं चाहे वो शासन कर्ता हो या शासित जनता, लोकतंत्र में सभी व्यक्ति उद्देश्य पूर्ति में सहायक होते हैं **काण्ट** का यह वक्तव्य कि–

"ऐसा व्यवहार करो, जिसमें तुम्हारे अपने या किसी अन्य व्यक्ति के मनुष्यत्व का उपयोग हर हालत में एक उद्देश्य के रूप में हो सके और उसका उपयोग एक साधन के रूप में कदापि न हो।"[23]

So act as to treat humanity, wherether in your person or in that of any other, in every case as end never merely as a means.

लोकतंत्र मानवता पर आधारित तंत्र है जहाँ मानव के दु:ख–सुख से पूरा मानव समुदाय प्रभावित होता दिखायी देता है। लोकतंत्र में हर व्यक्ति महत्वपूर्ण होता है। लोकतंत्र में सामान्य मनुष्यों की सहभागिता का समर्थन करते हुए लिडसे (ए0डी0 लिडसे) कहते हैं कि **"लोकतंत्र में सभी मनुष्यों का समान महत्व होता है और कोई भी किसी दूसरे का उद्देश्य पूरा करने का साधन नहीं है। व्यक्तित्व का महत्व ही लोकतंत्र का सार है। लोकतंत्र इस बात की कोशिश करता है कि**

एक ऐसी सामाजिक व्यवस्था कायम हो सके जिसमें व्यक्तित्व के विकास और अभिव्यक्ति के लिए अनुकूल अवसर मिल सके। असल में लोकतंत्र यह मानता है कि सभी व्यक्ति समान है और इसका उपयोग सबसे अच्छे व्यक्तियों की खोज के लिए किया जाता है।"[24]

लोकतंत्र को अगर और विश्लेषित किया जाए तो यह कहा जा सकता है कि इसमें प्रशासन का आधार जनता की स्वीकृति होती है। इसमें जनता का प्रतिनिधि ही शासन वर्ग का कार्य सम्पन्न करता है। जनता शब्द अपने आप में इतना विस्तृत है कि सामान्य शब्दों में उसकी व्याख्या नहीं हो सकती। ब्राइस ने योग्य नागरिकों के बहुमत की प्रबल इच्छा को लोकतंत्र का आधार माना है। लोकतंत्र में प्रत्येक व्यक्ति को अपना मत प्रकट करने की स्वतंत्रता होती है। यह विचार नहीं रहता कि उसके मत को मान्यता मिलेगी अथवा नहीं। लोकतंत्र में बहुमत को महत्वपूर्ण मानने के दो कारण हैं–

(1) अल्पसंख्यकों (राजतंत्र) की अपेक्षा उनका मत अधिक सही होने की सम्भावना सदैव रहती है।

(2) अल्पमत की अपेक्षा बहुमत की शक्ति हमेशा अधिक होती है।

लोकतंत्र में प्रशासन की सफलता का मापदण्ड जनकल्याण को माना जाता है। मनुष्य की विभिन्न प्रवृत्तियों के विकास का पूरा–पूरा अवसर प्रदान करने की व्यवस्था ही शासन का श्रेष्ठ रूप मानी जाती है और निःसन्देह लोकतंत्र इस कसौटी पर खरा उतरता है। लोकतंत्रात्मक शासन व्यवस्था एक तरह से देखी जाए तो सर्वसम्मति से संचालित नहीं होती है अपितु उसमें लोगों के अलग–अलग विश्वास एवं विचार होते हैं। इन विचारों और विश्वासों के बीच सन्तुलन होने के बाद ही शासन व्यवस्था में समरसता आती है। समानता के सिद्धान्त पर आधारित होने पर लोकतंत्रात्मक समाज में सभी व्यक्ति समान होते हैं तथा किसी को विशेषाधिकार प्राप्त नहीं होता है।

इस प्रकार व्यापक अर्थ में लोकतंत्रात्मक शासन राज्य और सरकार का मिश्रित स्वरूप है। वह जीवन का तरीका तथा सामाजिक दर्शन है। सरकार के रूप में लोकतंत्र जनता का जनता के हित में लोकप्रतिनिधियों के द्वारा चलाये जाने वाला एक ऐसा शासन है जिसमें जनता अपनी शक्ति का प्रयोग प्रत्यक्ष या अप्रत्यक्ष रूप में स्वयं करती है। प्रजातंत्र का यह रूप आज के विशाल राज्यों में सम्भव नहीं रहा है। राज्यों के विशाल

आकार के कारण लगभग सभी देशों में प्रतिनिधियात्मक शासन प्रणाली को अपनाया गया है। कुछ देश आज भी विद्यमान है जहाँ लोकतंत्र का प्रत्यक्ष स्वरूप देखने को मिलता है। शासन के दृष्टिकोण से लोकतंत्र का मूल अर्थ जनता के प्रति उत्तरदायित्व और अधिकाधिक व्यापक मताधिकार पर आधारित प्रतिनिधि संस्था का अस्तित्व है। राजनैतिक दृष्टि से लोकतंत्र वह शासन व्यवस्था है जिसमें प्रमुख शक्ति के प्रयोग का अधिकार जनसंख्या के अधिकांश भाग को होता है और वहीं कानून लागू किये जाते हैं जो सामान्यतः जनमत के प्रतिकूल न हो।

लोकतंत्र एक उच्चकोटि का सामाजिक आदर्श है और इस रूप में वह समस्त व्यक्तियों को समान अधिकार प्रदान करता है। एक सच्चे लोकतंत्रीय समाज में नस्ल, रंग, धर्म, वंश जाति व लिंग के आधार पर किसी प्रकार का भेदभाव नहीं किया जाता है। नैतिक दृष्टि से लोकतंत्रात्मक शासन का आधार यह विश्वास है कि प्रत्येक नागरिक में अपना शासन अपने आप करने की और औसत नागरिक में सामाजिक हित की दृष्टि से शासकों को चुनने की क्षमता होनी चाहिए। लोकतंत्र जनसाधारण की गरिमा में विश्वास रखता है। लोकतंत्र में आर्थिक समानता पर भी जोर दिया जाता है क्योंकि राजनैतिक लोकतंत्र की सफलता आर्थिक लोकतंत्र पर ही निर्भर रहती है। आर्थिक लोकतंत्र आर्थिक समानता का पर्यायवाची है। किसी समाज में जब तक आर्थिक समानता नहीं होती जब तक राजनीतिक अधिकारों के साथ आर्थिक अधिकारों को मान्यता नहीं दी जाती, तब तक लोकतंत्र शासन प्रणाली का सफल होना संदेहास्पद है।

लोकतान्त्रिक विश्वास के आधार (Fundamentals of Democratic Belief) – सी.ई. एम. जोड (C.E.M. Jaod) ने प्रजातंत्र के छः आवश्यक सिद्धान्तों की गणना करते हुए लिखा है कि "प्रथम व्यक्ति स्वयं एक लक्ष्य है और राज्य उस लक्ष्यपूर्ति का एक साधन मात्र ही है। द्वितीय राज्य को वे सभी कार्य करने है जो कोई व्यक्ति समझता है कि उसके जीवन को सुखी और पूर्ण बनाने के लिए राज्य को करने चाहिए और जिनकों वह स्वयं नहीं कर सकता। राज्य का कर्तव्य है कि वह ऐसे समाज का निर्माण करे जिसमें व्यक्ति के समस्त गुणों का विकास हो सके और उन समस्त निहित प्रतिभाओं का उपयोग करने में सक्षम हो सके जो इसके अन्तरंग में छिपी है। नागरिकों को अपने व्यक्तित्व के विकास में जितनी सफलता मिलती है; यही राज्य की सफलता की कसौटी है।

तृतीय जनता के प्रतिनिधियों द्वारा ही यह निर्णय होना चाहिए कि शासन किस प्रकार हो, कौन सी विधि क्रियान्वित की जाये और कौन सी नहीं। चौथे शासन तंत्र में होने वाले परिवर्तन हिंसा द्वारा न होकर संविधान सम्मत हो, पांचवें सभी नागरिकों को विचार अभिव्यक्ति की स्वतंत्रता का अधिकार रहे, वो चाहे पढ़े–लिखे और जो चाहे सुने बोले। शासन तंत्र में विरोधी दलों के निर्माण की सुविधा हो। शक्ति का विभाजन हो तथा किसी व्यक्ति को विधि सम्मत रीति से उसके अभियोग प्रमाणित हुए बिना कारागार में न डाला जाये। विधि का शासन हो।''[25]

जनता की संप्रभुता– लोकतंत्र की आत्मा लोक में बसती है। लोकतान्त्रिक राज्य व्यवस्था में जनता ही सार्वभौम है। **रूसो** ने इसको ही सामान्य इच्छा मानकर प्रजातांत्रिक शासन के विचार को उच्चतम स्थिति पर रखा था। यहाँ कोई राजा या वर्ग विशेष महत्व नहीं रखता बल्कि यहाँ जनता ही सार्वभौमिक शक्ति के रूप में प्रतिष्ठित है। जेम्स मेडिसन (James Medison : The Federalist) ने कहा कि लोकतंत्र में सरकार जनता की होती है और जनता या जन प्रतिनिधि के द्वारा ही शासित एवं नियंत्रित होती है। यही नहीं जनता ही कार्यपालिका, न्यायपालिका एवं प्रशासक को अपने अधिकार प्रदान करती है।''[26]

समानता– समानता प्रजातंत्र की स्थापना का एक प्रधान तत्व है। इसका अर्थ अवसर की समानता है प्रतिफल की समानता नहीं। मानव समानता का यह सिद्धान्त जन्म जाति, वर्ग चरित्र एवं योग्यता आदि के भेदों से परे मनुष्य के समान नैतिक गुण एवं आत्मिक गौरव पर बल देता है। समानता का प्रथम रूप है राजनीतिक समानता जिसके अनुसार सभी वयस्क नागरिकों को समान नागरिक और राजनीतिक अधिकार उपलब्ध होने चाहिए। राजनीतिक समानता का अर्थ कदापि यह नहीं है कि राज्य में प्रत्येक व्यक्ति समान शक्ति का प्रयोग करता है। इसका अभिप्राय केवल यह है कि प्रत्येक व्यक्ति को समान राजनीतिक अधिकार प्राप्त हो।''

समानता का दूसरा रूप नागरिक समानता माना जाता है। लार्ड ब्राइस नागरिक समानता को एक अलग प्रकार की समानता मानते हुए इसके अन्तर्गत कानून के समक्ष समानता (Equalitybefore low) का समावेश करते हैं।[27] समानता का तीसरा रूप आर्थिक समानता को कुछ विद्वान नहीं मानते जिससे लोकतान्त्रिक सरकार का कोई सम्बन्ध होना चाहिए, फिर भी एक पृथक रूप माना जा सकता है और आज के

सामाजिक राजनैतिक चिन्तन में इसका महत्वपूर्ण स्थान है। आज यह सामान्यतः माना जाता है कि आर्थिक समानता के अभाव में राजनैतिक समानता का कोई औचित्य नहीं है। समानता का एक अन्य रूप सामाजिक समानता है जो इस बात की माँग करता है कि किसी समूह अथवा वर्ग के लिए कोई विशेष सुरक्षा नहीं होनी चाहिए एवं समाज के समस्त वर्गों के कल्याण, स्वास्थ्य की सेवाओं आदि की व्यवस्था की जानी चाहिए। मानव व्यक्तित्व के विकास में जहाँ–जहाँ स्वतंत्रता अनिवार्य है वहाँ समानता भी अति आवश्यक। फ्रांसीसी क्रांति या अमरीकी स्वतंत्रता के अधिकार पत्र भारतीय संविधान, प्रत्येक स्थान पर समानता को विशेष महत्व दिया गया है। समानता से तात्पर्य है कि हर व्यक्ति को अपनी शारीरिक, बौद्धिक एवं आध्यात्मिक शक्तियों के विकास के लिए समान एवं उपयुक्त अवसर मिले। ऋग्वेद के संज्ञान में कहा गया है कि हमारा हृदय मस्तिष्क संकल्प सब समान हों। स्वामित्व की समानता से ही वेतन की समानता का विचार प्रतिफलित होता है। भारत में वैदिक धर्म एवं मध्ययुगीन संत सम्प्रदायों, योरूप, स्टोइक दार्शनिक और मध्ययुग में ईसाई धर्मावलम्बियों ने मानव के भ्रातृत्व का सिद्धांत प्रतिपादित कर मानव, मानव के भेद को समाप्त करने का प्रयत्न किया है।

स्वतंत्रता (Liberty)– प्रजातन्त्रीय विचारों और आन्दोलनों के इतिहास में स्वतंत्रता शब्द का प्रयोग विभिन्न अर्थों में हुआ है। एक राजनीतिक आदर्श के रूप में (जो लोकतन्त्र का लक्ष्य है)। स्वतंत्रता के दो पहलू है– नकारात्मक और सकारात्मक। नकारात्मक रूप में स्वतंत्रता का अर्थ है दूसरों द्वारा लगाये हुए बंधनों का अभाव और सकारात्मक रूप में इसका अर्थ है राज्य में उन अवस्थाओं का होना जिसमें व्यक्ति अपने सच्चे स्वरूप को प्राप्त कर सकता हो। व्यक्ति में अपनी बुद्धि द्वारा निर्णय करने और अपने निर्णयों के अनुसार आचरण करने की क्षमता होनी चाहिए। स्वतंत्रता लोकतंत्र का प्राण है। इतिहास भी गवाही देता है कि लोकतंत्र की बुनियाद में उदारवाद की परम्परा विद्यमान रही है। इंग्लैण्ड का उदाहरण हमारे सामने है ही, जहाँ 1215 में मैग्नाकार्टा से लेकर 17 से 19वीं सदी तक लगातार उदारवादी आन्दोलनों के कारण ही लोकतंत्र का विकास हो सका था। स्वतंत्रता मनुष्य के सर्वांगीण विकास के लिए आवश्यक है जब स्वतंत्रता समाप्त हो जाती है तो जीवन एक मरूस्थल बन जाता है, यह नीरस हो जाता है। "एडीसन (Addison : Cato, ii 3)

ने कहा है कि जब स्वतंत्रता लुप्त हो जाती है तो जीवन प्रेरणाहीन एवं अर्स्तकर हो जाता है। इंगरसोल (R.G. Ingersole Progress) ने इसी को काव्यात्मक ढंग से प्रस्तुत करते हुए लिखा है कि आंखों के लिए प्रकाश, फेफड़ों के लिए वायु और हृदय के लिए प्रेम का जो महत्व है वही मानव आत्मा के लिए स्वतंत्रता का है।''[28]

स्वतंत्रता अधिकारों से विकसित होती है। जहाँ स्वतंत्रता है वहीं अधिकार भी है। जहाँ स्वातंत्र्य का सूर्य डूब जाता है, वहाँ विचार, उसकी अभिव्यक्ति, लेखन–पाठन आदि किसी भी प्रकार की आजादी सम्भव नहीं है। लोकतंत्र वस्तुतः स्वतन्त्रता का पर्यायवाची है व्यक्तिगत स्वातंत्र्य का भी अभाव स्वतः स्पष्ट दिखायी पड़ता है। अधिकारों से ही व्यक्तित्व, समाज एवं राष्ट्र का निर्माण होता है। प्रो0 वार्कर ने कहा कि अधिकारों का योग मात्र ही हमारी सम्पूर्ण क्षमता, हमारी सम्पूर्ण स्थिति एवं सम्पूर्ण क्षमता, हमारी सम्पूर्ण स्थिति एवं सम्पूर्ण क्रिया की शक्ति का द्योतक है। यही हमारा सम्पूर्ण व्यक्तित्व है जिसे हम वैधानिक व्यक्तित्व कहते हैं। वह वस्तुतः अधिकारों में ही निहित है और यह अधिकर न राजतंत्र में संभव है, न एकतंत्र में बल्कि यह अधिकार केवल लोकतंत्र में संभव होता है।[29]

न्याय– इसके अनुसार सामाजिक संस्थाओं द्वारा प्रत्येक व्यक्ति को बिना किसी भेदभाव के अवसर की समानता प्राप्त होती है। कानून की दृष्टि से निर्धन तथा धनवान सब बराबर हैं तथा अपने–अपने अधिकारों और कर्तव्यों का प्रयोग करने के लिए स्वतंत्र हैं। रंग, रूप, जाति तथा धर्म एवं लिंग के आधार पर किसी व्यक्ति को न्याय प्राप्त करने से नहीं रोका जा सकता।

बन्धुत्व– सच्चे लोकतंत्र की कुँजी है बंधुत्व की भावना लोकतंत्र में प्रत्येक व्यक्ति मेल–जोल से रहता है। इससे प्रत्येक व्यक्ति का समाज में सम्मान होता है। लोकतंत्र में प्रत्येक व्यक्ति कंधे से कंधा मिलाकर चलता है लोकतंत्रीय समाज में बन्धुत्व की भावना से मिलकर रहना ही लोकतंत्र का महान सिद्धान्त है।

मानव की एकता से मानव बन्धुत्व की भावना पल्लवित होती है। धर्म तो यह बताता है कि ईश्वर हमारे पिता हैं भारतीय धार्मिक व्यवस्था का आधार यही है–

त्वमेव माता च पिता त्वमेव
त्वमेव बन्धुश्च सखा त्वमेव

त्वमेव विद्या द्रविड़ं त्वमेव
त्वमेव सर्व मम देव देवा।[30]

यह कथन बताता है कि ईश्वर एक का न होकर सब का होता है। यह प्रेम का असीम बंधन है जिसकी रस्सी लोकतंत्र से जुड़ी हुई है, यह लोकतंत्र नहीं तो क्या है? समाज में किसी भी सामाजिक आदर्श का तात्विक आधार बन्धुत्व को ही माना जा सकता है।

लोकतंत्र के मूल्य–

(1) समझाने बुझाने के द्वारा परिवर्तन– लोकतंत्र में विश्वास रखने का अर्थ यह कदापि नहीं है कि परिवर्तन को दूसरे व्यक्तियों पर बलपूर्वक थोपा जाए। सच्चे लोकतंत्र में प्रत्येक परिवर्तन को परस्पर विचार विनिमय द्वारा अथवा लोगों को समझा–बुझाकर पूर्णरूप से संतुष्ट करने के पश्चात् सर्वसम्मति से लाया जाता है।

(2) सेवा– लोकतंत्र का मूल मंत्र है–व्यक्ति समाज के लिए तथा समाज व्यक्ति के लिए। लोकतंत्र की जड़ को शक्तिशाली बनाने के लिए व्यक्ति में सेवा की भावना होना आवश्यक है। व्यक्ति का यह कर्त्तव्य ही है कि वह स्वयं की इच्छा से ही जनता जनार्दन या हमारे समाज की सेवा करे। रायवर्न ने लोकतंत्र को परिभाषित करते हुए लिखा है– जनतंत्र ऐसी व्यवस्था है जिसमें समाज के सारे व्यक्ति साथ–साथ रहते हैं। प्रत्येक व्यक्ति समाज की तथा समाज प्रत्येक की अधिक से अधिक सेवा करता है। संक्षेप में लोकतंत्र में प्रतिस्पर्धा के स्थान पर सहयोग की भावना विकसित होती है जिसके परिणाम स्वरूप समाज की उन्नति के साथ–साथ व्यक्ति की भी उन्नति होती है।

(3) व्यक्तिगत तथा सामाजिक उन्नति– लोकतंत्र में विश्वास रखने वाला व्यक्ति व्यक्तिगत तथा सामाजिक उन्नति में विश्वास रखता है। सच्चा लोकतंत्र वही माना जा सकता है जिसमें व्यक्ति और समाज दोनों प्रगति के पथ पर निरन्तर आगे बढ़े। समाज व्यक्ति की भलाई के अवसर प्रदान करे तथा व्यक्ति समाज की तन–मन और धन से सेवा करे, कोई भी राज्य तब तक एक जाग्रत राज्य नहीं हो सकता, जब तक वह व्यक्ति का आदर उसकी महत्ता को स्वीकार नहीं करता। लोकतंत्र में व्यक्ति ही परम पुरुषार्थ है। व्यक्ति साधन नहीं स्वयं साध्य है। प्रत्येक व्यक्ति का लोकतंत्र में समान महत्व है। वास्तव में लोकतंत्र व्यक्ति की गरिमा और व्यक्तिगत स्वतंत्रता के आधार पर ही टिका हुआ है।

व्यक्ति का आदर– व्यक्ति समाज का अंग होने के साथ ही साथ इस सृष्टि की एक पवित्र तथा अमूल्य निधि है। लोकतंत्र में प्रत्येक व्यक्ति चाहे वह किसी भी वर्ग, धर्म समाज का हो, उसे आदर से देखा जाता है। वास्तव में कोई राज्य तब तक एक स्वतंत्र एवं जाग्रत राज्य नहीं हो सकता, जब तक वह व्यक्ति का आदर उसकी महत्ता को स्वीकार नहीं करता। लोकतंत्र में व्यक्ति ही परम पुरुषार्थ है। यहाँ व्यक्ति साधन नहीं अपितु साध्य है। प्रत्येक व्यक्ति का लोकतंत्र में समान महत्व है। वास्तव में लोकतंत्र व्यक्ति की गरिमा और व्यक्तिगत स्वतंत्रता के आधार पर ही टिका हुआ है।

सहनशीलता– लोकतंत्रीय व्यवस्था में प्रत्येक नागरिक को दूसरे नागरिकों के विचारों को सहन करना परम आवश्यक है। लोकतंत्र जीओ और जीने दो में विश्वास करता है वह प्रत्येक व्यक्ति को बोलने की स्वतंत्रता देता है, जब तक वह व्यक्ति दूसरों के विचारों से न सहमत हो।

परिवर्तन में विश्वास– लोकतंत्र का प्रमुख गुण है परिवर्तन। लोकतंत्र में विश्वास रखने वाला व्यक्ति परिवर्तन में विश्वास करता है।

लोक प्रभुता में विश्वास– लोक प्रभुता से तात्पर्य है कि सत्ता लोगों के सहयोग से उत्पन्न होती है और शासन सत्ता अंतिम रूप से समस्त जनता में निवास करती है, जिसके अन्तर्गत शासक वर्ग वयस्क जनता द्वारा और निश्चित समय के लिए ही निर्वाचित होना चाहिए। जनता द्वारा शासक वर्ग पर निरन्तर रखने के लिए जनता का प्रभाव बना रहना चाहिए।

बहुमत का शासन– प्रायः लोकतंत्र बहुमत में विश्वास करता है। बहुमत वर्ग को अल्पमतों के प्रति न्यायपूर्ण होना चाहिए तथा अल्पमत वर्ग में सहनशीलता होनी चाहिए।

जागरूक जनमानस– जनमानस लोकतंत्र की दूसरी मौलिक विशेषता है, लोकतांत्रिक जन–मानस अपने अधिकारों व कर्तव्यों के प्रति जागरूक रहता हैं। जनता राजनीतिक घटनाक्रम की मूकदर्शक मात्र न होकर अपने अधिकारों, राजनीतिक मुद्दे पर खुलकर अपनी राय व्यक्त करती है। इसी जागरूकता के कारण जनप्रतिनिधि अपने कर्तव्यों के प्रति पूर्ण रूप से सचेत रहते हैं।

संविधानवाद– लोकतंत्र संविधानवाद पर आधारित होता है क्योंकि संविधानवाद सीमित शक्तियों वाले शासन की मान्यता पर आधारित है; तथा लोकतंत्र भी मूलतः इसी मान्यता पर आधारित है कि शासन को

सीमित शक्तियां ही प्राप्त होनी चाहिए असीमित शक्तियां नही। हैरिंगटन के अनुसार लोकतंत्र की मान्यता है– विधियों का शासन, विधि की सर्वोच्चता, व्यक्तियों का शासन नहीं और इसके अन्तर्गत लक्ष्य प्राप्त करने के लिए अधिकार पत्र की व्यवस्था तथा शक्ति विकेन्द्रीकरण आदि साधनों को अपनाया जा सकता हैं।" इस प्रकार लोकतंत्र सवैधानिक परिवर्तन पर विश्वास करते हुए संविधानवाद पर भी विश्वास करता है।

मानवीय विवेक में आस्था– लोकतंत्रीय शासन में एक और विशेषता है जो इसे अन्य व्यवस्थाओं से अलग करती है। वह यह कि यहाँ मानवीय विवेक में आस्था बनाये रखता है।

भारत एवं भारतीय साहित्य के सन्दर्भ में लोकतंत्र

भारत के आदिम मनुष्यों के बीच कोई वर्ग– विभाजन नहीं था और न ही कोई राजतंत्रीय संस्थाएँ ही थीं। वे कुलों और कबीलों में संगठित थे। कबीले का एक कुल या गोत्र होता है जिसका एक सामान्य पूर्वज होता था, हर कुल की एक लोकतान्त्रिक समिति होती थी जो अपने मुखिया को चुनती थी। एक कबीले में कई कुल होते थे और यह व्यवस्था सिर्फ भारत के एक हिस्से में नही वरन् अन्य क्षेत्रों में पायी जाती थी चाहे वो पूर्व का इलाका हो, या पश्चिम या दक्षिण। मार्क्स के अनुसार– कबीले का कम्यून या आदि कालीन झुंड, रक्तसम्बन्ध, भाषा, रीति रिवाज आदि की एकता पर आधारित रहा होगा।

उत्पादन के साधनों के सामान्य स्वामित्व पर आधारित आदिकालीन भारतीय समाज में लोकतंत्र का सर्वप्रथम रूप दृष्टिगोचर होता है। जहाँ निजी उत्पादन निजी उपभोग निजी जायदाद जैसी कोई वस्तु दिखायी नहीं देती है। "सब पर सबका समान अधिकार" की भावना से प्रेरित यह आदिम समाज लोकतंत्र की पहली पीढ़ी थी। न राजा, न प्रजा, न शोषक न शोषित, भूस्वामी पूँजीपति कोई भी नहीं, पुलिस नहीं, न्यायालय नहीं, कारागृह नहीं सिर्फ उत्पादन और उपभोग का सामूहिक स्वामित्व। ऐसी व्यवस्था भले ही उत्पादन शक्ति की आदिम व्यवस्था की अविकसित दशा का प्रतीक है परन्तु इसमें हमें भारतीय मानव समुदाय में लोकतंत्र के बीज देखने को मिल जाते हैं।

कालान्तर में सभ्यता के विकास के साथ–साथ नगर राज्यों का उदय हम सिंधु घाटी सभ्यता में देखते हैं। जहाँ बड़े–बड़े नगर (व्यापारिक)

स्थापित मिलते हैं। यह एक समरूप सभ्यता है; एक जैसी व्यवस्था हर नगर, हर राज्य में देखने को मिलती है। जिसमें सिंचाई से खेती हो रही है, व्यापार और दस्तकारियाँ फल–फूल रही थीं, किलेबंद दुर्ग, आंगनों से युक्त दो मंजिले मकान यह सभ्यता बर्बरतापन और जंगलीपन से शनैः–शनैः विकसित प्रगति की एक लम्बी परम्परा है। इस सभ्यता के प्रशासन के विषय में विद्वानों में अनेक मत या धारणाएँ प्रचलित हैं। हिलर जहाँ इस व्यवस्था को राजतंत्रीय व्यवस्था मानते थे वहीं हेबिट के अनुसार इस सभ्यता का संचालन पाँच व्यक्तियों की पंचायत में होता था। वर्तमान पंचायती व्यवस्था में उस युग की व्यवस्था के अवशेष दिखायी देते हैं। महाभारत के सभा पर्व, स्ट्रैबो के प्राचीन भारत और वाल्मीकि रामायण में भी इस व्यवस्था या इस प्रणाली का उल्लेख मिलता है।

प्राचीन भारत के जनपदों में शासन पद्धति एक तरह की नहीं थी। यदि कुछ जनपदों में राजतंत्र शासन था तो अन्यत्र गणतंत्र। सैन्धव सभ्यता के विनाश के बाद आर्यों ने उसे पूर्णतया नष्ट नहीं हो जाने दिया और अपनी सभ्यता के साथ मिलकर एक नयी सभ्यता को जन्म दिया। "डॉ0 राधाकृष्णन इसी तथ्य को ध्यान में रखकर अपनी पुस्तक ईस्टर्न रिलीजन एण्ड वेस्टर्न थॉट में लिखते हैं कि वैदिक धर्म ने पुराने पंथों के प्रकारों और आचारों को अपनाया, उन्हें आत्मसात किया और उन्हें जारी रखा। उन्हें बरबाद करने के बजाय उसने उन्हें अपनी आवश्यकताओं के अनुकूल परिवर्तित कर लिया।"[31]

प्राचीन भारत के जनपदों में शासन पद्धति एक तरह की नहीं थी। यदि कुछ जनपदों में राजतंत्र शासन था, तो अन्यत्र गणतंत्र। गणतंत्र भी दो प्रकार के थे; एक ऐसे जिनमें सब नागरिक सभा में एकत्र होकर अपने शासन का संचालन करते और दूसरे ऐसे जिनमें कतिपय विशिष्ट कुलों का शासन था। इन्हीं को ग्रीक नगर राज्यों के शासन को दृष्टि में रखकर अरस्तू ने क्रमशः डेमोक्रेसी और ऑलीगार्की कहा था।[32]

इससे यह स्पष्ट हो जाता है कि यदि सत्ता या शासन में साक्षात भागीदारी ही प्रजातंत्र है तो भारत में प्रजातंत्र का यह रूप भी था, यह अवधारण भी प्रचलित थी। शूद्रक, ग्मालव, अम्बष्ठ· और पातानप्रस्थ में उस ढंग के शासन विद्यमान थे, जिन्हें ग्रीक लेखक लोकतंत्र कहते हैं। डायोडोरस ने लिखा है कि बहुत सी संततियाँ अन्त होकर लोकतंत्र शासन स्थापित हो गये थे।[33] "प्रो0 अल्तेकर का विचार है कि (भारतीय)

राजनीति को प्रमाणभूत ग्रन्थों के अनुसार प्रजातंत्र राज्य वह है जिसमें सर्वोच्च शासनाधिकार राजतंत्र की भाँति एक व्यक्ति के हाथ में न होकर एक समूह, एक गण या एक परिषद् के हाथ में हो।"[34]

साहित्य समाजवाद का लगभग समानधर्म है इसका एक बहुत बड़ा कारण उसमें भाषा का स्वरूप और स्वभाव है। भाषा स्वभावतः सामाजिक सामग्री है और उसके वैयक्तिक संचय का प्रश्न ही अस्वाभाविक है। सच्चा साहित्य महज भाषा से नहीं बल्कि भाषा की तपस्या से फलित होता है।

अनुद्वेगकरं वाक्यं सत्यं प्रिंय हितं च यत"[35]

इस रूप में साहित्य का व्यवहार ही समतामय होता है। इसलिए अकबर, सिकन्दर, तैमूर, हिटलर, चर्चिल भले ही किसी देश के हीरो हों, पर वाल्मीकि, सूरदास, तुलसीदास, कबीरदास, कालीदास, फिरदौसी, गेटै शेक्सपियर, मैथिलीशरण, अज्ञेय जयशंकर, बनार्ड शॉ, इलियट हम सभी के प्रिय हैं। विजयदेव नारायण शाही के शब्दों में–

"साहित्य स्वभावतः लोकतांत्रिक समाजवाद का समानधर्म है क्योंकि वह परस्मैषदान रस की सदानीरा होने के कारण सह्रदयता, प्रेम, अहिंसा और समता के सर्वजनीत अन्तर्राष्ट्रीय स्वदेश को नर जाति के भावक्षेत्र में प्रतिष्ठित करता आया है और उसका माध्यम भाषा स्वभावतः सूक्ष्म सामाजिक और विकेन्द्रणोन्मुख है।" साहित्य का लक्ष्य तो यही है।

सर्वे भवन्तु सुखिनः सर्वे सन्तु निरामया
सर्वे भद्राणि पश्यन्तु मा कश्चिद् दुःखभाग भवेत्।[36]

यही लोकतंत्र का प्राण है, लोकधर्म और लोकतंत्र को इस श्लोक के माध्यम से समझा जा सकता है। यदि साहित्य की बात करें तो प्राचीन ऋग्वैदिक साहित्य में लोकतंत्र पर पूर्णतः प्रकाश डाला गया है। वैदिक युग में राष्ट्र या जनपद का मुखिया राजा होता था। सामान्यतः राजा का पुत्र ही पिता की मृत्यु के बाद राजा के पद को प्राप्त करता था, पर यह आवश्यक था कि विशः या प्रजा ही राजा का वरण करे। यदि राजा का पुत्र प्रजा की सम्मति में राजा के पद के योग्य हो तो प्रजा उसे ही राजा के रूप के वरण कर लेती अन्यथा उसे अधिकार था कि वह राजवंश के किसी व्यक्ति या कुलीन परिवारों के किसी व्यक्ति का राजा के पद के लिए वरण कर सके। अथर्ववेद में लिखा है–

मा त्वद्राष्ट्रमधिम्रशत् अथर्ववेद[37]

रामायण तो लोकतान्त्रिक भावना का शिखर ही है। दशरथ को

युवराज तय करते समय चाहे राम हो या भरत लोकसम्मत राजाओं, प्रजाओं द्वारा उनका वरण स्वीकार आवश्यक था। सीता निर्वासन में अल्पमत की अपेक्षा ही कारण थी।

गणतंत्रों की जनतन्त्रीय भावना संघप्रमुख कृष्ण के नेतृत्व से स्पष्ट है। बौद्ध युगीन जनतन्त्रीय भावना का भी प्रमाण जातकों में उपलब्ध है जहाँ राजा रानी से कहता है। "रानी मैं तुम्हें राष्ट्र के सम्पूर्ण निवासियों का स्वामित्व प्रदान करने में असमर्थ हूँ। उन पर मेरा कोई अधिकार नहीं है। मैं उनका स्वामी नहीं हूँ।"[38] भारत में जनतांत्रिक भावना हमेशा से जाग्रत रही है। तंत्र कोई भी हो पर लोकतंत्र कहीं न कहीं जनमानस के हृदय में स्थापित था। मध्ययुग जैसे विषम वातावरण में भी ग्रामीण जीवन में लोकतंत्र की प्रधानता थी। जिसकी हत्या का प्रयास आगे चलकर अंग्रेज शासकों ने करने की जी तोड़ कोशिश की। गाँधी की पंचायती राज व्यवस्था में भी यही लोकतान्त्रिक व्यवस्था कायम थी। रामायण में राजा दशरथ राम को युवराज बनाने से पहले पूछते हैं–

"यदिदं मेऽनुरूपार्थ मया साधु समुन्त्रिताम
भवन्तो मे ऽनुमन्यन्तां कथं वा करवाव्यहम्
यद्यप्येषा मम प्रीतिर्हितमन्यद विचिन्त्यताम्
अन्धा मध्यस्थचिन्ता तु विमर्दाभ्यन्धि को दया[39]

राजकीय परिवेश से घिरे राजा को प्रत्यक्षतः प्रजा की सम्यक सेवा करने का अवसर कम मिल पाता है। जंगलों में रहकर वह सीधे जनता से जुड़ सकता है और उसके कष्टों का निवारण भी कर सकता है। इस कारण श्रीराम वनगमन जैसे कठिन एवं कष्टप्रद कर्म को तटस्थ एवं अविचलित चित्त से ग्रहण करते हैं। उनके इस गुण की महाकवि तुलसीदास जी ने भी भूरि–भूरि प्रशंसा की है–

प्रसन्नतां या न गताभिषेकतस्तथा न मम्ले वनवास दुःखतः
मुखाम्बुज श्री रघुनन्दनस्य में सदास्तु सा मंजुलमंगल प्रदा[40]

भवभूति के राम ने लोक की प्रसन्नता, प्रजा के अनुरंजन एवं कल्याण कामना तथा लोकमत के प्रति सम्मान प्रदर्शन हेतु अपनी प्राणप्रिया जानकी तक का परित्याग कर दिया और मर्मान्तक पीड़ा झेलते रहे–

स्नेहं दयां च सौख्यं च यदि वा जानकीमपि
आराधनाय लोकस्य मुंचते। नास्ति में व्यथा[41]

वाल्मीकी रामायण में लोकतंत्रात्मक राज्य की अवधारणा स्पष्टतः ही

दिखायी पड़ती है। अयोध्याकाण्ड के प्रथम सर्ग में ही दशरथ लोकप्रिय राजा के रूप में राजाओं का परिचय देते हैं–

अधोपविष्टे नृपतौ तस्मिन् परपुरदिने
ततः प्रविविशुः शेषा राजानो लोक सम्मताः[42]

महाराज दशरथ के पूर्वज रघु द्वारा सम्पूर्ण राजकोष को प्रजा में दान कर देना उनकी प्रजावत्सलता का अनुपम उदाहरण है। प्रतिवर्ष अपना सर्वस्व धन प्रजा में बाँटना और स्वयं भिक्षापात्र में भोजन करना भारतीय सांस्कृतिक मूल्यों की अविस्मरणीय घटना है।

महाभारत में राजतंत्र एवं लोकतंत्र का श्रेष्ठ उदाहरण महाराज भरत के समय में देखने को मिलता है जब उन्होंने राज्य की सुरक्षा एवं लोक कल्याण की प्रतिष्ठा में अपने पुत्रों को अक्षम पाकर स्वेच्छया ऋषिपुत्र को राज्य का उत्तराधिकारी घोषित किया। राजतंत्र का स्वेच्छाचारी एवं विकृतरूप अंधे राजा धृतराष्ट्र के समय मिलता है, जहाँ वह लोककल्याण की तनिक भी चिन्ता न करते हुए अपने पुत्र के लिए अनर्थकारी एवं लोकविरोधी नीतियों का समर्थन करता है। वास्तव में राज्य की कल्पना प्रजा की रक्षा के लिए की गई थी; इस विषय में महाभारत में लिखा है–

न वै राज्यं न राजाऽऽ सीन्न च दण्डो न दण्डिकः
धर्मे रक्षैण प्रजाः सर्वा रक्षान्ति स्म परस्परम्[43]

पूर्वकाल में न कोई राजा था न राज्य, न दण्ड था और न दण्ड देने वाला समस्त प्रजा धर्म के द्वारा ही एक दूसरे की रक्षा करती थी।

महाभारत जैसे विशाल ग्रन्थ में लोकतंत्र सब जगह विद्यमान है, महाभारतकार के मस्तिष्क में लोकतान्त्रिक समाज की कल्पना, आज के लोकतान्त्रिक समाज से कहीं ज्यादा प्रगतिशील और धर्मसम्मत थी। महाराज पृथु को राज्य देते समय ब्राह्मणों ने जो उसे शपथ दिलवायी थी वह विशुद्ध लोकतान्त्रिक मूल्यों पर खड़ी थी।

यन्मां भवन्तों वक्ष्यन्ति कार्य मर्थ समन्वितम्
तदहं वै करिष्यामि नात्र कार्या विचारणा
तमूचुस्तत्र देवास्ते ते चैव परमर्षयः
नियतो यत्र धर्मो वे तमशऽ समाचर
प्रियाप्रिये परित्यज्य सम सर्वेषु जन्तुषु
काम क्रोध च लाभं च मानं चौत्सृज्य दूरतः
यश्च धर्मात प्रविचलेल्लोके कश्चन मानवः

निग्रा ह्यस्ते स्वबाहुभ्यां शश्वद धर्ममवेक्षता
प्रतिज्ञा चाधिरोहस्व मनसा कर्मणा गिरा
पालयिष्याम्यहं भौमं ब्रह्म इत्येव चासकृत
यश्चातत्र धर्मो नित्योक्तो दण्ड नीतिण्यपाश्रयः
तमशंक करिष्यामि स्ववशो न कदाचन
अदण्डया मे द्विजाश्चेति प्रतिजानीहि हे विभो
लोकं च संकरात्कृत्स्नं त्रातास्मीमि परंतप
वैन्यस्ततस्तानुवाच देवानृषिपुरोमान
ब्राह्मण में महाभागा नमस्याः पुरुषर्षभाः[44]

यह आरम्भ है राजा का और संविधान का और इस शपथ का संक्षिप्त रूप है–

(1) धर्म (कानून) की सिद्धि निर्भय होकर करो।

(2) अपनी पसन्द और नापसन्द का विचार छोड़कर सब प्राणियों के प्रति सद्भाव रखो।

(3) धर्म से विचलित होने वाले को सनातन धर्मों पर दृष्टि रखकर दुष्टों को पराजित कर उन्हें दण्ड दो।

(4) यह प्रतिज्ञा करो कि मन, वाणी तथा कर्म के द्वारा वेद का निरन्तर पालन करोगे।

(5) वेदों में कही दण्डनीति का ही अनुकरण करोगे।

महाभारत की यह कथा जहाँ देश के नागरिकों के कर्तव्य तथा उनके अधिकार से परिचित कराती हैं, वहीं महाभारत में यह वर्णन भी मिलता है कि चाहे राजा का पुत्र राजा हो और चाहे वह जनता द्वारा बनाया गया गणपति हो दोनों ही अवस्थाओं में जब वह चरित्रहीन और राज्य करने के अयोग्य हो जाए तो उसको हटाना पड़ता ही है और यह कार्य जनता स्वयं ही करती है।

इसी को देखते हुए गुरुदत्त ने लिखा है– प्रजातंत्र का आधारभूत रूप से इसका संविधान है वह चाहे परम्परा के रूप में हो या लिखित। यदि संविधान में यह है कि राजा राजा का पुत्र हो, तब भी इसके प्रजातंत्रात्मक रूप में अन्तर नहीं आता और यदि संविधान में यह निश्चय है कि राजा पाँच वर्ष के उपरांत निर्वाचित किया जायेगा, तब भी चरित्रहीन है अथवा यह राज्य में आधारभूत स्वरूप को बिगाड़ने का यत्न करता है और उसको अपदस्थ करने का विधि–विधान संविधान में है, तब वह प्रजातंत्र ही है।[45]

महाभारत में ऋषियों ने दुष्ट राजा को पदच्युत किया इसका वर्णन महाभारत में इस प्रकार है– मन्त्रपूतैः कुशैर्जघ्नु ऋषियों ब्रह्मवादिनः[46]

मध्यकाल में राजा भी सत्ता प्राप्ति कर और शक्ति संचय कर मनमानी करने लगे थे। जब वे प्रजा के अधिकारों को अपने तथा अपने साथियों के भोग के लिए प्रयोग करने लगे तो ऋषियों ने, भक्तिकाल के कवियों ने, सन्तों ने अपनी चेतना में उस एकतांत्रिक राज्य का विरोध करना शुरू कर दिया। इसीलिए तुलसी, सूर जैसे कवियों ने अपने काव्य में प्रजा को महत्व दिया और अपने काव्य के जननायकों को प्रजा के कर्तव्यों और उनकी जरूरतों को पूर्ण करने के लिए ही इस धरा पर जन्म लेने का साधन बनाया है।

राज्य प्रजा का है, पूरा देश प्रजा की सम्पत्ति है। राज्य अथवा इसका कोई भाग बिना प्रजा की सम्मति के बेचा अथवा दान–दक्षिणा में नहीं दिया जा सकता। राजा का कर्तव्य है कि वह प्रजा के मूलाधिकारों की रक्षा करे। राजा प्रजा के इन अधिकारों की रक्षा के लिए नियुक्त हुआ है वह किसी भी अवस्था में प्रजा के इन अधिकारों को नहीं छीन सकता अथवा छिनता नहीं देख सकता।

महाभारत में लोकतान्त्रिक राज्य के विषय सर्वत्र देखने को मिलते हैं जब युधिष्ठिर राज्य के संचालन पर पितामह भीष्म से सलाह लेने जाते हैं तो भीष्म उन्हें राजा के कर्तव्यों व अधिकारों पर खुलकर समझाते हैं, भीष्म कहते हैं–

पुत्रान भ्रातृन निग्रहन्तो विनयन्तश्च तान् सदा
विनीतांश्च प्रगृहन्तो विविर्धन्ते गणोत्तमाः[47]

गणराज्य के श्रेष्ठ पुरुषों या संचालकों को पक्षपात हीन न्यायप्रिय होना चाहिए। उन्हें कुमार्ग पर चलने वाले स्वजनों के प्रति भी निमर्म होना चाहिए। कुलवृद्ध को कभी भी कुल या राष्ट्र के लिए कलह की उपेक्षा नहीं करनी चाहिए यदि कुलवृद्ध ने कुल के आन्तरिक कलह की उपेक्षा की, तो गणों में फूट पड़ जायेगी, कुल की एकता खण्डित होगी और गणतंत्र का ढाँचा ही ध्वस्त हो जायेगा।

कुलेषु कलहाः जाताः कुलवृद्धैरुपेक्षिताः
गोत्रस्य नाशं कुर्वन्ति गणभेदस्य कारकम्[48]

.णतंत्र के लिए आन्तरिक कलह भयावह है वह इसकी जड़ को समाप्त कर देता है जिस राज्य में बैर फूट एवं वैमनस्य पनपने लगे तो वह गणराज्य नष्ट होने की स्थिति में आ चुका है।

अभ्यन्तरं भयं रक्षमसारं बाह्यतो भयम्
आभ्यन्तरं भयं राजन संद्यो मूलानि कृन्तति[49]

लोकतंत्र की शक्ति को नष्ट करने के लिए कुछ लोग गणों में फूट डालने की कोशिश भी करते हैं—

भेदाच्चैव प्रदानानन्च भिधन्ते रिपुभिर्गणाः
तस्मात् संघातमेवा हुर्गणानां शरण महत[50]

भीष्म पितामह स्पष्ट रूप से कहते हैं कि गणराज्य में प्रतिभाशाली व्यक्ति का सम्मान होना चाहिए—

जात्या च सदृशाः सर्वे कुलेन सदृशास्तथा
न चोद्योगेन बुद्धया व रूपद्रव्येण व पुनः[51]

भीष्म इतने पर ही नहीं रूकते आगे कहते हैं कि लोकतंत्र कब नष्ट होता है, जब लोग आपस में बातचीत करना बन्द कर दें तो उनका विनाश अवश्यम्भावी है—

अकस्मात् कोधोमोहाभ्यं लोभाद् वापि स्वभावजात्
अन्योन्यं नाभिषामन्ते तत्पराभवलक्षणम्[52]

भीष्म पितामह ने लोभ एवं अमर्ष को वैर की आग को प्रज्जवलित करने वाला बताया है जो राष्ट्र के विनाश का महत्वपूर्ण कारक है। उन्होंने गणराज्यों के विनाश के कारणों का समाहार करते हुए उन्हें सूत्र रूप में एक जगह इस प्रकार स्पष्ट किया है—

क्रोधो भेदो भयं दण्डः कर्षणं निग्रहो वधः
नयत्यरिवशं संद्यो गणान् भरतसत्तम्[53]

लोकतान्त्रिक व्यक्ति में क्या गुण होने चाहिए। सर्वप्रथम शील मस्तिष्क में उभरता है। महाभारत के शांतिपर्व में शील की अनिवार्यता पर विशेष जोर दिया गया है, क्योंकि सत्य, धर्म, सदाचार, बल एवं लक्ष्मी की मूल जड़ शील में ही स्थिर रहती है—

धर्मः सत्यं तथा वृत्तं बलं चैव तथाव्यहम्
शील मूला महाप्राज्ञं सदा तास्त्यत्र संशयः[54]
शीलेन हि त्रयो लोकः शाक्या जेतं न संशयः
नहि किंचिद साध्यं वै लोके शीलवतो भवेत[55]

शीलवान व्यक्ति का लक्षण क्या है? शीलवान् व्यक्ति का सर्वप्रथम लक्षण है, उसकी कथनी, करनी में एकरूपता हो। सभी प्राणियों के प्रति उसके मन में अपार प्रेम, करूणा एवं आत्मीयता का भाव हो। वह निरवैर,

धर्मज्ञ, संयमी, त्यागी, विवेकवान, कूटस्थ, मनस्वी, दानवीर एवं पौरूषवान हो। सामान्यतः शीलवान व्यक्ति की यह पहचान हो सकती है कि वह ऐसा कोई भी कार्य न करे जो दूसरों के लिए हितकारक न हो और जिस कर्म को करने में उसको संकोच का अनुभव हो उसे कभी न करे। निष्कर्षतः सर्वजन का कल्याण तथा मन, क्रम, वचन की एकता ही उसका मूल लक्ष्य हो–

अद्रोहः सर्वभूतेषु कर्मणा मनसा गिरा
अनुग्रश्च दानं च शीलमेतस् प्रशस्यते
यदन्मेषां हितां न स्यादात्मन कर्म पौरूषम
अपत्रपेत वा येन न तत् कुर्मात कथंचन[56]

शीलवान व्यक्ति धर्म के मूल तत्व को अच्छी तरह समझता है। वह उसके ऊपरी आवरणों या रूढियों में भ्रमित हो कभी भी धर्म के परम लक्ष्य से विचलित नहीं होता। उसके यहाँ धर्म संकीर्ण अवसरवाद या तत्कालिक लाभ की प्रवृत्ति से परिचालित नहीं होती है। वह भली भाँति जानता है कि धर्म का प्रचलन प्राणियों के कल्याण अभ्युदय के लिए ही किया गया है। अतः जो कर्तव्य इस उद्देश्य की पूर्ति में साधक है वे ही धर्म हैं। धर्म का अर्थ ही है मनुष्य को धारण करना। अर्थात् अधोगति से रोकना, अतः वह कर्म जिससे समग्र मनुष्य जाति का पोषण व रक्षण हो वही धर्म है समय, परिस्थिति एवं क्षमता के अनुसार इसके कई रूप हो सकते हैं, परन्तु उसकी मूल आत्मा या प्राणशक्ति यही है–

प्रभवार्थय भूतानां धर्मप्रवचनं कृतम्
यः स्यात् प्रभावसंयुक्तः स धर्म शर्त निश्चयः
धारणाद् धर्ममित्याहुर्धर्मेण विधृताः प्रजाः
यः स्याद धारणसंयुक्तः सधर्म इति निश्चियः[57]

लोकतंत्र चाहे कितने भी रूग्ण हालत में हो वह राजतंत्र और तानाशाही से बेहतर होता है क्योंकि उसमें सामान्यजन को कुछ मूलाधिकार प्राप्त होते हैं, उसमें विरोध को भी सरकारी मान्यता प्राप्त होती है। लोकतंत्र में नागरिकों को पूर्ण छूट होती है, वह न केवल एक दशा में बल्कि विरोधी दिशाओं में भी सोच सके। वास्तव मे लोकतंत्र शब्द का शाब्दिक अर्थ तो है जनता की सरकार किन्तु वस्तुतः नैतिक रूप से आत्मानुशासित, ईमानदार और जिम्मेदार व्यक्ति ही लोकतंत्र की प्रारम्भिक इकाई है। ऐसे ही मनुष्य की प्राप्ति लोकतंत्र का लक्ष्य है; यही साहित्य का सम्बन्ध भी

लोकतंत्र से जुड़ता है। साहित्य का लक्ष्य भी ऐसे ही व्यक्ति की प्राप्ति या उसका निर्माण है।

सारा साहित्य व्यक्ति के संघर्षों को चित्रित करने की प्रक्रिया में जन्म लेता है उसकी दुविधा, उसकी बेचैनी, उसकी आशा, आकांक्षा इसी साहित्य के माध्यम से प्रगट होती है। वास्तव में लोकतंत्र जिस आत्मतत्व को मनुष्य की आन्तरिक शक्तियों को स्वीकृति देता है, उन्हीं के साहित्य में भी स्वीकृत मिलती है।

निष्कर्ष– समता को प्रचार द्वारा लोकप्रिय बनाकर जनमत के आधार पर बनी सरकारों के द्वारा समाजवाद कायम करने की कल्पना यूरोप के सामाजिक लोकतांत्रियों ने भी की थी, पर वे अपनी करतूत से इतना बदनाम हो चुके थे कि मार्क्स और एन्गेल्स ने जब यूरोपीय सर्वहारा वर्ग की कम्युनिष्ट मेनिफेस्टो की रचना की तो उसकी भूमिका में उन्होंने ऐसा स्पष्ट कर दिया कि वे अपने ग्रन्थ का नाम सोशलिस्ट मेनिफेस्टो भी रख सकते थे, पर उन्होंने ऐसा नहीं किया, क्योंकि सामाजिक लोकतंत्रियों के चलते यूरोप में समाजवाद बदनाम हो चुका था।

इतना सब कुछ होने के बाद ट्राट्स्की जैसे मार्क्सवादी विचारक तो स्पष्टतः ऐसा मानते रहे कि लोकतंत्र समाजवाद में ही चरितार्थ हो सकता है।

डॉ0 लोहिया ने समाजवाद के पाँच अवयवों के रूप में लोकतंत्र, अल्पपूँजी उद्योग विकेन्द्रीकरण, अहिंसा और अन्तर्राष्ट्रीय संगत राष्ट्रीयता की स्थापना की और अनेक प्रसंग में नर–नारी की असमानता को मिटाने के लिए रंगभेद पर रखी गयी आर्थिक राजनीतिक सामाजिक और दिमागी असमानता मिटाने के लिए पुराने संस्कारों पर आश्रित पिछड़े और स्वतंत्रता हेतु परदेशी गुलामी के विरूद्ध तथा विश्व लोकराज के आर्थिक समानता के निमित्त निजी पूंजी की संस्था तथा मोह के विरूद्ध लोकतंत्रीय तरीकों के लिए अस्त्र–शस्त्र के विरूद्ध सत्याग्रह के लिए समतामूलक आदर्श की सात क्रांतियों की व्याख्या की।[58]

गाँधी ने (20.02.37) के हरिजन समाजवाद के प्रसंग में लिखा था– समाजवाद का जन्म उस काल में नहीं हुआ था, जब यह पता लगा कि पूँजीवादी पूँजी का दुरूपयोग करते हैं जैसा कि मैंने कहा है, समाजवाद ही नहीं, साम्यवाद भी ईशोपनिषद् के पहले मंत्र से स्पष्ट है, गाँधी 2.1. 37 में हरिजन में सच्चे समाजवाद के बारे में लिखते हुए हिन्दी के एक भक्त कवि का एक दोहा याद करते हैं– **''सबै भूमि गोपाल की।''**

जहाँ उन्होंने लिखा है कि सच्चा समाजवाद तो हमें अपने पूर्वजों से प्राप्त हुआ है जो यह सिखा गये हैं : सब भूमि गोपाल की है उसमें कहीं मेरी और, कहीं तेरी की सीमायें नहीं हैं। ये सीमायें आदमी की बनायी हुई हैं और इसलिए इन्हें तोड़ भी सकते हैं।[59] यह भी लोकतंत्र का वास्तविक लक्ष्य है। अधिकांश विद्वान यह मानते हैं कि जहाँ जनता शासन करती है वहीं जनतंत्र है। लोकतंत्र हमारे लिए एक शासन प्रणाली मात्र कभी नहीं रहा है। भारत में लोकतंत्र की जड़े गहरी पैठी हुई हैं। वस्तुतः यह हमारे देश की प्राचीनतम शैली है। प्राचीन भारतीय गणतंत्रों और सभा समितियों में तथा तत्समय के जीवनाचार में जो सूत्र समाहित थे वही आज भी लोकतांत्रिक मूल्यों के आवश्यक तत्व माने जाते हैं। हमारी सभ्यता में लोकतंत्र प्राचीन समय से संचालित होता आया है। कालक्रम, सभ्यता के विकास, आवश्यकता, व्यावहारिकता के कारण लोक से तंत्र–पृथक हो गया और कालांतर में आगे चलकर सत्तातंत्र या एकतंत्र में प्रतिष्ठित हो गया। भारत का लोकजीवन मूलतः आध्यत्मिक तथा सांस्कृतिक चेतना का है। इस महादेश में राजनीति भी सांस्कृतिक चेतना के द्वारा ही संचालित होती रही है, तो साहित्य कैसे इससे अछूता रहता।

आज लोकतंत्र एक युग धर्म बन चुका है। वह एक आवाज व शब्द के रूप में सर्वत्र विजयी हो चुका है और यह सभी स्वीकार करते हैं कि मानव शक्ति को उन्मुख करने के लिए कोई भी व्यवस्था इतनी प्रबल नहीं है जितना लोकतंत्र। जे0एस0मिल का यह कहना कि ''अन्य किसी भी शासन प्रणाली की अपेक्षा प्रजातंत्र एक उत्तम, एक उच्च कोटि के राष्ट्रीय चरित्र का विकास करता है।''

लोकतंत्र केवल शासन चलाने की एक पद्धति मात्र नहीं है। वह एक विकासशील दर्शन है और साथ ही जीवनयापन की एक गतिशील पद्धति भी। विश्व के सम्पूर्ण साहित्य में लोकतंत्र अपना प्रभाव दिखाता रहा है। बाईबिल, कुरान, भगवद्गीता, रामायण, श्रीरामचरितमानस, महाभारत में इसी लोकतंत्र को अपने युग परिवेश के माध्यम से व्यक्त किया है। गाँधी ने जब रामराज्य की बात कही, तो भारत के लोक में रचे बसे श्रीराम की छवि, उनका आदर्श, उनकी सत्यनिष्ठा और समाज से उनका गहरा जुड़ाव, लोकतान्त्रिक व्यवस्था को पुनः स्थापित करने के लिए काफी था, गाँधी यूँ ही रामराज्य की बात नहीं कहते, वे जानते थे कि भविष्य में लोकतान्त्रिक व्यवस्था ही समाज को सुचारू रूप से चलाने में सहायक होगी।

सन्दर्भ ग्रन्थ-सूची

1. जे.सी. जौहरी– तुलनात्मक राजनीति, पृ. 124
2. एस. सत्यमूर्ति– प्रजा के अधिकार, पृ. 56
3. डॉ. वीरेन्द्र शर्मा–राजनीति विज्ञान के सिद्धान्तों की विवेचना, पृ. 83
4. प्रभुदत्त शर्मा– तुलनात्मक राजनीति संस्थाएँ, पृ. 170
5. प्रभुदत्त शर्मा– तुलनात्मक राजनीति संस्थाएँ, पृ. 155
6. डॉ. परमात्मा शरण– तुलनात्मक शासन और राजनीति, पृ. 152
7. श्रीमदभागवत–वेद व्यास प्र0 खण्ड, तृ0 स्कन्ध, छठां अध्याय, श्लोक–1, पृ. 115
8. सम्पादक– वामन शिवराम आप्टे, शब्दकोष, पृ. 883
9. प्रभुदत्त शर्मा– तुलनात्मक राजनीति संस्थाएँ, पृ. 170
10. डॉ0 परमात्मा शरण– तुलनात्मक शासन और राजनीति, पृ. 153
11. वही, पृ. 152
12. वही
13. डॉ0 गंगादत्त तिवारी–पाश्चात्य राजनीति चिन्तन का इतिहास, पृ. 247
14. प्रभुदत्त शर्मा– तुलनात्मक राजनीति संस्थाएँ, पृ. 174
15. डॉ0 परमात्मा शरण– तुलनात्मक शासन और राजनीति, पृ. 153
16. प्रभुदत्त शर्मा– तुलनात्मक राजनीति संस्थाएँ, पृ. 170
17. ए0डी0 आशीर्वादम्, कृष्णवस्य मिश्र–राजनीति विज्ञान, पृ. 604
18. डा0 वीरेन्द्र शर्मा–राजनीति विज्ञान के सिद्धान्तों की विवेचना, पृ. 370
19. ए0डी0 आशीर्वादम्, कृष्णवस्य मिश्र–राजनीति विज्ञान, पृ. 624
20. पुखराज जैन–राजनीति चिन्तन का इतिहास, पृ. 84
21. सी0एल0 वेपर– राजदर्शन का स्वाध्ययन, पृ. 174
22. ए0डी0 आशीर्वादम्, कृष्णवस्य मिश्र–राजनीति विज्ञान, पृ. 617
23. वही, पृ. 619
24. सी0बी0 गेना–तुलनात्मक राजनीति एवं राजनीतिक संस्थाएँ, पृ. 237
25. प्रभुदत्त शर्मा– तुलनात्मक राजनीति संस्थाएँ, पृ. 172
26. रामजी सिंह–समाज दर्शन के मूल तत्व, पृ. 235
27. प्रभुदत्त शर्मा– तुलनात्मक राजनीति संस्थाएँ, पृ. 172
28. रामजी सिंह–समाज दर्शन के मूल तत्व, पृ. 236
29. ई0 बार्कर– प्रिसिपल ऑफ पोलिटिकल एण्ड सोशल थ्योरी आक्सफोर्ड, लन्दन प्रेस–1952, पृ. 137
30. श्रीमद्भागवत गीता मुख्य पृष्ठ
31. डॉ0 राधाकृष्णन, ईस्टर्न रिलीजन एण्ड वेस्टर्न पार्ट, पृ. 117
32. सम्पादक– डॉ0 जगदीश गुप्त, लोकतंत्र विशेषांक, पृ. 53
33. वही
34. वही

35. वही
36. वही, पृ. 49
37. वही, पृ. 52
38. वही, पृ. 55
39. वाल्मीकि रामायण, 2/2/15–16, पृ. 182
40. रामचरितमानस, गीता प्रेस, गोरखपुर 2/1, पृ. 30
41. अनुवादक– कपिलदेव द्विवेदी, उत्तर रामचरित, पृ. 132
42. वाल्मीकि रामायण, 2/1/49, पृ. 59
43. महाभारत, शान्तिपर्व, 59/14, पृ. 183
44. वही, 59/102, 103, 104, 105, 106, 107, 108, 109, पृ. 191–92
45. श्री गुरुदत्त– प्रजातांत्रिक समाजवाद, पृ. 149
46. महाभारत, शान्तिपर्व, 59/94, पृ. 190
47. वही, 107/18, पृ. 338
48. वही, 107/27, पृ. 339
49. वही, 107/28, पृ. 339
50. वही, 107/31–32, पृ. 339
51. वही, 107/30, पृ. 339
52. वही, 107/28, पृ. 339
53. वही, 107/22, पृ. 339
54. सम्पादक– डॉ0 जगदीश गुप्त, लोकतंत्र विशेषांक, पृ. 87
55. वही
56. वही, पृ. 88
57. महाभारत, शान्तिपर्व, 109/10–11, पृ. 343
58. सम्पादक– डॉ0 जगदीश गुप्त, लोकतंत्र विशेषांक, पृ. 45
59. वही, पृ. 47

द्वितीय अध्याय

मध्यकालीन समाज का स्वरूप

1. मध्यकालीन भारत की राजनैतिक अवस्था : मध्यकालीन समाज का स्वरूप

शासन व्यवस्था– इतिहास न घटनाओं का विवरण है न शासकों की गाथा, यह कतिपय सामाजिक दबावों, प्रवृत्तियों का प्रतिफल है। समाज का मुख्य तबका समाज की पहचान कराता है जिसे इतिहास में गायब कर दिया जाता है। यदि भारतीय इतिहास के मध्यकाल को वास्तव में देखना है तो हमें समाज के उस तबके पर अपनी दृष्टि डालनी ही होगी, जिसे हम व्यर्थ समझ कर तिरस्कृत करते रहे हैं। हमारा मध्यकाल हमारे इतिहास को बनाता है, हम क्या थे और क्या होंगे अभी इसका बीज रूप इसी मध्यकालीन भारतीय समाज में दृष्टिगोचर होता है, यह केवल 400 या 500 वर्षों का इतिहास नहीं है। यह अपनी जड़ों से विकसित होकर परम्परा के साथ लेकर आगे बढ़ता है जिसमें आचार–विचार शासन, समाज, धर्म व्यवस्था सब कुछ आ जाता है, भारतीय राजवंशों का विघटन और नवीन वंशों की उद्‌भावना जिसमें भारतीय शासकों के साथ विदेशी शासकों (मुसलमानों) की एक लम्बी परम्परा का दिग्दर्शन भी होता है, इस काल खण्ड को समझने के लिए एक बार हमें फिर से उन्हीं रास्तों से गुजरना होगा जिस पर कई लोग चल चुके हैं, फिर भी बहुत कुछ बाकी है कहने को।

हिन्दू एवं मुस्लिम संस्कृति की टकराहट से उत्पन्न यह मध्यकाल हमारी रचनाधर्मिता हमारे आक्रोश हमारी विवशता के गौरव के उत्थान का काल भी है। दो विभिन्न जीवनदृष्टियों की सीधी टकराहट से उत्पन्न

इस काल का मानव अपने समस्त गुण–दोषों के साथ समाज के सामने प्रकट होता है।

यदि हमें उस समय के इतिहास को सच्चे अर्थों में जानना है तो सर्वप्रथम इस्लामी संस्थाओं के उद्‌भव और विकास पर ध्यान देना ही होगा। यह कहने में कोई गुरेज़ नहीं है कि हमारे शासन का (भारतीय) स्वर्णयुग हर्षवर्धन (612–647 ई0) से लेकर पुलकेशियन (612–642) तक निरन्तर दिखायी पड़ता है जिसे प्रेमशंकर जी ने मध्यकालीन यात्रा के पड़ाव का प्रथम आयाम कहा है।[1] दूसरा जहाँ भारतीय और इस्लाम संस्कृति की सीधी टकराहट के फलस्वरूप मुसलमानों का दिल्ली के सिंहासन को तराइन के द्वितीय युद्ध में पराजित कर जीत लेना इसी परम्परा की अगली कड़ी है जहाँ हम भारतीय अस्मिता की रक्षा कर आपसी द्वेष में ही फंसे रहे। इन मुस्लिम आक्रान्ताओं ने भारतीय संस्कृति को निरन्तर छिन्न–भिन्न करते हुए पूरे भारतवंश पर धीरे–धीरे अपना आधिपत्य जमा लिया। यह कितने आश्चर्य की बात है कि भारत के कुछ भागों में हिन्दू शासक तब भी शासन कर रहे थे, जब ये आक्रान्ता अपने देश को रौंद रहे थे। काशी का पतन 1194 ई. में हुआ और 1196–97 ई. में बंगाल इन मुस्लिम आक्रमणकारियों के कब्जे में पूरी तरह से आ गया और इस यात्रा का अंतिम पड़ाव मुगलवंश की स्थापना से पूरा होता है, जहाँ पर सम्पूर्ण भारत कभी हिन्दू राष्ट्र नहीं बन सका। वह कुछ लोगों का देश हो गया, राष्ट्रीयता की भावना का त्याग और क्षेत्रीयता का ग्रहण हिन्दू राजवंशों के पतन का कारण बना। देश इतने सारे विदेशी आक्रमण होने के बावजूद भी छोटे–छोटे राजवंशों में ही बँटा रहा और तत्कालीन राजा अपने राज्य की सीमा को ही अपने देश की सीमा समझने की भूल करते रहे और अपने आमोद–प्रमोद में ही अपने कर्तव्य को भूल कर राष्ट्रहित के बजाय स्वहित में डूब गये। इसी के फलस्वरूप भारत पर सिर्फ गजनवी और गोरी ने ही शासन नहीं किया, बल्कि अनेक मुस्लिम राजवंशों ने भारत पर शासन किया। भारतीय इतिहास में इसे सल्तनत काल के नाम से भी जाना जाता है, ये प्रमुख राजवंश हैं, गुलामवंश, जिनका संस्थापक कुतुबुद्दीन ऐबक था जो मुहम्मद गोरी का गुलाम था। हमारी प्राचीन विद्या धरोहर नालंदा विश्वविद्यालय को ध्वस्त करने वाला इसी का सेनानायक बख्तियार खिलज़ी था। इन तुर्क शासकों ने भारतीय सरज़मी पर जो अपने पाँव डाले तो निरन्तर आगे ही बढ़ते चले गये। इसी वंश का एक और

प्रसिद्ध शासक तुर्किस्तान का इल्तुतमिश था जो ऐबक का गुलाम और दामाद दोनों ही था। इसने सर्वप्रथम दिल्ली को अपनी राजधानी बनायी और भारत में प्रथम महिला शासिका के रूप में अपनी पुत्री रजिया बेगम को दिल्ली की राजशाही गद्दी का उत्तराधिकारी बनाया, यह इसका एक क्रांतिकारी प्रयास था। हम इल्तुतमिश को मध्य कालीन भारत के अत्यन्त महान शासकों में से एक मान सकते हैं। अपनी योग्यता का जिस प्रभावी ढंग से उसने परिचय दिया था, वह उसके कुशल सेनानायक, कुशल प्रबन्धक और योग्य शासनतंत्र के स्वरूप का स्वतः ही प्रमाण है। उसकी पुत्री रजिया अपने पिता की ही तरह चतुर कूटनीतिज्ञ एवं अद्भुत साहसी थी। 'मिनहाज उस सिराज' ने उसकी प्रशंसा में लिखा है कि उसमें एक आदर्श सुल्तान के लिए आवश्यक समस्त सराहनीय गुण एवं योग्यताएँ विद्यमान थी, सिवाय इसके कि वह एक महिला थी।[2]

रजिया के बाद प्रमुख शासकों में बलबन का नाम उभर कर सामने आता है। बलबन दिल्ली सल्तनत का पहला सुल्तान या जिसने राजत्व या राजपद के सिद्धान्त का विस्तार से विवेचन किया। उसने शाही ताज़ को एक उच्च एवं गौरवपूर्ण पीठ पर प्रतिष्ठित करने और अमीर वर्ग एवं सुल्तान के मध्य संघर्ष तथा कलह की समस्त संभावनाओं को समाप्त करने के लिए राजत्व की विचारधारा का प्रतिपादन आवश्यक माना। उसने अपनी राजत्व सम्बंधी विचारधारा के मूलतत्वों को फारस के ससानिद् वंश से ग्रहण किया। जिसके अनुसार राजत्व या सुल्तान पृथ्वी पर खुदा या ईश्वर का प्रतिनिधि है नियाबत–ए–खुदाई है[3] और जिसका स्थान पैगम्बर के बाद दूसरा है। मुगलों ने आगे चलकर इसी परम्परा को अपनाया।

बलबन के बाद गुलाम वंश समाप्त ही हो गया था; फिर भी दिल्ली के सिंहासन पर भारतीय राजवंशों में से कोई बैठ नहीं पाया। पुनः दिल्ली की गद्दी पर अन्य राजवंश खिलजी का आधिपत्य देखने को मिलता है। इस वंश का संस्थापक जलालुद्दीन फिरोज खिलज़ी (1290–1296) था, किन्तु इस वंश का शक्तिशाली सुल्तान अलाउद्दीन खिलज़ी (1296–1316) था जिसने जलालुदीन की हत्या कर स्वयं को दिल्ली का सुल्तान घोषित किया। अलाउद्दीन के राज्यारोहण के साथ सल्तनत के साम्राज्यवादी युग का प्रारम्भ होता है। अलाउद्दीन ने राजत्व के उस सिद्धान्त का सृजन किया जिसके अनुसार राजत्व का कोई सम्बंधी नहीं होता और जिसने स्वयं को

खलीफा का डिप्टी अधीनस्थ शासक माना।[4] उसने अपनी सल्तनत का विस्तार तीन चरणों में किया–

(1) गुजरात, राजस्थान और मालवा (पर सीधा नियंत्रण में लाया)

(2) महाराष्ट्र एवं दक्कन के कुछ प्रदेश

(3) दक्कन सहित विभिन्न क्षेत्रों में सल्तनत की सीमाओं का विस्तार किया।

अलाउद्दीन एक दूरदर्शी राजनीतिज्ञ, व्यावहारिक राजनेता तथा कुशल प्रशासक था जिसने भारत में लगान व्यवस्था में सुधार किया, कर की दरों को नियन्त्रित किया और बाजार पर नियंत्रण स्थापित किया। अलाउद्दीन के आर्थिक सुधार सल्तनत काल की महानतम प्रशासनिक उपलब्धि है। अमीर खुसरो ने बरनी का विरोध करते हुए सुल्तान के इन सुधारों को जनकल्याण की दृष्टि से लागू किया माना है। उसके अनुसार इन सुधारों का लक्ष्य सामान्य लोगों के कल्याण के लिए महत्वपूर्ण वस्तुओं की आपूर्ति तथा साथ ही अकाल का सामना करने के लिए निर्धारित दरों पर शाही गोदामों के लिए खाद्यान्न को सुरक्षित करना था।

अलाउद्दीन की प्रशंसा करते हुए फरिश्ता (जहाँगीर कालीन) ने लिखा है कि अलाउद्दीन के शासन के अंत में कीमतें स्थिर रहीं तथा वर्षा के अभाव के कारण या किन्हीं अन्य कारणों से उसमें कोई परिवर्तन नहीं है।

अलाउद्दीन पहला ऐसा दिल्ली सुल्तान था जिसने सैन्य व्यवस्था में जालसाजी को रोकने के लिए दाग (घोड़ों को दागने) एवं चेहरा (सैनिकों का विस्तृत डलिया या व्यक्गित विवरण) लिखने की व्यवस्था प्रारम्भ की, सैनिकों को नकद वेतन देने की शुरूआत सम्भवतः इसी ने की थी। अकबर और शेरशाह सूरी दोनों ने ही उसके इन सुधारों को अपने राज्यकाल में अपनाया। अलाउद्दीन खिलजी की मृत्यु के बाद इरा वंश में कोई योग्य उत्तराधिकारी नहीं हुआ और जो थे, उनको भी षडयन्त्र के फलस्वरूप गद्दी से हाथ धोना पड़ा।

शासकों की इसी परम्परा की अगली कड़ी में तुगलक वंश भारत की राजनीतिक पटल पर उभरता है जिसका संस्थापक गयासुद्दीन तुगलक (1320–25) था, जिसने खुसरो खाँ के लज्जास्पद शासन का अन्त किया था। यह सुल्ताना करौना तुर्क जनजाति का था जो कि तुर्कों और मंगोलों की एक मिश्रित जनजाति थी। इन्होंने सिंचाई के लिए नहरों के निर्माण की योजना बनाई तथा सूखे किसानों की सहायता के लिए अकाल नीति

निर्धारित की। उसने कतिपय मामलों में प्रशासन का उदारीकरण किया। आर्थिक अपराधों के मामले में शारीरिक यातना देना तथा ऋणों की वसूली को बन्द करवा दिया था। यह एक योग्य शासक था, परन्तु इसके पुत्र जौना खाँ ने षड़यन्त्र कर इसको मरवा दिया।

गयासुद्दीन तुगलक के पश्चात् उसका पुत्र (1325–1351) जौना खाँ मुहम्मद बिन तुगलक के नाम से दिल्ली की गद्दी पर आसीन हुआ। दिल्ली सल्तनत के इतिहास में मोहम्मद तुगलक सर्वाधिक विलक्षण व्यक्तित्व का स्वामी था। मोहम्मद तुगलक को कई संज्ञाओं से जोड़ा गया; जैसे अन्तर्विरोधों का विस्मय मिश्रण, रक्त का प्यासा, परोपकारी तुगलक। एल्फिंस्टन ने यह मत व्यक्त किया है कि मोहम्मद तुगलक में पागलपन का कुछ अंश था।[5] डॉ0 ईश्वरी प्रसाद के अनुसार दिल्ली के सिंहासन को सुशोभित करने वाले शासकों में सर्वाधिक विद्वान एवं सुसंस्कृत शासक था।[6] वह अरबी एवं फारसी का महान विद्वान तथा ज्ञान–विज्ञान की विभिन्न विधाओं जैसे खगोलशास्त्र, दर्शन, गणित, चिकित्सा, विज्ञान, तर्कशास्त्र आदि में पूर्णतः पारंगत था। धर्म एवं दार्शनिक मामलों में वह तार्किक बुद्धिवादी था। हिन्दू योगियों एवं जैन संतों से परिचर्चा करने के मामले में वह अकबर का पूर्वानुगामी प्रतीत होता है। वह धर्म सहिष्णु शासक था और अकबर जो कार्य (धार्मिक एवं सामाजिक) कार्य कर रहा था, उसकी आधारशिला मुहम्मद बिन तुगलक ने करीब दो सौ शताब्दी पहले ही कर दी थी। उसके समकालीन लोगों ने उसे अपने युग का एक महान आश्चर्य बताया है। मुहम्मद बिन तुगलक को उसकी पाँच महत्वाकांक्षी योजना के कारण विभिन्न प्रकार से एवं अनुचित ढंग से मूल्यांकन किया गया है– ये पाँच महत्वाकांक्षाएँ हैं–

1. राजधानी परिवर्तन–देवगिरि में राजधानी बनाने की इच्छा
2. सांकेतिक मुद्रा का प्रचलन
3. खुरासन मुद्रा का प्रचलन
4. कराचिल का सैनिक अभियान
5. दोआब में लगान वृद्धि।

यह सच है कि वह एक योग्य शासक था, पर उसका भाग्य उसकी नीतियों के प्रतिकूल था। उसने जो कार्य किये वह उस समय से कई वर्षों के आगे की सोच है, जिस पर कई विद्वानों ने उस पर जो आक्षेप किया जो समय की मांग के अनुकूल ही है।

फिरोजशाह तुगलक मोहम्मद बिन तुगलक का चचाजाद भाई था पर उसमें एक सफल शासक के गुणों एवं साहस दोनों का ही नितांत अभाव था। उसके अकुशल प्रशासन, कमजोर विदेश नीति और दोषपूर्ण सैनिक संघटन के दुष्प्रभावों के फलस्वरूप सल्तनत का तेजी से पतन और विघटन हो गया। फिरोज के शासन की महानतम सफलता कृषि की उन्नति से सम्बन्धित उसके कार्य थे। कृषि की उन्नति के लिए उसने नहरों का निर्माण कराया। नहरों के दोनों ओर नई जमीनों को कृषि योग्य बनाकर उन्हें कृषि के अंतर्गत लाया गया और उत्तम कोटि के फसलों का प्रचलन किया।

सल्तनत के पतन और विघटन की जो प्रक्रिया मुहम्मद बिन तुगलक के शासनकाल में अन्तिम दिनों में ही आरम्भ हो गई थी और फिरोज के शासन में तो यह विघटन दिनों दिन बढ़ता ही जा रहा था और उसकी मृत्यु के दो दशकों के अंतराल में ही दिल्ली सल्तनत का आकार घटकर छोटे से राज्य की भाँति रह गया था, कारण फिरोज अयोग्य एवं साहस विहीन सेनानायक था, उसके अधिकांश सैनिक अभियान निष्फल सिद्ध हुए, एक अयोग्य शासक के पुत्र अयोग्य ही होते हैं। वे सब केवल नाममात्र के ही शासक साबित हुए, न उनके पास यथेष्ठ शाही शक्तियाँ ही बची थीं और न ही शासन करने के लिए पर्याप्त प्रदेश और रही सही कसर तैमूर के आक्रमण (1398) ने पूरी कर दी, जो तुगलक वंश एवं दिल्ली सल्तनत दोनों के लिए ही एक आघात सिद्ध हुआ।

वह भारत जो विश्व मुकुट था, उसका मुकुट भी अब उसका न रहा, दिल्ली में शासन करने का अधिकार और शासन चुनने का अधिकार भी पूर्णतया विदेशी शक्तियों के हाथ में ही आ गया, मंगोल आक्रमणकारी तैमूर ने 1398 में दिल्ली को जब लूटा और जनता का सरेआम कत्ल किया था इसी आक्रमणकारी ने जाते वक्त सैय्यद वंश के संस्थापक, सैय्यद खिज्र खाँ को लाहौर, मुल्तान और दीपालपुर का गवर्नर और भारत में अपना डिप्टी नियुक्त किया था। यह भारत की कैसी विडम्बना है जिस भारत पर गुप्तवंश जैसे राजवंश ने राज्य किया था; जिसकी विजय पताका दूर देशों में भी फैली हुई थी, उसी भारत का शासक अब आक्रमणकारियों के द्वारा मनोनीत होने लगे। खिज्र खाँ ने दिल्ली पर 4 जून 1414 में आक्रमण किया और दिल्ली को जीत लिया, परन्तु यह राजवंश ओस की बूँद के समान था, न तो खिलजियों में साहसी साम्राज्यवादी उपलब्धियाँ ही थी और न

ही तुगलकों जैसे अभिनव प्रशासकीय प्रयोग। परन्तु मध्यकालीन भारत के इतिहास में विघटनकारी प्रवृत्तियों के कारण शक्तिशाली केन्द्रीभूत राजतंत्र का स्थान जब प्रशासन में क्षेत्रीयवाद या प्रान्तीयवाद ने लिया था तो ऐसे समय में सैय्यद वंश ने एक बड़ी भूमिका निभाई। खिज्र खाँ का पुत्र मुबारक शाह ने सुल्तान की उपाधि धारण की वह एक सुयोग्य सेनानायक था जिसने अपनी सेना का प्रतिनिधित्व करते हुए हिन्दू जमींदारों, मुसलमान अमीरों और पंजाब के उपद्रवी खोखर एवं तुर्क बच्चा को पराजित किया। किन्तु उसकी मृत्यु के उपरांत सैय्यद वंश बड़ी तेजी से विनाश की ओर बढ़ने लगा और आलमशाह को हटाकर बहलोल लोदी ने एक नवीन राजवंश लोदी राजवंश की स्थापना उसके जीते जी कर दी।

पतनोन्मुख सैय्यद राजवंश के सूर्यास्त के समय दिल्ली सल्तनत वस्तुतः एक प्रान्तीय राज्य बनकर ही रह गया था। बहलोल लोदी का उत्तराधिकारी सिकन्दर लोदी था। उसमें अपने पिता की तरह दूरदर्शिता थी एवं प्रशासन का अच्छा अनुभव था। उसने अपने राज्य की सीमा का विस्तार बंगाल तक कर लिया था। सिकन्दर लोदी की दूरदर्शिता का एक प्रमाण आगरा को राजधानी बनाने से ही पता चलता है, कारण आगरा से दोआब के उच्छृंखल सरदारों एवं मध्य भारत के राजपूतों को अपने अंकुश में रखा जा सकता था, दूसरा भारत के पश्चिम पूर्व इलाकों पर आक्रमण करने के लिए यह अधिक उपर्युक्त जगह थी। यही आगरा शहर मुगलकाल में राजनीतिक प्रतिष्ठा और समृद्धि के शीर्ष पर पहुँच गया था। सिकन्दर एक शक्तिशाली दृढ़संकल्प से युक्त शासक था उसने विद्रोहियों का दमन किया और केन्द्रीय सरकार की प्रतिष्ठा को पुनःस्थापित किया।

सिकन्दर लोदी का उत्तराधिकारी उसका पुत्र इब्राहिम लोदी हुआ, जिसने अपनी अव्यवहारिकता का परिचय देते हुए अमीरों की भावनाओं को आहत किया। सोलहवीं शताब्दी के प्रथम ढाई दशकों में हमारे देश की राजनीतिक अवस्था ग्यारहवीं शताब्दी के उन आरम्भिक वर्षों की अवस्था से मिलती जुलती थी। जब भारत का विशाल साम्राज्य आपस में लड़ने वाले छोटे–छोटे राज्यों में विभक्त हो चला था बस अन्तर इतना ही था कि उस समय भारत में अधिकांश स्वदेशी शासन था और इस काल में अधिकांशतः विदेशी क्योंकि मुस्लिम राजवंशों के अनेक लोग भारत के विभिन्न क्षेत्रों पर इस समय शासन कर रहे थे, पर केन्द्र में शासन किसी भी भारतीय राजवंश का नहीं रहा छुटपुट प्रयास जरूर हुए परन्तु असंतोष

एवं द्वेष के कारण किसी भी भारतीय राजवंश का अधिकार केन्द्र में नहीं रह पाये। इब्राहिम लोदी ने अपने कठोर व्यवहार से देश की जनता को अपने मातहतों, सबको अपना द्रोही बना लिया था; कारण वह अपने को सर्वोपरि (राजा के दैवी अधिकार सिद्धान्त मानता था। उसका यह मानना था कि राजा का कोई सम्बन्धी नहीं होता और जितने सरदार हैं वे सब उसके मातहत और नौकर हैं; यदि कोई सरदार इसके खिलाफ आवाज उठाता तो उसकी आवाज को कठोर से कठोर दण्ड देकर चुप करा दिया जाता। इस कारण से उँचे तबके के बहुत से अमीरों ने उसके खिलाफ बगावत कर दी थी। जिसे उसने सैन्यबल से कुचल दिया था। विद्रोह करने वालों में लोदी, लोहानी, फरमूली, नियाजी, अफगानी, मुसलमान प्रमुख थे।

यह राजनीतिक असंतोष अभी खत्म नहीं हुआ था देश में अराजकता और अव्यवस्था का विशाल वातावरण छा गया था। एक तरफ खुद सुल्तान का चाचा आलम खाँ असन्तुष्ट होकर स्वयं को दिल्ली का शासक बनाना चाहता था, तो दूसरी तरफ पंजाब का सूबेदार दौलत खाँ लोदी ने स्वयं को बिना ताज का बादशाह घोषित कर दिया और उससे प्रभावित होकर कई सरदार उससे जा मिले। उसकी मृत्यु के उपरांत उसके बेटे बहार खाँ (बहादुर खाँ) ने अपने को स्वाधीन शासक घोषित करते हुए इब्राहिम को शासक मानने से इंकार कर दिया।

उस समय के महत्वपूर्ण राज्यों बिहार, बंगाल, मालवा, गुजरात, मेवाड़, सिन्ध, पंजाब, कश्मीर, उड़ीसा, खानदेश, विजय नगर एवं दक्षिण के राज्यों लगभग इन सभी राज्यों के शासकों ने इब्राहिम लोदी के व्यवहार से असंतुष्ट होकर अपने आप को स्वतंत्र घोषित कर दिया था और अपने साम्राज्य विस्तार करने की सीमा में लग गये थे। इस तरह लोदी राज्य विद्रोह और अशान्ति की आग में बुरी तरह क्षुब्ध हो उठा था और सुल्तानों की मान–प्रतिष्ठा भी काफी कम हो गई थी। इन शासकों के असंतोष और अंतर्विरोधों का फायदा उठाते हुए बाबर ने भारत पर आक्रमण किया तथा लोदी वंश को जड़ से पराजित करते हुए भारत में मुगल साम्राज्य की स्थापना की।

बाबर के समय का भारत– बाबर अपने आत्मग्रन्थ में भारत के सन्दर्भ में लिखता है कि "भारत की राजधानी दिल्ली है। सुल्तान सिहाउद्दीन के समय से सुल्तान फिरोजशाह तुगलकों तक हिन्दुस्तान के अधिकांश भाग दिल्ली बादशाह के अधीन था। जब मैंने इस देश को जीता

तो यहाँ पाँच मुसलमान और दो काफिर शासकों का राज्य था। यो तो पहाड़ी और जंगली प्रदेशों में अनेक छोटे–छोटे राजा और रईस थे परन्तु बड़े और प्रधान ये पाँच ही थे।"[7]

बाबर के आक्रमण वे वक्त दिल्ली के अतिरिक्त (पूर्व में पर्याप्त चर्चा होने के कारण) बंगाल, मालवा, गुजरात, मेवाड़, पंजाब, कश्मीर, सिन्ध, उड़ीसा, खानदेश, दक्षिण के राज्य विजयनगर प्रमुख थे।

बंगाल– फीरोज़ तुगलक (1351–1388) के समय बंगाल हुसैनी राजवंश के नीचे एक स्वतंत्र राज्य बन गया था। इस राजवंश का पहला राजा अलाउद्दीन हुसैन (1493–1595) अत्यंत सुयोग्य शासक था। इसने अपने राज्य की सीमायें उड़ीसा तक बढ़ा ली और आसाम की सीमा पर स्थित कूच–बिहार के कामतपुर को अपने कब्जे में कर लिया। उसका लड़का नुसरतशाह बाबर का समकालीन था और उसे बाबर के साथ सन्धि करनी पड़ी थी। नुसरतशाह एक योग्य शासक था उसने महाभारत का बंगला भाषा में अनुवाद करवाया था।[8] उसके समय में बंगाल प्रान्त सुख और समृद्धि का गढ़ था।

गुजरात– गुजरात प्रान्त ने दिल्ली से अपना सम्बन्ध उस समय तोड़ दिया था जब 1401 में जफर खाँ जो मुसलमान धर्म में दीक्षित हुए एक राजपूत बाप का बेटा था, जिसने अपने को स्वतंत्र घोषित कर मुजफ्फर शाह के नाम से गुजरात की गद्दी पर आसीन हुआ। इस वंश का सर्वाधिक महत्वपूर्ण शासक महमूद बेगरा (1458–1511) था। बाबर के आक्रमण के समय गुजरात का सुल्तान मोहम्मद मुजफ्फर शाह द्वितीय था, उसे हदीस पढ़ने का शौक था। अप्रैल 1516 में उसकी मृत्यु हो गई। जुलाई 1526 में उसका लड़का बहादुरशाह राजा बना। आगे चलकर यह एक सुयोग्य और सफल राजा सिद्ध हुआ।

मालवा– मध्यभारत में तीन प्रमुख राज्य अपनी प्रभुता के लिए लड़ रहे थे। मालवा उनमें से एक था। 1435 में गोरी के वजीर महमूद खाँ ने राजसिंहासन पर अपना अधिकार जमा लिया था और खिलजी वंश की नींव डाली थी बाबर के समय में मालवा का शासक महमूद द्वितीय था। उसके समय में एक वीर राजपूत मेदनीराय का प्रभाव हो गया था, महमूद ने उसे मंत्री बना दिया था। मेदनीराय ने राज्य के प्रमुख पदों पर अपने संगी–साथियों को ला बिठाया। जिसके कारण दरबार के अमीर उससे नाराज हो गये थे और गुजरात के सुल्तान की सहायता से उसे पराजित

कर निकाल बाहर करने के लिए एकजुट हो गये थे। मेदिनीराय ने मेवाड़ के राणा सांगा की सहायता से महमूद द्वितीय को परास्त किया। राणा सांगा ने अपनी उदारता दिखाते हुए उसे मुक्त कर दिया। लेकिन राणा सांगा की यह उदारता भी मालवा राज्य की रक्षा नहीं कर सकी।

मेवाड़– हिन्दुओं की अदम्य साहस का प्रतीक मेवाड़ जिसकी राजधानी चित्तौड़ थी, शुरूआत से ही परम शक्तिशाली राज्य था। इस राजघराने के लोग अपने को गुहिलवंशी मानते थे। इस राजवंश में बहुत से श्रेष्ठ और सुयोग्य शासक हुए, जिनमें राजा कुम्भकर्ण (1433–1468) राणा संग्राम सिंह और महाराणा प्रताप प्रमुख है। बाबर के आक्रमण के समय चित्तौड़ पर राणा संग्राम सिंह का शासन था। वह एक रणकुशल और वीर योद्धा थे। सौ युद्धों में उन्होंने भाग लिया था और युद्ध में उनके शरीर पर 80 घावों के चिन्ह विद्यमान थे। कर्नल टॉड ने उसे सैनिकों का भग्नावेश कहा है क्योंकि जीवन में निरन्तर युद्धों में भाग लेते हुए उसकी एक आँख और बाँह दोनों जाती रही। राणा सांगा एक कुशल योद्धा होने के साथ चतुर राजनीतिज्ञ भी था। उन्होंने अपनी चतुर कूटनीतिक बुद्धि के द्वारा राजस्थान के अन्य राज्यों से अपनी राजनैतिक प्रधानता स्थापित कर ली। उनके वर्चस्व का पता इसी बात से लगता है कि लगभग 200 राजपूत उनके पक्के अनुयायी थे। राणा सांगा की आकांक्षा दिल्ली पर हिन्दू राज्य स्थापित करने की थी और अपनी इसी इच्छा को फलीभूत करने के लिए उन्होंने बाबर को इब्राहीम लोदी के राज्य पर आगरा की ओर से हमला करने की राय दी थी, जबकि स्वयं बाबर ने उत्तर की ओर से उस पर चढ़ाई करने की योजना बनायी थी।

पंजाब– पड़ोस का पंजाब प्रान्त वास्तव में दिल्ली सल्तनत का नाममात्र का ही एक अंग था किन्तु इसके गवर्नर दौलत खाँ लोदी के सम्बन्ध सुल्तान इब्राहीम लोदी के साथ अच्छे नहीं थे, एक प्रकार से वह स्वयं ही बादशाह बन गया था। इब्राहिम लोदी उस पर आक्रमण करने की योजना बना रहा था। इस तथ्य से अवगत होते ही वह अपनी रक्षार्थ अपने को पूर्ण स्वतंत्र करने की तैयारी करने लगा और इसी उद्देश्य की पूर्ति हेतु उसने बाबर को भारत पर आक्रमण करने के लिए निमन्त्रण भेज दिया।

सिंध– मुहम्मद बिन तुगलक के शासनकाल के पश्चात सिंध प्रान्त स्वाधीन हो चुका था। सोलहवीं शताब्दी के मध्य में इसका पतन हो गया

था। बाबर के आक्रमण के समय सिन्ध प्रान्त में अरगो की शक्ति और प्रभाव बहुत बढ़ा–चढ़ा था।

उड़ीसा– उड़ीसा का हिन्दू राज्य बहुत विशाल था और इसके शासक शक्तिशाली थे। अभी तक दिल्ली का कोई भी सुल्तान इस पर अपनी सत्ता अच्छी तरह नहीं जमा पाया था। सामरिक दृष्टि से उड़ीसा का हमेशा ही महत्व रहा है कारण बंगाल से दक्षिण की ओर बढ़ने पर यह सदैव एक रूकावट के रूप में खड़ा रहा है।

कश्मीर– पंजाब के उत्तर पश्चिम में कश्मीर का स्वतंत्र राज्य स्थित था यहाँ के हिन्दू राजा के यहाँ शाह मिर्जा नामक एक वीर योद्धा ने नौकरी कर ली और धीरे–धीरे अपना प्रभाव जमाकर 1339 ई0 में कश्मीर के सिंहासन पर अपना अधिकार कर लिया। कश्मीर का सबसे अधिक महत्वपूर्ण सुल्तान जैनुल आब्दीन हुआ। उसे कश्मीर का अकबर कहा जाता है। दिल्ली से दूर होने के कारण उत्तर भारत की राजनीति में कश्मीर का कोई विशेष प्रभाव देखने को नहीं मिलता।

खानदेश– चौदहवीं शती के अन्तिम दशक में ताप्ती नदी की घाटी पर बसा हुआ खानदेश स्वतंत्र हो चुका था। मलिक राजा फरकी ने यहाँ के राजवंश की नींव डाली थी और स्वयं त्याग–पत्र देकर 1399 ई0 में स्वर्गवासी हुआ था। 1308 में दाउद की मृत्यु के बाद खानदेश के सिंहासन के लिए दो विरोधी उत्तराधिकारियों में विग्रह प्रारम्भ हो गया जिसके कारण सारे राज्य में घोर अव्यवस्था का वातावरण उत्पन्न हो गया था। अन्त में सुल्तान महमूद बेगरा (गुजरात) ने आदिल खाँ तृतीय को खानदेश के सिंहासन पर बैठाने में सफल हुआ। आदिल खाँ 1520 ई. में को मर गया था और बाबर के आक्रमण के वक्त उसका बेटा महमूद प्रथम गद्दी पर आसीन था।

दक्षिण का राज्य– मुहम्मद बिन तुगलक के अत्याचारपूर्ण शासन के विरोध स्वरूप 1347 ई. में दक्षिण के प्रसिद्ध बहमनी राज्य की स्थापना हुई इसका विस्तार उत्तर में बरार से लेकर दक्षिण में कृष्णा नदी तक था। अनेक सुयोग्य शासकों ने बहमनी राज्य पर शासन किया और ये एक दक्षिण में बसे विजयनगर के हिन्दू राज्य से बराबर लड़ते रहे। 1481 ई. में महमूद गवाँ नामक सुयोग्य मंत्री की हत्या के बाद विजयनगर राज्य की शक्ति क्षीण होने लगी और परिणामस्वरूप यह पाँच स्वतंत्र राज्यों में विभक्त हो गया। ये राज्य हैं– बरार (1498–1527 ई.), अहमदनगर

(1489–1633 ई.), बीजापुर (1489– 1686 ई.), गोलकुण्डा (1512–1687 ई.) और बीदर (1526–1590 ई.)। विजय नगर का राज्य देश के प्रमुख हिन्दू राज्यों में से एक था। बाबर के समय में यहाँ का राजा कृष्णदेव राय था। विजयनगर राज्य में जितने राजा हुए उन सबमें सबसे महान यही था और इस युग के सर्वश्रेष्ठ राज्यों में इसकी गणना की जाती थी, इसमें सफल शासक के सभी गुण थे। इसीलिए बाबर ने बिना जाने ही विजयनगर नरेश कृष्ण देव राय की प्रशंसा की है।

विजयनगर के साम्राज्य में वर्तमान मद्रास प्रेसीडेन्ट, मैसूर और दक्षिण भारतीय की सब रियासतें शामिल थी। बीजापुर के सुल्तान इस्माइल आदिल शाह से रायचूर के दोआब के लिए 19 मई सन् 1520 को कृष्ण देव राय से युद्ध किया था तो उसकी सेना में 7,03,000 पैदल, 32,600 घुड़सवार और 551 हाथी थे।[9]

बाबर के आक्रमण के समय यह राज्य राजनीतिक आर्थिक सांस्कृतिक दृष्टि से श्रेष्ठ और सम्पन्न था। यद्यपि उत्तर भारत की राजनीति में विजयनगर का कोई विशेष हाथ नहीं रहा तथापि दक्षिण की ओर मुसलमान आक्रमणकारियों को बढ़ने से रोकने में इसे पूर्ण सफलता प्राप्त हुई।

बाबर के आक्रमण के समय राज्य महत्वाकांक्षी होने के कारण और दूसरे राज्यों से अपनी श्रेष्ठता दिखाने के लिए प्रयासरत थे, और परस्पर लड़ा करते थे। भारतीय कभी एकजुट नहीं हो सके उनका दंभ भी उनको ले डूबा। राजपूतों ने अवश्य ही साहस दिखाया बल्कि राणा सांगा के नेतृत्व में दिल्ली सल्तनत की सीमा विस्तार रोकने में सफलता अर्जित की बल्कि राजपूत राज्य स्थापित करने की महत्वाकांक्षा ने ही सल्तनत वंश के अस्तित्व को खत्म कर दिया। जिसके परिणामस्वरूप इब्राहिम की पराजय हमें देखने को मिलती है। भले ही उसके परिणाम भारतीयों के हित में नहीं आये पर राणा सांगा का यह प्रयास इतिहास में अपना एक विशेष महत्व रखता है।

शासन व्यवस्था– पुराणों, प्राचीन एवं अर्वाचीन स्मृतियों तथा पुराणों पर लिखे गये भाष्य यथा– कामंदक, नीतिशास्त्र, सामदेव के नीतिवाक्यामृत आदि के साथ अर्थशास्त्र के सिद्धांत और लोक परम्परा की मान्यताओं पर भारत की राजनीतिक प्रशासन व्यवस्था मध्ययुग के आरम्भ में संचालित होती थी। प्रशासन के मार्ग–दर्शन में इसी युग के बृहद धर्म, विष्णु धर्मोत्तर,

अग्नि, गरूड़, आदि पुराणों के साथ महाभारत की पारम्परिक व्यवस्था का महत्व था और स्मृति आधारित न्याय व्यवस्था की तसदीक़ की जाती थी। प्राचीनकाल से ही ऐसे प्रमाण मिलते हैं कि उत्तर भारत के प्रत्येक योग्य तथा जागरूक राजा अपने राज्य कार्य में अत्यधिक रुचि लेता था और शासन प्रबंध के हर मामले में पूरा ध्यान देता था। मेगास्थनीज का कथन है कि राजा का सारा समय अपनी प्रजा के लिए था। उसके द्वार प्रजा के लिए सदा खुले रहते थे। लेकिन तुर्कों के आक्रमण ने भारतीय प्रशासनिक व्यवस्था को चरमरा दिया था। भारत की प्रारम्भिक अवस्था जहाँ प्रजातंत्र से शुरू होती है, अपने विकास के साथ–साथ वह व्यवस्था राजतंत्र में परिणित होती जाती है। जिसमें लोक का स्थान तो है, परन्तु महत्त्वपूर्ण स्थान उन व्यक्तियों को प्राप्त हो जाता है जो अपनी सेनाओं की सहायता से भूमि के बड़े हिस्से पर अधिकार जमाकर रखते थे। यहीं से भारत में सामन्तवाद का अभ्युदय दिखायी देता है। 1100 ई0 में राजपूतों के सामाजिक और राजनीतिक ढांचे के कारण सम्पूर्ण उत्तर भारत में जो शून्यता व्याप्त हो गई थी, इस शून्यता को इन तुर्की शासकों ने काफी हद तक दूर करने का प्रयास किया। यह सच है कि मध्यकाल में मुस्लिम राज्य का स्वरूप धर्म निरपेक्ष न होकर विशेष धर्म से सम्बन्धित था। सम्पूर्ण मध्यकाल में इस्लाम धर्म राजधर्म बना रहा। डॉ0 आशीर्वादी लाल श्रीवास्तव इस मत से पुष्टि करते हुए लिखते हैं कि मध्ययुगीन राज्य मजहबी राज्य था। डॉ0 श्रीवास्तव ने मध्ययुगीन राज्य की परिभाषा Twentieth Century Dictonary के अनुसार करते हुए लिखा है कि एक ऐसा राज्य जिसमें संविधान में ईश्वर को ही एकमात्र न्यायाधीश (Sovereign) माना जाता है और राज्य के कानूनों को मानवीय अध्यादेशों की अपेक्षा दैविक आदेश ही अधिक समझा जाता है, पुरोहित वर्ग अनिवार्य रूप से अदृश्य शासक बन जाता है।[10]

मध्यकाल हमेशा एक जैसा नहीं रहा है, उसका स्वरूप हमेशा परिवर्तित होता रहा है। दिल्ली सल्तनत काल में पूर्णरूप से और मुगलकाल में आंशिक रूप से मुस्लिम राज्य मज़हबी था। अलाउद्दीन ने भी सल्तन युग में धर्म को राजनीति से अलग कर दिया था। अकबर ने इस्लाम को राज्य का आधार नहीं बनाया, बल्कि अन्य धर्मावलंबियों को भी राज्य में समान अधिकार प्रदान किया। बात यदि शासन व्यवस्था में राजा के दायित्व की करें तो इब्बे हसन के अनुसार प्राचीन काल से ही

ऐसे प्रमाण मिलते हैं कि उत्तर भारत का प्रत्येक योग्य तथा जागरूक राजा अपने राज्य कार्य में अत्यधिक रुचि लेता था और शासन प्रबंध के हर मामले पर पूरा ध्यान देता था। मेगस्थनीज का कथन है कि राजा का सारा समय अपनी प्रजा के लिए है। उसके द्वार प्रजा के लिए सदा खुले रहते थे। मुस्लिम शासकों में भी जहाँ अलाउद्दीन ने सारी शक्ति अपने हाथों में केंद्रित कर रखी थी, वहीं उसका सारा समय छोटी–छोटी तफसीलों में जाया (समाप्त) होता था। छोटी से छोटी वस्तु का भाव भी वह स्वयं निर्धारित करता था। वह बाजार भावों पर निगरानी रखता था और अपने नौकर चाकरों के माध्यम से उनका निरीक्षण करता था। इब्नेबतूता ने मुहम्मद तुगलक के दरबार कार्य का वर्णन किया है। सिंकदर लोदी स्वयं शासन प्रबंध का निरीक्षण करता था और राज्य कार्य से अपने को परिचित रखता था। शेरशाह अपने आप में मंत्री था और सब कार्य स्वयं संपादित करता था।''[11] किंतु अकबर ने अपनी शासन व्यवस्था में इन सभी मूलभूत तथ्यों का समावेश कर पूर्व में चली आ रही नीति को एक विस्तृत स्वरूप प्रदान किया। अबुल फज़ल के शब्दों में– ''इससे सभी सहमत है कि श्रेष्ठतम् कार्य वे हैं जिनसे प्रजा के आचरण का सुधार, कृषि की वृद्धि तथा पदाधिकारियों का नियमन होता है और सेना का अनुशासन कायम रहता है, किन्तु इन वांछनीय उद्देश्यों की पूर्ति तब तक नहीं हो सकती जब तक प्रजा को प्रसन्न रखने के उपायों पर विचार न किया जाय। किंतु जब इन सब बातों का ध्यान रखा जाता है तो प्रजा का प्रत्येक वर्ग सुख और समृद्धि का उपभोग करता है।[12]

अकबर ने केन्द्रीय एवं प्रान्तीय दोनों प्रकार की शासन व्यवस्था में आवश्यक सुधार करते हुए शासन को एक नयी दिशा प्रदान की। सॅर जदुनाथ सरकार ने मुगलों की इस अर्थ में प्रशंसा करते हुए लिखा कि मुगलो के दो सौ वर्ष के शासन ने उत्तर भारत और अधिकांशतः दक्षिण में भी एक सरकारी भाषा समान प्रशासन व्यवस्था सिक्के तथा हिन्दू पुजारियों और ग्रामीण लोगों के अतिरिक्त सब लोगों की एक बोलचाल की भाषा प्रदान की। यहाँ तक कि उन रियासतों में जहाँ मुगलों का प्रत्यक्ष शासन नहीं था, वहाँ भी उनकी प्रशासन व्यवस्था, उनकी उपाधियाँ, उनका दरबार शिष्टाचार और उनका सिक्का पड़ोसी हिन्दू नरेशों ने अपना लिया था।[13]

मुगल साम्राज्य में शासन मुख्यतः तीन स्तरों से संचालित होता था जो क्रमशः जाने जाते हैं–

(1) केन्द्रीय शासन (Central Government of the Mugal Empire)

(2) प्रान्तीय शासन (Provincid Administration in the Mugal Empire)

(3) स्थानीय शासन (Local Administration in Mugal Empire)

मुगल साम्राज्य में केन्द्रीय शासन (Central Government of the Mugal Empire)—बादशाह (King) मुगल शासन काल में राजा कोई गलती नहीं कर सकता (The King can do no wrong) का सिद्धान्त पूर्ण रूप से सत्य था। मुगल सम्राट असीम शक्ति सम्पन्न एवं राज्य का सर्वेसर्वा था। अबुल फजल के शब्दों में नृपत्य एक ईश्वरीय उपहार है और यह तब तक नहीं मिलता जब कि तक कि एक व्यक्ति में हजारों सद्‌गुण इकट्ठा नहीं हो जाते।[14] शासन की समस्त शक्तियाँ सम्राट के केन्द्रीभूत थी। सम्राट की आज्ञा सर्वोच्च थी और उसका विरोध करने वाले व्यक्ति को कड़ी सजा दी जाती थी। साम्राज्य का प्रधान होने के साथ–साथ सेना का प्रधान सेनापति, न्याय का मुख्य न्यायाधीश तथा धार्मिक क्षेत्र का प्रधान सम्राट होता था। कुछ एक कार्य को छोड़ दिया जाये तो शक्ति सम्पन्न होने के बाद भी वे पूर्णतया निरंकुश सम्राट नहीं कहे जा सकते हैं, कारण उन्होंने जनता पर अत्याचार नहीं किये। अकबर से शाहजहाँ तक सभी मुगल सम्राट प्रजा हित को सर्वोपरि मानते थे। मुगल साम्राज्य ने शासन व्यवस्था को गौरव तथा स्थिरता प्रदान की। मुगल सम्राटों ने स्वयं को ईश्वर का प्रतिनिधि घोषित कर धर्म, राजसी, संस्थाओं तथा उलमा एवं उमरा के सहयोग से उसे मजबूत बना दिया। विद्रोह की कमी, साम्राज्य का विस्तार तथा इतने समय तक एक वंश का शासन महान मुगल सम्राटों द्वारा प्रतिपादित राजत्व की सफलता का प्रमाण है।

मन्त्रिपरिषद (Cabinet)– मुगल साम्राज्य अपनी राजनीतिक नीतियों के कारण भारत में दूर–दूर तक स्थापित हो गया था। इतने विशाल क्षेत्र का संचालन केवल बादशाह द्वारा करना असम्भव था। अतः बादशाह की शासन व्यवस्था में मदद के लिए एक मन्त्रिपरिषद् की स्थापना की गयी थीं। सभी मंत्रियों की नियुक्ति सम्राट के द्वारा ही होती थी। इनका प्रमुख कार्य बादशाह को सलाह देना होता था। इनकी सलाह मानने के लिए बादशाह बाध्य नहीं था। मुगलकालीन शासन व्यवस्था के केन्द्र में विभिन्न मन्त्री थे, जिनकी संख्या विभिन्न सम्राटों के शासनकाल में घट बढ़ गयी थी। मुगलकालीन प्रमुख मंत्री एवं उनके कार्य विभाग।

प्रधानमंत्री / वकील (Prime Minister/Advocate)– साम्राज्य में सम्राट के बाद सबसे ऊँचा पद प्रधानमंत्री का होता था जो वकील भी कहलाता था। प्रधानमंत्री, बादशाह के रूप में कार्य करता था। अकबर के समय में इस पद पर बैरम खाँ प्रतिष्ठित था तथा बैरम खाँ की मृत्यु के बाद मुनीम खाँ इस पद पर नियुक्त किया गया। प्रधानमंत्री किसी एक विभाग का प्रधान नहीं होता था वरन् वह सभी विभागों की देखभाल किया करता था। प्रान्तीय सरकार इनके नियंत्रण में ही कार्य करती थी। अन्य कर्मचारियों की नियुक्ति भी यही किया करते थे।

दीवान / वज़ीर– प्रधानमंत्री या वकील के बाद दीवान का पद प्रमुख होता था जिसे वज़ीर के नाम से भी जाना जाता था। आदाबुल विज़ारत का लेखक कहता है कि "वज़ीर राज्य में दूसरा राजा होता है और उसके कर्तव्य राजा के कर्तव्यों से भी दुष्कर होते हैं कारण कि राजा को बरहाल ऐसी प्रतिष्ठा प्राप्त होती है जो उसके लिए आड़ का काम करती है; न कोई उस तक पहुँच सकता है और न कोई उसके प्रति रूख व्यवहार कर सकता है। मगर वजीर के पास ऐसी कोई आड़ नहीं होती है। राज्य की स्थिरता का कारण शासक को समझा जाता है और उसके विघटन का कारण वजीर को। इसलिए एक वजीर को दार्शनिक के समान बुद्धिमान ग्रामीण के समान सरल, खर्च में व्यापारी के समान सावधान तथा एक योद्धा के समान वीर होना चाहिए।"[15] यह राजकोष विभाग का अध्यक्ष होता था तथा राज्य के आय व्यय का हिसाब रखता था। कालान्तर में बैरम खाँ के परामर्शानुसार एक दीवान के स्थान पर अनेक दीवानों की नियुक्ति की गयी। इसमें एक दीवान खालसा था जिसके अधिकार में सरकार की भूमि (खालसा) रहती थी। दूसरा दीवाने तान होता था जिसके अधिकार में ज़ागीर की भूमि रहती थी। तीसरा दीवाने ब्यूतात कहलाता था जिसका कार्य विभिन्न कारखानों के आय–व्यय का ब्यौरा रखना था। मुशरिफे खज़ाना नामक अधिकारी केन्द्रीय राजकोष की देखभाल करता था यह भी दीवान के अन्तर्गत आता था।

मीर बख्शी (Mir Bakshi)– सैन्य विभाग का अध्यक्ष मीर बक्शी कहलाता था। किन्तु वह सेना का प्रधान सेनापति नहीं होता था। मीर बख्शी का कार्य सैनिक संगठन एवं सैनिकों के वेतन से सम्बद्ध होता था। मनसबदारों की सूची सम्राटों को पेश करना, उनके शस्त्रों की व्यवस्था, सैनिकों की भर्ती, सैनिकों का निरीक्षण इत्यादि कार्य भी मनसबदारों के थे।

सदरूस सदर (Sadar-I-Sudur)– सद्र–ए–सुदूर के पास दान विभाग, न्याय विभाग तथा शिक्षा विभाग होते थे। एस0आर0 शर्मा के अनुसार यह अधिकारी प्रधान असैनिक न्यायाधीश था और उन भू–धर्मस्वों की देखरेख करता था। जो सम्राट तथा राजकुमारों द्वारा धार्मिक व्यक्तियों विद्वानों तथा भिक्षुओं को दिये जाते थे। उसका कर्तव्य यह देखना था जो अनुदान दिये जाएँ उनका उचित उपयोग हो। इसके अतिरिक्त वह नये अनुदानों के लिए आये हुए प्रार्थना पत्रों की भी जाँच करता था।[16]

मुहातसिब (Muhatsib)– आचरण की देखभाल करने वाले विभाग का अध्यक्ष मुहातसिब कहलाता था। उसका कर्तव्य इस बात की देखभाल करना था कि मुसलमान लोग पैगम्बर की आज्ञानुसार जीवन बिताये और निषिद्ध चीजों का व्यवहार न करे। मुहतसिब को जो आदेश दिये जाते थे उनका एक अंश इस प्रकार था– नगरों में मादक द्रवों की ब्रिक्री मत होने दो और न तवाइफों (नर्तकियों) को रहने दो, क्योंकि यह धर्म के नियमों के विरूद्ध है। जो लोग कुरान के सिद्धान्तों का उल्लंघन करें उन्हें सदुपदेश तथा चेतावनी दो। (पहले उनके साथ कठोरता का व्यवहार मत करो, नहीं तो वे तुम्हें कष्ट पहुँचायेंगे। पहले उन लोगों के नेताओं को सलाह दो और फिर भी यदि वे तुम्हारी बात न माने तो सूबेदार को इस विषय की रिपोर्ट कर दो।"[17]

खान–ए–सामाँ (Khan-i-Saman)– यह घरेलू विभाग का प्रधान होता था। इसका कार्य शाही भोजनालय तथा राजमहल की अन्य आवश्यकताओं का प्रबन्ध करना था। अतः इसे सम्राट के व्यक्तिगत अनुचरों का प्रधान भी कहा जा सकता है ,क्योंकि शाही इमारतों, बागों, सड़कों, कारखानों के कार्य तथा क्रय सम्बन्धी वस्तुएँ आदि इसी के अधीन थे। शाही परिवार की प्रतिदिन की आवश्यकताओं की व्यवस्था करने के साथ–साथ वह बादशाह द्वारा मनसबदारों, राजकुमारों, विद्वानों तथा विदेशी राजपूतों को समय–समय पर दिये जाने वाले उपहारों की व्यवस्था भी करता था।

मीर आतिश (Mir Atish)– तोपखाने के विभाग का अध्यक्ष मीर आतिश कहलाता था। मीर का अर्थ होता है प्रधान और आतिश का अर्थ होता है आग। तोपों से आग की वर्षा होती थी, अतः तोपखाने का प्रधान मीर आतिश कहलाता था।

काज़ी उल कुज़ात (Quzi-ul-Kujat)– काज़ी उल कुज़ात न्याय विभाग का अध्यक्ष कहलाता था जिसका अर्थ होता है काज़ियों का काज़ी। कुज़ात काज़ी का बहुवचन है जिसका अर्थ होता है न्यायाधीश। काज़ी

उल कुज़ात का प्रधान कर्तव्य न्याय की रक्षा करना था। मुख्य काज़ी की नियुक्ति स्वयं राजा करता था। अन्य काज़ियों पर भी उसका पूर्ण नियन्त्रण था। काज़ियों की नियुक्ति, पद–निवृत्ति करने तथा उनकी वेतन वृद्धि का अधिकार काज़ी–उल–कुज़ात को ही प्राप्त था।

दरोगा–ए–डाक चौकी (Daroga-i-Dak-Chauki)– डाक विभाग का अध्यक्ष दरोगा–ए–डाक –चौकी कहलाता था। यह अपने अधीनस्थ सहायकों की मदद से साम्राज्य के विभिन्न भागों में होने वाली घटनाओं की सूचना बादशाह को भेजता था। इस कार्य में दरोगा की सहायता हेतु 'वाकया नवीस' सबानिहनिगार, खुफिया नवीस तथा हरकारे आदि होते थे। डाक लाने ले जाने के लिए घोड़ों की व्यवस्था थी।

मुगल राज्य के प्रान्तीय प्रशासन (Provincial Administration In The Mughal Empire)– मुगल साम्राज्य से पूर्व प्रान्तीय शासन व्यवस्था का अस्पष्ट सा रूप हमारे सामने आता है। किंतु उसका व्यवस्थित रूप अकबर व जहाँगीर के समय में निखर कर सामने आता है। अकबर के द्वारा व्यवस्थित रूप से प्रारम्भ की गयी प्रान्तीय शासन व्यवस्था शासन के इस रूप का प्रतिनिधित्व करती है। अकबर ने अपने सम्पूर्ण साम्राज्य को प्रान्तों में विभाजित कर दिया और इनमें एक–सी शासन व्यवस्था सम्पूर्ण प्रान्तों में लागू करवा दी। 1602 ई0 में इन प्रान्तों की संख्या 15 थी। ये प्रान्त इलाहाबाद, आगरा, अवध, अजमेर, अहमदाबाद, बिहार दिल्ली, काबुल, लाहौर, मुल्तान, मालवा, बरार, खानदेश और अहमदनगर थे। काश्मीर और कन्धार काबुल प्रान्त के अन्तर्गत जिले (सरकारें) थे।[18] इन प्रान्तों के प्रशासन की रूपरेखा भी वैसी ही थी जैसी कि केन्द्र की थी। डॉ0 जे0एन0 सरकार के शब्दों में, "प्रान्त का शासन केन्द्र का ही प्रतिरूप था।[19] प्रान्तीय प्रशासन में निम्नलिखित प्रमुख अधिकारी होते थे–

(1) सूबेदार एवं उसके कार्य (Subedar and his work)– सूबे के प्रमुख सिपहसालार होता था, जिसके अधीन एक बड़ी सेना होती थी। आमतौर पर उसे सूबेदार अथवा खाली 'सूबा' ही कहा जाता था। वह सम्राट का प्रतिनिधि होता था और उसी के द्वारा नियुक्त किया जाता था। अपने सूबे की जनता की हित रक्षा के लिए वह उत्तरदायी होता था तथा सभी के साथ उसे निष्पक्ष न्याय करना पड़ता था। वह फौजदारी मुकदमों का फैसला करता था। उसका प्रमुख कार्य अपने शासन क्षेत्र में शान्ति और सुव्यवस्था की स्थापना करना था तथा विद्रोहियों एवं उपद्रवियों को

सजा देना था। सूबेदार ही प्रान्त का प्रधान न्यायाधीश होता था। अपीलें भी वह ही सुनता था, लेकिन बिना सम्राट की आज्ञा के वह किसी भी व्यक्ति को प्राणदण्ड नहीं दे सकता था, न ही धार्मिक मामलों में हस्तक्षेप कर सकता था। वह कृषि को प्रोत्साहन देता था तथा सड़क, सरॉय, बाग, अस्पताल आदि का निर्माण करता था।

(2) दीवान (Diwan)– सिपहसालार के बाद सूबे में प्रान्त दीवानी का पद सबसे महत्वपूर्ण था। केन्द्रीय दीवान की सिफारिश पर इसकी नियुक्ति होती थी और सिपहसालार के अधीन न होकर वह उसके (केन्द्रीय दीवान) के प्रति ही उत्तरदायी होता है। प्रान्त के वित्त का वह अध्यक्ष होता था। उसे मालगुजारी एकत्र करनी पड़ती थी। आय–व्यय का हिसाब रखना पड़ता था। कृषि को प्रोत्साहन देना भी उसका कर्तव्य था। सरकारी खजाने पर उसे पूरी निगरानी रखनी पड़ती थी। मालगुजारी वसूल करने वाले (आमिलों) के हिसाब–किताब का भी वह निरीक्षण करता था। वस्तुतः प्रान्तीय दीवान पर सूबेदार का नियंत्रण नहीं था। वस्तुतः वे दोनों एक दूसरे पर नियंत्रण रखते थे, जिससे विद्रोह की संभावना कम हो जाती थी।

सर्दर एवं काज़ी (Sadar-a-Kaji)– सद्र प्रान्त का एवं अन्य अधिकारी था। उसकी नियुक्ति केन्द्रीय सरकार द्वारा होती थी। वह दान विभाग का प्रबन्ध करता था। विद्वानों, सन्तों, फकीरों, दीन, दुखियों एवं असहायों को भूमि इत्यादि दान में दी जाती थी, अतः इसकी सुव्यवस्था करना सद्र का ही कार्य था। उसकी सहायता के लिए आमिल, स्थानीय काज़ी आदि कर्मचारी होते थे। अतः प्रान्त में सद्र का पद बड़ा सम्मानजनक होता था।

प्रान्तीय बख्शी (Bakshi)– मीर बख्शी की सिफारिश पर प्रान्तीय बख्शी की नियुक्ति होती थी और वह सिपहसालार के अन्तर्गत सेना की भरती उसके संगठन, नियन्त्रण और कार्यपटुता का उत्तरदायित्व संभालता था। आमिल (Amil) आमिल का शाब्दिक अर्थ होता है, अमल में लाने वाला या क्रियान्वित करने वाला। आमिल का प्रमुख कार्य मालगुजारी वसूल करना होता था। वह प्रति फसल द्वारा वसूल की गयी मालगुजारी का पूरा विवरण केन्द्र सरकार को भेजता था। प्रान्त में शान्ति एवं सुव्यवस्था भी स्थापित करना शामिल था।

वाकया–ए–नवीस– कभी–कभी सूबे के बख्शी को वाकया–ए–नवीस का कार्य भी करना पड़ता था, वैसे आमतौर पर इस कार्य के लिए अलग अधिकारी ही रखा जाता था। वह अधिकारी अपनी देखरेख में

सूबे भर के प्रमुख स्थानों पर यहाँ तक कि सिपहसालार, दीवान, काज़ी, फौजदार आदि अफसरों के कार्यालयों तक में संवाद लेखकों और गुप्तचरों को नियुक्त करता था। ये लोग उसके पास प्रतिदिन रिपोर्ट भेजते थे इन रिपोर्टों का वह सूक्ष्म रूप तैयार करता था और उसे शाही दरबार में भेज देता था। वास्तव में शासन कार्य को सुचारू रूप से चलाने में खबरनवीस का महत्वपूर्ण योगदान हुआ करता था।

कोतवाल (Kotwal)– प्रान्त के प्रत्येक नगर में एक कोतवाल होता था। उसका प्रमुख कार्य नगर में शान्ति एवं सुव्यवस्था स्थापित करना था। उसके अधिकार व्यापक थे। उसका अपना कार्यालय तथा उसके अधीन कई कर्मचारी भी होते थे। सूबे के सभी थानों का वह सर्वोच्च प्रबंधक होता था। चोरी तथा अपराधों को रोकना, उसके प्रमुख कार्य थे।

फौजदार (Fauzdar)– फौजदार की नियुक्ति प्रान्त का सूबेदार करता था। प्रत्येक प्रान्त में कई फौजदार होते थे। इनका प्रमुख कार्य विद्रोहों का दमन करके प्रान्त में शान्ति तथा सुव्यवस्था बनाये रखना एवं सूबेदार के प्रशासनिक कार्यों में मदद करना था।

मीर बहर (Mir Bahr)– प्रान्तों में मीर बहर नामक अधिकारी भी नियुक्त किया जाता था। इसका प्रमुख कार्य सेना को नदी पार करने के लिए पुलों एवं नावों की व्यवस्था करना था। बन्दरगाहों, नदियों में चुंगी की व्यवस्था करना भी इसी का कार्य था।

मुगलों की प्रान्तीय शासन व्यवस्था अच्छी थी, लेकिन फिर भी प्रान्तों के कारण सम्राट एवं बादशाह के मार्ग में अनेक कठिनाइयाँ उत्पन्न होती थी। केंद्र से दूरी, आवागमन के साधनों के अभाव तथा कार्यभार की अधिकता के कारण सम्राट प्रान्तीय शासन की ओर अधिक ध्यान नहीं दे पाते थे, जिसके कारण कभी–कभी असंतोष की स्थिति उत्पन्न हो जाती थी। किन्तु अकबर के राज्यकाल में ऐसी स्थिति बहुधा देखने को नहीं मिलती।

मुग़ल राज्य में स्थानीय शासन (Local Administration in Mughal Empire)–

(1) सरकार

(2) परगना

(3) ग्राम

सरकार– प्रत्येक प्रान्त अनेक सरकारों अथवा जिले में विभक्त था। प्रत्येक सरकार में एक फौजदार अमलगुजार, कोतवाल, बितिक्ची और एक

खजानदार होता था। जिले का प्रमुख फौजदार होता था और जैसा उसके नाम से ही स्पष्ट है कि वह एक सैनिक अधिकारी था। उसके तीन प्रमुख कार्य थे, प्रथम अपने शासन क्षेत्र में शान्ति और सुव्यवस्था स्थापित कायम करना, सड़कों को चोर–लुटेरों से सुरक्षित रखना तथा शाही आज्ञाओं का जनता द्वारा पालन करवाना दूसरे, एक सैनिक अधिकारी होने के कारण उसके अधीन एक छोटा सा सैनिक दल होता था। इस सैनिक दल को पूर्ण सुसज्जित तथा सेवा कार्य के लिए तैयार रखने की उसकी जिम्मेदारी होती थी। तीसरे, उसे कर वसूल करने में अमलगुजार को सहायता देनी पड़ती थी। अबुल फजल ने भी लिखा है कि फौजदार को निरन्तर सैनिकों की साज–सज्जा का निरीक्षण करते रहना चाहिए तथा घोड़ों की पूर्ति करनी चाहिए।[20]

फौजदार न्यायाधीश के रूप में भी कार्य करता था। घनश्याम दत्त ने लिखा है कि फौजदार काज़ी एवं दीवाने सरकार तीनों न्यायालयों में बैठते थे। फौजदार अध्यक्ष के रूप में कार्य करता था। तथापि प्रत्येक मामला एक–दूसरे से विचार–विमर्श कर निपटाया जाता था। ऐसा प्रतीत होता है कि फौजदार धार्मिक कानूनों से सम्बन्धित विषय में मुफ्ती, काज़ी एवं मीर अदल का परामर्श लेने को बाध्य था, किन्तु राजस्व एवं सामान्य प्रशासन से सम्बन्धित आमलों में न्यायिक विभाग की राय लेने को वह बाध्य नहीं था। फौजदार एवं काज़ी के न्याय सम्बन्धी अधिकार पूर्णतः स्पष्ट थे।[21]

दीवाने सरकार– राजस्व प्रशासन को ध्यान में रखते हुए प्रत्येक सूबे को सरकारों तथा प्रत्येक सरकार को परगनों (मुहल्लों) में विभाजित किया गया था। दीवान प्रत्येक सरकार में प्रमुख राजस्व अधिकारी होता था। राजस्व विभाग का प्रमुख अधिकारी होने के नाते दीवाने सरकार का कार्य अपने विभाग का निरीक्षण करना था। वह इस बात के प्रति सतर्क रहता था कि कोई भी राजस्व अधिकारी राज्य द्वारा प्रतिपादित नियमों की अवहेलना करते हुए करों का संचालन न करे। किसी अधिकारी के विरूद्ध आक्षेप प्रमाणित होने पर दीवान उसके विरूद्ध कार्यवाही करने को स्वतंत्र था।

कोतवाल– प्रत्येक सूबे की राजधानी एवं प्रमुख नगरों में कोतवाल होता था जो पद एवं प्रतिष्ठा में महत्वपूर्ण प्रशासनिक अधिकारी था। इसकी नियुक्ति मीर आतिश के सुझाव पर शाही दरबार द्वारा होती थी। सूबेदार

के साथ कार्यरत 100 सवारों के उपयोग के अतिरिक्त वह स्वयं अपने पास 50 घुड़सवार रखता था। कोतवाल का कार्य सुरक्षा एवं प्रशासनिक दोनों व्यवस्थाओं को देखना था। उसका कार्य शहर की सुख–सम्बन्धी व्यवस्था, बाजार पर नियंत्रण, लावारिस जायदाद की देखभाल तथा उसे न्यायिक दावेदार को सौंपने, लोगों के आचरण पर नजर रखने तथा अपराधों को रोकने, सामाजिक बुराइयों पर नियंत्रण रखने जैसे सती, बूचड़खाना, श्मशान तथा कब्रिस्तान के नियमों का संचालन करना था।

परगने का शासन प्रबंध– प्रत्येक सरकार (जिला) बहुत से परगनों या मुहल्लों में बँटा होता था। परगना निम्नतम प्रशासनिक एवं वित्तीय इकाई थी। प्रत्येक परगने में चार प्रमुख अधिकारी– शिकदार, अमिल, फोतदार और कारकुन होते थे। इनके अतिरिक्त शेरशाह के शासनकाल में कानूनगो और चौधरी भी अर्द्धसरकारी कर्मचारियों के रूप में कार्य करते थे। परगने का वह प्रमुख जो सुव्यवस्था की स्थापना के अतिरिक्त काश्तकारों द्वारा खजाने में जमा करने के लिए लाये गये मालगुजारी के रूपयों को वह संभालता था तथा खजाने के कर्मचारियों के काम की पूरी निगरानी करता था।

अमिल– को सरकार के अमलगुजार के समान ही कार्य करने पड़ते थे। उसका मुख्य कार्य कर नियत करना तथा मालगुजारी एकत्र करना था। उसे गाँव के मुखिया के जरिये नहीं बल्कि काश्तकारों से उसे सीधा सम्बन्ध रखना पड़ता था। इसके अतिरिक्त शान्ति और सुव्यवस्था की स्थापना तथा उपद्रवियों को सजा देने में उसे शिकदार को सहायता देनी पड़ती थी।

फोतदार– परगने का खजाँची फोतदार होता था और उसे वही कार्य करने पड़ते थे जो जिले में खजानदार को करने पड़ते थे।

ग्राम प्रशासन– प्रत्येक परगना अनेक गाँवों में विभक्त रहता था। गाँव शासन की सबसे छोटी ईकाई होती थी। गाँव का प्रधान अधिकारी मुकद्दम कहलाता था, जो गाँव का मुखिया होता था। इसका प्रमुख कार्य लगान वसूल करना, गाँव में शान्ति एवं सुव्यवस्था स्थापित करना तथा सरकारी कर्मचारियों की मदद करना था। गाँव का दूसरा प्रमुख अधिकारी पटवारी कहलाता था। वह भूमि के लगान से सम्बन्धित रजिस्ट्रर रखता था। यह राजस्व विभाग का सबसे छोटा अधिकारी होता था किन्तु ग्राम प्रशासन में उसका अत्याधिक महत्व था।

मनसबदारी व्यवस्था– अकबर के शासन व्यवस्था में मनसबदारी व्यवस्था एक अलग मुकाम रखती हैं यह कहना अतिशयोक्ति नहीं होगा कि इसी मनसबदारी व्यवस्था ने मुगल साम्राज्य को एक सुव्यवस्थित रूप प्रदान किया। मंसब शब्द का प्रयोग सर्वप्रथम अकबर कालीन ऐतिहासिक लेखों में देखने को मिलता है।[22] घनश्याम दत्त शर्मा ने लिखा है मंसब के आधार पर ही शासकीय वर्ग में अमीरों की प्रतिष्ठा एवं श्रेणी निर्धारित की जाती थी। साम्राज्य के प्रत्येक सैनिक एवं असैनिक अधिकारी को मंसब प्राप्त था तथा उसका पद एवं वेतन का निर्धारण उसको प्राप्त मंसब पर निर्भर होता था।[23] मुगल मंसब व्यवस्था के अन्तर्गत प्रत्येक मंसबदार बादशाह के प्रति उत्तरदायी होता था। उमरा वर्ग (अमीरी) एवं अन्य अफसरों के मध्य भेद केवल परम्परागत था तथा सैनिक व्यवस्था पर इसका कोई प्रभाव नहीं पड़ता था। मंसबदार अपने स्वयं के घुडसवारों अथवा सैनिकों का प्रतिनिधित्व करता था और उसके सैनिक नेतृत्व के अन्तर्गत कार्यरत मंसबदारों को नियमानुसार अपने अलग–अलग घुड़सवार रखने पड़ते थे। आशीर्वादी लाल श्रीवास्तव ने बदायूँनी के विवरण के आधार पर लिखा है कि मनसबदारी का निम्नतम दर्जा 10 का था और सर्वोच्च दर्जा 10000 हजार का था। अपने शासन काल के उत्तरार्द्ध में अकबर ने इस सर्वोच्च दर्जों को 12 हजार का बना दिया। मंसब व्यवस्था ने साम्राज्य की आर्थिक स्थिति को सुदृढ़ बनाने के अतिरिक्त राजनीतिक समस्याओं के समाधान के लिए इनके द्वारा किये गये प्रयासों ने मनसबदारी व्यवस्था को एक उच्च स्थान पर लाकर खड़ा कर दिया।[24] अकबर का साम्राज्य मुगल पराक्रम एवं कूटनीति तथा राजपूत वीरता एवं सेवा एवं एकीकरण का परिणाम था। जिसका उदाहरण बिहारीमल के द्वारा अपनी पुत्री का विवाह अकबर से करवाना जिसके परिणामस्वरूप, पाँच हजारी मनसब को प्राप्त करना भी देखने को मिलता है।

मुगलकालीन शासन व्यवस्था की विशेषता

भारतीय एवं अभारतीय तत्वों का मिश्रण– मुगलों का मूल मध्य एशिया थी। मुगलकालीन राजव्यवस्था का आधार अरब एवं फारस की राजसंस्थाएँ थीं। मुगलों ने भारतीय परिवेश से प्रभावित होकर उसमें अनेक परिवर्तन किये। जे0एस0 सरकार के अनुसार मुगल प्रशासन भारतीय एवं अभारतीय तत्वों का मिश्रण था अथवा दूसरे शब्दों में, सचमुच यह भारतीय वातावरण में ईरानी अरब शासन पद्धति थी।

राजत्व के दैवी सिद्धान्त पर आधारित शासन– दिल्ली के सुल्तानों की भाँति मुगल बादशाह भी राजत्व के दैवी सिद्धान्त में विश्वास रखते थे। "ईश्वर की दृष्टि में राजत्व से बढ़कर कोई सम्मान नहीं है। यह राजत्व न होता तो संघर्ष के तूफान का कभी अन्त न होता न स्वार्थी आकांक्षाएँ ही समाप्त होती, राजत्व ईश्वर से निकला हुआ प्रकाश है तथा विश्व को आलोकित करने वाली सूर्य किरण है।"

शासन में सेना की प्रमुखता– मुगल शासन व्यवस्था की एक प्रमुख विशेषता सेना की विशेष व्यवस्था थी। मुगलों ने अपनी सैनिक प्रतिभा के बल पर ही भारत में अपना चतुर्दिक साम्राज्य स्थापित किया था। मनसबदारी व्यवस्था सेना का प्राण तत्व थी। यह कहने में दो राय नहीं है कि अपनी सैन्य क्षमता के आधार पर ही मुगल शहंशाह बनने के अधिकारी हुए।

धार्मिक सहिष्णुता– मुगल साम्राज्य का इतने लंबे वर्षों तक बने रहने का एक प्रमुख कारण मुगल बादशाहों की धार्मिक नीतियाँ थी। अकबर की धार्मिक नीति तो विश्व प्रसिद्ध हैं। 1575 ई. में उसने फतेहपुर सीकरी में इबादतखाना नाम की एक नई इमारत बनाये जाने की आज्ञा दी। जहाँ पर विभिन्न धर्म के आचार्य विद्वान आते थे।[25] इतना ही नहीं अकबर ने 1563 ई. के आस–पास यात्रा कर समाप्त कर दिया था[26]। साथ ही हिन्दू प्रजा के ऊपर अमानवीय तौर पर लगाये जाने वाले जजिया कर को भी (1564 ई0) में समाप्त कर दिया था।[27] एस0आर0 शर्मा के शब्दों में, इस कर की समाप्ति राज्य की नीति में एक भारी परिवर्तन की सूचना थी। हिन्दू तथा मुसलमान राज्य के एक सामान नागरिक बन गये थे।[28]

उत्तराधिकार के निश्चित नियम का अभाव– मुगल शासनकाल की एक प्रमुख विशेषता यह कि उसमें उत्तराधिकारी का नियम अनिश्चित था और अधिकांशतः सभी मुगल सम्राटों ने विद्रोहों का सामना करके राजसिंहासन प्राप्त किया था। हुमायूँ को मेंहदी ख्वाजा जहाँगीर को खुसरो एवं खुर्रम, शाहजहाँ को औरंगजेब तथा औरंगजेब को अकबर द्वितीय के षड्यन्त्रों का सामना करना पड़ा था।

समाज एवं संस्कृति

संस्कृति राष्ट्र या समाज का जीवनत्व होती है। जब तक संस्कृति विद्यमान रहती हैं तभी तक वह समाज जीवित रहता है। संस्कृति कमजोर होती है

तो समाज कमजोर होता है और संस्कृति के विनाश में समाज का अंत निहित होता है। संस्कृति के नष्ट होने से तात्पर्य है उस समाज का नष्ट हो जाना। संस्कृति ही राष्ट्र या समाज का जीवन है, प्राण है, अस्मिता है। किसी वस्तु, तत्व अथवा व्यक्ति के शुद्धीकरण, सुधार अथवा अनुकूलीकरण के उद्देश्य से उसके सम्बन्ध में जो भौतिक, मानसिक अथवा बौद्धिक प्रक्रिया की जाती है उसे संस्कार कहते हैं। उन्नत तथा दीर्घायु समाज में व्यवहृत संस्कारों की समन्वित परम्परा का नाम है संस्कृति। यह संस्कृति समय–समय पर अपना रूप बदलती रही, कभी इतिहास में यह हड़प्पा संस्कृति के नाम से जानी जाती थी, फिर बौद्ध संस्कृति जैन संस्कृति, मौर्य संस्कृति, किन्तु इसका अधिकारिक नाम भारतीय संस्कृति ही रहा। यह भारतीय संस्कृति आत्मसात की संस्कृति है विभिन्न वर्गों, विभिन्न धर्मों का एकीकरण एवं विलोपन इस संस्कृति की विशेषता है। अनेकता में एकता इस संस्कृति की पहचान है। विभिन्न समुदाय आये, मिले और पानी की तरह इसमें समाहित हो गये। मध्यकाल में इस्लामी संस्कृति एवं हिन्दू दोनों ही संस्कृतियों के समन्वय से एक नयी हिन्दुस्तानी संस्कृति हमारे सामने आकर खड़ी हो जाती है। वैचारिक मतभेद अवश्य है, पर संस्कृति के अस्तित्व के आगे ये वैचारिक मतभेद फीके पड़ जाते हैं। भगवत शरण उपाध्याय ने इसी विशेषता पर लिखा है कि आज की भारतीय संस्कृति जातियों और युगों की सामूहिक देन है। जिसे हम आज भारतीय संस्कृति कहते हैं, वास्तव में वह विविध जातियों के योग से निर्मित और विकसित हुई है। भारत विविध जनाचारों का संग्रहालय बन गया है और उसकी संस्कृति में अनेक संस्कृतियों तथा अनेक जातियों की सामाजिक विशेषता का सम्मिश्रण है। आज ये सारी परस्पर विरोधी विशेषताएँ भारतीय संस्कृति के रसायन कलश में घुलमिल एक ओर उसकी अपनी हो गयी है। स्थान विशेष की संस्कृति निःसंदेह एक सामूहिक योग है, जिसके निर्माता बहुसंख्यक और परस्पर विरोधी हैं।[29]

भारतीय संस्कृति की समन्वय दृष्टि हर युग में बनी रही है, हिन्दुत्व ने जिस उदारता का परिचय दिया था, उसका प्रभाव उन जातियों और धर्मावलम्बियों पर भी पड़ा जो बाद में इस देश में आए। यह उतना ही सच है कि सभी जातियाँ आरम्भ में इस देश को लूटने आई थी, चाहे वो सिंकदर हो अथवा मोहम्मद या अन्य विजेता शासक जो यहाँ सिर्फ जीतने आए थे, तो यह भी उतना ही सच है कि भारतीय संस्कृति की

विशालता और उदारता को देखकर वे फिर यहाँ से वापस नहीं गये। भारतीय संस्कृति की महत्ता को देखकर सिकंदर ने कहा था कि– मैं तलवार खींच भारत में आया था, ह्रदय देकर जाता हूँ। विस्मय विमुग्ध हूँ, जिनसे खड्ग परीक्षा हुई थी, युद्ध में जिनसे तलवारें मिली थी, उनसे हाथ मिलाकर जाना चाहता हूँ।[30]

बाबर के आक्रमण के समय सामाजिक एवं सांस्कृतिक दृष्टि से हमारा देश संक्रान्ति काल से होकर गुजर रहा था। तुर्क अफगान शासक और उनके अनेक देशी मुसलमान अनुयायियों ने दीर्घकाल से भारतीय लोगों के साथ और भारतीय वातावरण में रहते चले आने के कारण धीरे–धीरे विदेशी रीति–नीति और आचार–व्यवहार को त्यागकर भारतीयता का बाना पहनना शुरू कर दिया था। यह संस्कृति एक मिश्रित सामासिक संस्कृति के विकास का सूचक है जो मध्यकालीन भारत और इस्लामी जगत की सांस्कृतिक परम्पराओं के सम्पर्क, अन्योन्याश्रित सम्बंधों तथा सम्मिलन के फलस्वरूप विकसित हुई थी। भारत के साथ इस्लाम का सम्बंध प्रायः उतना ही प्राचीन है जितना कि उसका उद्भव और विकास। मुस्लिम एवं हिन्दू संस्कृति का सम्बन्ध आक्रमण से न होकर प्रारम्भ में अरब के व्यापारियों के माध्यम से हुआ था। युद्ध और शान्ति के समय तथा शासन सम्बंधी राजकार्यों में सहयोग देने के कारण यहाँ की जनता और शासक वर्ग के लोगों में एक दूसरों को समझने और परस्पर निकट आने का भाव उदित हो रहा था। वर्षों से इस सम्बन्ध को और पुष्ट करने का श्रेय यहाँ तथा वहाँ के धर्माधिकारियों, व्यापारियों दोनों को जाता है। हिन्दू धर्म तथा इस्लाम की सांस्कृतिक परम्पराओं के सम्मिलन से मिश्रित या हिन्दू इस्लामी संस्कृति का जन्म हुआ और यह संस्कृति अपने चरम पर मुगलकाल में जा पहुँचती है। इस संस्कृति के विकास की अवस्था को हम दो भागों में विभाजित कर सकते हैं–

(1) सल्तनत काल

(2) मध्यकालीन

हिन्दू इस्लामी संस्कृति के विकास की एक अपूर्व विशेषता दो सम्प्रद ओं के सदस्यों के मध्य हिन्दू मुस्लिम सद्भावना तथा सम्पर्क प्रक्रिया की निरन्तर थी, परिणामतः संयोग की भावना तथा पारस्परिक सामंजस्य के आधार पर नई समन्वित संस्कृति का विकास हुआ जो न तो विशुद्ध हिन्दू संस्कृति थी न विशुद्ध मुस्लिम संस्कृति बल्कि दोनों संस्कृतियों के

सर्वोत्तम तत्वों का एक सुखद सम्मिश्रण थी। हमने यदि उन्हें प्रभावित किया तो उनसे प्रभावित हुए बिना भी नहीं रह सके।

जैसा कि गजानन माधव मुक्तिबोध ने लिखा है मुस्लिम एवं हिन्दू संस्कृति के सम्बन्ध पर मानव समाज की सांस्कृतिक एकता का ही परिणाम है कि जब धर्म और ईश्वर के नाम पर परस्पर घृणा का प्रचार किया जा सकता था तो धर्म और ईश्वर के नाम पर ही मानव मात्र की एकता और प्रेम का प्रचार भी किया जा सकता था। इसमें क्या आश्चर्य है कि बहुत से हिन्दू सूफी हो गये और बहुत से मुसलमान कृष्ण के भक्त हुए; न मालूम कितने ही मुसलमान और अछूत, नानक और कबीर के अनुयायी हुए। राजा भर्तृहरि के गीत गाते हुए न मालूम कितने ही मुस्लिम फकीर भारतीयों के श्रद्धा–भाजन हुए।[31] वास्तव में यदि कुछ मध्यकालीन शासकों को छोड़ दें, तो कोई भी शासक ऐसा नहीं रहा जो इन दो संस्कृतियों को मिलने से रोक सके; सिर्फ दिल्ली ही शायद अपवाद था। दिल्ली के अतिरिक्त अन्य प्रान्तीय राज्यों में हिन्दू मुस्लिम दोनों में परस्पर भाईचारे की भावना का विकास हो रहा था। विशेष रूप से कश्मीर और बंगाल में यहाँ के सुसंस्कृत सुल्तान धार्मिक सहिष्णुता और संस्कृत तथा अन्य आधुनिक भाषाओं के संरक्षण की नीति बरत रहे थे। कश्मीर और बंगाल इन दोनों ही जगह पर मुस्लिम शासक निवास कर रहे थे; किन्तु कश्मीर के सुल्तान जैनुल आब्दीन (1420–1470 ई.) ने न केवल अनेक निर्वासित ब्राह्मण परिवारों को कश्मीर वापस बुलाया, बल्कि उसने बहुत से विद्वानों, पण्डितों को अपनी राज्यसभा में उचित स्थान भी दिया एवं उनसे 'जजिया कर' लेना भी बन्द कर दिया एवं अपने दरबार में संस्कृत और हिन्दी के विद्वानों को स्थान भी दिया। हमारा पहला वास्तविक इतिहास कल्हण की राजतरंगिणी इसी के आस–पास की देन है। गौ–हत्या सर्वप्रथम बन्द कराये जाने का श्रेय भी आब्दीन को ही जाता है। आब्दीन की तरह बंगाल का शासक अलाउद्दीन हुसैन शाह (1493–1518 ई.) ने भी हिन्दू–मुसलमान के भेद को प्रश्रय नहीं दिया। उनका लड़का नुसरत शाह, बंग्ला साहित्य का बड़ा संरक्षक था, और हिन्दू विद्वानों पर सदैव अपनी कृपा दृष्टि बनाये रखता था।

मध्यकालीन हिन्दू संतो, भक्तों तथा मुस्लिम सूफी सन्तों ने दोनों संप्रदायों के बीच आपसी भाईचारा बनाये रखने के प्रयासों के द्वारा सांस्कृतिक, साहित्यिक विकास में अपना अमूल्य योगदान प्रदान किया। इसके साथ ही साथ कलावंतो यथा चित्रकारों, संगीतज्ञों, कलाकरों आदि

ने इस समुचित संस्कृति के विकास में अपना अभूतपूर्व योगदान दिया। जीवन की विभिन्न स्थितियों और दोनों ही धर्म के उदारवादी आन्दोलनों के प्रभाव से एक दूसरे के विचारों, परम्पराओं के प्रभाव से उनके जीवन में इस सांस्कृतिक समन्वय का असर देखने को मिलता है।

दिल्ली सल्तनत की गिरती हुई अवस्था और हिन्दू मुसलमानों में बढ़ते परस्पर प्रेमभाव को ध्यान में रखकर सोलहवीं शती के आरम्भ में इन दोनों ही धर्मों के बीच की खाई पाटने का प्रयास इन दोनों ही वर्गों के विद्वानों द्वारा किया गया। नानक कबीर जैसे सुधारकों ने विशेष रूप से हिन्दू मुस्लिम की एकता पर आवश्यक बल दिया तथा यह समझाया कि दोनों धर्म अंत में एक ही जगह आकर पहुँचते हैं और वह है मानवता। हिन्दू एवं मुस्लिम दोनों ही पंथों के लोग इनके अनुयायी थे। इस्लाम धर्म के अन्तर्गत सूफी सन्तों ने हिन्दी भक्ति धारा के सन्तों के उद्देश्य से एक होकर दोनों संस्कृतियों को मिलाने का प्रयास किया। मुस्लिम लोग हिन्दुओं के तीर्थ स्थान में जाने लगे थे तथा मुस्लिम के मजारों में हिन्दू, शेखचिश्ती की दरगाह पर मुस्लिमों से ज्यादा हिन्दू धर्म के लोग जाते थे।

वास्तव में इसकी संस्कृतिक पृष्ठभूमि अरबों द्वारा सिंध विजय के उपरान्त पड़ती है, जहाँ पर ये संस्कृतियाँ परस्पर सम्पर्क में आईं, दोनों ने एक दूसरे को अत्यधिक प्रभावित किया और एक दूसरे के ज्ञान से परस्पर लाभान्वित भी हुए, अरबों ने भारतीय से गणित के अंकों के बारे में सीख लिया था। ज्ञानसंवर्धन के लिए गणित, ज्योतिष, चिकित्सा, राजनीतिक आदि के संस्कृत, ग्रन्थों का अरबी में अनुवाद किया। खलीफा हारून–उल–रशीद ने भारतीय वैद्य माणिक्य को अरब आने के लिए आमंत्रित किया। खलीफा मंसूर ने भारतीय ज्योतिषियों को अपने यहाँ आमंत्रित किया। यह भी एक कटु सत्य है कि एक तरफ जहाँ अरब के विद्वान भारतीय संस्कृति को अधिक से अधिक समझने का प्रयास कर रहे थे, वहीं भारतीय विद्वान उनके प्रति उदासीन रहे। बख्त्र के जाहिज, अलबरूनी, सुलेमान, अमीर खुसरो आदि मुसलमान विद्वानों ने हिन्दी, संस्कृत, दर्शन, ज्योतिष, कला आदि विषयों के सम्बन्ध में यत्र–तत्र चर्चा की है। पंचतंत्र, पातंजलि, महाभाष्य सांख्यदर्शन, ब्रह्मगुप्त कृत ब्रह्म सिद्धान्त आदि अनेक संस्कृत ग्रन्थों का फारसी तथा अरबी में अनुवाद किया गया था। इतना ही नहीं मुस्लिम शासकों में से कुछ ने हिन्दू मन्दिरों और समाधियों के लिए दान भी दिया था।

गजानन माधव मुक्तिबोध के शब्दों में "मुस्लिम शासक हिन्दू मन्दिरों और समाधियों के लिए दान देते। बिहार के मुहम्मद शाह नामक एक जागीरदार ने अपनी जागीर का एक मुख्य भाग बौद्ध गया के मन्दिरों को दे रखा था। कश्मीर का सुल्तान जैनुल आब्दीन शारदा देवी और अमरनाथ के मन्दिर में दशनार्थ जाया करता था। उसने यात्रियों के लिए अनेक विश्राम स्थल भी बनवाये थे। मुहम्मद तुगलक जैसे हिन्दू योगियों और साधुओं के पास आन्तरिक इच्छाओं की पूर्ति हेतु जाने लगे। इस बात का उल्लेख है कि राजपूतों की देखा–देखी मुस्लमानों ने भी जौहर प्रथा अपना ली। भटनेर के मुस्लिम सूबेदार कमालुद्दीन और उसके अनुयायियों ने जब यह देखा कि तैमूरलंग की सेनाएँ अब दुर्ग को नष्ट कर देंगी, तो उसको और उसके अनुयायियों की स्त्रियों ने जौहर किया। चिता में कूदकर नष्ट हो गयीं और वह सूबेदार तथा उसके अनुयायी तैमूरलंग से लड़ते–लड़ते मारे गये। हिन्दू पगड़ी मुसलमानों में लोकप्रिय हो गयी। मुस्लिम स्त्रियाँ चूड़ियाँ पहनने लगी। इसी प्रकार हिन्दुओं ने भी मुस्लिम पोशाक अपना ली।[32] इस उदाहरण से यह स्पष्ट होता है कि दोनों ही संस्कृति आपस में निकट आने लगी थी, वैष्णव और सूफी कवियों ने इसी जमुनवी संस्कृति के विकास में अपनी महत्वपूर्ण भूमिका निभायी, यह जबरदस्ती थोपी जाने वाली संस्कृति न होकर सहज भाव से पल्लवित पुष्पित होने वाली हिन्दुस्तानी संस्कृति है।

यह मिश्रित संस्कृति जिन दो संस्कृतियों पर आधारित है वह ऐसी जातियाँ रही हैं जो सदैव ही एक दूसरे के प्रतिपक्षी रहे हैं, जिनके आचार–विचार में जमीन और आसमान का अन्तर विद्यमान है। एक संस्कृति खुद भारत की है तथा दूसरी संस्कृति विदेश से आकर उसमें मिली है। मध्यकाल के अराजक वातावरण में जहाँ शत्रु और मित्र का भेद करना कठिन हो गया था वहाँ इन दोनों ने अपने–अपने विकास के अवसर परिस्थितियों से लड़कर प्राप्त कर लिया। मध्यकालीन भारत को देखा जाये तो हिन्दुस्तानी एवं इस्लामिक संस्कृति की निरन्तर चलने वाली गाथा है। कबीर, नानक, रैदास, तुलसी, मंझन इस संस्कृति को जोड़ने वाली कड़ी हैं। कबीर ने हिन्दू और मुस्लिम संस्कृति के संघर्ष के युग में समन्वयवादी दृष्टि का विकास किया। जाति पाँति का भेद भुलाकर रामभक्ति में अगाध निष्ठा जताते हुए कबीर ने देश के सांस्कृतिक पुनरूत्थान में योगदान दिया।

"जात पात पूछै नहि कोउ, हरि को भजे सो हरि का होउ" की अवधारणा को मानने वाले कबीर आदि सतों ने जनता को पंडितों और मुल्लाओं दोनों के प्रभाव से मुक्त रखने की हर संभव कोशिश की। मध्यकाल का समाज संस्कृति के उत्थान तथा पतन की गाथा है। शासक और शासित, विजित और विजेता के बीच फंसी खाई में संतो, सगुण भक्त कवियों, सूफियों ने देश को एकात्मकता के सूत्र में बाँधने का प्रयास किया, राजीव कुमार श्रीवास्तव ने लिखा है कि "संतों ने तत्कालीन समाज में भाग्यवाद, पुनर्जन्म कर्मफल, सामाजिक रूढ़ियाँ, पाप–पुण्य, स्वर्ग नरक, मूर्तिपूजा, अन्धविश्वास में जादू टोना आदि की उपस्थिति का भी वर्णन किया है। सामाजिक स्थितियों के ये अंग थे। निर्गुण संतों ने बाह्य्य आडंबरों, अन्धविश्वासों से समाज को मुक्त कराने का प्रयास किया है। संत साहित्य अपने समय के आर्थिक जीवन से अछूता नहीं रह सका।"[33]

सूफियों ने भी भारतीय संस्कृति के विकास में अपनी महती भूमिका निभायी है। यह भूमिका बड़ी ही सीधी सादी किन्तु ह्रदय में घर कर जाने वाली थी। "उनकी दृष्टि में श्रद्धा और प्रेम का महत्व था, धर्म या जाति, धन या पद का नहीं। उनकी सेवा में मुसलमानों के साथ–साथ बहुत से हिन्दू भी जाते थे और अपनी कामनाओं की पूर्ति का आशीर्वाद पाते थे। मुसलमानों में मुल्लाओं मौलवियों और हिन्दुओं में पंडितों ने अपने को सूफी सम्प्रदाय के प्रभाव से बचाये रखा, परन्तु मुसलमान और हिन्दू जनता के एक बड़े समुदाय को उस प्रभाव से बचाने में वे सफल नहीं हो सके। इस प्रकार सूफियों के प्रेम व्यवहार ने हिन्दुओं और मुसलमानों को निकट लाने का बहुत बड़ा काम किया। दिल्ली के अनेक सुल्तानों पर सूफियों का प्रभाव रहने के कारण उनके दृष्टिकोण में मुल्ला मौलवियों जैसी कट्टरता नहीं रह गई।[34]

इतना सब कुछ होने के बाद भी समाज के उच्च वर्ग का प्रश्न है उसमें टकराव होना अवश्यम्भावी है। विजित और विजेता का दंभ, स्वतंत्रता खोने तथा शासन स्थापित हो जाने का यह द्वंद्व निरन्तर चलता रहा। हिन्दू संस्कृति और समाज का पतन, शासकों, राजकर्मचारियों, सेनाध्यक्ष का धर्म के नाम पर भारतीय जनता से दुर्व्यवहार, सामन्तों की भूख को हिन्दू सामन्तों के विनाश के द्वारा धर्म के नाम पर तृप्त किया जाता था। इस्लाम में हिन्दुओं को मुसलमान बनाया जाना गौरव की बात थी, हिन्दुओं

के लिए 'काफिर' शब्द का प्रयोग चलन में था। मुस्लिम विजेताओं ने राजनीति पर धार्मिक मुलअम्मा चढ़ा दिया था।

किंतु यह कब तक होता? समाज का उच्च वर्ग आपस में लड़ता झगड़ता, मध्यम वर्गीय जनता का या निम्न वर्गीय जनता का इस टकराव से कोई मतलब नहीं थी, तुलसी की पंक्ति 'कोई नृप होई हमहिं का हानी', की भावना मानव मस्तिष्क में घर कर गयी थी। वास्तव में मुगलकाल तक आते–आते हिन्दू मुस्लिम साधु, सन्तों ने वेदान्त और वैष्णव धर्म की बहुत सी बातें स्वीकार कर ली। इस्लाम की सूफी साधना में योग मार्ग ने प्रवेश किया। आचार्य रामचन्द्र शुक्ल ने इसे लक्ष्य करते हुए लिखा है कि "कालदर्शी भक्त कवि जनता के हृदय को संभालने और लीन रखने के लिए दबी हुई भक्ति को जगाने लगे। क्रमशः भक्ति का प्रवाह ऐसा विकसित और प्रबल होता गया कि उसकी लपेट में केवल हिन्दू जनता ही नहीं, देश में बसने वाले सहृदय मुसलमान में से न जाने कितने आ गये। प्रेमस्वरूप ईश्वर को सामने लाकर भक्त कवियों ने हिन्दुओं और मुसलमानों दोनों को मनुष्य के सामान्य रूप में दिखाया और भेदभाव के दृष्यों को हटाकर पीछे कर दिया।[35]

यह बताता है कि दोनों ही संस्कृतियों के लोक मानस ने एक दूसरे के आचारों विचारों को किंचित विरोध के साथ अपना लिया था। यह सांस्कृतिक उत्थान–पतन, समाज की मूलभूत मान्यताओं के साथ बदस्तूर आगे बढ़ता चला गया। मोटे तौर पर मध्यकाल में दो ही समाज प्रधान रूप से विद्यमान थे। हिन्दू समाज एवं मुस्लिम समाज। इन्हीं दोनों पर ही मध्यकाल का पूरा आधार टिका हुआ है। जब विचारों को तत्काल में विज्ञापित किया जाता है, जब एक जीवन दर्शन को जीवन व्यवहार बनाने के लिए व्यापक जन–समूहों में उसका प्रसार किया जाता है, जब विभिन्न समूहों की नाना आस्थाओं तथा अन्धविश्वासों, रूढ़ियों और सामूहिक अवचेतना का अघाती खण्डन न करके उनकी उदात्तीकरण का अधिक आग्रह किया जाता है; जब अपेक्षाकृत उदार सामाजिक अवस्था में एक विशेष ढंग के मूल्य अधूरे पुराने या अकेले पड़ जाते हैं और उन्हें पूरा समसामयिक तथा संश्लिष्ट बनाने के लिए तत्कालीन समाज के सम्बन्धों द्वारा प्रतिबिम्बित थोड़े दूसरे मूल्य भी सुन्दर अथवा उग्र बनाकर जोड़ दिये जाते हैं तब समन्वय होता है। बहुधा समन्वय में एक 'क्रान्तिधर्मा पक्षधरता, एकप्रतिबद्धता, एक सुस्पष्ट दार्शनिक सूत्रबद्धता के बजाय, सभी

परम्पराओं की शक्तियों का आंदोलनकारी संग्रह हुआ करता है। समन्वय में व्यापकता और विविधता, भ्रान्ति और अन्तर्विरोधों का समाहार हुआ करता है।[36] यह समाज में समन्वय की पहचान का प्रतिबिम्ब है। समाज परस्पर घात प्रतिघात से ही आगे बढ़ता है कभी–कभी यह प्रतिघात अपने निर्मम रूप में और कभी अपने कोमलतम रूप में सामने आता है, हिन्दू–मुस्लिम समाज इसी घात प्रतिघात संस्कृति का संश्लिष्ट रूप है।

भारत का इतिहास मुख्यतः राजाओं का इतिहास उनकी जय पराजय का इतिहास ही बन कर रहा है। भारतीय हिन्दू हो या मुस्लिम सभी ने कमोवेश दरबारी जीवन पर ज्यादा लिखा है, इनके लेखन के केन्द्र में हमेशा से राजाओं के परिचय, उनकी लड़ाइयों, विजयों के आधार पर ही उनकी लेखनी को बल मिलता रहा है। जन सामान्य उनकी लेखनी का हिस्सा कभी नहीं बना। इक्के–दुक्के को छोड़ दें तो इतिहास में किसी भी बड़े कवि का नाम नहीं आता और यह कहने में कोई गुरेज नहीं है कि मध्यकालीन जन समाज पर इतिहास मौन है। थोड़े बहुत विदेशी पर्यटक भक्तकाल के कवियों और चन्द लेखकों में उस समाज के दर्शन हमें प्राप्त होते हैं, जिसे हम मध्यकाल के नाम से सम्बोधित करते हैं।

भारत में मुसलमानों के पूर्व हिन्दू समाज की बहुत शोचनीय दशा थी। यह विभिन्न जातियों, वर्गों एवं धर्मों में विभाजित था। हजारी प्रसाद द्विवेदी इसे लक्ष्य करते हुए लिखते हैं कि "भारतीय समाज नाना जातियों का सम्मिश्रण था। किसी जाति का कोई व्यक्ति दूसरे में नहीं जा सकता था।"[37] मध्यकाल में आकर प्राचीन भारत की वर्णव्यवस्था ने कठोर जाति व्यवस्था का रूप अपना लिया था। समाज विभिन्न जातियों एवं वर्गों में निभाजित हो गया था। विदेशी यात्री अलबरूनी ने तत्कालीन सामाजिक जीवन में व्याप्त विषमता को देखा था, अलबरूनी सामाजिक जीवन के विरोधाभासों को देखते हुए जातीय गौरव एवं परम्परा के नाम पर हिन्दू समाज की बुराइयों पर एक जगह टिप्पणी करते हैं– कि यदि कोई शूद्र किसी धार्मिक मंत्र का उच्चारण कर लेता था तो उसकी जिह्वा उसके मुख से अलग कर दी जाती थी।[38] यह तथ्य इंगित करता है कि पूरे मध्यकाल में जातीयता की भावना एवं धार्मिक मतवाद का प्रबल आवेग व्याप्त था।

हिन्दू समाज– मध्यकाल का हिन्दू समाज, जाति, धर्म, व्यवसाय एवं मत के आधार पर विभाजित थी। भारत में मुस्लिमों के आगमन के

साथ ही हिन्दू समाज के प्रत्येक वर्ग एवं उपवर्ग में आश्चर्यजनक रूप से परिवर्तन हुआ। व्यवसाय के आधार पर हिन्दू समाज में अनेक जातियाँ एवं उपजातियाँ उत्पन्न हुई। मध्यकालीन युग में आकर ब्राह्मणों का कार्यक्षेत्र केवल पठन–पाठन यज्ञ न रहकर, मन्दिरों के महन्त राज–परिवारों के पुरोहित, भू–राजस्व वसूल करने वाले अधिकारी के रूप में ज्यादा हो गया था। यह एक तरह से समय के साथ समझौता करने की स्थिति जैसी थी। मोटे तौर पर मध्यकाल का हिन्दू समाज तीन वर्गों में विभक्त हो गया था। शासक वर्ग, सामन्त वर्ग एवं साधारण वर्ग। शासक वर्ग की हालत मुस्लिम शासकों के आगमन के साथ ही ढ़ीली पड़ती गयी इतिहास में नजर दौड़ाने पर इक्के–दुक्के हिन्दू शासक ही सामने आते हैं जिन्होंने जीवनपर्यन्त अपनी सत्ता अपनी जन्मभूमि को बचाये रखने के लिए अपने प्राणों की बाजी लगा दी थी। शेष सभी ने मुस्लिम शासकों के साथ मित्रता का हाथ बढाते हुए मुस्लिम शासकों के साथ रोटी बेटी का निमंत्रण स्वीकार कर लिया था। मुस्लिम शासकों ने इनके माध्यम से अपनी राजनीतिक स्थिति को सुदृढ़ बनाने में किसी भी प्रकार की कमी नहीं रखी।

हिन्दू राजशाही व्यवस्था का दूसरा पक्ष सामन्त थे। शासक वर्ग से इतर ये छोटे–छोटे स्थानों के प्रशासन का दायित्व संभालते थे। मुस्लिम शासकों ने हिन्दू समाज के इस वर्ग के अनेक व्यक्तियों को उनकी योग्यता, जाति, वंश, मर्यादा एवं सामाजिक प्रतिष्ठा के आधार पर समय–समय पर सम्मान सूचक चिन्ह वेतन, जागीरें देते थे।

साधारण वर्ग के अन्तर्गत हिन्दू समाज का एक बहुत बड़ा तबका आ जाता है। एक तरफ जहाँ सन्त, धर्म प्रचारक एवं सन्यासी थे वहीं दूसरी तरफ शिक्षक, साहित्यकार, ज्योतिषी, व्यापारी, दलाल, सर्राफ, हिन्दू, अमीर सभी आते थे। इसी साधारण वर्ग में शिल्पकार, कृषक, साधारण दुकानदार, श्रमिक भी समाविष्ट हो जाते थे। वास्तव में भक्ति आंदोलन इसी साधारण वर्ग से जुड़े हुए लोगों का आन्दोलन है। जो सदियों से पीड़ित एवं शोषित रहा है। शासन किसी का भी हो काल की मार अगर किसी ने ज्यादा खाई तो इसी समाज ने खायी है। शोषण का चौतरफा वार झेलते–झेलते भी यह वर्ग अपनी साख बनाने में कामयाब न रहा पर निराश बिलकुल भी नही हुआ। स्थिति जैसी भी हो आदर्श स्थिति की कल्पना ही इन साधारण लोगों का लक्ष्य रही जिसका सीधा परिणाम धर्म एवं दर्शन पर दिखायी पड़ता है। भारतीय समाज जिन तत्वों के ताने–बाने

से निर्मित हुआ है, उनमें वर्गों और जातियों का विशिष्ट स्थान है और यह विशिष्ट स्थान कभी–कभी रूढ़ि में भी बदल जाता है। मध्यकाल में आकर यह रूढ़ियाँ विकृत हो जाती है। फलस्वरूप जातियों एवं उपजातियों में वर्गभेद निरन्तार बढ़ता जाता है। मध्यकाल का हिन्दू समाज भी अपने समय की कुरीतियों से बच नहीं सका। जातियों एवं उपजातियों के विघटन के कारण वह आत्मीयता जिसके कारण भारतीय संस्कृति जानी जाती थी, वह खो सी गई थी। दूसरे मुस्लिम शासकों में विजेता होने की भावना के कारण यह वर्ग संघर्ष निरन्तर चलता है। अनेक हिन्दू बलात मुसलमान बनाये गये। स्थिति ऐसी हो गयी थी कि एक ही परिवार के कुछ लोग मुस्लिम, कुछ लोग हिन्दू रह गये थे। हिन्दू समाज में पर्दा प्रथा तथा बाल विवाह प्रथा का प्रचलन बढ़ा।''

मुस्लिम समाज– मध्यकालीन मुस्लिम समाज की संरचना एवं वर्गीकरण एक जटिल कार्य है विद्वानों के एक वर्ग ने मु स्लिम समाज को शासक वर्ग, अभिजात वर्ग एवं जनसाधारण वर्ग में विभक्त किया है। वहीं कुछ विद्वानों ने उसे मुस्लिम समाज, उमरा वर्ग, उलेमा वर्ग एवं जनसाधारण वर्ग में विभक्त किया है। साधारणतयः मुस्लिम समाज भी तीन वर्गों में विभाजित किया जा सकता है–

(1) शासक वर्ग (2) अभिजात्य वर्ग (3) साधारण वर्ग।

प्रथम वर्ग में मुगलकालीन शासक आते हैं। वे सल्तनत कालीन शासकों से ज्यादा सभ्य एवं सुसंस्कृत थे। मुस्लिम शासक निरंकुश शक्ति में विश्वास करते थे, परन्तु व्यवहार में उन्हें कुरान हदीस, शरीयत का पालन करना होता था। वह ईश्वर का प्रतिनिधि समझा जाता था। उसका आदर एवं सम्मान करना प्रत्येक वर्ग के लिए अनिवार्य था। इसी वर्ग के अन्तर्गत उमरा आते थे। हुमायूँ ने उमरा वर्ग को तीन श्रेणियों गें विभाजित किया था– अहले दौलत, अहले सादात एवं अहले मुराद। दूसरा अभिजात्य वर्ग जिसमें जमींदार, सरदार, धार्मिक नेता विशेष रूप से आते थे। जिनके रहन–सहन में शासक वर्ग के अनुकरण की प्रवृत्ति थी। विलास का वातावरण इनके चारों ओर फैला हुआ था। अभिजात्य वर्ग में जमींदार का विशिष्ट स्थान था। उसे स्वयं की खेती की मिल्कियत के साथ–साथ गाँवों से लगान वसूल करने का भी अधिकार प्राप्त था। कभी–कभार ये जमींदार अमानवीयता की हद भी पार कर जाते थे। तुलसी की लाइन– गोड़, गंवार, नृपाल यवन, महामहिपाल, साम न दाम न भेद कलि केवल दंड–कराल ऐसे ही जमींदारों,

सामन्तों के ऊपर सही बैठती है। साधारण वर्ग के अन्तर्गत शिक्षक, लेखक, हकीम, ज्योतिषी, दुकानदार, साधारण अमीर, व्यापारी, राजकीय कर्मचारी इत्यादि थे, पर समाज में इनकी स्थिति, शिल्पकारों, कृषकों, जुलाहे, साधारण दुकानदार, रंगरेज, धोबी, लोहार, बढ़ई से ज्यादा अच्छी थी।

वास्तव में यदि देखा जाए तो इन दोनों ही वर्गों के साधारण जनता पर किसी प्रकार का विरोध देखने को नहीं मिलता, दोनों की स्थिति कमोवेश एक जैसी ही थी। भारतीय मुस्लिम समाज की अवस्था हिन्दुओं से अधिक भिन्न थी, धर्मान्तरित मुसलमानों के हिन्दू संस्कार अभी तक न गये थे। इतना ही सूफी संतों, हिन्दू भक्तों की एक लम्बी श्रृंखला ने भारतीय समाज की डूबती नैय्या को बचाने का प्रयास किया। इतिहास उठाकर देखें तो सामाजिक समरसता कायम करने में भी इसी वर्ग का सहयोग सबसे ज्यादा रहा है। जितने समाज सुधारक निकले उसमें से दो तिहाई हिस्सा इसी साधारण वर्ग की उपज है, किन्तु इतना सब कुछ होने के बाद भी इन दोनों ही समाज में भेदभाव की कमी नहीं थी। महिलाओं की स्थिति दोनों ही समाजों में एक जैसी थी। यदि मुस्लिम शासक हिन्दू महिलाओं का बलात् अपहरण या क्रय करते थे तो दूसरी तरफ हिन्दू राजा भी सैय्यद स्त्रियों को दासी की तरह लाकर उन्हें संगीत की शिक्षा देकर अपने अहम की तुष्टि करते थे। बहुविवाह, सती प्रथा महिलाओं की स्थिति को और नारकीय बनाने का साधन मात्र थे।

सम्पूर्ण हिन्दुस्तानी समाज दो वर्गों– सुविधा सम्पन्न और सुविधाहीन में विभाजित था। एक तरफ सामान्य वर्ग था, व्यापारी (बड़े) वर्ग था, वहीं दूसरी तरफ गरीब शोषित किसान श्रमिक थे। एक के पास पहनने के लिए सोने से बने कपड़े थे तो दूसरी तरफ तन ढ़कने के लिए सूती धोती भी नहीं। एक तरफ विलास का नंगा नाच हो रहा था तो दूसरी तरफ साधारण वर्ग खून के घूंट पीने के लिए विवश था, तुलसी ऐसे समय में लिखते हैं–

''खेती न किसानी को भिखारी को न भीख भली
बनिक को बनिज न चाकर को चाकरी
जीविका विहीन लोग सिधमान सोच बस
कहै एक एकन सो कहा जाय का करी''[39]

यह है साधारण जनता का समाज, जिस पर विद्वानों की नजर नहीं जाती, यदि जाती है तो स्थापत्य, मूर्तिकला पर। साधारण जनता शायद इतिहासकारों की दृष्टि से भी ओझल रही है, पर कितने आश्चर्य की बात है,

भारतीय समाज का सच्चा नमूना यदि कहीं देखने को मिलता है तो इसी साधारण समाज में जिसकी चर्चा करते लोग नहीं थकते।

शिल्प एवं कलाएँ– कला मानवीय क्रिया की उपज है। एक ऐसी उपज जिससे मनुष्य और उसका समाज धार्मिक तथा लौकिक दोनों प्रकार के अनेक उद्देश्यों को प्राप्त करता है। कला जीवन की उस क्रमबद्ध योजना में कमोवेश निश्चित भूमिका अदा करती है जो अंततः आनन्द या मोक्ष या बोध में परिणित होती हैं ऐतरेय ब्राह्मण में कहा गया है, दिव्य कलाएँ भी कला के रूप में ही प्रशंसित हुई हैं। तात्पर्य यह है कि ईश्वर की रचना के रूप में प्रकृति मानव कलाओं से भिन्न एक दिव्य कला है।[40]

प्रत्येक समाज में कला–कर्म सामान्य और आवश्यक मानव कर्म होते हैं और भारतीय दृष्टिकोण के अनुसार इसकी उत्पत्ति काम से होती है; जो जीवन के चार पुरुषार्थों में से एक माना गया है। प्रत्यक्ष स्तरों पर कला, काम, धर्म और अर्थ यानी की जीवन के सामाजिक, भौतिक एवं आध्यात्मिक लक्ष्यों को पूरा करने का प्रयत्न करती है। कला स्वयं में कोई लक्ष्य नहीं होती यह कहना उचित नहीं बल्कि कला दूसरे ऐसे लक्ष्यों को उपलब्ध कराने में साधन का कार्य करती है, जो निम्न स्तर पर मानव इन्द्रिय और मानसिक तथा आध्यात्मिक मुक्ति का अनुभव और स्वाद प्रदान करता है। जिसका लक्ष्य है– वैयक्तिक, तटस्थ और निष्काम अवस्था। कला सिर्फ जीवन और प्रकृति को गति देने वाले नियम या सिद्धान्त का उद्‌घाटन मात्र नहीं करती अपितु वह आतंरिक या मौलिक तत्वों को व्यक्त करने में समर्थ एक आदर्शित रूप का निर्माण करती है।

एक कलावस्तु के प्रधानतया तीन प्रमुख कार्य होते हैं। निम्न स्तर पर यह इंद्रियों और मन के लिए स्वयं को आकर्षित बनाती है ताकि दर्शक का ध्यान अपनी ओर खींच लें। कला उच्चतर स्तर पर शुद्ध आनन्द का अनुभव जाग्रत करती है। यह अनुभव ब्रह्म के अनुवाद और अरबाद के समान होता है। तीसरा यह कि यह चरित्र में विचारपरक होती है और सिर्फ अनुभूत वस्तुओं के कलात्मक गुणों से उत्पन्न होती है। कला नैतिकता प्रधान होती है क्योंकि यह हमारे व्यक्तिगत अहं को जीवन के संकीर्ण स्वार्थपूर्ण और व्यावहारिक उद्देश्यों से भले ही थोड़े समय के लिए ही सही मुक्त कर देती है; हम जब भगवान के अनुपम विग्रहों का दर्शन करते हैं या मन्दिरों, मस्जिदों का अवलोकन, तो हम एक क्षण के लिए उस कला के सौन्दर्य में सब कुछ भूल जाते हैं।

कला क्या है? ललित आकलन ही कला है। कालिदास ने 'ललिते कलाविधौ'[41] का जो रघुवंश में उल्लेख किया है, वह इसी प्रसंग के सन्दर्भ में है। यह अभिराम अंकन चाहे वाग्विलास के क्षेत्र में हो, चाहे राग रेखाओं में या फिर वास्तु शिल्प में वह विशुद्ध कला ही है। प्रकृति जो हमें देती है वह कलाकार नहीं देता, न कलाकार प्रकृति का यथातथ्य रूपायन ही करता है। बल्कि वह यह करने का प्रयास करता है कि कुछ एकीभाव से वह प्रकृति की अनुपम सृष्टि को अपने शब्दों अपने भावों अपने चित्रों के माध्यम से व्यक्त करने की कोशिश जरूर करता है। प्रकृत स्थिति में कलाकार जो अन्तर उत्पन्न करता है अपनी छेनी तूलिका अथवा लेखनी के माध्यम से वही उस कलाकार की कला है। इस कला के अनेक रूप रंग हैं। मनःस्थितियों और अनुभूतियों अर्थात् जीवन की स्थितियों से जो वस्तु सम्बद्ध है वही कलाकार और कला दोनों में सर्वोच्च और सर्वोत्तम है, यद्यपि अन्य वस्तुएँ अस्वीकृत नहीं हैं कारण हर वस्तु का कला में अपना स्थान होता है। ये भी मानव जाति की मनःस्थितियों और अनुभूतियों का स्वर ऊँचा उठाने तथा उसे ग्रहण करने में सहायक होती हैं, जो कला का चरम उद्देश्य है।

भारत की कला का विस्तार आदिम समाज के उदय के साथ ही देखने को मिलता है। प्राक् ऐतिहासिक युग में भी कला के विभिन्न अवशेष खुदाई में मिले हैं। कला का विस्तार भारत में लगभग पाँच सहस्त्राब्दियों से लगातार देखने को मिलता रहा है। कला और समाज के बीच का यह सम्बन्ध परिवर्तित एवं परिष्कृत होता रहा है। भारत की कला विशुद्ध रूप से भारतीय है; लेकिन इतिहास में ऐसे भी अवसर आए जब अन्य देशों और जातियों की कलाओं की तेज भावनायुक्त कमजोर लहरें आकर भारतीय कला में मिल गईं और लोक कला में परिवर्तित हो गईं। भारत में अनेक स्थानों से लोग आए कोई पश्चिम से आया, कोई उत्तर पश्चिम से और कोई उत्तर से, कोई उत्तर पूर्व और कोई पूर्व दक्षिण से भी आया। ये सभी समाज के उस तबके से आए जहाँ कई प्रकार की कलाओं के विशेषण थे। अपने धार्मिक संस्कार रीति–रिवाज के अनुसार उन्होंने अपने कलाबोध को भी अपनी आन्तरिक वृत्तियों से संचालित रखा। जीवन का कोई भी क्षेत्र इनकी कला की परिधि में आने से बच नहीं सका।

हर समाज की अपनी मान्यताएँ अपने विश्वास होते हैं, उसी प्रकार उनकी अपनी कला भी होती है। भारत का समाज मुख्यतः दो तबकों

उच्च वर्ग और निम्न वर्ग में हमेशा से ही बँटा रहा है। इसलिए एक तरफ प्रभुत्वशाली वर्ग के नियंत्रण की वजह से जहाँ कला और साहित्य में उनकी अभिव्यक्ति को दर्शाया गया है वहीं लोक की कला क्षेत्र विशेष की अभिव्यक्ति तक ही सीमित रह गयी है। इन दोनों वर्गों की कलाओं में वैमनस्य नहीं रहा, बल्कि ऐसा कई जगह देखने को मिलता है। महान और श्रेष्ठ परम्परा को जब कभी कला, धर्म और साहित्य में आदिम या ग्रामीण अभिव्यक्तियों की उपमाओं, प्रतीकों, पुराण–कथाओं और आस्थाओं विचारों की जरूरत पड़ी तो उन्होंने उसे ग्रहण किया। वास्तव में यह आदिम और ग्रामीण कला ही भारतीय रचनात्मक उद्यम की मुख्य धारा का जैविक भंडार प्रारम्भ से ही रही है। इनसे भारतीय कला ने हमेशा नये जीवन की प्रेरणा और उत्साह प्राप्त किया है।

भारत में कला का विस्तार और नामकरण राजनैतिक आधार तथा भौगोलिक क्षेत्र के आधार पर सामान्यतः किया जाता है। जहाँ एक ओर हमें मौर्य कला, शुंग कला, कुषाण कला, गुप्त कला, पाल कला, सेन कला, चोल कला, होयसल कला, सल्तनत कला, मुगलकालीन कला देखने को मिलती है वही दूसरी तरफ सिंधु घाटी की कला, गांधार कला, राजस्थानी कला आदि कलाओं को राजदरबारों में हमेशा से प्रश्रय मिला है।

कला के 64 प्रकार भृतहरि ने माने हैं। भृतहरि लिखते हैं "साहित्य संगीत कला विहीन साक्षात पशु पुच्छ विषाण हीना"[42] इनके अनुसार जो मनुष्य साहित्य संगीत तथा कला से विहीन होता है वह साक्षात् पशु तुल्य है जिसकी पूंछ और सींग भी नहीं है। यह तथ्य इंगित करता है कि भारतीय संस्कृति में कला का अपना विशिष्ट महत्व हमेशा से ही रहा है। सैन्धव घाटी सभ्यता में भी इनके अवशेष देखने को मिलते हैं जो इस काल के निवासियों के सौन्दर्य बोध तथा उनकी तकनीकी विशेषज्ञता का भी प्रमाण है। मोहनजोदड़ों से प्राप्त विशाल स्नानागार, नर्तकी की कांस्य मूर्ति, तीन मुख वाले देवता की मूर्ति, अन्नागार उनकी कला का अनुपम उदाहरण है। कला की यह श्रृंखला वैदिक काल में भी नहीं टूटती। जैन और बौद्ध युग में तो इसका वृहत प्रसार देखने को मिलता है, जो भारतीयों की कला के प्रति अभिरुचि को व्यक्त करता है। मौर्य, ब्राह्मण और गुप्त काल भारतीय सांस्कृतिक काल के विकास की चरम अवस्था है। सातवाहनों के काल में निर्मित कार्ले का चैत्य, अजन्ता एवं एलोरा की गुफाएँ तथा अमरावती की गुफाओं का निर्माण, यूनानियों की हेलेनिस्टिक

आर्ट जिसका उदाहरण भारत में गांधार कला में देखने को मिलता है। कला का यह विकास कालांतर में इस्लाम संस्कृति के संपर्क में आकर निरन्तर बढ़ता ही रहा है।

कला को काल की दृष्टि से बाँटने का कार्य विद्वान मनीषियों द्वारा किया गया है जहाँ उन्होंने भारतीय कला का उद्‌भव सिंधु घाटी सभ्यता से मानते हुए 2500 ई0पू0 से 1500 ई0पू0 तक माना है वहीं मौर्य काल का विस्तार ई0 पू0 4 शती से ई0पू0 दूसरी सदी तक माना है। शुंग काल का प्रसार दूसरी पहली सदी तक है और भारतीय इतिहास के स्वर्णयुग गुप्तकाल का समय चौथी सदी से 6वीं सदी के बीच का है। विवेच्य विषय (मध्यकाल) का समय 6ठी सदी ई0 से 1500 सदी ई0 तक माना है और इसे भी दो काल खण्डों– पूर्व मध्यकाल और उत्तर मध्यकाल में विभाजित किया है। इस पूरे समय अन्तराल में हम देखते हैं कि इस्लाम संस्कृति के प्रसार के साथ भारतीय कला एवं संस्कृति का विकास तेजी से देखने को मिलता है। मूर्तिकला का विकास इस युग में इतना नहीं होता जितना कि अपने पूर्वकालों में हो चुका था, किन्तु अन्य कलाओं का यथातथ्य जितना विकास मध्यकाल में देखने को मिलता है। कला के साथ नवीन प्रयोग मध्यकाल में आकर ज्यादा देखने को मिलता है, संगीत की परम्परा हो वास्तुकला (स्थापत्य) या चित्रकला। कला का उन्मुखी विकास निरन्तर ही देखने को मिलता रहा है।

संगीत की परम्परा प्राचीन काल से निरन्तर चलती आ रही है। सामवेद संगीत का यशस्वी ग्रन्थ है किन्तु मध्ययुग में आकर संगीत का प्राचीन रूप विस्तृत हो जाता है, उसका रूप परिवर्तित हो जाता है, एक नये ही कलेवर में संगीत की सभा सजती है। ढेरों ग्रन्थों और वाद्यों का आविष्कार मध्यकाल में देखने को मिलता है जहाँ गायन की अनेक शैलियाँ हिन्दी–भाषा और साहित्य की ही भाँति मुस्लिम संपर्क और सहायता से एक नये रूप में सामने आयी।

संगीत गायन नर्तन एवं वादन के समाहार को कहते हैं। संगीत की एक शास्त्रीय पद्धति रही है जिसका वैज्ञानिक विकास एक लम्बे काल खण्ड में हुआ है। मानव की बर्बर अवस्था में जो दुख, जो कष्ट था जब वह शब्द रूप में परिणित होकर काव्य के माध्यम से हृदय से प्रस्फुटित हुआ तब जाकर कहीं संगीत का जन्म हुआ होगा तथा जब उसमें चिन्तन शक्ति का समावेश हुआ तो एक नयी पद्धति का उदय होने लगा तथा

धीरे–धीरे गीत नृत्य और वाद्य के संयोग ने उस पद्धति को कला का रूप दिया। संगीत कला क्या है? सिर्फ गाना ही कला नहीं है जबकि कला सचेत प्रयास और गुनी हुई साधना का वह पद्धति सम्मत पूर्णरूप है। यह कला अनायास आचरित नहीं होती कला केवल उल्लास के अवसर पर ही निर्देशित नहीं होती बल्कि वह आवेशों की साम्य स्थिति पर निर्देशित की जा सकती है। यह अवश्य होता है कि स्थिति विशेष को विशिष्ट लय सुर के साथ नादादि के माध्यम से सिरजा जा सकता है उदाहरणार्थ एक ही नाद बार–बार एक ही पद्धति से गाया जा सकता है।

इस शास्त्रीय संगीत को गंधर्वों ने आराध्य मानकर पेशे के रूप में विकसित किया जिसका उल्लेख ऋग्वेद में भी आया है। वेद की ऋचाएँ तो बराबर ही गाई जाती थीं, वो भी एक विशेष पद्धति से जिसमें भूल अक्षम्य अपराध था। ऋग्वेद की ऋचाओं से सामवेद, गानवेद बनकर प्रस्तुत हुआ। भरत के नाट्यशास्त्र में संगीत का अभिनय से अविछिन्न सम्बन्ध होने के कारण उसकी विषद व्याख्या की है।[43] संस्कृत में कालिदास के मालविकाग्निमित्र नाटक के पहले और दूसरे अंकों में संगीत और अभिनय के कला सिद्धांत पर विस्तृत कथोपथन किये हैं।[44] कालान्तर में संगीत एवं नृत्य से सम्बंधित कुछ ग्रन्थ लिपिबद्ध हुए जिनमें भोज, सोमेश्वर और सारंगदेव का संगीत रत्नाकर अत्यंत प्रसिद्ध हैं जो क्रमशः बारहवीं या तेरहवीं सदी में लिखा गया फिर रागमाला, रागमंजरी और भद्रांग चन्द्रोदय की रचना हुई। तेरहवीं सदी में संगीत का प्रसिद्ध ग्रन्थ जयदेव का गीत गोविन्द है जिसके बारे में प्रसिद्ध है कि चैतन्य महाप्रभु उनके पदों को गाते हुए बेहोश तक हो जाते थे। मध्यकाल के भक्तिमय वातावरण में संगीत को विशेष स्थान प्राप्त हुआ। दिल्ली सल्तनत काल (1206–1526) मध्यकालीन भारतीय इतिहास में अन्धकारमय युग के नाम से प्रख्यात है। यह आश्चर्य की बात है कि कट्टर मुस्लिम शासकों के इरा काल में संगीत के क्षेत्र में आशातीत प्रगति हुई, यद्यपि कुरान के अनुसार संगीत वर्जित है, परन्तु फिर भी समय–समय पर सुल्तानों, सामन्तों और स्वयं खलीफाओं के द्वारा उसे बराबर प्रोत्साहन मिलता रहा है।

मुसलमानों के भारत आगमन के साथ संगीत के क्षेत्र में परिवर्तन भी हुआ। नवीन राजाओं और वाद्ययंत्रों का उद्भव इस काल में प्रचुरता से हुआ। मध्यकाल में भारतीय संगीत अपनी चरमवास्था पर पहुँच चुका था, कि अमीर खुसरो जैसे प्रसिद्ध संगीतज्ञ एवं विद्वान ने भारतीय संगीत की

उत्कृष्टता का वर्णन अपनी पुस्तक 'नूर सिपहर' नव आकाश में किया है, उसने लिखा है– "भारतीय संगीत से हृदय और आत्मा उद्वेलित हो जाते हैं। भारतीय संगीत केवल मनुष्य मात्र को ही प्रभावित नहीं करता वह पशुओं तक को मन्त्र मुग्ध कर देता है। हिरन संगीत से अवाक खड़े रह जाते हैं और उनका आसानी से शिकार कर लिया जाता है।[45] खुसरो ने भारतीय एवं ईरानी संगीत सिद्धान्तों के मिश्रण से कुछ नवीन रागों को आविष्कृत किया जो भारतीय ईरानी संस्कृति के विशिष्ट लक्षण हैं। कव्वाली का जन्मदाता अमीर खुसरो था। तत्कालीन युग में संगीत मनोरंजन का एक प्रमुख साधन था। कैकुबाद के शासन में संगीत सम्मेलनों का वर्णन स्वयं अमीर खुसरो ने किया है। खिलजी शासक जलालुद्दीन भी संगीत प्रेमी था। उसके दरबार में मुहम्मद शाह, नुसरत खातून और मेहर अफरोज जैसे संगीतज्ञ रहते थे। अलाउद्दीन खिलजी भी संगीत से अत्यधिक लगाव रखता था।

सूफी सन्तों की धार्मिक उदारता के कारण सल्तनत काल में संगीत का विकास के पर्याप्त अवसर मिले। सूफियों ने संगीत को एक नयी दिशा, एक नया नाम दिया था। तुगलक काल में सूफियों के संगीत से नाराज होकर सुल्तान गयासुद्दीन, निजामुद्दीन औलिया को धर्मभ्रष्ट सिद्ध करना चाहता था जो संगीत के प्रशंसक थे। लेकिन उसके उत्तराधिकारी मुहम्मद बिन तुगलक के दरबार में एक सहस्त्र उच्चकोटि के संगीतज्ञों को प्रश्रय प्राप्त था। जौनपुर का शर्की शासक इब्राहिम (1400–1436) एवं उसके पुत्र हुसैन शाह शर्की (1457–79) को संगीत प्रेमी के नाम से जाना जाता है, इन्हीं के समय में संगीत की उस विधा का सूत्रपात हुआ, जिसे ख्याल के नाम से पूरी दुनिया जानती है। इब्राहिम के शासनकाल में बहादुर मलिक नाम के एक राजपुरुष ने संगीत को नवजीवन प्रदान करने के लिए एक महान सम्मेलन का आयोजन किया, जिसमें विविध प्रदेशों के संगीताचार्य एकत्र हुए और इसमें संगीत शिरोमणि नाम का प्रणयन किया।[46]

मेवाड़ के महाराजा कुम्भा (1433–68) स्वयं एक महान संगीतज्ञ थे। ग्वालियर के राजा मानसिंह तोमर (1486–1516) भी संगीत में रुचि रखते थे। उन्होंने संगीतज्ञों का एक विशाल सम्मेलन बुलाया था और ग्वालियर में संगीत की परम्परा को जीवित रखा। विजय दरबार का हिन्दू शासक कृष्ण देव भी संगीत प्रेमी थे और उनके शासन में अनेक संगीत ग्रन्थ लिखे गये।

संगीत कला का मुगल काल में भी अत्यधिक प्रचार देखने को मिलता है। मालवा का शासक बाज बहादुर उस काल का प्रसिद्ध संगीतज्ञ था। बाबर जो मुगल वंश का संस्थापक था वह भी संगीत प्रेमी था उसने अपनी आत्मकथा तुजुके बाबरी में संगीत गोष्ठियों के सन्दर्भ का वर्णन किया है। हुमायूँ भी संगीत में रुचि रखता था। संगीतज्ञों के सम्पर्क में रहकर वह इस अद्‌भुत कला से मनोरंजन किया करता था। शेरशाह सूरी के पुत्र इस्लाम शाह को भी संगीत का शौक था।[47] लेनपूल के अनुसार प्रत्येक मुगल शहजादों से यह आशा की जाती थी कि वह संगीत में भी प्रवीण हो।[48]

मुगल काल में संगीत की महत्ता का पता इस बात से ही चलता है कि जब हुमायूँ ने मॉण्डू की विजय की, तो उसके हाथ में बच्चू नामक एक कैदी भी हाथ लगा जिसे फांसी की सजा मिली थी। जब हुमायूँ को यह पता चला कि वह संगीतज्ञ हैं तो उसने उसे अपने पास बुलाया तथा उसका संगीत सुना। उसके संगीत से प्रभावित होकर उसे अपने दरबार में स्थान दिया। अकबर भारतीय शास्त्रीय संगीत को अधिक पसंद करता था। अबुल फजल लिखता है कि "सम्राट अकबर संगीत पर अधिक ध्यान देते हैं और इस चित्ताकर्षक राग का जो भी अभ्यास करता है उसकी पूरी–पूरी सहायता करते हैं– His Majesty pays much attention to music and is partron of all who practise this enchanting art." "Abul Fazal : Ain-I-Akbari[49] अकबर स्वयं संगीत का अच्छा जानकार था, नकारे पर बड़ा कलापूर्ण प्रदर्शन करता था। अकबर ने लाल कलावन्त से हिन्दी तानसुरों को सीखा था। अबुल फजल लिखता है कि अकबर ने अपने दरबार में देश–विदेश के बड़े गायकों को इकट्ठा करने का प्रयत्न किया था। अबुल फजल लिखता है कि अकबर के दरबार में गायकों की संख्या बहुत अधिक थी। इनमें हिन्दू, तूरानी, ईरानी और कश्मीरी स्त्री–पुरुष सभी सम्मिलित हैं। तानसेन के संगीत की प्रशंसा करते हुए अबुल फजल ने लिखा है कि भारत में उसके समान एक भी गायक हजारों वर्षों से नहीं हुआ है।[50]

"A Singer like him had not been in India for the last one thousend year." Abul Fazal.

रामदास, कलावन्त, सुभान खाँ, मियां लाल खाँ आदि संगीतज्ञ दरबार में रहा करते थे। तानसेन के पश्चात् अकबर के दरबार का दूसरा बड़ा कवि शायद बाबा रामदास थे। अकबर के राज प्रतिनिधि बैरम खाँ ने उन्हें एक लाख टके का पुरस्कार दिया था। बैजू बावरा भी उस समय के

प्रसिद्ध संगीतज्ञों में से एक था। अकबर के गान प्रेम तथा उसके प्रसार के कारण वाद्य एवं संगीत दोनों की अत्यधिक उन्नति हुई।

अकबर के पुत्र जहाँगीर को भी अकबर के समान संगीत प्रेम था। विलियम फिंच जो जहाँगीर के काल में आया था, उसने लिखा है कि सैकड़ों गायक और नृतकियाँ रात–दिन दरबार में रहते थे क्योंकि अपनी पारी के अनुसार सप्ताह में कई बार नाचा गाया करते थे। वे सम्राट या उनकी बेगमों को गाना सुनाने के लिए सदैव तैयार रहते थे, चाहे उन्हें किसी भी समय गाने के लिए बुला लिया जाये। जहाँगीर के दरबार मे जहाँगीर दाद, परवेज दाद, खुर्रम दाद, मक्खू, चतुर खाँ और हमजा जैसे प्रसिद्ध संगीतज्ञ विद्यमान थे। न केवल अकबर व जहाँगीर बल्कि उनके दरबारी भी संगीत को विशेष महत्व प्रदान कर उसे अपना संरक्षण देते थे। इस समय राग की नवीन विधा खोज निकाली गई और संगीत सम्बन्धी ग्रन्थों का फारसी भाषा में अनुवाद हुआ। इतिहासकारों की मान्यता है कि ईरानी और भारतीय संगीत के सम्मिश्रण से जिस नयी शैली का उदय हुआ वह इन दोनों ही शैलियों से अधिक उत्कृष्ट थी। शाहजहाँ अपने पिता जहाँगीर की अपेक्षा संगीत का प्रेमी अधिक था। वह संगीत का अच्छा जानकार था। उसका स्वर ऐसा हृदयाकर्षक था अनेक शुद्धात्मा सूफी फकीर तथा संसार से सन्यास लेने वाले साधू संत भी उसका गाना सुनकर सुध–बुध बिसार देते थे और परमानन्द में लीन हो जाते थे।

शाहजहाँ के बाद संगीत को उतना संरक्षण नहीं मिला जितना उसके पूर्वकाल में मिलता था। औरंगजेब तो संगीत से विरक्ति लिए बैठा था, फिर भी संगीत के प्रचार–प्रसार को वह रोक नहीं पाया। राजकीय संरक्षण प्राप्त न होने के बावजूद संगीत का निरंतर विकास मध्यकाल में धीमे–धीमे ही सही पर हुआ जरूर है। बेगमों तक ने कठोर आदेश के बावजूद संगीत की गरिमा को बनाये रखा। नवाब दरबारी और धनी लोग ही नहीं बल्कि साधारण जनता भी संगीत के प्रति अपने मोह को छोड़ नहीं पायी।

चित्रकला– यद्यपि कुरान में चित्रकला का निषेध किया गया है तथापि भारत की चित्रकला अपनी अन्य कलाओं और सांस्कृतिक दाय की भाँति बहुत प्राचीन है। मिर्जापुर और मध्यप्रदेश में जो रेखाचित्र बने हैं वे प्रस्तर युगीन और प्रायः उतने ही पुराने हैं जितने पुराने स्पेन के अल्तमाइरा और दक्षिण फ्रांस की गुफाओं के चित्र है। चित्रों की संपदा भारत में प्राचीनकाल से ही बहुतायत में मिलती है। इनकी प्रधान शैलियाँ छः हैं

जो अनेक प्रांतों में विद्यमान हैं। ये हैं–(1) अजंता शैली (2) गुजरात शैली (3) मुगल शैली (4) राजपूत शैली (5) दकनी शैली तथा (6) वर्तमान शैली। ज्यादा प्रसार सिर्फ दो ही शैलियों, अजंता शैली एवं मुगल शैली का ही मिलता है। मुगल शैली अजंता शैली की ही तरह देशव्यापी थी, राजस्थान शैली राजस्थान बुंदेलखण्ड, पंजाब हिमालय से जन्मी और फैली, स्थान विशेष के कारण उसकी अनेक उपशैलियाँ बन गई जिन्हें कलम कहते हैं।

साधारणतः चित्र दो प्रकार के होते हैं– भित्ति–चित्र और प्रतिकृति चित्रण। कंदराओं और प्रासादों की दीवारों पर जो चित्र उत्कीर्ण किये जाते हैं उन्हें भित्ति चित्र कहते हैं, दीवार पर चूना आदि का लेप लगाकर उन पर चित्र बनाया जाता है, जोगीमारा और अजंता, बाघ, मध्य एशिया आदि में भित्ति चित्र इसी प्रकार के बने हैं। यूरोपीय भाषा में इन चित्रों को फेस्को कहते हैं। प्रतिकृति चित्रण एक व्यक्ति अथवा अनेक व्यक्तियों की अनुकृति को कहते हैं। भित्ति और प्रतिकृति दोनों प्रकार के चित्रों का भारतीय साहित्य में निरन्तर उल्लेख हुआ है। भित्ति और प्रतिकृति की सम्मिलित शैली भी है जिसे गुजराती शैली के नाम से जाना जाता है। वस्तुतः साहित्य और चित्रकला का आपस में इतना घनिष्ठ सम्बन्ध है कि दोनों का प्रयोग कभी–कभी साथ कभी पीछे अवश्य होता है। कालिदास, भारवि, माघ आदि ने अनेक बार इन दोनों ही प्रकार के चित्रों का वर्णन किया है। अजंता की चित्रकला अपनी जीवंतता के कारण इतिहास में अमर हो गई है। इसकी अपनी ही शैली है। संसार की समस्त शैलियों से सर्वथा भिन्न, पर अपने आप में अनूठी और आदर्श। अजंता का कलाकार ऐसा लगता है कि समाज की संवेदना को अपने मन में समाये हुए उसके सूक्ष्म चित्रण उसकी मानवीयता का स्वतः ही परिचय देते हैं, विराग और त्याग का अद्भुत चित्रण अजंता कला की विशेषता है। अजंता की ही भाँति बाघ की गुफाओं के भी चित्र हैं जो मध्य प्रदेश (ग्वालियर) के मालवा में गुजरात और मालवा के प्राचीन वाणिक पथ पर खोदी गई है। अजंता की ही भाँति विराग के बीच तपोभिन्न, अल्हड़, उल्लासित, उन्मुक्त, अनियंत्रित अविरल जीवन वहाँ के चित्रों में भी प्रवाहित है।

गुजराती शैली– इसका दूसरा नाम जैन शैली है क्योंकि अधिकतर इस शैली में जैन कल्पसूत्रों का ही ग्रंथ चित्रण किया है। इस शैली के चित्र अधिकतर पन्द्रहवीं सदी के हैं। गुजराती शैली के प्राचीन उदाहरण कल्पसूत्रों से मिल जाते हैं। पाटल संग्रह के सचित्र कल्पसूत्र पर 1237 ई0

की तिथि दी हुई है। इसी प्रकार के दो कल्पसूत्र लंदन के इंडिया ऑफिस और ब्रिटिश म्यूजियम में सुरक्षित हैं। इनमें पहला 1427 ई0 का है तथा दूसरा 1464 ई0 का। पन्द्रहवीं सदी के गुजराती शैली के सर्वोत्तम नमूने बोस्टन म्यूजियम अमेरिका में है।[51] 1451 में बसन्त विलास भावना प्रधान चित्रण है जो साढ़े पैतींस फुट लंबे और नौ इंच चौड़े सूती कपड़े पर चित्रित है। लाल और पीले रंग का उसमें प्राधान्य है, भूमि पीली है।

राजस्थानी शैली– अफगान युग में भारतीय चित्रकला की उस शैली का विकास हुआ जिसे राजस्थानी शैली कहते हैं। इसका विकास राजपूताना और गुजरात प्रदेश में पन्द्रहवीं सदी में हुआ था। इसका प्रधान विषय कृष्ण और राधा के सनातन प्रेम का चित्रण करना है। इस युग के चित्रकारों ने इनके माध्यम से मानव प्रेम की स्थितियों व दशाओं का चित्रण बड़ी ही सजगता एवं कुशलता से किया है। नायिका भेद, रामायण और महाभारत के विविध कथानक नलदमयन्ती की कथा, रागमाला और बारहमासा आदि के दृष्य का अंकन राजस्थानी शैली में इतनी संजीवता से हुआ कि उसे देखकर मोहित हुए बिना रहा नहीं जा सकता। इन चित्रों में चटकीले रंग का उपयोग किया गया हैं। सुल्तान महमूद बेगड़ा ने इस कला को अपना संरक्षण प्रदान किया था।

मुगल शैली– मुगल शैली भारतीय चित्रकला में अपना अलग स्थान रखती है। यह एक ऐसी शैली है जिससे भारत का कोई भी कोना अछूता नहीं रह गया। क्षेत्रीय कलाएँ भी इस के प्रभाव से बच नहीं पायी। अपनी सुरुचि और परिष्कार तथा कूची के स्पर्श की कोमलता और हाशिये की सीदाकारी से वह तत्काल ही पहचानी जा सकती हैं। यह भारतीय चित्रकला और फारसी चित्रकला के सम्मिलन से उत्पन्न हुई हैं। ईरानी कलम को भारतीय वातावरण का योग मिला एवं भारतीय चित्रकारों ने अपनी निष्ठा, स्थानीय प्रेरणा और विषयों से उनकी कला को एक नये ही कलेवर में विश्व समाज के सामने प्रस्तुत किया।

मध्ययुग से पूर्व भारत में चित्रकला को राजकीय संरक्षण प्राप्त था। जैन, बौद्ध, राजपूत एवं अन्य राजाओं ने प्राचीन चित्रकला के विकास में अपना महत्वपूर्ण योगदान प्रदान किया। गुप्तकाल में तो चित्रकला का शिक्षा के पाठ्यक्रम के तौर पर अंगीकार किया गया था। डॉ0 मुल्कराज आनन्द के अनुसार अजन्ता के चित्रों में हमें स्वर्णिम युग की शास्त्रीय पराकाष्ठा एवं सातवीं आठवीं शताब्दी तक के अत्यालंकरित परिणामों में

देखने को मिलता है। अजंता तथा ऐलोरा के बाद सातवीं सदी के चित्रांकन समूचे भारतवर्ष में लघु चित्रों से सम्बन्ध जोड़ते हैं।[52]

सल्तनत युग (1206–1526) भारत में ललित कलाओं के पतन का युग था और इसीलिए कुछ इतिहासकारों ने उसे अन्धकारमय युग की संज्ञा से विभूषित किया है कारण शरीयत के अनुसार किसी भी जीवधारी का चित्र बनाना वर्जित है। इसलिए एकमात्र स्थापत्य कला का ही प्रसार इस युग में दिखायी देता है और ऐसा सिर्फ मुसलमान शासकों की धर्मान्धता के कारण था। तुगलक काल भी चित्रकला की दृष्टि से शून्य ही दिखायी पड़ता है। कुछ चित्र अवश्य मिले हैं पर वे इतने प्रभावोत्पादक नहीं हैं जितना पहले के चित्र या उसके बाद के चित्र थे। मुगल शासकों के काल में चित्रकला में एक नया ही जीवन आ गया था। मध्यकालीन भारत में चित्रकला के विकास का पूरा श्रेय शासकों को दिया जाना चाहिए। बाबर से लेकर शाहजहाँ तक के काल में चित्रकला के प्रति अनुराग देखने को मिलता है। चित्रकला का चरम विकास अकबर से शुरू होकर उसके उत्तराधिकारी जहाँगीर के काल में चरमोत्कर्ष पर पहुँचता है। पर्सी ब्राउन ने भी इस तथ्य की पुष्टि की है।[53]

Coming into prominence during the reign of Akbar in the later helf of the sixteenth century and attained it's apogee under imperial delientee.— *Jahangir - "Percy Brown"*

मुगलकालीन चित्रकला में भारतीय एवं ईरानी चित्रकला शैलियों का सुन्दर समन्वय देखने को मिलता है। चीनी चित्रकला का प्रान्तीय मिश्रित रूप ईरान में तेरहवीं सदी में प्रस्तुत किया गया जिसे तैमूर वंश के शासकों ने जीवित रखा। मुगलों का ईरानी लोगों से घनिष्ठ सम्बन्ध रहा है। अतः मुगल इस कला को भारत ले आये। बाबर के साथ जो चित्रकार आये थे उन्हें भारतीय चित्रकला की किंचित जानकारी नहीं थी, इसलिए उनके प्रारम्भिक चित्रों में ईरानी शैली का बहुत प्रयोग देखने को मिलता है। ईरानी शैली अलंकारों से मुक्त है इसमें लाल–नीले और सुनहरे रंगों का प्रयोग किया जाता है। प्रकृति का उन्मुक्त चित्रण ईरानी शैली की विशेषता है। ईरानी चित्रकारों ने फारसी के कवियों के भी चित्र बनाये जिनका विषय उमर खैय्याम की रूबाइया, लैला–मजनू तथा शीरी–फरहाद थे। मुगल शैली का उद्‌भव ईरानी एवं राजपूत शैलियों के सम्मिश्रण से हुआ। यदुनाथ सरकार ने इस सन्दर्भ में लिखा है[54]–

The art of Painting in Mugal, Age, originally persion, was a actually. The joint product of Hindu and Muslim ideas known as Mugal and Rajput. — *Sir J.N. Sarkar*

बाबर न केवल एक वीर योद्धा था, अपितु वह साहित्यकार व कलाप्रेमी भी था। चित्रकला से उसका लगाव जगत प्रसिद्ध है। बाबर ने अपनी आत्मकथा तुजुके बाबरी में बहजाद नामक एक प्रसिद्ध चित्रकार का वर्णन किया है। बहजाद ने फारसी चीनी और बौद्ध कला की शैलियों को मिलाकर एक नवीन शैली कंो जन्म दिया। इस चित्रकला से बाबर भली–भाँति परिचित था। बाबर ने एक और चित्रकार शाह मुजफ्फर की प्रशंसा की है, इन विवरणों से यह ज्ञात होता है कि बाबर चित्रकला में काफी दिलचस्पी रखता था।

बाबर का बेटा हुमायूँ भी उसी के समान कलाप्रेमी था। भारत पुनर्आगमन के वक्त वह अपने साथ शाह ख्वाजा अब्दुल समद और सैयद अली तब्रीजी को भारत में लेकर आया था। ये दोनों ही उच्च कोटि के चित्रकार थे। हुमायूँ ने उनको 'दास्ताने अमीर हमजा' नामक ग्रन्थ को चित्रित करने का कार्य सौंपा। मीर सैय्यद अली ने दास्ताने अमीर हमजा को पहले चित्रित किया उसके बारह रूप थे तथा प्रत्येक खण्ड में सौ चित्र थे।

अकबर का युग मध्ययुगीन इतिहास का नवीन परिचायक है। उसके उदार, राजनैतिक, धार्मिक दृष्टिकोण के फलस्वरूप हिन्दू मुस्लिम संस्कृति में समन्वय का मार्ग प्रशस्त हुआ। स्थापत्य कला एवं ललित कलाओं में चित्रकला से उसे विशेष लगाव था। उसके उदार संरक्षण में अनेक देशी चित्रकारों ने ख्वाजा अब्दुल समद व मीर सैयद अली से चित्रकला का अध्ययन किया और कलांतर में इसमें अपनी श्रेष्ठता प्राप्त कर ली। धीरे–धीरे ईरानी अलंकरण का प्रभाव कम होता गया या ये कह सकते हैं कि इस कला का भारतीयकरण हो गया।

कुरान में चित्रकला वर्जित है। शरीयत के अनुसार जीवधारियों के चित्र बनाना वर्जित है पर अकबर के उदार संरक्षण ने इस कला को राज्याश्रय प्रदान किया और अकबर ने फतेहपुर सीकरी का निर्माण कर उसके कमरों (अपने शयनागार, ख्वाबगाह) में भित्ति चित्र बनवाये। अनेक भारतीय ईरानी चित्रकारों ने उस प्रसाद परम्परा को सजाया।[55]

अबुल फजल अकबर के दरबार के सत्रह प्रसिद्ध चित्रकारों का वर्णन करता है। जिनमें अधिकांश हिन्दू थे। उस समय के प्रसिद्ध चित्रकारों में

दसवन्त बसावन, केसु, लाल, मुकुन्द, फारूख, मुश्की, मधु, महेश, जगन, खेमकरण, तारा, सांवली, हरवंश आदि प्रसिद्ध चित्रकार थे।[56]

More than a hundred painters have become famous master of the art while the number, of these who approach prefection at those who are middling is very large."

दसवन्त तो जात का कहार था, अकबर ने इसकी चित्रकारी से प्रभावित होकर उसे ख्वाजा अब्दुल समद के सुपुर्द कर दिया। कुछ ही वर्षों में वह सभी चित्रकारों से प्रसिद्ध हो गया और उस युग का प्रधान आचार्य बन गया। देश प्रतिभा को जाग्रत करने और बढ़ाने में अकबर की उदारता ने बड़ी सहायता की। कलाकारों को ओहदा और धन दोनों ही प्रदान किया। अकबर ने चित्रकारों को सभी प्रकार के पदों और पदवियों से विभूषित किया। आगरा और दिल्ली में बड़े–बड़े राजकीय ग्रन्थाकार (पुस्तकालय) स्थापित हो गये थे और केवल आगरे के संग्रहालय में 24000 के लगभग ग्रन्थ थे।[57] कुछ को छोड़कर प्रायः सभी चित्र कागज पर बने हुए हैं। महाभारत का सचित्र अनुवाद रज्मनामा के नाम से प्रस्तुत हुआ है। रामायण का अनुवाद भी बड़े व्यय से चित्रित किया गया है। अकबरनामा भी उसी परम्परा में प्रस्तुत हुआ है। किसी युग में साहित्य और कला का इतना सानिध्य नहीं हुआ जितना मुगलकाल में हुआ। मुगल शैली प्रधानतः प्रतिकृति चित्रण है। इसमें व्यक्ति चित्रण की प्रधानता है। वस्तुतः यह शैली ही व्यक्तिवादी है। अकबर के शासन काल (1556–1605) और जहाँगीर के शासनकाल (1605–27) के आरम्भ मे प्रतिकृति चित्रण में खड़े व्यक्ति का पार्श्व चित्रण ही हुआ, प्रायः रूदयमिनि विष्ट शैली में। धीरे–धीरे उसकी स्वतन्त्रता शिथिल हुई और नर–नारियों के स्वाभाविक चित्र बनने लगे। जहाँगीर चित्रकला का संरक्षक ही नहीं अपितु स्वयं भी कुशल चित्रकला पारखी था। सम्राट के चित्रकला के प्रति विशेष आकर्षण के कारण इस कला का अत्यधिक विकास उसने किया। चित्रकला के प्रति बादशाह इस तरह आसक्त था कि उसका अधिकांश समय चित्रकारों में ही व्यतीत हो जाता था। फादर गिरीरो, विलियम्स हाकिन्स और टामस रो उस समय की चित्रकला के प्रशंसक थे।

जहाँगीर ने अपनी आत्मकथा तुजुके जहाँगीरी में चित्रकला के प्रति अपनी आसक्ति को स्पष्ट करते हुए लिखा है कि अपने सम्बन्ध में मैं यह कह सकता हूँ कि चित्रकला के प्रति मेरी आँसक्ति और विवेचना इस

सीमा तक पहुँच गयी है कि जब किसी जीवित अथवा मृत चित्रकार द्वारा बनाया गया चित्र मेरे सम्मुख लाया जाता है तब मैं तुरन्त यह बता देता हूँ कि अमुक व्यक्ति का यह चित्र है। यदि एक चित्र पर अनेक व्यक्तियों की छवियाँ हैं जो भिन्न–भिन्न चित्रकारों ने मिलकर बनायी है तो भी मैं यह बता सकता हूँ कि किस–किस चित्रकार ने मिलकर इसे बनाया है।[58]

जहाँगीर की कला को परखने की क्षमता का वर्णन टॉमस रो भी करता था, उस काल के चित्र इतने उच्च कोटि के थे, जिसकी प्रशंसा करते हुए केटरों ने लिखा है कि उस युग में भारतवर्ष में ऐसे भी चित्रकार थे जो यूरोप में बने चित्रों की इतनी सुन्दर प्रतिमा तैयार करते थे कि वह मौलिक चित्रों के समान प्रतीत होने लगती थी।[59]

"In this time there were found in the India native painters who copied the finest of our European pictures with a fidelity that might vie with the originals."

जहाँगीर काल के प्रसिद्ध चित्रकारों में अबुल हसन, नादिर–उज–जमा, सालिवाहन, उस्ताद मसूर, फारूख बेग, मनोहर, विशनदास, गोवर्धन, दौलत, उस्ताद, मुराद एवं नादिर का नाम उल्लेखनीय है। जहाँगीर के समय में चित्रकार अबुल हसन अद्वितीय था। बाबर, हुमायुँ, अकबर के समय में दरबार ही चित्रों का मूल विषय था। वहीं जहाँगीर के सौन्दर्य प्रेमी होने के कारण प्रकृति चित्रण को विशेष प्रोत्साहन प्राप्त हुआ। अधिकांश चित्रों मे उद्यान का चित्रण हुआ है जिनमें फलफूल पत्तियों और पक्षियों की बहुतायत होती थी। चित्रों में अश्लीलता का प्रदर्शन नहीं होता है। मंसूर मुराद और मनोहर प्रकृति चित्रण में अत्यंत कुशल थे। इन चित्रकारों ने चित्र के चारों ओर बेलबूटे सुन्दर हाशिये बनाये थे, जिनसे चित्रों के सौन्दर्य में अत्यधिक वृद्धि हो गयी है। डॉ0 रामनाथ ने हाशिये की कला के सम्बन्ध में लिखा है कि ''हाशिये की कला का सर्वश्रेष्ठ उदाहरण बर्लिन के राजकीय पुस्तकालय में सुरक्षित जहाँगीर के युग की एक मरक्का में है। कभी–कभी ये हाशिये इतने सुन्दर बन गये हैं कि जैसा लगता है इनका मूल उद्देश्य ही हाशिया बनाना था।[60] जहाँगीर के समय की चित्रकला में नवीनता, स्वाभाविकता, गतिशीलता एवं संजीवता का पूर्ण समावेश हो गया था। चित्रकला सम्राट के मनोभावों की अभिव्यक्ति का सहज माध्यम बन गयी थी।

डॉ0 रामनाथ ने लिखा है कि जहाँगीर के संरक्षण में मुगल चित्रकला ईरानी बंधनों से मुक्त हो गयी और नये–नये क्षेत्रों में उसके विकास का

मार्ग खुल गया। यद्यपि मुगल चित्रकला का जो अपना निजी व्यक्तित्व था वह उसमें बराबर बना रहा, किन्तु जहाँगीर के कलात्मक युग में चित्रकारों में एक नवीन जागृति पैदा हुई। विषय और विधि दोनों दृष्टिकोणों से ही मुगल चित्रकला का चरमोत्कर्ष जहाँगीर के राज्य काल में हुआ।[61]

ऐतिहासिक तथ्यों के आलोक में देखें तो जहाँगीर के काल को चित्रकला का स्वर्ण काल कहना अतिश्योक्ति नहीं होगी, क्योंकि कला के प्रति जैसा समर्पण जहाँगीर ने दिखाया वह शब्दों से परे है। शाहजहाँ ने कला को संरक्षण तो अवश्य प्रदान किया, परन्तु उसे प्रोत्साहित नहीं किया। उसके समय की कला में स्वाभाविक सौन्दर्य का स्थान कृतिमता ने लिया था। पर्सी ब्राउन की धारणा है कि गाढ़े और भड़कीले रंगों का प्रयोग शाहजहाँ के युग की विशेषता थी, कला के पतन का परिचायक भी थी।[62] शाहजहाँ के काल में आकर कला की सहजता कहीं खो सी गई है। वस्तु का अलंकरण तो औरंगजेब के काल में आकर सिमट सा गया है। औरंगजेब की धार्मिक कट्टरता ने चित्रकला को विकसित होने का अवसर ही नहीं दिया। इतना ही नहीं पहले की चित्रकारी पर उसने सफेदी तक पुतवा दी।

मुगल शैली का प्रभुत्व भारतीय चित्रकला पर 1560 से प्रायः ढाई सौ वर्ष तक रहा। इस बीच एक से एक चित्र हजारों की संख्या में बने, हिन्दू ईरानी प्रतिमा अकबर के संरक्षण में खूब घुली मिली। इनके समन्वय की चरम एकता जहाँगीर के काल में देखने को मिलती है। चौपायों और पक्षियों के चित्रांकन में मुगल चित्रकारों ने अद्‌भुत प्रतिभा प्रदर्शित की।

मूर्तिकला –संसार में मूर्तिकला का प्रतीक जितना शक्तिशाली रहा है उतना अन्य कोई प्रतीक नहीं। त्रास और कौतूहल से भगवान और धर्म का उदय हुआ, परन्तु उससे बहुत पहले ही मूर्ति की काया अपने स्वरूप में आ गई थी। मानव अपने श्रद्धेय के प्रति अपनत्व की भावना से अपनी प्रतिभा का संयोग करते हुए अपने आत्मीय की मूर्ति खुद ही गढ़ ली। श्रद्धा और करूणा तथा क्रोध की भावना से मनुष्य ने चिन्ताकुल मानव की प्रथम अभिसृष्टि की। भविष्य के साथ उसमें आत्मीयता की भावना स्वतः ही आती गयी और मानव ने उसे धीरे–धीरे सुन्दर से सुन्दरतम रूप में प्रस्तुत करने का प्रयास किया। भारत में मूर्ति कला उतनी प्राचीन है, जितना प्राचीन उसका इतिहास है हमारी सभ्यता के अवशेष सिंधु घाटी की खुदाई में बहुतायत में मिले हैं। यह कला अपनी आरम्भिक अवस्था में

उच्चतम स्तर पर पहुँची हुई कला है। ऐसा लगता है कि भारतीय कला का जन्म सीधे यौवनावस्था से ही होता है। एक से एक सुन्दर मूर्तियाँ मुहरों के अभिराम प्रतीक इस युग में देखने को मिलते हैं। फिर सभ्यता के विनाश के साथ मूर्ति कला कहीं खो जाती है।

मौर्यवंश में पुनः उस कला के दर्शन होते हैं जो अत्यंत साफ–सुथरी निखरी और असाधारण प्रौढ़ता लिए हुए है। ऐसा नहीं है कि इस बीच कला एकदम से कहीं खो गई है। किन्तु उसमें तारतम्य देखने को नहीं मिलता। सर्वप्रथम हमारे आदि पुरखों ने मिट्टी से अपनी मूर्ति कला का विकास किया जो कालांतर में धातु पत्थरों आदि में अपनी कला की भव्यता को दर्शाता है। भारतीय मूर्तिकला में सौन्दर्य समाधि, कल्पना और जो भावबोध है विश्व की अन्य संस्कृतियाँ शायद उस स्तर पर कभी नहीं पहुँच सकती। भारतीय मूर्तिकला अन्य देश की कलाओं की भाँति युग के साथ बदल सी गयी है। मूर्तिकला के विचार से इस देश के इतिहास का युग इस प्रकार है– प्राक् मौर्य, शुंग, शक, कुषाण, गुप्त, पूर्व मध्य उत्तर मध्य, प्रागधुनिक एवं आधुनिक।

प्राक् मौर्य युग की कला चौथी सदी ई0प्र0 के पहले की है। इस काल की कला में जो ताजगी है वह वर्तमान कला के जिज्ञासुओं को आश्चर्यचकित कर देती है। मौर्य युग में मिट्टी और पत्थर की मूर्तियाँ बहुतायत में देखने को मिलती है। उनका रूपायन आवयवीय यथार्थता, आकर्षण सौन्दर्य सभी अभूतपूर्व है। अशोक के स्तम्भों के शीर्ष पशुमंडित है। सिंह, गज, अश्व, वृषभ आदि उस पर बने हुए हैं। पशुओं के अंगांग पत्थर के होकर भी जैसे साँचे से ढलकर निकलने लगते हैं। प्रतीत होता है कि जैसे वे पत्थर के न होकर धातु के बने हुए हो। सारनाथ का स्तम्भ शीर्ष अद्भुत है। मूर्तिकला में उस जैसा न पहले हो पाया और न उसके बाद। उसकी शालीनता प्रकृति विरूद्ध शांत मुद्रा अद्भुत है। शुंग युग में आकर कला की आकृति व शैली दोनों बदल जाती है। उसकी प्रकृत यर्थाथता का स्थान प्रतीकात्मकता ले लेती है। शुंग कला इस देश की सिंधु सभ्यता के बाद पहली राष्ट्रीय कला थी। इस काल में आकर प्रतीक स्थिर हो गये, रसात्मक सौन्दर्य का मान स्थिर कर लिए गये, अनायास नहीं सचेत रूप से। इस काल में वैयक्तिकता सामाजिकता में परिणित हो गई। शुंग काल के पश्चात शक कुषाण युग में कला की अपार संपदा प्रभूत हुई। पत्थर और मिट्टी दोनों का असाधारण मात्रा में उपयोग हुआ। पंचवान और किन्नर

मिथुन ठीकरों पर उभरे। सांची भरहुत जैसे स्तूपों का निर्माण इसी युग के आस–पास हुआ। श्रृंगार का अत्यधिक चित्रण इस काल की विशेषता है। गुप्तकाल में आकर मूर्तिकला अपने विकास की चरम सीमा पर पहुँच जाती है। गुप्तकाल नयी संस्कृति का युग है। यह काल गुप्तों के ऐश्वर्य उनकी समृद्धि का काल है। जहाँ उनके द्वारा संरक्षित संस्कृति एवं कला नयी वेशभूषा में सजी है। पुराणों के देवता अपनी तैंतीस कोटि संख्या लिए भारत की भूमि पर अवतरित हुए एवं भारतीय कलाकारों ने उन्हें मूर्त रूप प्रदान किया। इस काल में आकर कला जीवन से जुड़ गईं।

भारतीय इतिहास में सामान्यतः 600–900 ई0 तक का काल पूर्व मध्ययुग के नाम से जाना जाता है एवं 900 से 1200 ई0 तक का समय उत्तर मध्ययुग के नाम से। पूर्व मध्य काल के आरम्भ होते ही मानवीय भावनाओं का सिलसिला टूट सा जाता है। यहाँ पर प्रकृति के साथ जो सम्बन्ध देखने को मिलता है, उस का लोप इसके शिल्प में दिखायी देता है। इस युग में ब्राह्मण धर्म के अनेक देवी देवता अनन्त आभूषणों से युक्त कलाविहीन आकार लिए आ खड़े होते हैं। कुछ विलुप्त हो जाते हैं। दशावतार गुफा के भैरव और काली के परिवार अपनी शक्ति और भयंकरिता में कल्पना को चकित कर देता है एवं कैलास का गुफा लंकेश्वर परिवार असामान्य सशक्त रूप में सामने आता है। इसी काल में ऐलीफैन्टा की गुफाओं में शिव पार्वती परिणय बड़ी सफलता से उकेरा गया है। त्रिमूर्ति की कल्पना के साथ उसकी शालीनता अपूर्व है।

उत्तर भारत में बराबर पौराणिक शक्तियाँ क्षीण होती गयी, काले पत्थर की मूर्तियों द्वारा शिव, विष्णु, ब्रह्मा आदि के परिवार को मूर्तित किया जाने लगा। उत्तर मध्ययुग में अधिकतर मूर्तियाँ मन्दिरों के वाह्य संस्करण हैं स्वतंत्र मूर्तियों का निर्माण भी इस काल में हुआ जो मन्दिरों में स्थापित की गई। तांत्रिक बौद्ध धर्म तांत्रिक शाक्त धर्म से बहुत मिलता था। बौद्धतारा और हिन्दू लक्ष्मी की मूर्तियाँ सर्वथा समान हैं। इस परम्परा की मूर्ति कुकिहार (गया) से मिली मरीची की प्रतिमा लखनऊ संग्रहालय में है। उसके तीन मस्तक और छः भुजाएँ हैं। देवी सात शूकरों वाले रथ पर सवार आलीर मुद्रा में उभरी हुई अंकित हैं। इस काल की मूर्तियों के अवलोकन से स्पष्ट होता है कि बौद्ध महायान और शैव प्रतीक परस्पर निंकट आते जा रहे थे। दक्षिण के मन्दिर अपनी कलात्मकता में तो दर्शकों को विमुग्ध ही कर देते हैं।

मूर्तिकला का विकास भारत में मुसलमानों के आक्रमण के बाद कम ही देखने को मिलता है। कारण मुसलमान मूर्तिभंजक थे। इसलिए बारहवीं और तेरहवीं सदी में निर्मित मूर्तिकला के नमूने अत्यन्त कठिनाई से प्राप्त होते हैं। मथुरा के संग्रहालय में इस युग की मूर्तियों के भग्नावेश ही मिलते हैं। इस्लाम में अन्य कलाओं की तरह मूर्ति का बनाना भी वर्जित है। मुसलमानों के आक्रमण के बाद भारत में इस कला का सर्वथा लोप ही हो गया था। रामधारी सिंह दिनकर लिखते हैं– कि इस्लाम में मूर्ति पूजा सबसे भयानक शिर्क मानी जाती थी। इससे यह सिद्धान्त निकल आया कि मूर्ति और चित्र रचना भी शिर्क है। 14वीं सदी के लेखक मौलवी नवी ने लिखा है कि इस्लाम धर्म के अनुसार ईश्वर की सृष्टि का अनुकरण करके तस्वीरें बनाना गुनाह का काम है। इसलिए जो भी कपड़े, कालीन, सिक्के या बर्तन पर चित्र बनाते हैं। वे इस्लाम के नियम से गुनहगार हैं। इस निषेध का परिणाम यह हुआ कि साधारण मुस्लिम सभ्यता में मूर्ति–शिल्प और चित्रकारी को कभी प्रधानता नहीं मिली। मुसलमानों ने चित्रों और मूर्तियों का केवल भंजन ही नहीं किया, सामान्य मुस्लिम जनता ललित कला मात्र से उदासीन रहने लगी।''[63] बादशाही आज्ञा के आगे कला का अस्तित्व ही नहीं रह गया था। स्वयं बाबर भी मूर्तिपूजकों को पसन्द नहीं करता था, इसलिए मध्यकाल में आकर किसी कला का विकास न के बराबर हुआ तो वह मूर्तिकला ही थी। अकबर एवं जहाँगीर दोनों ही उस हद तक कट्टर शासक नहीं थे। जितना उनके पूर्ववर्ती शासक थे। अकबर ने 1567–68 में जब चित्तौड़गढ़ पर अधिकार कर लिया तो उस समय वह दो राजपूत सरदारों जयमल एवं पत्ता की वीरता से प्रभावित हुए बिना नहीं रह सका, जिन्होंने चित्तौड़ के रक्षार्थ अपने प्राणों की बाजी लगा थी। अकबर ने उन राजपूत वीरों की मूर्तियाँ बनाकर आगरे के किले में मुख्य द्वार पर प्रतिष्ठित की थी। जहाँगीर ने भी मेवाड़ के महाराणा अमर सिंह तथा उनके पुत्र कर्ण की मूर्ति का निर्माण करवाया था तथा उसे आगरा के किले, झरोखा ए दर्शन के नीचे बाग में रख दिया था। किन्तु जहाँगीर के बाद मूर्तिकला अपने हाशिये की तरफ ढकेल दी गई। सम्पूर्ण उत्तर भारत में मूर्तिकला के सुन्दर स्वरूप का परिचय इसके बाद हमें देखने को भी नहीं मिलता है। इसी के समानान्तर चौदहवीं से सोलहवीं सदी के मध्य दक्षिण में विजय नगर के हिन्दू राजाओं ने मूर्ति कला को मरने नहीं दिया। उनके मन्दिरों में अनन्त मूर्तियाँ सजीं, यद्यपि उसमें

वह पूर्ववर्ती सौन्दर्य नहीं जिसके लिए वह जाना जाता है। 22 फुट ऊँची नरसिंह मूर्ति और हनुमान की प्रतिमा बनाने में असाधारण श्रम व्यय हुआ पर उसमें शिल्प कला का वह उत्कर्ष देखने की नहीं मिलता। हजारा राम स्वामी वाले मन्दिर के आंगन की दीवारें रामायण के दृश्यों से भरी है, पर उनमें न शक्ति है न कला की क्रांति। अनन्तपुर (मद्रास) के तारपत्री में विजयनगर के सामन्त राजाओं के बनवाये मन्दिरों की मूर्तियाँ उनसे कहीं सुन्दर और सशक्त है।

स्थापत्य– स्थापत्य के प्रति आर्यों की उदासीनता के कारण जो अनेक सौ वर्षों का शून्य दिखायी पड़ता है, स्थापत्य कला का उत्कर्ष सीधे चौथी सदी ई0पू0 में ही जाकर अपने नवीन स्वरूप को प्राप्त कर पाता है। जहाँ मौर्ययुगीन वास्तु का प्रादुर्भाव होता है। यवन–शक–कुषाणों ने स्थापत्य कला को भरपूर प्रसार दिया है जिसकी पृष्ठभूमि पर गुप्तों का राष्ट्रीय स्थापत्य स्थापित होता है। भारतीय स्थापत्य कला का प्रथम स्वरूप हमें सिंधु घाटी सभ्यता में देखने को मिलता है जहाँ पर वास्तु कला या स्थापत्य कला का प्रथम प्रयोग स्पष्ट रूप में हुआ है। मौर्यकालीन स्थापत्य के अवशेष बिंबसार के परकोटे में दिखायी देते हैं। सेल्यूकस के राजपूत मेगस्थनीज ने अपनी कृति इंडिका में पाटलिपुत्र नगर उसके परकोटे और चन्द्रगुप्त मौर्य के राजभवन का जो वर्णन किया है वह मौर्य कालीन वास्तु स्थापत्य का अद्भुत प्रमाण है। शुंगों का युग मौर्यकाल का ही विस्तार है। कौशाम्बी की प्राचीर दुर्ग स्थापत्य पर पर्याप्त मात्रा में प्रकाश स्वतः ही दे देती है। कुषाणों के शासन काल में ही यवनों की गंधार शैली का भारतीय कला में जन्म हुआ। गुप्तकाल में स्थापत्य की बहुलता देखने को नहीं मिलती। सामान्यतः गुप्तकाल भारतीय इतिहास का स्वर्णयुग माना जाता है पर स्थापत्य की प्रचुरता इसमें उतनी मात्रा में देखने को नहीं मिलती जितना पूर्व में प्राप्त होती है। यह आश्चर्य का विषय है। हाँ, ईटों के अवशेष जरूर मिलते हैं। इस प्रकार के दो ईंटों के खण्डहर जिन्हें विशिष्ट शिल्प (मन्दिर) का प्रयोग हुआ एक तो झाँसी जिले के देवगढ़ में दूसरा कानपुर जिले के भीतरगाँव में।

स्थापत्य की मध्यकालीन विविध शैलियों– मध्यकाल मन्दिर निर्माण की दृष्टि से काफी समृद्ध है। एक विस्तृत भूखंड में अपार जनसंख्या के बीच विविध मत–मतांतरों के कारण प्रायः डेढ़ हजार वर्षों के लंबे कालक्रम में कला का विभिन्न शैलियों में बँट जाना उतना ही

स्वाभाविक है जितना की उसका विकास। स्थापत्य के दो विशिष्ट भाग किये जा सकते है; धार्मिक तथा लौकिक, जिसके अंतर्गत मन्दिर, स्तूप आदि आते हैं तथा लौकिक के अन्तर्गत वार्ता सेतुबंध और प्रसाद आदि। मन्दिर की शैलियाँ भी साधारणः तीन हैं– नागर, वेसर और द्रविड़। इनके अतिरिक्त भी कुछ नाम स्थापत्य सम्बन्धी प्राचीन ग्रन्थों में आये हैं जैसे लतिन साधार, भूमि नागर, पुष्पक विमान आदि।[64]

नागर शब्द नगर से बना है, जिससे उसका पुर से सम्बन्धित होना स्वाभाविक है। कौटिल्य के अर्थशास्त्र में नगर निर्माण में मन्दिरों का स्थान विशिष्ट बताया गया है। नागर शैली के मन्दिरों का विस्तार बड़ा है। हिमालय और विन्ध्याचल के बीच नागर शैली चौपट तथा वर्गाकार होता है आधार से शिखर तक। द्रविड़ शैली वह है जो द्रविड़ देश में विकसित हो। इसमें मन्दिर का शरीर तो वर्गाकार और मस्तक गुम्बदाकार होता है। इसका प्रसार क्षेत्र अगस्त्य (नासिक के निकट) कृष्णा अथवा तुंगभद्रा से लेकर कुमारी अतंरीप तक हैं। द्रविड़ शैली में मन्दिर नागर मन्दिर से सर्वथा भिन्न होते हैं। उसके गर्भगृह (जिसमें देवप्रतिमा स्थापित होती है) के ऊपर का भाग (विमान) सीधा पिरामिडनुमा होता है। उसमें कितनी ही मंजिल होती है और मस्तिक पीछे या गुम्बद के आकार का होता है।[65]

बेसनगर और द्रविड़ शैलियों का मिश्रित रूप है। वेसर नाम भी भौगोलिक नहीं शैली का है, मिश्रित शैली का। इस शब्द का अर्थ ही खच्चर होता है दोनों भिन्न जातियों से जन्मा था।[66] अपने विन्यास में यह द्रविड़ शैली का होता है और क्रिया रूप में नागर शैली का। गुप्त काल का दशावतार मन्दिर नागर शैली का प्रारंभिक उदाहरण है। नचना कुठार मन्दिर भी नागर शैली के आधार पर ही बना है। यह है भारतीय संस्कृति; इस्लामिक संस्कृति इसके समानान्तर एक अनूठी संस्कृति है।

इस्लाम का अपने शैशवकाल में अनेक समकालीन अत्यंत विकसित संस्कृतियों जैसे सीरिया, ईराक और ईरान आदि से घनिष्ठ संपर्क हुआ। राजनीतिक अस्थिरता, जनजातियों का देश देशांतर में जाना और व्यापारिक गतिविधियों से उत्पन्न आवागमन के कारण विभिन्न क्षेत्रों के बीच विचारों का आदान–प्रदान हुआ। इस्लाम की मेहराब शैली के विपरीत इस्लाम के आगमन से पहले के स्थानीय शिल्प शैली को हम शहतीरी शिल्प कला (Trabeate) कह सकते हैं। उसकी मुख्य विशेषता आड़ी व खड़ी रेखायें थीं जो कि स्तम्भों पर कोष्ठकों की सहायता से कड़ियाँ रखकर बनाई जाती थी।

अधिकतर मन्दिर के निर्माण में शिखर शैली अपनाई जाती है। कारण कई तकनीकी साधनों के अभाव में कड़ियों वालों छज्जों (orbelling) और अंतग्रर्थन (Dovetaitoty) जैसी शैलियों का प्रयोग आवश्यक हो गया था। इस्लाम स्थापत्य परम्परा को हम मेहराब परम्परा का नाम दे सकते हैं जिसमें खाली स्थान भरने के लिए असाधारण चक्रवात आकारों जैसे कि मेहराब, गुंबद आदि का प्रयोग किया जाता था। ऐसे भवनों की छत रेखा (Root line) काफी स्पष्ट और वैशिष्ट्य लिए होती थी। इस दोनों ही संस्कृतियों के मेल से एक ऐसी नवीन शैली का उदय हुआ जिसमें दोनों की ही विशेषताएँ एक की मजबूती तथा दूसरे का सौंदर्य सम्मिलित था।

भवन निर्माण कला के क्षेत्र में हिन्दू मुस्लिम कला के संगम के परिणाम स्वरूप अनेक विशाल एवं सुन्दर इमारतों का निर्माण हुआ। मुगल काल में यह कला उत्तरोत्तर विकसित होती गई। मुगल काल की इमारतों में हिन्दू मुस्लिम मिश्रित कला का प्रभाव और भी अधिक स्पष्ट हो गया था। ऐसा नहीं है कि मुगलों के पूर्व भारत में स्थापत्य कला का प्रसार पहले नहीं हुआ था। सल्तनत कालीन भवन शासकीय प्रश्रय एवं पोषण की उपज थे। मुस्लिम शासकों ने मन्दिरों की तोड़–फोड़ के पश्चात् अपने भवनों का निर्माण बहुत जल्दी से करवाया। भारत में पहली तुर्की मस्जिद थी कुव्वत–उल–इस्लाम उसका निर्माण बहुत जल्दी में किला राय पिथौरा के स्थल पर हुआ। इस स्थल पर तुर्की के आगमन के पूर्व सत्ताईस मन्दिरों का निर्माण किया जा रहा था। इस मस्जिद की सबसे बड़ी विशेषता उसका उत्कृष्ट मकसूरा और उसके साथ जुड़ा किबला–लिवान है। इसमें हिन्दू इस्लामी स्थापत्य कला की मजबूती और सौंदर्य की समन्वित विशेषताएँ पहली बार उभर कर आती हैं। दृढ़ता और सौन्दर्य का वह सम्मिश्रण जो भारतीय इस्लामी कला की विशेषता है कुतुबमीनार में देखने को मिलती है। इसी काल में अलाउद्दीन खिलज़ी द्वारा बनवाया गया अलाई का दरवाजा विशेष महत्पूर्ण है।

बाबर की भारत विजय (1526) के पश्चात् स्थापत्य कला के क्षेत्र में एक नवयुग का आरम्भ हुआ। पूर्व में स्थापत्य का विकास हुआ, किन्तु परवर्ती काल में स्थापत्य कला अपने चरम शिखर पर जा पहुँची थी। मुगलों ने उस स्थापत्य कला को चहुँमुखी आयाम पर पहुँचाया। बाबर के आगमन के पश्चात केन्द्रीय स्थापत्य कला का पुनर्जागरण ही नहीं हुआ था बल्कि एक नयी शैली भी जन्मी जिसे विद्वानों ने मुगल स्थापत्य

कला–शैली, इण्डो– पार्शियन स्थापत्य कला शैली तथा इण्डो सारसेनिक स्थापत्य कला शैली की संज्ञा से विभूषित किया था।[67]

मुगल शासकों ने स्थापत्य के क्षेत्र में सांस्कृतिक जगत में एक हलचल खड़ी कर दी। बाबर हुमायूँ, अकबर, जहाँगीर, शाहजहाँ, ने स्थापत्य कला को चरम विकास पर पहुँचा दिया। मुगल शासक महान निर्माता थे। उन्होंने देश के विभिन्न हिस्सों में जो इमारतें बनवाई, वह उनके स्थापत्य सौंदर्य की अभिव्यक्ति का प्रतीक है। मुगल शासकों ने दो शताब्दियों के अपने राज्यकाल में अनेक भवनों का निर्माण करवाया, जो कला एवं शैली की दृष्टि से पूर्ववर्ती मुगल भवनों से श्रेष्ठ है। मुगलकालीन वास्तुकला या स्थापत्य कला की प्रमुख विशेषताएँ निम्नलिखित हैं–

(1) ऊँचे–ऊँचे गोल गुम्बद (2) इमारती के कोने पर पतले स्तम्भ (3) रंग बिरंगी पचीदाकारी (4) जड़ाऊ काम और सुन्दर नक्काशी (5) विशाल खुले हुए प्रवेश द्वार (6) दृढ़ता तथा विशालता आदि।

विद्वानों में हमेशा इस बात पर तकरार होती रही है कि यह शैली देशी है या विदेशी। फरग्यूसन के अनुसार मुगलों की भवन निर्माण कला शैली विदेशी हैं हैवेल के अनुसार यह मुगलकाल देशी और विदेशी शैलियों का सुन्दर सम्मिश्रण है।[68]

बाबर ने आगरा, फतेहपुर सीकरी, बयाना धोलपुर एवं ग्वालियर आदि स्थानों पर कई स्नानागारों, बागों, तालाबों, कुँओं एवं फव्वारों आदि का निर्माण करवाया था। जिनमें से दो इमारतें पानीपत के काबुली बाग की मस्जिद एवं रूहेलखण्ड के सम्भल की जामा मस्जिद स्थापत्य कला के विशेषतः सराहनीय नमूने हैं। हुमायूँ भी शिल्प कला में अत्यधिक रुचि रखता था, किन्तु समय की मार और लगातार युद्धों में रहने के कारण स्थापत्य कला को ज्यादा समय नहीं दे पाया। उसने दिल्ली में दीन पनाह नामक महल का निर्माण करवाया था। इसके अतिरिक्त आगरा और फतेहाबाद (जिला हिसार) में मस्जिदें बनवाई थी। मुगलों के स्थापत्य का बीज रूप इन इमारतों में देखने को मिलता है। हुमायूँ का मकबरा भी भवन निर्माण कला का अद्‌भुत प्रदर्शन है। यह मकबरा भारतीय और फारसी शैली के सम्मिश्रण से बना है। इस इमारत की मेहराब युक्त विशाल मण्डप फारसी शैली को अभिव्यक्ति करता है, जबकि सुन्दर छतरियों वाले कलात्मक मण्डप भारतीय शैली के प्रतीक हैं।

अकबर ने बाबर व हुमायूँ की परम्परा को आगे बढ़ाने का कार्य किया। भवन निर्माण कला में उसकी अत्यधिक रुचि थी। अबुल फजल ने लिखा है कि "सम्राट स्वयं सुन्दर भवनों की योजना बनाकर अपने मस्तिष्क एवं हृदय के विचारों को पाषाण एवं मिट्टी के आवरण से सुसज्जित करता है।[69] अकबर ने आगरा, लाहौर और इलाहाबाद में किलों का निर्माण करवाया था। अकबर द्वारा निर्मित लाहौर के किले की दीवारों पर चित्रित हाथी, मोर एवं शेर के चित्र हिन्दू कला के प्रभाव की पुष्टि करते हैं।

अकबर ने अपनी राजधानी आगरा को दीवाने आम, दीवाने खास, जहाँगिरी महल, अकबरी महलों से सजाया था। इनमें जहाँगीरी महल विशेष रूप से उल्लेखनीय है। अकबर की नई राजधानी फतेहपुर सीकरी का निर्माण अकबर की कलात्मक दक्षता का दिग्दर्शन है। इसके लिए तीन ओर दीवारें तथा चौथी ओर एक कृत्रिम झील थी, यह हिन्दू इस्लामी कला का अद्भुत सम्मिश्रण दिखायी देता है। अकबर के बनाये हुए इमारतों में से एक बुलन्द दरवाजा विशेष प्रसिद्ध है। इसकी ऊँचाई 176 फीट है। यह भारत का सबसे ऊँचा दरवाजा माना जाता है। इस दरवाजे का निर्माण ग्वालियर किले की शैली तथा बौद्ध विहारों की शैली के आधार पर किया गया था। जामा मस्जिद की बनावट पूर्णतया भारतीय है इसके स्तम्भ हिन्दू शैली के प्रतीक हैं। इसके सभी गुम्बदों के उपर हिन्दू कलश है। एस0आर0 शर्मा, शेख सलीम चिश्ती के मकबरे को स्थापत्य कला का अदभुत नमूना मानते हैं। उनके अनुसार सीकरी में स्थित सलीम चिश्ती का मकबरा स्थानीय मुगल भवनों में श्रेष्ठ है। शैली, आकार, नक्काशी में यह भवन एतमातुद्दौला के मकबरे और विश्व प्रसिद्ध ताज से काफी भिन्न है। पर्सी ब्राउन का भी मत है कि इस मकबरे में मन्दिर निर्माता की कल्पना का स्पष्ट आभास है।[70]

जहाँगीर की स्थापत्य कला में रुचि नहीं थी। अतः उस काल में प्रसिद्ध इमारतों का अभाव दिखायी पड़ता है। किन्तु कुछ इमारतों का निर्माण उनके समय में भी हुआ था जिनमें विशेष रूप से एतमातुद्दौला तथा जहाँगीर का मकबरा विशेष रूप से प्रसिद्ध है जिसका निर्माण नूरजहाँ ने करवाया था। स्थापत्य कला का उत्कर्ष अकबर के बाद कहीं दिखायी पड़ता है तो वह शाहजहाँ के काल में है। इसीलिए उसको निर्माताओं का प्रिन्स भी कहा जाता है। शाहजहाँ के स्थापत्य की सबसे बड़ी विशेषता उसके द्वारा सफेद संगमरमर का प्रयोग करना रहा जबकि पूर्ववर्ती शासकों

ने लाल पत्थरों पर अपने स्थापत्य का भवन खड़ा किया था। शाहजहाँ का स्थापत्य मुगल काल का चरमोत्कर्ष होने के कारण वास्तव में स्थापत्य का स्वर्ण युग कहलाने का पूर्णतया अधिकारी है।

शाहजहाँ ने आगरा में रंगमहल, मुमताज महल, दीवाने आम, दीवाने खास, ताजमहल, मोती मस्जिद एवं मयूर सिंहासन (तख्ते–ताऊस) का निर्माण करवाया था। शाहजहाँ के बनाये हुए ताजमहल और तख्ते ताउस इतिहास में अपना अद्वितीय स्थान रखते हैं। फ्रांसीसी यात्री ट्रेवनियर ने ताजमहल के विषय में लिखा है कि ताजमहल की कलात्मकता के समक्ष संसार की कोई भी इमारत नहीं ठहर सकती।[71]

इस प्रकार मुगलकाल में हिन्दू–मुस्लिम स्थापत्य का मणिकांचन प्रयोग मध्यकालीन स्थापत्य कला की अद्भुत विशेषता है। यह वह विशेषता है जिसे हिन्दुस्तानी संस्कृति के नाम से भी जाना जाता है। रामधारी सिंह दिनकर इसे विश्वकर्मा तथा जौहरी के मिलन का चमत्कार मानते हैं।[72]

इस मुगल स्थापत्य का प्रभाव हिन्दू शासकों पर भी पड़ा। वृन्दावन के मन्दिरों, बीकानेर के राजमहलों, जोधपुर के राजमहल और आमेर की इमारतों पर इस स्थापत्य का प्रभाव देखने को मिलता है। काँच की पच्चीकारी बैठक, प्लास्टर की रंगाई और कटोरेदार मेहराब मुगल शैली के प्रभाव ही हैं।

इस तरह देखा जाये तो प्रारम्भिक मुगल शासकों ने स्थापत्य कला को नई दिशा व गति प्रदान की। यह गति अनायास नहीं आयी बल्कि इसके मूल में वर्षों की यात्रा चल रही थी।

भक्ति आन्दोलन

भक्ति आन्दोलन नाम से ही लगता है, व्यवस्था के खिलाफ किया गया धार्मिक आन्दोलन। यह आन्दोलन एक झटके में नहीं शुरू हुआ था। ब्राह्मण और सामन्तवादी वर्चस्व के खिलाफ इस आन्दोलन की नींव उन भक्त कवियों ने रखी थी जो धर्म की भयावहता से आक्रांत हो चुके थे। एक तरह का रिवॉल्यूशन, यह रिवॉल्यूशन हर युग में कमोवेश हुआ जिसका अर्थ है जागरण... तो क्या जनता सोई थी? नहीं बुजुर्वावर्ग अपनी मनमानी पर उतर आता है, तो सामान्य जनता या तो प्रतिरोध करती है या यथावत् स्वीकार कर लेती है, यदि स्वीकार कर लेगी तो वह अपनी

जातीय अस्मिता के साथ कभी भी संघर्ष नहीं कर पायेगी और संघर्ष न कर पाने की स्थिति में वह काल शून्य काल से सम्बोधित होगा, जहाँ गौरव का भान ही नहीं हों। इसीलिए, सैन्धव धर्म के विरोध में वैदिक धर्म, वैदिक धर्म के विरोध में जैन और बौद्धधर्म और पुनः वैष्णव धर्म का उदय इसी तथ्य को प्रकट करता है।

रतिभान सिंह नाहर लिखते है कि धार्मिक आन्दोलन अपने युग की आवश्यकतानुसार पूर्व प्रचलित धर्म पद्धति में सहिष्णु परिवर्तन एवं परिवर्धन तक ही सीमित रखता है जबकि धार्मिक क्रान्ति पुरानी व्यवस्था के प्रति विद्रोह की भावना लेकर आमूल परिवर्तन के लिए खड़ी होती हैं। धार्मिक सुधार (सामाजिक सुधार थी) दोनों का अभीष्ट हो सकता है, होता भी है, पर जहाँ पहली स्थिति राजनीतिक शब्दावली में समाजवादी मनोवृत्ति की घोतक है तो दूसरी साम्यवादी, या फिर पहली स्थिति आदर्शोन्मुखी यथार्थवादी प्रवृत्ति को इंगित करती है तो दूसरी विशुद्ध यथार्थवादी प्रवृत्ति है।[73]

भक्ति क्या है, भक्ति शब्द भज् धातु से बना है जिसका अर्थ है सेवा, परन्तु ईश्वर के चरणों में पूर्णरूप से अनुरक्त हो जाना ही भक्ति कहलाता है। ऋग्वेद में भक्ति के लिए कहा गया है–

मित्र स्याहं चक्षुषा सर्वाणि भूतानि समीक्षे
मित्र रूप चक्षुषा सर्वाणि भूतानि समीक्षन्ताम्[74]
भक्ति के सन्दर्भ में पद्म पुराण में कहा गया है–
उत्पन्न द्राविडे चाहं, कर्णाटके वृध्दिगंता
क्वाचिदक्वाचि महाराष्ट्रे गुर्जरे जीर्णतां गता[75]

डॉ. सत्येन्द्र यह कहते हैं कि आर्यों के पूर्व भक्ति का प्रादुर्भाव हो गया था। वास्तव में भक्ति का जन्म मनुष्य की रागात्मक वृत्तियों के साथ ही शुरू होता है, इतना ही नहीं पाषाण काल में भी भक्ति के अवशेष दिखायी पड़ते हैं और यह प्रमाणित है कि आर्य बाहर से आये थे और यहाँ इन्होंने अपनी भक्ति का प्रचार प्रसार किया। अमरकोश में भी भक्ति का उदगम सैन्धव सभ्यता में माना है।[76]

डॉ. सुनीति कुमार चटर्जी ने विष्णु शब्द को तमिल भाषा के विन शब्द से बना माना है जिसका अर्थ होता हैं आकाश (प्रो0 हिस्टॉरिक कल्चर सुनीति कुमार चटर्जी, भारतीय विद्या भवन द्वारा प्रकाशित वैदिक एवं पुस्तक में संग्रहित निबन्ध)। किन्तु कितने आश्चर्य की बात है आज

हम भक्ति के उद्‌गम पर चर्चा कर रहे हैं, जबकि भक्ति का मूल समता पर आधारित है जिसके कारण श्रेष्ठ जाति का दंभ भरने वाले आर्यों ने भक्ति को स्वीकार किया।

वेदों में अनेक स्थानों पर भक्ति की महत्ता बतायी गयी है। जीवन मृत्यु तथा संसार के बंधनों से मुक्ति प्राप्त करने के लिए भगवत स्वरूप ज्ञान या भक्ति को आवश्यक बताया गया है–

वेदाहमेतं पुरुषं महान्तमादित्यवर्ण तमसस्परस्तात्
तमेव विदित्वाऽति मृत्युमेति नान्यः पन्था विद्यतेऽयनाय[77]

भक्ति का आधार विश्वास है। भक्त यह मानता हैं कि ईश्वर की कृपा से साधक का उद्धार हो सकता है–

त्वमग्ने व्रत पा असि देव आ मर्त्येष्वा। त्वं यज्ञेष्वीऽयः[78]

भक्ति का उद्‌गम वेदों में ही है। जो कालांतर में उपनिषदों में भी विकास पाता है। मुण्डकोपनिषद (2, 2, 4) श्वेताश्वर उपनिषद् (6,21) छान्दोग्यपनिषद (31, 181) कठोपनिषद् (1,2,23) में भक्ति तथा भक्ति के सिद्धान्तों पर विशेष चर्चा मिलती हैं।

यो ब्रह्माणं विदधाति पूर्व यो वै वेदाश्च प्रहिणोति तस्मै
तं ह देवमात्मबुद्धिप्रकाशं मुमुक्षुर्वै शरणमहं प्रपद्ये[79]

जिसका अर्थ यह है कि भक्त का कार्य केवल इतना ही है कि वह भगवान की शरण में जाये। ज्यों ही वह भगवान की शरण में जाता है, भगवान की कृपा से उसका उद्धार सम्पन्न हो जाता है। उपनिषदों में भक्ति के शुरूआती दौर के समस्त तत्व मिलते हैं जैसे गुरु का महत्व ज्ञान भक्ति, कर्म साधना में प्रधानता इत्यादि। पुराणों में भी भक्ति का पूर्ण समावेश है। भागवत में भक्ति के सन्दर्भ में कहा गया है–

स वै पुंसां परो धर्मो यतो भक्तिधोक्षजें
अहैतुक्य प्रतिहता यथा त्या सम्प्रसीदति[80]

इसी भागवत में नवधा भक्ति का भी उल्लेख हैं–

श्रवणं कीर्तन विष्णोः स्मरणं पादसेवनम
अर्चनं वन्दनं दास्यं सख्यमात्मनिवेदनम[81]

गीता में कृष्ण स्वयं कहते हैं–

तेषां ज्ञानी नित्ययुक्त एक भक्ति र्विशिष्यते
प्रियो हि ज्ञानिनोश्ष्त्यर्थमहं स च मम प्रियः[82]

ये समस्त उदाहरण बताते है कि प्राचीन भारतीय साहित्य में भक्ति

को विशिष्ट स्थान प्राप्त था जिसका लक्ष्य इहलोक के कर्तव्यों के साथ सामंजस्य करते हुए, भगवान के भजन कीर्तन के द्वारा परलोक की प्राप्ति ही इस भक्ति का लक्ष्य दिखायी पड़ती है।

यह बड़े आश्चर्य कि बात है कि उत्तर भारत में विकसित भक्ति कालांतर में समय के विशेष प्रभाव दशा, राजनैतिक नीतियों, (जैन एवं बौद्ध धर्म के प्रभाव स्वरूप) उत्तर से हटकर दक्षिण में प्रकट होती है। मेरी मान्यता है कि उत्तर भारत की एक वैदिक परम्परा की शाखा इन धर्मों के बढ़ते प्रभाव को देखकर दक्षिण की ओर प्रस्थान करती है जहाँ से कालांतर में वैदिक भक्ति का विकास दक्षिण में अलवार भक्तों के द्वारा होता है–

Alvars are the first people who gave a new shape of Bhakti School making simple, designed not for serving the purpose of worship by the elite but sub serve the similar end for the quite ordinary folk[83].

यह उद्धरण बताता है कि अलवार भक्तों के सरतलम रूप को समाज के सामने लाते हैं। ये उच्चकोटि के साधक तथा भक्त थे जिनके जीवन में वाह्याडम्बर के लिए तनिक भी स्थान न था। नाथमुनि ने इनके पदों की सरलता से प्रभावित होकर इनके पदों का संकलन दिव्य प्रबन्धं नाम से नौंवी सदी में किया था, जिसमें नाम–स्मरण को महत्व प्रदान किया। इस भक्ति का मूल, प्रपत्ति को ही माना गया है और यही प्रपत्तिमूलक भक्ति कालांतर में वैष्णव सम्प्रदाय में शिरमौर बनती है। जहाँ जाति–पाँति का परित्याग कर सभी भगवान की शरण में रत दिखायी पड़ते हैं जहाँ यह विश्वास है कि अपनी कमियों के सहित ईश्वर अपने भक्त को अपना लेता है।

यह भक्ति आन्दोलन अपने आप में बहुत व्यापक हैं, कई साहित्यकारों ने भक्ति आन्दोलन को तलाशने की खोज की है और यह सिलसिला बदस्तूर आगे चलता चला आ रहा है। जार्ज ग्रियर्सन से लेकर, आचार्य रामचन्द्र शुक्ल से लेकर, प्रेमशंकर तक ने इतिहास के आन्दोलन को समझने की चेष्टा की है। जहाँ नये–नये तथ्यों को लेकर नये रहस्य उद्घाटित हुए हैं।

यह भक्ति आंदोलन सुधार आंदोलन था, जहाँ सभी सामाजिक एवं आर्थिक शक्तियाँ भी, नई धारणाओं का प्रवेश करती है– जहाँ एक सामाजिक अवरोध को इन कवियों ने अपनी रचनाओं के माध्यम से दूर किया।

के. दामोदर ने लिखा है कि निस्संदेह भारत में जो भक्ति आंदोलन चला उसकी बहुत सी बातें वाइक्लिफ, लूथर और थामस मुंजर के नेतृत्व में चलने वाले सुधार आंदोलन (रिफॉर्मेशन मूवमेंट) से मिलती थी। भक्ति आंदोलन का मूल आधार भगवान विष्णु अथवा उनके अवतारों, राम और कृष्ण की भक्ति थी। किन्तु यह शुद्धतः एक धार्मिक आन्दोलन नहीं था। वैष्णवों के सिद्धान्त मूलतः उस समय व्याप्त सामाजिक–आर्थिक यथार्थ की आदर्शवादी अभिव्यक्ति थी।[84]

इस भक्ति आंदोलन का प्रभाव यह पड़ा कि इसने पूरे भारत को एकता के सूत्र में बाँध दिया, जिसने यह कहलाने का सामर्थ्य दिया जाति–पाँति पूछे नही कोई, हरि को मजे सो हरि का होई। यह भक्ति आन्दोलन उस युग की उपज थी जो सामन्तवाद के विरोध में सामने आता है।

हिन्दी साहित्य में भक्ति के उदय के सम्बन्ध में तीन धाराएँ देखने को मिलती है। (1) वह जो भक्ति को राजनीतिक पराजय का परिणाम मानते हैं (2) एक धारा इसे विदेशी प्रभाव से जोड़कर देखती है। (3) कुछ इसी परम्परा से चली आ रही सांस्कृतिक, धार्मिक सामाजिक भावना का परिणाम मानती है। वस्तुतः यह भक्ति आन्दोलन राजनैतिक पराजय का परिणाम और परम्परा से चली आ रही संस्कृति, धार्मिक, सामाजिक भावना का मिला जुला रुप है। किन्तु इस पर चर्चा करने से पहले विदेशी प्रभाव को देखना जरूरी है जहाँ सर्वप्रथम ग्रियर्सन कहते है– कोई भी मनुष्य जिसे पन्द्रहवीं तथा बाद की शताब्दियों का साहित्य पढ़ने का मौका मिला है, उस भारी व्यवधान को लक्ष्य किये बिना नही रह सकता जो पुरानी और नई धार्मिक भावना में विद्यमान हैं। हम अपने को ऐसे धार्मिक आंदोलन के सामने पाते हैं जो आन्दोलनो से कही अधिक व्यापक और विशाल हैं। यहाँ तक कि वह बौद्ध धर्म के आन्दोलनों से कहीं अधिक व्यापक और विशाल है, क्योंकि उसका प्रभाव आज भी वर्तमान है। इस युग में धर्म ज्ञान का नहीं बल्कि भावावेश का विषय हो गया था। वे आगे लिखते हैं कि बिजली की चमक के समान अचानक इस समस्त पुराने धार्मिक मतों के अंधकार के ऊपर एक नयी बात दिखायी दी कि कोई हिन्दू यह नहीं जानता कि यह बात कहाँ से आई और कोई भी इसके प्रार्दुभाव का कारण निश्चित नहीं कर सकता।[85] आचार्य हजारी प्रसाद द्विवेदी ने हिन्दी साहित्य की भूमिका में लिखा है कि इस प्रकार के अवतारवाद का जो रूप है इस पर महायान समुदाय का विशेष प्रभाव है। यह बात नहीं कि प्राचीन हिन्दू चिन्तन के

साथ उसका सम्बन्ध एकदम है ही नही, पर सूरदास, तुलसीदास आदि भक्तों में उसका जो स्वरुप पाया जाता है, वह प्राचीन चिन्तनों से कुछ ऐसी भिन्न जाति का है कि एक जमाने में ग्रियर्सन केनेडी आदि पण्डितों ने उसमें ईसाईपन का आभास पाया था। उसकी समझ में नहीं आ सका कि ईसाई धर्म के सिवाय इस प्रकार के भाव कहीं मिल सकते है। लेकिन आज शोध की दुनिया बदल गयी है। ईसाई धर्म में जो भक्तिभाव है, वही महायानियो की देन सिद्ध होने को चला है क्योंकि ऐसे बौद्धो का अस्तित्व एशिया की पश्चिमी सीमा में सिद्ध हो चुका है और पण्डित तो इस प्रकार के प्रमाण का दावा करने लगे है कि स्वयं ईसामसीह भारत के उत्तरी प्रदेश में आए और बौद्ध धर्म में दीक्षित भी हुए थे। इसी क्रम में आगे आकर कहते है कि महाभारत में वर्णित श्वेतद्वीप का तात्पर्य गौराँग जातियों के निवास स्थान से है।[86] डॉ0 ताराचन्द, हूमायूँ, कबीर, डॉ0 आबिद हुसैन आदि ने भक्ति को मुस्लिम संस्कृति के सम्पर्क का परिणाम बताया। उनके अनुसार शंकराचार्य, निम्बार्कचार्य, रामानुजाचार्य, अलवार संत, वीर शैव सम्प्रदायों की दार्शनिक मान्यताओं पर मुस्लिम प्रभाव है। वास्तव में यह कहना उपहास से कम नहीं है।

भक्ति के उत्स हमें विदेशी सभ्यता से नही मिले। यह विशुद्ध भारतीय है मेरी मान्यता आचार्य शुक्ल के साथ अंशतः सहमत है जब वे कहते हैं कि अपने पौरुष से हताश जाति के लिए भगवान की शक्ति और करुणा की ओर ध्यान ले जाने के अतिरिक्त दूसरा मार्ग ही क्या था।[87] पौरुष से हताश जाति के लिए वल्लभाचार्य का कथन भी लक्षित करने योग्य है। जहाँ वे कहते है– देश म्लेच्छाकांत है गंगादि तीर्थ दुष्टों द्वारा भ्रष्ट रहे हैं। अशिक्षा और अज्ञान के कारण वैदिक धर्म नष्ट हो रहा है, सत्पुरुष पीड़ित तथा ज्ञान विस्मृत हो रहे है, ऐसी स्थिति में एकमात्र कृष्णाश्रय गें ही जीवन का कल्याण हैं।[88]

शुक्ल जी की धारणा को पुष्ट करते है; और यह मान्यता अंशतः सही भी है किन्तु हजारी प्रसाद द्विवेदी इस धारणा को नहीं मानते, वह कहते हैं– यह बात अत्यंत उपहासास्पद है कि जब मुसलमान लोग उत्तर भारत के मन्दिर को तोड़ रहे थे, तो उसी समय अपेक्षाकृत निरापद दक्षिण में भक्त लोगों ने भगवान से शरणागति की प्रार्थना की। मुसलमान के अत्याचार से यदि भक्ति की भाव धारा को उमड़ना था तो पहले उसे सिन्ध में और फिर उसे उत्तर भारत में प्रकट होना चाहिए, पर हुई दक्षिण में।[89]

वास्तव में यह दोनों सत्य एकांगी हैं। बिना दोनों की प्रतिक्रिया को समझे भक्ति आंदोलन पर टिप्पणी करना उचित नहीं है। यह इतिहास दृष्टि का फर्क है; एक तरफ चित्तवृत्ति होती दूसरी तरफ परम्परा और इन दोनों के मध्य सामंजस्य दिखाना ही साहित्य का इतिहास है।

आचार्य हजारी प्रसाद द्विवेदी ने कहा है, मैं इसी रास्ते सोचने का प्रस्ताव करता हूँ। मतों आचार्यों, संप्रदायों और दार्शनिक चिन्ताओं के मान–दंड से लोक चिन्ता को नहीं मापना चाहता बल्कि लोक चिन्ता की उपेक्षा में उन्हें देखने की सिफारिश कर रहा हूँ।[90]

आचार्य शुक्त जहाँ जनता की बात करते हैं वहीं आचार्य द्विवेदी लोक की। वस्तुतः भक्ति आन्दोलन लोक का आन्दोलन रहा, जिसकी पहुँच उच्च वर्ग से लेकर निम्न वर्ग तक हैं यही कारण है कि भक्ति आन्दोलन का कवि, न साधु है न कोरा समाज सुधारक बल्कि भारत के विभिन्न धर्मों प्रान्तों से एक होता हुआ, हिन्दू–मुस्लिम संघर्ष के विरूद्ध, क्षेत्रीयता और स्थानीयता के दुष्परिणामों के विरूद्ध खड़ा होकर अपनी धारणाओं को रखता है। इसीलिए इस आंदोलन में कर्म की महत्ता हैं, और वाह्ययाडम्बर का विरोध। कबीर मुस्लिम है, जुलाहा है, रहीम भी मुस्लिम है– चैतन्य गरीब है रैदास चमार है नामदेव दर्जी, तुलाराम नीची जाति के, रामानन्द पण्डित है। इन सभी ने अपने जातिगत पेशे का परित्याग नहीं किया है यह इस आन्दोलन की सबसे बड़ी विशेषता है।

शिवकुमार मिश्र का कथन भक्ति आन्दोलन की इसी व्यापकता को प्रदर्शित करता है– जब वह कहते है कि यह भक्ति आन्दोलन सच पूछा जाये तो अपने समय की राजनीतिक, धार्मिक और सामाजिक परिस्थितियों की अनिवार्य देन था। वह युग जीवन की ऐतिहासिक माँग बनकर सामने आया था। इस तथ्य का अनुमान महज इस बात से लगाया जा सकता है कि इसने न केवल अपने समय की राजनीतिक, धार्मिक, सामाजिक तथा सांस्कृतिक जड़ता को तोड़ती चली आती हुई सांस्कृतिक जीवन की धारा के साथ विजेताओं की नयी संस्कृति को घुलाते मिलाते हुए धर्म जाति वर्ग, वर्ण आदि से निरपेक्ष एक मानव धर्म तथा एक मानव संस्कृति की परिकल्पना सामने रखी।[91]

यह भक्ति आंन्दोलन अपनी सादगी अपनी उपयोगिता के कारण सर्वकालिक है, आज जो सुधार के कार्यक्रम, हरिजन सुधार, अस्पृश्यता निवारण जैसे कार्यक्रम चलाये जा रहे हैं, उसकी पृष्ठभूमि तो इन भक्त

कवियों ने बहुत पहले ही रच दी थी। इसलिए इन कवियों के यहाँ उस जड़ता के प्रति विद्रोह है जो यह कहता है कि हमारा ईश्वर ऊँचा है, या जब वह कहता है कि हमारी जाति ऊँची है, अथवा हमारे कर्मकाण्ड ऊँचे है, भक्ति कवि इन सभी का प्रतिरोध कर अपनी कविता को मूल्यवत्ता प्रदान करता है।

धर्म एवं दर्शन– भारत का मध्यकाल धार्मिक विविधता के कारण ज्यादा जाना जाता रहा है। एक ही समय में एक से ज्यादा धर्म एक साथ कहीं देखने को अपने प्रारम्भिक दौर मे मिलते है तो वह मध्यकाल का समय ही है जहाँ हिन्दू इस्लाम जैन, बौद्ध, यहूदी, पारसी जैसे धर्म भारत के कोने–कोने में फैले दिखायी पड़ते हैं। मुख्यतः दो ही धर्म प्रधान थे एक हिन्दू दूसरे इस्लाम। अन्य की बात करे तो जैन धर्म भारत के पश्मोित्तर प्रान्त में सक्रिय था; वही बौद्ध धर्म पूर्वी प्रान्त में विकसित था। कितने आश्चर्य का विषय है कि विश्व में लगभग प्रचलित अनेकों धर्म एवं विचारधारा का विकास इसी भारतीय भूमि पर हुआ। वैदिक पौराणिक वैष्णव, शैव जैन, बौद्ध धर्म का जन्म यहीं की पावन भूमि पर हुआ। कर्मकाण्ड भी इसी भारतीय संस्कृति में देखने को सर्वप्रथम मिलता है।

यही संस्कृति काल के प्रभाव और समाज में बढ़ते अनाचार से विकृत हो गयी थी। गुहा साधनाओं का प्रवेश, धर्माचार के नाम पर अत्याचार, मिथ्याचार ज्ञान के स्थान पर पाखण्ड का बोलबाला हो गया था। हर धर्म दर्शन एक दूसरे की काट में लगा हुआ था। हिन्दु धर्म अनेक सम्प्रदायों उपसम्प्रदायों में विभक्त हो गया था। इस युग में अवतारवाद का सिद्धान्त जोर पकड़ने लगा था। जादू–टोना झाड़फूँक आदि धर्म का प्रमुख अंग बन गया था, पाखण्डों और बाह्याडम्बरों ने जीवन को जटिल बना दिया था। समाज में नैतिक पतन की स्थिति आ गयी थी और ऐसी आपाधापी भरे माहौल में पवित्र धर्म एवं देशों की स्थिति, निरन्तर ह्रास की रही हो, ऐसा कहना भी सही नहीं। भक्ति का एक सुदीर्घ इतिहास रहा है; वेदोत्तर काल से यह भक्ति गुप्तकाल तक आते–आते काफी स्थिर हो चुकी थी। तमाम तरह के मत–मतान्तरों के बीच धर्म को बचाये रखने के लिए शंकराचार्य जैसा प्रबुद्धचेत्ता सामने आते हैं जिसने अपने अकेले के दम पर लुप्त होती भारतीय वैदकीय परम्परा को न केवल नष्ट होने से बचाया अपितु उसे नये तथ्यों एवं तर्कों के आलोक मे अपनी अवधारणा को समाज के सम्मुख रखा।

शंकराचार्य ने उस समय प्रचलित बौद्धों के शून्यवाद वार्तिकों की मीमांसा तथा तांत्रिकों की मद्यमांस भक्षण एवं योग की अतिशयता का न केवल निराकरण किया, अपितु अपने दर्शन की व्याख्या में, उसको व्यापकता एवं गहराई देने के लिए इन मतों की मौलिक उपपत्तियों का प्रयोग भी किया। शायद यही कारण था कि शंकराचार्य को प्रछन्न बुद्ध भी कहा जाता है। शंकराचार्य ने जिस व्यापक दृष्टिकोण के मद्‌देनजर अपने दर्शन की स्थापना की थी, कालान्तर में उनके ही अनुयायियों ने अपने प्रभाव के लिए, सामन्तवाद की सुरक्षा में लगे अपना हित समझने वाले पुरोहितों ने अद्वैत के सिद्वान्त को बड़ी धूर्तता से जन विरोधी मोड़ दिया जिसका परिणाम यह हुआ कि कालांतर में आगे चलकर शंकर के अद्वैत दर्शन में नई पतनोन्मुखी स्थितियों का प्रतिरोध करने की क्षमता न के बराबर बची। यदि इतिहास का अवलोकन करें, तो कितनी ही संख्या में साधु वैरागियों की एक पूरी जमात सामने आकर खड़ी हो जाती है। आचार्य रामचन्द्र शुक्ल ने इसे देखकर अपने हिन्दी साहित्य के इतिहास में इस अवस्था की भर्त्सना की। लोग इसे परम्परावादी कहे या वर्णवादी किन्तु वास्तविकता यही है जब धर्म राज्याश्रित हो जाता है तो उसकी आन्तरिक आत्मा प्रायः मृतपाय ही हो जाती है।

अद्वैत दर्शन की सामन्तवादी सत्ता, नयी संस्कृति के प्रवेश ने भारतीय आस्था विश्वासों की जड़ को हिला कर रख दिया था। एक तरफ ग्रहस्थ धर्म का विरोध, दूसरी तरफ मूर्तिभंजक एकेश्वर में विश्वास रखने वाले आक्रांता! स्थिति असंतोष जनक थी, इस परिस्थति में सामान्य जनता की हालत घूरे पर रखे कूड़े के माफिक हो गयी थी। यही वह समय था जब सामान्य जन का धर्म से रिस्ता टूट रहा था। धार्मिक अनाचार यथा, वैराग्यवाद, मायावाद, चातुवर्ण्य व्यवस्था का विकृतिकरण, पुरोहितवाद, संस्कृतवाद इन सभी के आगोश में लोक मानस साँस लेने में भी सक्षम न था और ऐसे हालतों ने विरोध के रास्ते को उत्पन्न किया। यह विरोध जहाँ भारतीय समाज की निम्नतम स्थिति से उबारने को लेकर था, वहीं धर्म एवं दर्शन को पुनर्व्याख्यायित करने के लिए भी था, यही वह समय है जब भक्ति को पुर्नभाषित किया जा रहा था।

शंकराचार्य के अद्वैत दर्शन का विरोध उनके समय से ही प्रारम्भ हो गया था। रामानुजाचार्य ने भारतीय धर्म व्यवस्था की डाँवाडोल हकीकत का जिम्मेदार शंकराचार्य को माना और उनके दर्शन के विरोध में अपने विशष्टाद्वैत

को प्रस्तुत किया जिसमें सन्यास धर्म का विरोध भी है और भारतीय नवजीवन के लिए आशा का संचार, यहाँ बुद्धि प्रधान नहीं, बल्कि यहाँ भक्ति प्रधान है। रामानुजाचार्य ने विवाह कर ग्रहस्थ जीवन को गरिमा प्रदान की। जबकि शंकराचार्य यह मानते थे कि सच्चा ज्ञान तो सांसारिक आकर्षणों को पूर्णतः त्यागने से ही प्राप्त होता है। विशिष्टाद्वैत की पताका लेकर धर्म का यह रथी रामानुजाचार्य दक्षिण से निकल, ब्रह्मसूत्र पर अपना भाष्य लिखकर अद्वैत दर्शन के आसंगिक तर्कों के विरोध में अपनी मान्यताओं को इस ढंग से रखा कि समस्त उत्तर भारत में एक समय विशिष्टाद्वैत का डंका बोलने लगा था। उनसे थोड़ा आगे निम्बाकाचार्य ने भी शंकर–की मान्यताओं को भारतीय वेदांतिक धर्म के अनुकूल न पाकर सामयिक सन्दर्भ की दृष्टि से उसका कड़ा विरोध किया और अपने मत द्वैताद्वैत की स्थापना की जिसका लक्ष्य अद्वैतवाद के बुद्धिवाद एवं निर्गुण तथा द्वैत की भक्ति एवं सगुण इन दोनों को समन्वित कर दर्शन एवं धर्म को नयी दिशा प्रदान करना था।

मध्वाचार्य ने भी द्वैतवाद की स्थापना की जिसमें उन्होंने विशिष्टाद्वैत को स्वीकार नहीं किया बल्कि उससे इतर उन्होंने द्वैतवाद का प्रवर्तन किया। मध्वाचार्य मानते हैं कि मुक्ति का सर्वोच्च साधन भक्ति है। मनुष्य को भगवान का निरन्तर स्मरण करना चाहिए।

वस्तुतः इन दर्शनों ने भारतीय चिन्तन धारा को एक नये ही कलेवर में प्रस्तुत किया। यह प्रस्तुतीकरण सहज ही भारतीय चेतना की आत्मा से उद्भूत हुआ था। इन सभी स्थापनाओं ने मध्यकाल में अवतारवाद को बढ़ावा दिया। हजारी प्रसाद द्विवेदी ने लिखा है, भक्ति के लिए भगवान के साथ वैयक्तिक सम्बन्ध आवश्यक है और अवतार उस सम्बन्ध के लिए आवश्यक सामग्री प्रस्तुत करते हैं। यही कारण है कि मध्य युग के प्रायः सभी धार्मिक सम्प्रदायों ने किसी न किसी रूप में अवतार की कल्पना अवश्य की है।[92] इन सम्प्रदाय और दर्शनों ने भारतीय धर्म को एक नया अलौकिक चिन्तन गहरी समझ लोक और शास्त्र दोनो ही स्तरों पर विकसित की। साथ ही एक नया धर्म भी दिखायी पड़ता है, भारतीय दर्शन के बीच जिसे इस्लामी दर्शन या एकेश्वरवाद का भी दर्शन कह सकते हैं।

दर्शन ज्ञान और धर्म, भक्ति है। भारतीय चिन्तन धारा में इन दोनों को विशेष महत्व दिया गया। जिसका लक्ष्य धर्म जिज्ञासा और ब्रह्म जिज्ञासा है, यहाँ भारतीय दर्शन और इस्लामी दर्शन पर थोड़ी सी चर्चा करना आवश्यक है।

1. **भारतीय दर्शन–**

श्री सम्प्रदाय– रामानुजाचार्य ने अपने गुरु से प्रेरणा प्राप्त करके श्री सम्प्रदाय को व्यवस्थित रूप प्रदान किया तथा विशिष्टाद्वैत के सिद्धान्त का प्रसार किया। विशिष्टाद्वैत के सिद्धान्त में हृदय पक्ष तथा बुद्धि पक्ष, दर्शन एवं धर्म का समन्वित रूप है। पी0एन0 श्रीनिवासाचारी लिखते हैं विशिष्टाद्वैत न तो शुद्ध दर्शन है, न ही शुद्धधर्म बल्कि यह धर्म का दर्शन है–[93]

Vishistadvaita is neither Pure Philosophy nor pure religion but is really a philosophy at religion (The Philosophy at Visistadvaita)

श्री सम्प्रदाय में भक्ति का सार प्रपत्ति है। जिसका तात्पर्य है शरण ागति, यही शरणागति भक्त को ईश्वर से एकमेव करते हैं। रामानुजाचार्य यह मानते हैं कि ब्रह्म अद्वैत है किन्तु अद्वैत होने के बाद आत्मा तथा जगत से विशिष्ट है। जिस प्रकार शरीर आत्मा के अधीन है उसी प्रकार जीव तथा जगत परमात्मा कें अधीन है। ईश्वर के पास अलौकिक गुण है इसलिए ब्रह्म ईश्वर है तथा जीवात्मा दास, जीव का ब्रह्म से कोई स्वतंत्र अस्तित्व नहीं। अगर ईश्वर को प्राप्त करना है तो प्रपत्ति को महत्व देना चाहिए। वैसे ईश्वर को भक्ति तथा ज्ञान दोनों से प्राप्त कर सकते हैं।

रामानुजाचार्य के अनुसार चित् जीव भोक्ता और अचित् जगत भोग्य है। परमेश्वर इन दोनों का अंतर्यामी है। तीनों नित्य है। किन्तु प्रथम दो स्वः स्वतंत्र होते हुए भी ईश्वर के शरीर या प्रकार माने जाते हैं। श्री रामानुजाचार्य भी ब्रह्म की अद्वैत सत्ता को मानते हैं लेकिन उनके अनुसार उपर्युक्त तीनों गुणों से विशिष्ट रहने के कारण विशिष्टाद्वैत है। रामानुजाचार्य भी पदार्थ को निर्गुण नहीं मानते संसार के सभी पदार्थ गुण विशिष्ट हैं। ईश्वर सदैव सगुण है।[94] विशिष्टाद्वैत ने सर्वप्रथम जाति पाँति का निषेध किया था। संस्कृति के चार अध्याय में रामधारी सिंह दिनकर लिखते हैं– यह भी ध्यान देने की बात है कि द्विजों के साथ शूद्रों को भी वैष्णव धर्म में दीक्षित होने का अधिकार सबसे पहले रामानुज ने ही प्रदान किया। इसका कारण था कि आलवारों से अनेक शूद्र वंश के थे और शूद्र कुलोत्पन्न होने पर भी जनता इन्हे पूज रही थी।[95] इस सम्प्रदाय को श्री सम्प्रदाय कहते हैं, जिसका प्रभाव स्वामी रामानन्द पर दिखायी पड़ता है।

ब्रह्म सम्प्रदाय– आचार्य मध्व का जन्म दक्षिण भारत के बेलिग्राम–नामक स्थान में हुआ था। माधव सम्प्रदाय ने रामानुजाचार्य के विशिष्टाद्वैत को स्वीकार नहीं किया बल्कि उन्होनें उनसे उलट द्वैतवाद

का प्रवर्तन किया। मध्वाचार्य ने शंकराचार्य के अद्वैतवाद का भी खण्डन किया। इनके विष्णु असीमित गुणों से युक्त हैं, विश्व के जितने भी कार्य हैं उन पर परमात्मा का पूर्ण नियंत्रण है। भारतीय दर्शन में बलदेव उपाध्याय लिखते हैं–मत्स्य कूर्मादि स्वरूपों से कर चरणादि अवयवों से ज्ञानानन्दादि गुणों से भगवान अत्यन्त अभिन्न है। अतएव भगवान एवं उनके अवतारों में भेद दृष्टि रखना नितान्त अनुचित है।[96] मध्वाचार्य मानते है कि मुक्ति का सर्वोच्च साधन भक्ति है। मनुष्य को भगवान का निरन्तर स्मरण करना चाहिए क्योंकि जीव माया के वश होकर दुःख पाता है। जैसे ही भगवान की कृपा होती है उसके ऊपर का दुःख छूट जाता है। वास्तविक सुख की अनुभूति ही मुक्ति है। माध्वमत के अनुसार जगत सत्य है और जीव भगवान के किंकर। जीव अनंत है। इसकी तीन श्रेणियाँ है (1) भक्ति योग्य (2) नित्यसंहारी (3) तमोयोग्य।

मध्वाचार्य उपासना के दो भेद मानते है (1) शास्त्रानुशीलन (2) ध्यान। मध्वाचार्य सम्प्रदाय में मुक्ति का सर्वोत्तम साधन अमला भक्ति को माना है। द्वैत दर्शन में राम की प्रतिष्ठा और कृष्ण की प्रतिष्ठा दोनों हैं। किन्तु राधाकृष्ण की भक्ति का उल्लेख सम्प्रदाय में कहीं नहीं है। मध्वसम्प्रदाय में कृष्ण सर्वगुण सम्पन्न परमात्मा माने जाते हैं।

विष्णु स्वामी सम्प्रदाय– रामानुजाचार्य निम्बार्काचार्य, मध्वाचार्य आदि आचार्यों के साथ विष्णु स्वामी का नाम भी महत्वपूर्ण आचार्यों में गिना जाता है। ये रूद्र सम्प्रदाय के प्रवर्तक माने जाते हैं। इतिहास में विष्णु स्वामी नाम से तीन आचार्य मिले है[97] दीनदयाल गुप्त लिखते हैं कि मध्वाचार्य और सायणाचार्य के गुरु श्री विद्याशंकर थे जिनका दूसरा नाम विष्णु स्वामी था। डॉ0 भंडारकर ने विष्णु स्वामी का समय 13वीं शताब्दी माना है।[98] विष्णु स्वामी के अनुसार ईश्वर सच्चिदानन्द स्वरूप है और वे अपनी आल्हादिनी शक्ति के द्वारा प्रकट होते है। माया ईश्वर के अधीन है। विष्णुस्वामी ने इस ईश्वर को सत् चित्, नित्य निजाचित्य एवं पूर्णानन्दमय विग्रह धारी नृसिंह भी कहा है। विष्णुस्वामी मानते हैं कि जीव और ईश्वर में परस्पर भेद है। विष्णु स्वामी ने गोपाल जी उपासना पर जोर दिया।

निम्बार्क सम्प्रदाय– निम्बार्क सम्प्रदाय के संस्थापक निम्बार्क आचार्य थे। इसे सनकादि सम्प्रदाय भी कहा जाता है जिसका सिद्धान्त द्वैताद्वैतवाद कहलाता है। यह दर्शन मानता है कि ईश्वर जीव तथा जगत भिन्न–भिन्न है। परन्तु भिन्न होते हुए भी ईश्वर तथा जीव अभिन्न हैं क्योंकि जीव

ब्रह्म पर आश्रित है तथा ब्रह्म का ही परिणाम है। इस प्रकार जीव एवं जगत का व्यापार एवं अस्तित्व ईश्वर की इच्छा पर ही अवलम्बित है। इस सम्प्रदाय में कृष्ण को परमब्रह्म माना गया है। राधा का विशेष महत्व है इस सम्प्रदाय में। दशश्लोकी में कहा गया है–

औतुवामे वृष भानुजां मुदा, विराजमानामनुरूप सौभग्राम्
सखी सहस्त्रेः परिसंवितां सदा स्मरेम देवी सकलेष्ट कामदाम्[99]

इस सम्प्रदाय में भक्ति ही एकमात्र साधन हैं; भगवान को प्राप्त करने का। निम्बार्क सम्प्रदाय के अनुसार भक्ति किसी भी भाव से की जा सकती है। इसके लिए साधक को किसी विशेष भाव को स्वीकार करने की आवश्यकता नहीं। किन्तु इसके बावजूद भी निम्बार्क सम्प्रदाय में प्रेमाभक्ति को विशेष महत्व दिया गया है। इस सम्प्रदाय के परम उपास्य देव श्रीकृष्ण हैं जिनके चरणाबिन्दों को छोड़कर भक्तों के लिए और कोई गति नहीं है। कृष्ण देवाधिदेव हैं जहाँ राधा उनकी वामांगी है, सर्वेश्वरी हैं। श्री सम्प्रदाय में भक्ति के सहज रूप पर जोर दिया गया है। निम्बार्क सम्प्रदाय में प्रेम लक्षणा रागात्मिक पराभक्ति साधना का चरम लक्ष्य है। राधाकृष्ण की युगल मूर्ति ही इनकी आराध्य है।

शंकर के मायावाद की प्रतिक्रिया के विरोध में केवल दक्षिण भारत में ही सम्प्रदाय खड़े नहीं हुए बल्कि इन सम्प्रदायों से प्रभावित होकर चौदहवीं शती से 16वीं शती के अंत तक उत्तर भारत में कुछ अन्य वैष्णव सम्प्रदाय भी विकसित हुए जिन्होंने कृष्ण भक्ति को अपना आधार बनाकर भक्ति को एक नया आयाम दिया और भारतीय सामाजिक व्यवस्था तथा धार्मिक व्यवस्था में आमूल–चूल परिवर्तन किया। किन्तु इससे यह नहीं लगना चाहिए कि राम भक्ति की धारा टूटी पड़ी हो बल्कि वह भी रामानन्द के माध्यम से तुलसी का आश्रय पाकर राम के असाधारण चरित्र से प्रभावित करती हैं, जिसे तुलसीदास जैसा बड़ा कवि राम भक्ति को उँचाई के एक शिखर पर पहुँचा देता। कृष्णभक्ति और रामभक्ति की धारा ने जहाँ जनता को आत्मविश्वास से जोड़ा, वहीं जीवन को सहज रूप में स्वीकारने की सीख भी दी। ये प्रमुख सम्प्रदाय है– 1–वल्लभ सम्प्रदाय 2–गौड़ीय सम्प्रदाय, 3–राधा वल्लभीय सम्प्रदाय, 4–सखी सम्प्रदाय। ये कृष्ण भक्ति के प्रमुख सम्प्रदाय है जिन्होंने कृष्ण को जनमानस के हृदय तक उतार दिया। यह मध्यकालीन भक्ति आन्दोलन का तृतीय चरण था जहाँ रामानन्द कहते हैं जाति–पाँति व्यर्थ है। जो भगवान का भजन करता है उसे मुक्ति मिलती

है चाहे वह किसी भी जाति का हो। उसके अनुसार सभी व्यक्ति यदि वे वैष्णव धर्म में आस्था रखते है तो भोजन एक साथ बैठकर कर सकते हैं। इस प्रकार उन्होंने अपने धर्म का द्वार प्रत्येक व्यक्ति के लिए खोल दिया और जनता इस ओर इतनी तेजी से आकर्षित हुई कि भक्ति को धारा की चपेट में क्या हिन्दू क्या मुस्लिम कोई भी नहीं बच सका।

इधर हिन्दू धर्म दर्शन के साथ इस्लामी संस्कृति का भी प्रभाव भारतीय धार्मिक व्यवस्था पर पड़ा। विशेष रूप से भारतीय धर्म व्यवस्था को प्रभावित करने का कार्य इस्लाम के सूफीवाद ने किया। इस्लाम धर्म में शरा और बेसरा दो प्रकार की कोटियाँ हैं, इसमें से शरा सनातनी है और बेसरा मस्तमौला फकीर जो अपने क्रियाकलापों में कहीं–कहीं इस्लाम धर्म की उपेक्षा भी कर देते थे। भारत में मुख्यतः बेसरा सम्प्रदाय का प्रभाव ज्यादा पड़ा। ये सम्प्रदाय पाँच थे। जिसमें चिश्ती, कादिर, सुहारवर्दी, नक्शबंदी और सत्तारी प्रमुख हैं।

भारतीय धार्मिक व्यवस्था में इन आन्दोलन और सम्प्रदायों का प्रभाव इतना व्यापक ढंग से पड़ा कि सारी जनता जो निम्न वर्गीय थी वह एकता के सूत्र में बँध चुकी थी। जिसे कहीं कोई अलग नहीं कर सकता। यह नाम की धारा थी, नाम का प्रभाव है जहाँ कर्मकाण्ड नहीं सिर्फ प्रेम पर आधारित यह धार्मिक व्यवस्था एक आदर्श बनकर उभरती है।

भाषा के विविध रूप– जहाँ तक मानव जीवन में भाषा के महत्व का प्रश्न है मनुष्य के रूप में उसकी जीवन यात्रा भाषा के उदय के साथ ही प्रारम्भ हुई। यह मनुष्य और मनुष्यों के बीच सेतु का काम करती है। मनुष्य की अभिव्यक्ति ही नहीं उसकी सभ्यता और संस्कृति दोनों का विकास इसी भाषा के बल पर हुआ हैं। भाषा मनुष्यों के संख्यातीत संवेदनों, संप्रत्ययों और उसके असंख्य अव्यवों, अनुभवों की अंतरण सच्चाइयों से अविच्छिन रूप से जुड़ी हुई है। भाषा का प्रत्येक शब्द किसी न किसी भाव बोध–क्रिया या आस्था, अभिगम तथा मूल्यों का स्रोत होता है। भाषा चिन्तन और अभिव्यक्ति का माध्यम है। संगीतज्ञों वैज्ञानिकों, दार्शनिकों आदि की दृष्टि में भाषा अनेक प्रकार की होती है यथा कायिक, सांकेतिक, वाचिक या ध्वनि सांकेतिक चित्र मूर्तियों की भाषा, नृत्य संगीत की भाषा, पशु–पक्षियों की भाषा, पेड़–पौधों की भाषा आदि।

डॉ0 भोलानाथ तिवारी के अनुसार भाषा के बिना समाज की कल्पना की ही नहीं जा सकती, क्योंकि समाज मनुष्यों के आपसी संपर्क का

परिणाम है। प्रारम्भिक समाज विचार विनिमय के प्रारम्भिक साधनों से ही बना होगा। चाहे वे साधन कितने भी थोड़े क्यों न रहे हों? फिर धीरे–धीरे समाज, समाज को विकसित करने वाली भाषा समाज के विकास के साथ–साथ स्वयं भी विकसित होती गयी। नई वस्तुओं तथा नई संकल्पनाओं ने उसे नयी शब्दावली से लैस किया और इस तरह उसकी अभिव्यक्ति की क्षमता में वृद्धि की। नये शब्द, नये मुहावरे, नई लोकोक्तियों ने भाषा को विविधता दी, व्यापकता दी। किन्तु उस समय तक भाषा में सर्जनात्मक सौंदर्य नहीं आया था।[100]

वस्तुतः भाषा साहित्य समाज और संस्कृति अपने विकास के लिए एक–दूसरे पर आश्रित है। प्रत्येक भाषा का अपना एक समाज होता हैं जिसमें वह व्यक्त होती है। वह समाज छोटा, बहुत बड़ा, पुराना, बहुत एकीकृत या बिखरा हुआ किसी भी रूप में हो सकता है।

भारत एक महासागर हैं जिसमें आकर विश्व की तमाम तरह की सभ्यताएँ संस्कृतियाँ समाहित हो कर, संस्कृतियों के तेज पुँज के रूप में विकसित होती हैं। भारतीय संस्कृति समाहार की संस्कृति है यहाँ समय–समय पर अनेक जातियों के लोग आए, आर्य भी आये, अनार्य भी आये, द्रविड़, चीनी शक पठान, मुगल सभी यहाँ आए लेकिन कोई भी इस संस्कृति से अलग नहीं रह सका। सारी संस्कृतियाँ इस भारतीय संस्कृति में आकर एकमेव हो गयी। जिसे आज हम आर्य संस्कृति एवं हिन्दू संस्कृति के नाम से जानते हैं।

भारतीय संस्कृति निरंतर प्रगतिशील रही हैं असंप्रदायिक है। उसकी सर्वप्रमुख विशेषता उसकी सहिष्णुता है। यद्यपि राज्यभाषा के रूप में हिन्दी का प्रयोग सैकड़ों वर्षों से राजपूत नरेशों तथा सुल्तान बादशाहों के प्रशासनों में होता रहा था, तथापि इस का व्यापक प्रयोग मध्यकालीन काव्य में देखने को ज्यादा मिलता है।

मध्यकाल की प्रमुख भाषा हिन्दी– मुगलों के प्रशासन में हिन्दी केवल सनद्, परवानों, सिक्कों और कतिपय कर्मचारियों तक सीमित न थी अपितु उसका प्रयोग प्रशासन के प्रत्येक क्षेत्र में था। शासकों ने साहित्यिक दृष्टि से उसका सम्मान किया। उसकी वृद्धि में योगदान दिया स्वयं हिन्दी भाषा में कविता भी लिखी। मुगल सम्राटों के प्रशासन का अधिकांश कार्य हिन्दी भाषा के माध्यम से होता है। फारसी का प्रयोग आवश्यकतानुसार विशेष परिस्थितियों में सम्राटों के कतिपय सम्बन्धियों

तथा उच्चतर अधिकारियों के साथ ही होता था। प्रशासकीय कार्यवाहियों से सम्बद्ध विभिन्न प्रकार के पत्र मुगल सम्राटों एवं तत्कालीन रजवाड़ों के कार्यालयों में व्यवहृत होते थे। उनमें अमल, दस्तूर, आवजी, खतूत अहलकारान, बही तालीक, अड़सट्ट, सींगा, फरमान अर्जदात, रसीद, सनदी, वकील खतूतान, हुक्मा, नक्शा वसूल, कागद, ओहदा बही आदि प्रमुख पत्र जिनके शीर्षक प्रायः फारसी में होते थे लेकिन इनकी लेखन शैली विशुद्ध रूप से भारतीय थी।

भारत में मुस्लिम राज्य की स्थापना से बहुत पहले ही हिन्दी भाषा अपने पूर्ण स्वरूप में आ चुकी थी और उसका साहित्यिक विकास भी पर्याप्त मात्रा में हो चुका था। भारतीय साहित्य तथा मुस्लिम साहित्य दोनों ही एक दूसरे से प्रभावित हुए जहाँ भारतीय साहित्य देवनागरी लिपि में लिखा जाता था वहीं फारसी साहित्य फारसी लिपि में। मुस्लिम आक्रान्ता जो भाषा बोलते या प्रशासन में प्रयुक्त करते थे वह तुर्की से प्रभावित अरबी भाषा थी। मध्यकालीन सल्तनत एवं मुगल शासन काल के दौरान उनके यहाँ भारतीय भाषाओं के रूप में पंजाबी सिंधी, पूर्वी हिन्दी, पश्चिमी हिन्दी, बंग्ला अपभ्रंश में अनेक ग्रन्थों का प्रणयन प्राचीन काल से ही होता रहा है। जिसकी अक्षुण्ण परम्परा मध्यकाल में आकर नहीं टूटती अपितु यहाँ आकर वह हिन्दी के स्वर्णयुग के रूप में परिभाषित हो जाती है। वीर श्रृंगार भक्ति की परम्परा आदिकाल से ही निरन्तर देखने को मिलती रही है। सिद्ध नाथों और जैनों की परम्पराओं से विकसित यह साहित्य मध्यकाल शासन काल में ही रचा गया। कबीर, जायसी, विद्यापति, दादू दयाल आदि पठान युग की देन हैं तो सूर, तुलसी, मीरा, केशव घनानन्द, पद्माकर, रहीम, रसखान तथा उनके समकालीन सैकड़ों श्रेष्ठ कवि मुगल काल के विषम वातावरण में हिन्दी साहित्य को नयी पृष्ठभूमि में लाकर खड़ा करते हैं। सम्पूर्ण भक्तिकाल के कवि जातीय अपवाद से परे विशुद्ध मानववाद की आधारभूमि पर खड़े हैं, इसी कारण उनके गाये बनाये चरित्र हिन्दू एवं मुस्लिम दोनों के ही प्रिय हो जाते हैं। तुलसी और सूर का सम्मान इसी भाषायी एकता को प्रदर्शित करता है। इस्लाम के सूफी संप्रदाय के अनेक संतों ने भी अपने विचारों को जनसाधारण में प्रक करने के लिए हिन्दी भाषा का आश्रय लिया, इनमें कुतुबन (पन्द्रहवीं सदी के उत्तरार्द्ध) मंझन (सोलहवीं सदी का पूर्वार्द्ध तथा मलिक मोहम्मद जायसी (सोलहवीं सदी) के नाम विशेष रूप से उल्लेखनीय है। जायसी

का पद्मावत भारतीय संस्कृति रीति–रिवाज, भारतीय समाज का जीता जागता उदाहरण है; जहाँ इन सबने मिलकर हिन्दी के अस्तित्व को एक नयी दिशा व गति प्रदान की।

फारसी भाषा– मध्यकालीन साहित्य भाषा की कड़ियों को जोड़ने में जितना सहयोग हिन्दी भाषा एवं बोलियों ने दिया उतना ही साहित्य के संवर्धित करने का कार्य हिन्दीतर भाषाओं ने भी किया। जिनमें फारसी अपना एक विशिष्ट स्थान रखती है। मध्यकालीन मुस्लिम शासकों ने फारसी साहित्य के संवर्धन के लिए, उसको संरक्षित करने के लिए हर संभव सहायता की। भारत के पश्चिमोत्तर इलाके लाहौर में फारसी का प्रसार दिखायी देता है। फारसी के प्रारम्भिक कवियों में अब्दुल्ला (1030–1040) प्रमुख था। अमीर हसन, अमीर खुसरो, फारसी के महान विद्वानों में से एक थे। पूरे मध्यकाल में शासक वर्ग के प्रभाव के कारण फारसी साहित्य का प्रचार जोरो–सोरों से हुआ। दिल्ली सल्तनत की स्थापना के पश्चात् फारसी को राजभाषा का स्थान प्रदान किया गया। दिल्ली तथा दिल्ली के निकटवर्ती स्थानों पर फारसी बोली का प्रभाव तेजी से बढ़ने लगा। यह आश्चर्य का विषय है कि जिस काल में जहाँ धार्मिक बंधन जटिल हो रहे थे वहीं भाषाई बंधन में एक लचीलापन आ गया था, सूर, तुलसी कबीर के यहाँ यही लचीलापन साफ–साफ झलक जाता है। सल्तनत काल में बिहार के इब्राहीम किराम फारूकी ने फरहंग–ए–इब्राहिमी की रचना की। बहमनी राज्य के सुप्रसिद्ध प्रधानमंत्री महमूद गवाँ ने रियाजुल–इंशा नामक एक पत्र संगह तथा मनजिर उल इंशा नामक एक प्रसिद्ध ग्रन्थ की रचना की थी। अजीजुद्दीन किरमानी ने संस्कृत के एक ग्रन्थ का फारसी में अनुवाद करके उसका नाम दलायल–ए–फिरोजशाही रखा। ख्वाजा जियाउद्दीन नक्शबी ने चिन्तामणि भट्ट की रचना शुकसप्तति का फारसी में अनुवाद कर उसका शीर्षक तूतीनामा रखा है।[101]

मुगल शासकों ने भी फारसी को प्रश्रय दिया बाबर जो फारसी का बड़ा विद्वान था– उसने एक नवीन शैली का आविष्कार किया जो बाबर लिपि के नाम से प्रसिद्ध हुई। हुमायूँ, गुलबदन बेगम भी फारसी भाषा के संरक्षक के तौर पर जाने जाते हैं। गुलबदन कृत हुमायूँनामा की भाषा देखते ही बनती है। अकबर का दरबार विविधताओं का अद्भुत सामंजस्य था एक तरह जहाँ हिन्दी के विद्वान थे, वहीं दूसरी तरफ फारसी, संस्कृत के भी विद्वान अपनी पूर्ण प्रतिष्ठा के साथ विराजमान थे। अबुल फजल

फारसी का अच्छा विद्वान था। आइन–ए–अकबरी मध्यकालीन फारसी भाषा का अद्‌भुत नमूना है।

कुल मिलाकर मध्यकाल की सामाजिक संरचना अपनी भाषायी महत्ता के कारण बेजोड़ है। साहित्य, धर्म, दर्शन, समाज सबको मिलाकर मध्यकालीन भाषा का नवीनीकरण तथा जनमानस के साथ जुड़ाव मध्यकालीन भाषायी बोध को दर्शाता है। यह भाषायी बोध जाति की सीमा से परे है। तुलसी जहाँ जाकर गरीबनेवाज़ की बात कहते हैं।

निष्कर्ष– मध्यकाल हिन्दी साहित्य का जहाँ स्वर्णयुग है वहीं अपनी राजनैतिक नीतियों द्वारा राजनैतिक जड़ता का शिकार भी हुआ किन्तु अपने मूल कलेवर में यह मध्यकाल उस जनता के लिए आशा का संचार बनकर ही उदित हुआ। यदि यह समय विरोध का समय है तो समता मूलक समाज की स्थापना का भी यही समय है। जहाँ निषेध है जाति–पाँति का। प्रो0 वीरेन्द्र मोहन कहते हैं भक्तिकाव्य केवल राजाश्रय, का ही विरोध नहीं करता, वरन् उस राजाश्रय से उपजी, संस्कृति, साहित्य, धर्म एवं दर्शन का भी विरोध करता है।[102] यह मध्कालीन जनता के आक्रोश का भी समय है जब कहता है– **काहू दीनेपार पटम्बर काहू पलध निवारा, काहू गरी गोदरी नाही काहू खान परारा।** यह कविता का वह दौर है जो अपनी तीखी संवेदना से झकझोर देता है।

यह उस युग की सामाजिक चेतना का भी प्रकटन है। वस्तुतः यह पूरा मध्यकालीन समाज अपनी साहित्यिक उपादेयता, अपनी धार्मिक विविधता, तथा राजनैतिक आस्थिरता के साथ अपने कलात्मक वैभव के लिए जाना जाता रहेगा। जिसने कदम–कदम पर हमारी वर्तमान आस्थाओं को एक सहारा दिया और धार्मिकता के साथ मानव होने की सीख दी।

सन्दर्भ ग्रन्थ–सूची

1. प्रेमशंकर– भक्ति काव्य का समाज दर्शन, पृ. 2
2. अनुवादक– सत्य नारायण दूबे, भारत में मुस्लिम शासन का इतिहास, पृ. 77
3. ए0के0 मित्तल, भारत का राजनैतिक एवं सांस्कृतिक इतिहास, पृ. 65
4. ईश्वरी प्रसाद, मध्यकालीन भारत का संक्षिप्त इतिहास, पृ. 99
5. बी0एन0 लुणिया, मध्ययुगीन भारत का राजनीतिक एवं सांस्कृतिक इतिहास, पृ. 157
6. ईश्वरी प्रसाद, मध्यकालीन भारत का संक्षिप्त इतिहास, पृ. 11
7. अनुवादक– सै0 अतहर अब्बास रिज़वी, मुगलकालीन भारत, पृ. 164

8. आशीर्वादी लाल श्रीवास्तव, मुगलकालीन भारत, पृ. 4
9. डॉ0 विपिन बिहारी सिन्हा, दिल्ली सल्तनत, पृ. 242
10. आशीर्वादी लाल श्रीवास्तव, मुगलकालीन भारत, पृ. 527
11. कृपाल चन्द यादव, मध्यकालीन समाज का केन्द्रीय ढाँचा, पृ. 50
12. अनु0–सत्य नारायण दूबे, भारत में मुस्लिम शासन का इतिहास, पृ. 374
13. ए0के0 मित्तल, भारत का राजनीतिक एवं सांस्कृतिक इतिहास, पृ. 125
14. कृपाल चन्द यादव, मध्यकालीन समाज का केन्द्रीय ढाँचा, पृ. 45
15. वही, पृ. 92
16. अनु0–सत्य नारायण दूबे, भारत में मुस्लिम शासन का इतिहास, पृ. 376
17. वही
18. आशीर्वादी लाल श्रीवास्तव, मुगलकालीन भारत, पृ. 193
19. ए0के0 मित्तल, भारत का राजनीतिक एवं सांस्कृतिक इतिहास, पृ. 130
20. वही, पृ. 132
21. घनश्याम दत्त शर्मा, मध्यकालीन भारतीय सामाजिक, आर्थिक, राजनैतिक संस्थाएँ, पृ. 50
22. वही, पृ. 70
23. वही, पृ. 71
24. आशीर्वादी लाल श्रीवास्तव, मुगलकालीन भारत, पृ. 202
25. ईश्वरी प्रसाद, मध्यकालीन भारत का संक्षिप्त इतिहास, पृ. 296
26. डॉ0 एस0एल0 नागौरी, मध्यकालीन भारत, पृ. 220
27. वही
28. एल0पी0 शर्मा, मध्यकालीन भारत, पृ. 319
29. भगवत शरण उपाध्याय, भारतीय समाज का ऐतिहासिक विश्लेषण, पृ. 61
30. सम्पादक– डॉ0 सोहन शर्मा, भाषा संस्कृति और समाज, पृ. 104
31. गजानन माधव मुक्तिबोध, भारत : इतिहास और संस्कृति, पृ. 142
32. वही, पृ. 136
33. राजीव कुमार श्रीवास्तव, मध्यकालीन भारतीय समाज एवं संस्कृति, पृ. 224
34. सं0– डॉ0 देवेन्द्र नाथ शर्मा, हिन्दी साहित्य का वृहद इतिहास, पंचम भाग, पृ. 18
35. रामचन्द्र शुक्ल, हिन्दी साहित्य का इतिहास, पृ. 54
36. रमेश कुंतल मेघ, आधुनिकता बोध और आधुनिकीकरण, पृ. 53
37. हजारी प्रसाद द्विवदी, हिन्दी साहित्य उदभव और विकास, पृ. 64
38. डॉ0 लईक अहमद, मध्यकालीन भारतीय संस्कृति, पृ. 172
39. योगेश्वर, तुलसीदास के 11 ग्रन्थ (प्रथम भाग), पृ. 120
40. नीहार रंजन राय, भारतीय कला का अध्ययन, पृ. 71
41. भगवत शरण उपाध्याय, भारतीय कला की भूमिका, पृ. 82
42. सं0-- तारिणीश झा, नीति शतकं, श्लोक सं0–12, पृ. 174

43. भगवत शरण उपाध्याय, भारतीय कला की भूमिका, पृ. 84
44. अनु0– विजयानन्द त्रिपाठी, मालविकाग्नि मित्रम, अंक 2/1, पृ. 32
45. डॉ0 रामनाथ, मध्यकालीन भारतीय कलाएँ और उनका विकास, पृ. 186
46. सत्यकेतु विद्यालंकार, भारतीय संस्कृति और उसका इतिहास, पृ. 486
47. डॉ0 के0एल0 खुराना, मध्यकालीन भारतीय संस्कृति, पृ. 167
48. सत्यकेतु विद्यालंकार, भारतीय संस्कृति और उसका इतिहास, पृ. 578
49. डॉ0 के0एल0 खुराना, मध्यकालीन भारतीय संस्कृति, पृ. 167
50. वही
51. भगवत शरण उपाध्याय, भारतीय कला की भूमिका, पृ. 63
52. डॉ0 के0एल0 खुराना, मध्यकालीन भारतीय संस्कृति, पृ. 150
53. वही
54. वही, पृ. 151
55. भगवत शरण उपाध्याय, भारतीय कला की भूमिका, पृ. 75
56. डॉ0 के0एल0 खुराना, मध्यकालीन भारतीय संस्कृति, पृ. 153
57. भगवत शरण उपाध्याय, भारतीय कला की भूमिका, पृ. 75
58. डॉ0 के0एल0 खुराना, मध्यकालीन भारतीय संस्कृति, पृ. 155
59. वही, पृ. 156
60. डॉ0 रामनाथ, मध्यकालीन भारतीय कलाएँ और उनका विश्वास, पृ. 188
61. वही, 189
62. डॉ0 के0एल0 खुराना, मध्यकालीन भारतीय संस्कृति, पृ. 158
63. रामधारी सिंह दिनकर, संस्कृति के चार अध्याय, पृ. 336
64. भगवत शरण उपाध्याय, भारतीय कला की भूमिका, पृ. 5
65. वही, पृ. 6
66. वही
67. डॉ0 लईक अहमद, मध्यकालीन भारतीय संस्कृति, पृ. 99
68. एस0एल0 नागौरी, मध्यकालीन भारत, पृ. 329
69. वही, पृ. 330
70. बी0एन0 लुणिया, अकबर महान, पृ. 485
71. एस0एल0 नागौरी, मध्यकालीन भारत, पृ. 333
72. रामधारी सिंह दिनकर, संस्कृति के चार अध्याय, पृ. 348
73. रतिभान सिंह नाहर, भक्ति आन्दोलन का अध्ययन, पृ. 7
74. डॉ0 सुमन शर्मा, मध्यकालीन भक्ति आन्दोलन का सामाजिक विवेचन, पृ. 4
75. वही, पृ. 6
76. डॉ0 सत्येन्द्र, मध्ययुगीन हिन्दी साहित्य का लोकतात्विक अध्ययन, पृ. 368–69
77. डॉ0 सुमन शर्मा, मध्यकालीन भक्ति आन्दोलन का सामाजिक विवेचन, पृ. 3
78. वही, पृ. 4
79. वही, पृ. 5

80. वहीं, पृ. 7
81. वही
82. वही, पृ. 8
83. डॉ0 मलिक मोहम्मद, अलवार भक्तों का तमिल प्रबन्धं और हिन्दी कृष्ण काव्य, पृ. 56
84. के0 दामोदरन, भारतीय चिन्तन परम्परा, पृ. 315
85. हजारी प्रसाद द्विवेदी, हिन्दी साहित्य उद्‌भव और विकास, पृ. 58
86. वही, पृ. 59
87. रामचन्द्र शुक्ल, हिन्दी साहित्य का इतिहास, पृ. 57
88. कुसुम राय, हिन्दी साहित्य का वस्तुनिष्ठ इतिहास, पृ. 259
89. हजारी प्रसाद द्विवेदी, हिन्दी साहित्य उद्‌भव और विकास, पृ. 56
90. वही, पृ. 65
91. डॉ0 शिवकुमार मिश्र, भक्ति काव्य और लोक जीवन, पृ. 34
92. हजारी प्रसाद द्विवेदी, हिन्दी साहित्य उद्‌भव और विकास, पृ. 60
93. डॉ0 सुमन शर्मा, मध्यकालीन भक्ति आन्दोलन का सामाजिक विवेचन, पृ. 12
94. डॉ0 मलिक मोहम्मद, अलवार भक्तों का तमिल प्रबन्धं, पृ. 68
95. रामधारी सिंह दिनकर, संस्कृति के चार अध्याय, पृ. 298
96. बलदेव उपाध्याय, भारतीय दर्शन, पृ. 661
97. डॉ0 दीनदयाल गुप्त, अष्टछाप और वल्लभ सम्प्रदाय, भाग–1, पृ. 6
98. आर0जी0 भण्डारकर, वैष्णव शैव और अन्य धार्मिक मत, पृ. 71
99. डॉ0 सुमन शर्मा, मध्यकालीन भक्ति आन्दोलन का सामाजिक विवेचन, पृ. 13
100. संपा0– डॉ0 सोहन शर्मा, साहित्य और समाज, पृ. 83
101. डॉ0 लईक अहमद, मध्यकालीन भारतीय संस्कृति, पृ. 101
102. वीरेन्द्र मोहन, कबीर और जायसी, पृ. 36

तृतीय अध्याय

सूर की रचना यात्रा : लोकतान्त्रिक चेतना की दृष्टि से

(1) सूर की जीवन रेखाएँ– सूरदास का जीवन चरित्र अन्य भक्त कवियों के समान ही उनके महात्मय को प्रदर्शित करने वाली विविध अनुश्रुतियों से आच्छादित है। मध्ययुग चमत्कारों का युग हैं। एक से एक चमत्कारों से भरा हुआ यह युग जन–समाज की सरलता को अपने अन्दर आत्मसात किये हुए है। यह सरल समाज जब किसी के साथ भावात्मक सम्बन्ध स्थापित करता है तो उसके साथ अनेक कथाएँ भी अनायास ही प्रसारित कर देता है। यह मानव समाज का सहज स्वभाव है, किन्तु कालांतर में ये कथाएँ रूढ़ि में परिवर्तित हो जाती है; जिनसे सत्यता तथा असत्यता का निर्णय कर पाना उतना सरल नहीं होता है। प्रामाणिक तथ्यों के अभाव में हमें केवल दंत कथाओं, वार्ता साहित्य, लोकोक्तियों का आश्रय लेना ही पड़ेगा जिन्हें हम पुराण कथा या मिथक की श्रेणी में रख सकते हैं; जिनके द्वारा सूर की जीवन रेखा के सन्दर्भ में अंशतः ही सही प्रकाश तो मिलता ही है।

सूर कृष्ण काव्य के सबसे प्रामाणिक स्वर है और जहाँ तक गीत सृष्टि का प्रश्न है सूर उसमें पहले स्थान पर आते हैं, विद्यापति जयदेव की परम्परा का अनुकरण करते हुए किन्तु इस अनुकरण में सहजता व स्वाभाविकता विद्यमान है, कृत्रिमता का तनिक भी समावेश नही है। ब्रज की सम्पूर्ण संस्कृति उसके परिवेश को यदि सूक्ष्मता से जानना हो तो सूर का साहित्य अपने आप में पूर्ण है। भक्तिकाल की विविध धाराओं में जो मध्यकालीन जीवन यथार्थ है; सूर के काव्य में उसके छीटे यत्र–तंत्र बिखरे पड़े मिलते हैं। हिन्दी साहित्य के इतिहास में, अष्टछाप कवियों मे,

ब्रज के सांस्कृतिक परिदृश्य में सूरदास का काव्य अष्टछाप के कवियों के वैभव को, ब्रज के सांस्कृतिक काव्यात्मक गौरव को स्वतः ही प्रदर्शित करता है। ये ब्रजप्रान्त के अनमोल रत्न हैं। घनघोर कष्टों के बीच भारी अव्यवस्था, अराजकता के बीच सूर कृष्ण के लोकरंजन स्वरूप को सामने लाते हैं। कृष्ण के रूप में एक ऐसे अवतार को लाकर खड़े कर देते हैं, जिसका प्रभाव मध्यकालीन जनता पर जितना पड़ा उतना किसी अन्य का नही, गलियों से लेकर राजदरबारों में जिस अवतार की चर्चा सर्वत्र फैली उसको नया रूप देने का कार्य करने वाले सूर ही हैं। जन–जन तक कृष्णभक्ति का प्रसार सूर के बहुआयामी व्यक्तित्व की विशिष्ट पहचान है।

ये सूरदास ही थे, जिनके सूरसागर के प्रभाव से बच्चों से लेकर बूढ़े तक कृष्ण को अपना आराध्य मानने लगे थे। बच्चे उनकी लीलाओं की कथा सुनकर तथा बाल्य–कीड़ा के वर्णनों को पढ़कर उनकी ओर आकर्षित होते हैं। युवक उनके रासरंग और राधिका स्नेह को देखकर उनको प्रेममूर्ति मानते हैं, वही प्रौढ़ गीता के प्रणेता को जगदगुरु के रूप में देखते हैं। सूरदास उस कृष्ण को सम्पूर्ण भारतवर्ष में अपनी भक्ति से प्रचारित कर देते हैं। यह सूर का ही प्रभाव था कि उत्तर से दक्षिण, पूर्व से पश्चिम में कृष्ण भक्तों की एक विशाल श्रृंखला खड़ी हो जाती है जिसके प्रभाव में न केवल हिन्दू बल्कि मुस्लिम भी प्रभावित हुए बिना नहीं रह सके। रहीम, रसखान इसी कृष्ण कथा के गीत गाते नहीं थकते।

कृष्ण की लीला के माध्यम से लोक संवेदना का जो गहरा खाका सूर ने तैयार किया, प्रेम की अनुभूति को उसकी वेदना को आध्यात्मिकता से जोड़ते हुए प्रेमाभक्ति या रागानुगा भक्ति का जो भवन सूर ने खड़ा किया। आज भी उसी की छाँव में अनेक भक्त कवियों ने अपने हृदय की शांति को प्राप्त किया। ऐसा नहीं है कि केवल ब्रज में ही कृष्ण काव्य लिखा गया, समय–समय पर कृष्ण की लीलाओं से प्रेरित होकर प्रेम, वात्सल्य, श्रद्धा और भक्ति से भरी हुई रचनाएँ भारत की अन्य भाषाओं में भी मिलती है; परन्तु ब्रजभाषा सा माधुर्य किसी में नहीं है। ब्रज की इसी माधुर्य सम्पदा से प्रभावित होकर श्री वियोगी हरि जी ने कहा है कि "ब्रजभाषा के प्राचीन साहित्य में तो अपूर्व ही चीजें मिलेगी। वह रस, वह भाव, वह माधुर्य मुश्किल से अन्यत्र देखने में आयेगा। उस युग में भक्त सत्कवियों ने प्रेम जान्हवी की दिव्य धाराएँ बहा दी थीं। दसो दिशाओं में जगमोहन की मधुर–मधुर बांसुरी गूँजने लगी थी। सहस्त्रों संसार परितप्त

जीव सुशीतल प्रेम निकुँज की सुखद छाया में विश्राम और शान्ति पाने लगे सैकड़ो प्रेमोन्नत भक्त अपने को भूलकर नाच उठते थे।''[1]

महात्मा सूर का काव्य गौरव का प्रतीक है, उनके काव्य में जो विषयत्व प्रतिपादित हैं, उसका सम्बन्ध पूर्ण पुरुषोत्तम भगवान कृष्ण की रसवंती लीला, ब्रज तथा गोप–गोपी एवं उनके उल्लासमय जीवन से हैं। माता का वात्सल्य, प्रेम की मधुर फुलवारियों से आच्छादित जीवन के विविध रंगों का समावेश, कृष्ण की सरलता निश्छलता, स्वाभाविक चेष्टा का मधुर मनोहारी रूप जीवन में सुंगध की व्याप्ति कर देता है। आचार्य राचन्द्र शुक्ल ने इसे लक्षित करते हुए लिखा है कि ''जयदेव के देववाणी की स्निग्ध पीयूषधारा, जो काल की कठोरता में दब गई थी, अवकाश पाते ही लोकभाषा की सरलता में परिणत होकर मिथिला की अमराइयों में विद्यापति के कोकिल कंठ से प्रकट हुई और आगें चलकर ब्रज के करील कुंजो के बीच फैल मुरझाये मनों को सीचने लगी। आचार्य की छाप लगी हुई आठ वीणायें श्रीकृष्ण की प्रेम लीला का कीर्तन करने उठीं, जिनमें सबसे ऊँची, सुरीली और मधुर झंकार अन्धे कवि सूरदास की वीणा की थी।[2] यह पंक्ति सूर की महिमा को स्वयं ही प्रतिपादित कर देती है।

किन्तु जब इनके परिचयात्मक अध्ययन की जरूरत पड़ती है तो हमारे सामने अनुश्रुतियों, मिथकों का ऐसा क्षेपक आकर खड़ा हो जाता है कि सत्य का अनुभव करना भी असंभव सा लगने लगता है, ऐसा सिर्फ सूर या तुलसी के लिए ही नहीं है बल्कि भारतीय साहित्य के लगभग सभी प्राचीन आचार्यों विद्वानों के साथ ऐसा ही देखने को बहुधा मिलता है जहाँ इतिहास उनके समक्ष मौन रह जाता है, कथायें तो कई हैं, किन्तु उसमे पौराणिकता का इतना समावेश है कि सत्य की पहचान का संकट सामने उपस्थित होकर हमे अगल–बगल झाँकने के लिए विवश कर देता है। सूर के सन्दर्भ में भी यही समस्या आकर खड़ी हो जाती है, किन्तु फिर भी हमें सहारा इन्हीं अनुश्रुतियों को आधार बनाकर लेना ही पड़ता है। परम्परा से प्रचलित जीवनवृत्त की सामग्री को दो भागों में बाँटते हुए सूर की जीवनी का संक्षिप्त प्रयास करने की अक्षम्य चेष्टा करने की कोशिश तो की ही जा सकती है। सूर पर पढ़ा बहुत गया है उनके साहित्यिक अवदान पर चर्चा भी खूब हुई है, किन्तु उनके आत्म–वृतांत पर अभी बहुत कुछ कहना शेष है। सूर के जीवनवृत्त की सामग्री को मुख्यतः दो भागों में बाँटा जा सकता है–

1. वाह्य साक्ष्य पर आधारित सामग्री

2. अन्तःसाक्ष्य पर आधारित सामग्री

वाह्य साक्ष्य के अन्तर्गत सांप्रदायिक साहित्य, वार्ता साहित्य, समसामायिक कवियों एवं भक्तों के सूरदास से सम्बन्धित उल्लेख और तत्कालीन इतिहास ग्रन्थ से सहायता मिलती है। वल्लभाचार्य, विट्ठलनाथ, गोकुलनाथ एवं हरिराय की रचनाएँ भी सम्प्रदाय की प्रामाणिक रचनाएँ हैं जिसमें दो सौ बावन वैष्णवन की वार्ता, चौरासी वैष्णवन की वार्ता, श्री हरिराय कृत भाव प्रकाश, वल्लभ दिग्विजय आदि में सूरदास के जीवनवृत्त से सम्बन्धित अत्यंत प्राचीन एवं विश्वसनीय सामग्री उपलब्ध होती है। नाभादास के भक्तमाल एवं प्रियादास कृत टीका, धुवदास की भक्त नामावली में और कविपिया सिंह के भक्ति विनोद में कुछ सामग्री मिलती है। इसके अतिरिक्त इतिहास ग्रन्थों में मुंशियात अबुल फज़ल जो अबुल फज़ल के पत्रों का संग्रह है इसमें भी सूर से सम्बन्धित कुछ जानकारियाँ प्रकाश में आती हैं। आधुनिक इतिहासकारों एवं हिन्दी साहित्य के इतिहास विद्वानों ने भी सूर के जीवन परिचय पर यथेष्ट रूप से शोधकार्य किया है।

जन्मतिथि– सूर की जन्मतिथि का उल्लेख किसी भी ग्रन्थ में नहीं है। स्वयं सूरदास जी ने भी इस विषय में कुछ नहीं कहा है। सूरसारावली के 1002वें पद में आयु सम्बन्धी एक पंक्ति मिलती है तथा साहित्य लहरी के एक पद में इसी ग्रन्थ के रचना काल का निर्देश किया गया है। आचार्य रामचन्द्र शुक्ल ने सूरदास के जन्मतिथि के विषय में कुछ भी नहीं लिखा है, सूर के परिचय के सन्दर्भ में वे लिखते है– ''सूरदास जी का वृत्त चौरासी वैष्णवों की वार्ता से केवल इतना ज्ञात होता हैं कि वे पहले गऊघाट (आगरा और मथुरा के बीच) पर एक साधु या स्वामी के रूप में रहा करते थे और शिष्य सेवा किया करते थे, गोवर्धन पर श्रीनाथ जी का मन्दिर बन जाने के पीछे एक बार जब वल्लभाचार्य जी गऊघाट पर उतरे तब सूरदास उनके दर्शन को आए और उन्हें अपना एक पद गाकर सुनाया।''[3]

सूरसारावली 1002 पद–

गुरु परसाद होत यह दरसन सरसठ बरस प्रवीन
शिवविधान तप कियो बहुत दिन तऊ पार नहिं लीन[4]

साहित्य लहरी–

मुनि पुनि रसन के रस लेख
दसन गौरी नन्द जो लिखि, सुबल संबल पेख
नन्द नन्दन मास छैते हीन तृतीया बार
नन्द–नन्दन जनमते हैं बान सुख आगार
तृतीय ऋक्ष सुकर्म जोग विचारि सूर नवीन
नन्द नन्दनदास हित साहित्य लहरी कीन[5]

इन दोनों ही पदों पर विद्वानों ने विस्तार से चर्चा की है किन्तु मतों की विविधता के कारण वे किसी निश्चित लक्ष्य पर नहीं पहुँच सके। मैनेजर पाण्डेय ने साहित्य लहरी वाले पद को देखते हुए लिखा है कि– सूरदास के जन्म और मृत्यु के समय निर्धारण के रूप में साहित्य लहरी के मुनि पुनि रसन के रस लेख वाले पद को अनेक आलोचकों ने स्वीकार किया है, किन्तु उस पद के इतने विरोधी अर्थ किये गये हैं कि इनके आधार पर सूर के जन्मकाल का निर्णय करना कठिन है।[6] वार्ता साहित्य और सांप्रदायिक मान्यता के आधार पर यह कहा जाता है कि सूरदास वल्लभाचार्य से वय में दस दिन छोटे थे और वल्लभाचार्य का जन्म समय सं0 1535 वि0 की वैशाख शुक्ल 5 मंगलवार माना जा सकता है।[7] सूर साहित्य के मर्मज्ञ विद्वानों में से एक नन्द दुलारे बाजपेयी जी ने बड़ौदा कॉलेज के संस्कृत के प्रो0 श्री भट्टजी के निर्णय के आधार पर सूरदास का जन्म सम्वत 1530 माना है।[8] डॉ0 ब्रजेश्वर वर्मा ने अनुश्रुतियों के आधार पर सूरदास का जन्म वैशाख शुक्ल 5 सं0–1535 वि0 को माना है।[9] प्रमाण के तौर पर वे लिखते हैं कि श्री नाथ द्वारा में प्रति वर्ष इसी दिन गुप्त रूप से सूरदास का जन्मोत्सव मनाया जाता है।[10] डॉ0 रामकुमार वर्मा संवत् 1540 के लगभग सूरदास का जन्म मानते हैं।[11] मिश्र बन्धुओं ने प्राप्त साक्ष्यों एवं अनुमान के आधार पर उनका जन्म संवत 1540 वि0 माना है।[12] हिन्दी साहित्य के मूर्धन्य विद्वानों में से एक मुंशीराम शर्मा ने सूरदास का जन्म संवत 1515 के करीब माना है।[13] डॉ0 भण्डारकर ने वल्लभाचार्य का जन्म वैशाख कृष्ण 11 संवत 1535 ही माना है[14] और आचार्य रामचन्द्र शुक्ल का भी 1540 ही मत है।[15] इस प्रकार विवादों में न पड़ते हुए 1535 को ही सूरदास का जन्म माना जा सकता है, क्योंकि पूर्व में इस प्रकरण पर काफी विवाद पहले ही हो चुका है।

जन्म स्थान– सूर के जन्मस्थान को लेकर भी विवाद रहा है। कुल

मिलाकर पाँच विकल्प सूर के जन्मस्थान को लेकर चर्चा में आये हैं जो निम्नवत् है–

1. मथुरा प्रांत का कोई गाँव
2. रूनकता (आगरा)
3. सीही (दिल्ली)
4. गोपांचल (ग्वालियर)
5. सीही (आगरा)

सूरदास के जन्म स्थान का सर्वप्रथम उल्लेख हरिराय जी के भाव प्रकाश में मिलते हैं। दिल्ली के समीपस्थ सीही ग्राम में उन्होंने सूरदास जी का जन्म बताया है। साहित्य लहरी पद संख्या 118 में सूर का वंश परिचय दिया है और उसी में उनका निवास स्थान गोपांचल बताया गया है।[16] इस पद के आधार पर ग्वालियर को गोपाल मानकर पितांबरदत्त बड़थ्वाल ने गोपांचल को ही सूरदास की जन्मभूमि माना है।[17] इस पद को मुंशीराम शर्मा को छोड़कर सूर साहित्य के शेष सभी आलोचक प्रक्षिप्त मानते हैं। आचार्य हजारी प्रसाद द्विवेदी ने रूनकता सा रेणुका क्षेत्र को सूरदास को जन्म स्थान बताया है।[18] हिन्दी के अनेक आलोचकों– आचार्य रामचन्द्र शुक्ल, डॉ0 श्याम सुन्दर दास और डॉ0 रामकुमार वर्मा आदि ने रूनकता ग्राम को ही सूरदास का जन्म स्थान माना है। सूर निर्णय में द्वारिकादास पारीख और प्रभुदयाल मीतल ने गोस्वामी हरिराय कृत भाव प्रकाश के आधार पर सूरदास का जन्म स्थान दिल्ली से चार कोस दूर सीही ग्राम को माना है।[19] डॉ0 ब्रजेश्वर वर्मा ने चौरासी वार्ता तथा गोस्वामी हरिराय द्वारा दिये गये विवरणों के आधार पर सूर का जन्म स्थान गऊघाट या गौघाट बताया है जो आगरा–मथुरा के बीच मथुरा से 24 मील दूर है।[20] डॉ0 हरिवंश लाल शर्मा सीही (दिल्ली) को ही सूरदास का जन्मस्थान मानते हुए[21] मियासिंह के मत को सत्य माना है। कवि मियासिंह ने भक्त विनोद में सूर की जन्मभूमि के विषय में लिखा है–

"मथुरा प्रान्त विप्र कर गेहा, भो उत्पन्न भक्त हरि जेहा"[22] मिश्रबन्धु ने सूरदास का जन्मस्थान चौरासीवार्ता एवं भक्तमाल के आधार पर दिल्ली के समीप स्थित सीही को ही सूरदास का जन्म स्थान माना है।[23]

विभिन्न मतों और परस्पर विरोधी बातों के बीच सूरदास की जन्मभूमि के विषय में कुछ भी कहना संशय को बढ़ाना ही होगा किन्तु इतने मतों से जो एक बात साफ–साफ निकलती है वह यह कि गऊ घाट में उनका

निवास तथा गोवर्धन एवं पारसोली में रहना जगजाहिर है। वैसे भी सूर की आत्मा ब्रजभूमि में ही बसती हैं, अतः मैनेजर पाण्डेय के शब्दों में सूरदास की साधना भूमि को मानने में तनिक भी ऐतराज नहीं होना चाहिए।[24]

जाति– वैसे भक्तों की कोई जाति नहीं होती, वैसे भी मध्यकालीन भक्ति आंदोलन तो जाति विरोध का ही आंदोलन हैं कितने खेद का विषय है कि हम एक भक्त को जब जाति विशेष की सीमा में बांधने का प्रयास करते हुए उसके अस्तित्व पर ही प्रश्न चिन्ह उठाते हैं। मैनेजर पाण्डेय ने क्या लिखा है? कि यहाँ उन भक्तों को भी जाति–निर्णय के प्रपंच से गुजरना पड़ता हैं जो स्वयं जाति–भेद के विरोधी थे। भक्तों की तो एक ही जाति हैं, उनका एक ही परिचय है कि वे भक्त है और भगवान् ही उनके सर्वस्व हैं। सूर की कविता में संप्रदाय और जाति का आग्रह नहीं हैं वहाँ तो एक भावात्मक धरातल पर समान अनुभूति में निमग्न संपूर्ण समाज या पूर्ण व्यक्ति हैं। आलोचकों के बहुत प्रयास के बावजूद सूरदास किसी जाति के घेरे में नहीं आ सके हैं।[25] फिर भी यह मेरे शोध का विषय हैं अतः इस पर संक्षिप्त प्रयास करने की अनाधिकार चेष्टा कर रही हूँ। सूरदास के साहित्य लहरी में एक पद है जिसके आधार पर विद्वानों ने सूर की जाति को परिभाषित करने का प्रयत्न किया है–

प्रथम ही प्रथु जाग ते, भें प्रगट अद्भुत रूप
ब्रह्मराव विचारि ब्रह्मा, राखु नाम अनूप
पान पय देवी दियो सिव आदिसुर सर पाय
कहौ दुर्गा पुत्र तेरो भयो अति सुखदाय
पार पायन सुरन के पितु सहित अस्तुति कीन
तासु बंश प्रशंस में भौ चन्द्र चारू नवीन
भूप पृथ्वीराज दीन्हौं तिन्हैं ज्वाला देस
तनय ताके चार कीन्हों प्रथम आप नरेस
तासु वंश अनूप भौं हरिचन्द्र अति विख्यात
आगरे रहि गोपचल में रहौ ता सुत वीर
पुत्र जनमे सात ताके महा भट गम्भीर
कृष्ण चन्द्र, उदारचन्द्र जु, रूपचन्द सुभाइ
बुद्धि चन्द प्रकाश चौथौचन्द भे सुखदाई
देवचन्द प्रबोध संसृत चन्द ताको नाम
भयो सप्तो नाम सूरजचन्द मंद निकाम[26]

उक्त पद सबसे पहले साहित्य लहरी की सरदार कवि द्वारा की गई टीका में मिलता हैं। चन्द का परिचय देते हुए नानूराम भाट ने नाममात्र के भेद से यही पद अपनी वंशावली के रूप में दिया हैं।[27] किन्तु प्राप्त विवरणों के आधार पर यह पद प्रक्षिप्त ही लगता हैं। आचार्य रामचन्द्र शुक्ल ने इस पद पर आपत्ति जताते हुए लिखा है कि यह प्रबल दच्छिन विप्रकुल से साफ पेशवाओं की ओर संकेत है। इसे खींचकर अध्यात्म पक्ष की ओर मोड़ने का प्रयत्न व्यर्थ हैं।[28]

वाद विवाद के बीच सूर की जाति को लेकर अनेक मत सामने आते हैं जिनमें से चार पर विद्वानों ने अपनी सहमति असहमति को लेकर प्रश्न चिन्ह खड़े किये हैं। ये चार जातियां है– ढाढ़ी, भाट, जाट एवं ब्रह्मा।

डॉ0 मुंशीराम शर्मा ने अपने सूरसौरभ में सूर को भाट जाति का बताया हैं।[29] डॉ0 मुशीराम शर्मा के इस मत को म.म. श्री हरप्रसाद शास्त्री जी के द्वारा चन्द के वंशधर नानूराम वाली वंशावली से पर्याप्त बल मिला। किन्तु दिये गये तर्क ऐतिहासिक तथ्यों एवं समय सीमा में न आने के कारण यह मांग कि सूर भट्ट थे, खारिज हो जाती हैं। इसी पद के एक शब्द पृथुजगात को लेकर किसी ने उन्हें जगातिया भट्ट भी सिद्ध करने का प्रयास किया हैं। किन्तु जब यह पद ही प्रक्षिप्त प्रतीत होता है तो उसके किसी पंक्ति को लेकर निर्णय करना विद्वानों का समय खराब करना ही है।

सूर के आत्मनिवेदन परक पदों के आधार पर एक वर्ग है जो उन्हें ढाढ़ी सिद्ध करना चाहता हैं। इस मान्यता के प्रबल समर्थक डॉ. ब्रजेश्वर वर्मा हैं वे लिखते हैं कि "उनके अब्राह्मण होने के उपरिलिखित परोक्ष संकेतों के साथ कृष्ण जन्म सम्बन्धी उन पदों को पढ़ने पर जिनमें उन्होंने अपने को ढाढ़ी के रूप में कल्पित करके व्यक्तिगत आत्मीयता प्रकट की हैं यह अनुमान किया जा सकता है कि, संभव है, वे वस्तुतः जाति से ढाढ़ी या जगा हो। यदि वे ब्राह्मण होते तो अपने उपास्य देव के जन्मोत्सव पर दीन ब्राह्मण का भी रूप धारण कर सकते हैं। अंत में अन्य पुष्ट प्रमाणों के मिलने तक यही कहकर सन्तोष किया जा सकता है कि सूरदास कदाचित ब्राह्मण नहीं थे, संभव है वे ढाढ़ी जगा या ब्रह्मभट्ट हो।[30] इस पर मेरा सिर्फ इतना ही कहना है कि फिर अष्टछाप के लगभग सभी कवि ढाढ़ी हो जायेगे–

1. **कृष्णदास वल्लभकुल को ढाढ़ी कीनो जनम सनाथ**[31]
2. **हौ ढाढ़ी कबहुँ न अधाऊँ यद्यपि नन्द दातार (चतुर्भुजदास)**[32]
3. **नन्ददास नन्दराय को ढाढ़ी भयौ अजातिक ढोली (नन्ददास)**[33]

श्री पुष्टि सम्प्रदाय में राधाष्टमी के दिन ढाढ़ी बनते हैं, इसके साथ सूरदास के कुछ पदो में जातीयता के भी संकेत मिलते हैं।

''सूरदास प्रभुतुम्हरी भक्ति लागि तजी जाति अपनी''[34]

राममूर्ति त्रिपाठी सही लिखते है कि यदि वे शुद्र होते, या ढाढ़ी तो उसके तजने में क्या गौरव था? कौन कहने की बड़ी बात थी[35] सत्य ही है वैसे भी भक्ति काल के कवि जातीय गौरव के अभिमान से शून्य ही थे।

श्री चन्द्रबली पाण्डेय ने ना.प्र. सभा वाले सूरसागर से प्राप्त एक पद (स.–216) के आधार पर सूर को जाट मानने पर जोर दिया हैं, वस्तुतः यह पद सूर की शैली के सर्वथा विपरीत हैं और दूसरा, यह पद सिर्फ 1889 की छपी केवल एक ही प्रति में देखने को मिला हैं अतः इसकी प्रमाणिकता भी संदिग्ध हैं।[36] ''हरिजू हौं याते दुखपात्र।'' वस्तुतः यदि सूरदास जी ने अपने को जाट घोषित किया होता तो गोकुलनाथ जी ने अपने वार्ता साहित्य में और हरिराय जी ने अपने भाव प्रकाश में इसका उल्लेख अवश्य किया होता। द्वारिका दास पारीख और प्रभुदयाल मीतल का कहना है कि– ''कॉकरौली के सरस्वती भंडार की हस्तलिखित प्रति में यह पद है ही नहीं। यह पद किसी जाट का लिखा है, क्योंकि उसी की वीरभावना के अनुरूप इसमें परूषावृत्ति मूलक अंत्यानुप्रास की योजना है। उसने सूरदास को भी अपनी जाति का बताकर अपनी जाति की महत्ता को स्थापित करना चाहा था और इसी उद्देश्य से यह पद सूरसागर में जोड़ दिया था।''[37]

सूरदास की जाति को ब्राह्मण मानने वाले की एक लम्बी शृंखला रही है। हरिराय जी की 84 वार्ता में सूरदास जी को कई स्थानों पर सारस्वत ब्राह्मण लिखा।[38] वार्ता के अतिरिक्त वल्लभ वल्लभदिग्विजय के अनुसार भी सूरदास जी सारस्वत ब्राह्मण थे।[39] जनश्रुति भी उन्हें सारस्वत ब्राह्मण बताती हैं। मिश्रबधु ने सूरदास को सारस्वत ब्राह्मण ही माना है।[40] उनके मानने का आधार चौरासी वैष्णवन की वार्ता तथा नाभादास के भक्तमाल पर आधारित है। गोसाईं विट्ठ्लनाथ जी के सेवक श्रीनाथ भट्ट ने संस्कृत वार्ता मणिमाला में सूरदास जी को प्राच्य ब्राह्मण लिखा हैं।[41] प्राच्य ब्राह्मण से उनका तात्पर्य मथुरा या ब्रजप्रदेश से पूर्व के ब्राह्मणों से हो सकता है। किन्तु इसमें यह प्रश्न स्वयं उठता है कि सूर कौन से ब्राह्मण थे? अतः प्राच्य ब्राह्मण का मत तो स्वयं ही संदिग्ध है। यदुनाथ जी ने अपने ग्रन्थ वल्लभदिग्विजय में लिखा है कि महाप्रभु ने अलर्कपुर अड़ैल

से लौटते हुए ब्रजयात्रा में सारस्वत सूरदास पर अनुग्रह किया। वास्तव में सूरदास को जाति से बांधना एक भक्त का अपमान ही है जिस भक्त ने स्वयं ही कहा है "भगवंत भजनहित तजी जाति अपनी" उस भक्त को जाति से बांधना मध्यकाल की कविता का अपमान करना ही हुआ। किन्तु प्रश्न को न छोड़ते हुए मेरा भी मत सूर को सारस्वत ब्राह्मण मानने में ही विवश है।

नाम और वंश परम्परा– सूरदास की वंश परम्परा के लिए सामान्यतः साहित्य लहरी के उस पद को लिया जाता है, जिसका उल्लेख पूर्व में हो चुका है, इस पद को अबुल फजल कृत आइने अकबरी से भी समर्थन मिलता है, किन्तु यह मानना कि सूर अकबर के दरबारी कवि थे नितान्त उपहासजनक और संदिग्ध हैं। यह सूर की महत्ता को कम करने का प्रयास भी है जिस भक्त ने अपने आराध्य के लिए अपना सब कुछ छोड़कर मन्दिरों की शरण ली हो–क्या वो भक्त 80 वर्ष की अवस्था में दरबारी कवि बन सकता हैं? अतः निश्चय ही यह दोनों सूर कृष्ण भक्त सूर से सर्वथा अलग ही हैं।

दूसरा प्रश्न है कि सूर का वास्तविक नाम क्या था? सूर की रचनाओं के आलोक में विविध सूर काल के प्रभाव से एकमेव हो जाते हैं, यह अनेक सूरों का अद्भुत सम्मिलन है। वैसे इनकी रचनाओं और प्राप्त अनुश्रुतियों तथा वार्ता साहित्य के आधार पर सूर के कई नाम सामने आते हैं जिनमें सूरदास सूरस्याम सूरज, सूरजदास, सूर, सूरसुजान इत्यादि नाम प्रमुख है। सूरसागर और सूरसारावली में यह नाम बराबर प्रयुक्त होते हैं। सारावली के आरम्भ में सूर के स्थान पर सूरज शब्द छाप के रूप में प्रयुक्त हुआ है। सूरसागर में सूरज नाम के पद बहुतायत में मिलते हैं। भ्रमरगीत में सूरज के बहुत से पद आये हैं। कुछ उदाहरण दृष्टव्य हैं–

(1) सूरदास भगवंत भजत ते तिनकी लीक चहूँ जुग खाँची[42]
(2) सूरदास सठ तातै हरि भजि आरत के दुख दाहक[43]
(3) सूरदास द्विज दीन सुदामा तिहि दारिद्र नसायौ[44]
(4) भक्ति प्रभाव सूर लखि पायौ। भजन छाप नहिं पाई[45]
(5) सरन गये राखि लेत सूर सुजस गायौ[46]
(6) अति आनन्द सूर तिहि औसर, कीरति निगम कोटि मुख गाई[47]

(7) सूरजदास विमुख जो हरि तै कहा भयौ जुग कोटि जिएँ[48]

(8) सूरस्याम कौ कहा निहोरौ चलत वेद की चाल[49]

साम्प्रदायिक साहित्य अर्थात् हरिराय जी के भावप्रकाश में कहा गया हैं–

(1) श्री आचार्य जी आप को सूर कहते...।

(2) और श्री गुसाई जी आप सूरदास कहते...।

(3) तीसरो इनको नाम सूरजदास है... तासौ श्री स्वामिनी जी जो ये सूरज हैं।

(4) और श्री गोवर्धननाथ जी ने पचीस हजार कीर्तन आपु सूरदास जी के करि दिये, तामै सूरस्याम नाम धरे...। सो या प्रकार सूरदास जी के चार नाम प्रकट भये।[50]

जिनसे ये तथ्य सर्वविदित हैं कि सूरदास के ही चारो नाम थे।

अन्धत्व– सूर अन्धे थे– ये तो सर्वविदित हैं, किन्तु उनकी कविता में अन्धत्व के दर्शन नहीं दिखायी देते। एक व्यक्ति जिसकी आँखे नहीं हो, फिर भी उस परिवेश (ब्रज) उस संस्कृति (गोचारण) का इतना सटीक वर्णन किया हो, अच्छे–अच्छे आँखे वालों को चकाचौध कर सकता है। कृष्ण के रूप वर्णन से लेकर मात, हृदय की झांकी, गोप समाज के रस्म रीति रिवाज का इतना सटीक व प्रमाणिक वर्णन सूर के काव्य कौशल की प्रतिभा का दिग्दर्शन मात्र हैं आचार्य रामचन्द्र शुक्ल ने सूर की प्रतिभा के सन्दर्भ में सही लिखा हैं– वात्सल्य और शृंगार के क्षेत्रों का जितना अधिक उद्घाटन सूर ने अपनी बंद आंखों से किया उतना किसी और कवि ने नहीं। इन क्षेत्रों का कोना–कोना वे झाँक आए। उक्त दोनों रसों के प्रवर्तक रति भाव के भीतर की जितनी मानसिक वृत्तियों और दशाओं का अनुभव और प्रत्यक्षीरण सूर कर सके, उतनी कोई और कवि नहीं। हिन्दी साहित्य में शृंगार का रसराजत्व यदि किसी ने पूर्ण रूग से दिखाया, तो सूर ने।"[51] यह सूर की महिमा को व्यंजित करता है। सूर के अन्धत्व को दिखाने वाले पद की पहले चर्चा करना जरूरी है क्योंकि कवि अपने बारे में कुछ न कुछ तो कहता ही है। सूर के अन्धत्व को लेकर विद्वानों में जिस बात पर सशंय है कि सूर पहले जन्मांध थे अथवा काल के प्रभाव से बाद में अन्धे हुए। पक्ष एवं विपक्ष में अनेक मत हैं। जिनमें सूरदास जन्मान्ध थे, के विषय में समर्थन करने वाले विद्वानों में मिश्रबन्धु, श्याम सुन्दरदास, श्री नलिनी मोहन सान्याल, डॉ0 ब्रजेश्वर वर्मा, डॉ0 बेनीप्रसाद तथा डॉ. दीनदयाल गुप्त आदि का नाम प्रमुख हैं।

(1) यह झूठी माया के कारण दुहूँ दृग अन्ध भयो[52]
(2) सूरदास अन्ध अपराधी, सो काहे बिसरायौ[53]
(3) यह जिय जानि कैं अन्ध भवत्रास
ते सूर कामी कुटिल सरन आयौ[54]–
(4) सूर कूर, आँधरौ, मैं द्वार परयौ गाऊँ[55]
(5) सूरदास सौं कहा निहोरौं नैननि हूँ की हानि[56]
(6) कर जोरि सूर विनती करै सुनहु न हो रूकमिनी रवन
कटौ न फन्द मो अन्ध के, अब विलम्ब कारन कवन[57]
(7) ऐसी अन्ध अधम अविवेकी खोटनि खरत खरे[58]

यह तो उनके पदों का वर्णन हुआ जिसमें सूर ने अपने को स्पष्ट रूप से अंधा कहा है, किन्तु इस अन्धत्व को लेकर विद्वानों ने जो आक्षेप किये हैं उसमें मिश्रबन्धु ने हिन्दी नवरत्न में स्पष्ट लिखा हैं कि ''यह प्रश्न उठता है कि सूरदास जन्मांध थे या नहीं? इसके विषय में सिवा भक्तमाल के कोई प्राचीन प्रमाण तो नहीं मिला, परन्तु रीवाँ नरेश महाराज रघुराज सिंह कृत रामरसिकावली में भक्तमाल के आधार पर लिखा हुआ है– ''जनमहि ते हैं नैन विहीना।'' हमें तो इस लेख पर विश्वास नहीं होता। सूरदास ने अपनी कविता में ज्योति के रंगों के और अनेकानेक हाव–भावों के ऐसे–ऐसे मनोरम वर्णन किये हैं, उपमाएँ ऐसी चुभती हुई दी हैं, जिनसे यह किसी प्रकार निश्चय नहीं होता कि कोई व्यक्ति बिना आँखों देखे केवल श्रवण द्वारा प्राप्त ज्ञान से, ऐसा वर्णन कर सकता है। चौरासी वार्ता में इनका जन्माध होना नहीं लिखा हैं।[59]

डॉ. दीनदयाल गुप्त ने लिखा है–एक ओर तो वाह्य प्रमाण सूर को जन्मांध कहते हैं और दूसरी ओर, यदि हम उनकी रचनाओं को अन्धविश्वास की आँख से हटा कर साधारण बुद्धि की आँखों से देखे तो हमें उनके स्वाभाविक और संजीव भाव चित्रो और वर्णनों के सहारे ज्ञात होगा कि कवि ने संसार के रूप रंग को किसी अवस्था में अवश्य देखा होगा।[60]

सूर साहित्य के मर्मज्ञ डॉ. ब्रजेश्वर वर्मा भी सूर को जन्मांध नहीं मानते, वे अपने मत के समर्थन में लिखते हैं ''सूरसागर के अनेक पदों से उनके अन्धे होने की स्पष्ट सूचना मिलती है पर जन्मान्ध होने का कहीं संकेत नहीं मिलता। वृद्धावस्था में अशक्त इंद्रिय हो जाने के सम्बन्ध में जो कथन हैं, वे अधिकांश सामान्य कोटि के हैं और इन दीनता के स्पष्ट कथनों में भी जन्मान्ध होने का कोई उल्लेख न होना वय प्राप्त अवस्था

में किसी समय अनुमानतः वृद्धावस्था के निकट, उनके अन्धे हो जाने की सम्भावना को अधिक पुष्ट करता है। उनके काव्य में वाहय जगत के यर्थाथ सूक्ष्म चित्रण भी उनके जन्मांध होने की संभावना का खण्डन करते हैं।''[61]

सूर जन्मांध थे इसका समर्थन करने वालों की भी एक लम्बी शृंखला रही है जिनके भी निष्कर्ष तर्क एवं अंतरंग तथा वहिरंग प्रमाणों पर आधारित है। सूर आर्ष कवि हैं, दिव्यदृष्टि सम्पन्न हैं अनुश्रुतियाँ भी इस तथ्य से प्रभावित हैं। कहा गया है–

''नानषिः कवि रित्युक्तः ऋषिश्च किल दर्शनात''
तत्वप्रख्या च दर्शनम[62]

सूर तत्व को समझने वाले भक्त हैं वाह्य संसार का आकर्षण सिर्फ कृष्ण से बंधे रहने के कारण और यह आकर्षण प्रेम लोभजनित है, सूर अपने आराध्य की लीला भूमि से लगाव रखते है और अपनी बन्द आँखों से उसे आत्मसात करते हुए चलते हैं। वार्ता साहित्य भी सूर को न केवल जन्माध मानता है, बल्कि उसमें तो उन्हें सलपट अंध कहा गया है। जिसका अभिधेयार्थ यह निकलता है कि सूर न केवल अंधे ही थे, बल्कि उनके मुख में केवल चक्षु चिन्ह ही विद्यमान थे। श्रीनाथ भट्ट ने संस्कृत मणिमाला में सूर को जन्मांध कहा है–

जन्मांध सूरदासोऽ भूत[63]

प्राणनाथ ने अष्ट सखामृत में सकेतात्मक का प्रयोग करते हुए कहा है कि ''बाहर नैनविहीन सो भीतर नैन विशाल''[64] रघुराज सिंह ने रामरसिकावली में तथा मियां सिंह ने भक्त विनोद में उन्हें जन्मांध ही कहा है।[65]

(1) **जनमहि तें हैं नैन विहीना दिव्य दृष्टि देखहिं सुखभीना** (रामरसिकावली)

(2) **जनम अंध दृगज्योति विहीना जन निज तक कछु हरषत लीना** (भक्त विनोद)। चौरासी वैष्णवों की वार्ता में लिखा है–**"इनके हृदय में स्वरूपानन्द को अनुभव है। तासौं तुम जैसो शृंगार करोगे सो तैसो ही पद सूरदास वर्णन कारेकै गावेंगे।"**[66]

डॉ0 शर्मा सूर को अकाट्य रूप से जन्मांध मानते हैं। उनके अनुसार "वे भगवद् भक्त थे। अघटित घटना घटाने वाले प्रभु के सच्चे भक्त के सामने विश्व के निगूढ़ रहस्य भी अनवगत नहीं रहते। जन्मांध नाभाजी प्रज्ञाचक्षु स्वामी गिरजानन्द, स्वामी पूर्णानन्द ऐसे ही अन्य अनेक संतों

ने मानव लीलाओं एवं भावनाओं का अनुभव किया हुआ सा वर्णन किया है। वास्तव में कवि एवं महात्माओं के दिव्य नेत्रों में हमारे नेत्रों से महान अन्तर रहता है।"[67]

सूर निर्णयकार ने स्पष्टरूप से सूर को जन्मांध माना हैं उनके निर्णय का आधार पूर्णतया तथ्यों पर आधारित है– उपनिषद, पौराणिक महापुरुषों के वाक्य सूर के पद के आधार पर उन्होंने अपने सिद्धान्त मत को विवेचित किया है। उनके ही शब्दों में "अतः हमें मानना होगा कि सूरदास महाप्रभु की कृपा से तत्व ज्ञानी और आत्मा में रति करते वाले पूर्ण भक्त हो चुके थे। वे स्वयं प्रकाश हो गये थे, अतएव वाह्य चक्षुओं के आश्रित नहीं थे, उन्होंने जो कुछ वर्णन किया है वह अपनी आध्यात्मिक ज्ञान शक्ति के आधार पर किया है।"[68]

नाभादास ने भक्तभाल में सूरदास के सन्दर्भ में जो छप्पय लिखा है–

उक्ति चोज अनुप्रास वरन अस्थिति अति भारी
वचन प्रीति निर्वाह अर्थ, अद्भुत तुकधारी
प्रतिबिम्बित दिव्य दृष्टि, हृदय हरि लीला भासी
जनम कर्म गुन रूप, सवै रसना परकासी
बिकल बुद्धि गुन और की जो वह गुन श्रवनि करै
सूर कवित सुन कौन कवि, जो नहिं सिर चालन करे।[69]

सूर का जन्मांध होना सूर की प्रतिभा के आड़े नहीं आता है, एक कवि और भक्त होने के साथ सूर सौंदर्य के प्रेमी कवि हैं। यह प्रेम भौतिक नहीं वरन् आध्यात्मिक है, यह विवाद कि सूर जन्म से अंधे थे या बाद मे अंधे हुए; उनकी काव्यात्मक महत्ता को कम नहीं कर सकता। अपनी बंद आंखों से जिस विशाल पृष्ठभूमि की स्थापना सूर करते हैं, वह बड़ी आँखों वालों के लिए भी दुर्लभ है। भक्ति एवं प्रेम का मणिकांचन संयोग काव्यकला की पराकाष्ठा है। सूरसागर को पढ़ते हुए एक बात खटकती है, वह यह कि सूर के पदों में अन्धत्व के दर्शन तो होते हैं किन्तु उस अन्धत्व में कितना प्रकाश है, जिसकी चमक से आज श्रीकृष्ण भक्ति साहित्य चौगुनी रफ्तार से चमक रहा है। विवाद का विषय चाहे कितना भी रहा हो किन्तु सूर दिव्यदृष्टि सम्पन्न थे इस बात में तनिक भी संशय करना इतिहास को चुनौती देने जैसा है।

सूर की संक्षिप्त जीवन रेखा– उपर्युक्त तथ्यों के आलोक में सूर पर एक विस्तृत निगाह स्वयंमेव ही पड़ जाती है। कृष्ण भक्ति काव्य के

अदभूत धनुर्धारी जिसने श्रीकृष्ण की महिमा का प्रसार इस हद तक कर दिया कि पूर्व से पश्चिम एवं उत्तर से दक्खिन तक कृष्णभक्ति की पताका फहराने लगी थी, जिसके प्रवाह के आगे सम्पूर्ण भक्ति जगत् आत्मविस्मृत हो चुका था, ऐसे महाकवि महाभक्त सूरदास का परिचय किसी पहचान का मोहताज नहीं। चौरासी वैष्णवन की वार्ता में सूरदास के प्रारिम्भक जीवन के विषय में कुछ भी नहीं लिखा है। वल्लाभाचार्य से मिलन एवं दीक्षा के उपरांत सूर के जीवन पर प्रकाश वार्ता साहित्य मे डाला गया है। सूर के जीवन की प्रारम्भिक घटनाएँ, मिया सिंह रचित भक्ति विनोद तथा हरिराय जी द्वारा लिखित भावप्रकाश मे मिलती हैं किन्तु दोनों ही पुस्तकों में इतना वैषम्य है कि सत्य और असत्य की पहचान करना भी संदिग्ध है।

मोटे तौर पर सूर का जन्म संवत 1535 की वैशाख सदी 5 को लगभग (1477) में दिल्ली के निकट सीही नामक गाँव में एक ब्राह्मण कुल में हुआ था। नेत्रविहीन होने की अवस्था में वे भौतिक जगत का इतना सटीक वर्णन किया करते थे; कि सामने वाला दाँतों तले उँगली दबा ले। अनुश्रुतियों के आधार पर घरवालों की उदासीनता को देखते हुए उन्होंने घर का त्याग–6 वर्ष की अवस्था के आस–पास ही कर दिया था–

करमहीन जनम को अन्धों मो ते कौन न कारौ[70]

सूर की बिरियॉ निठुर होई बैठे जन्म अन्ध करयों[71]

'सूर की बिरियॉ निठुर होई बैठे जन्म अन्ध करयो' सूर की दैन्यावस्था की ही अभिव्यक्ति है, अंधे होने के कारण शायद वह स्नेह या ममता उन्हें नहीं मिल पायी, जिसकी एक बाल–मानस को चाहत रहती है। इसी उपेक्षा ने उन्हें भगवद् भक्ति की ओर मोड़ दिया। घर का त्याग कर गाँव के बाहर एक कुटिया बनाकर सूर रहने लगे थे। जनश्रुति के अनुसार सूर शकुन बताया करते थे, तथा उनकी भविष्यवाणियाँ प्रायः सत्य हो जाती थीं। एक जमींदार की खोयी गाय का सही पता बताने पर उस जमींदार ने सूर के प्रति विशेष श्रद्धा दिखाते हुए उनकी पक्की कुटिया बनवा दी।

शकुन बताने के कारण उनकी ख्याति दिनों–दिन बढ़ती चली आ रही थी और वे सूरदास स्वामी के नाम से प्रसिद्ध हो चुके थे। आंख के अंधे सूर पर भगवत और सरस्वती दोनों की ही विशेष कृपा थी। वे जितना अच्छा शकुन बताते थे, उतना ही मधुर उनका गायन था। जनता सूर की भक्ति एवं आवाज की मधुरता के कारण जा ही नहीं पाती थी। सूर जिस माया को त्यागकर चले थे, वही माया चारों ओर उनके आस–पास

मड़राने लगी थी। सूर ने जब यह विषम वातावरण देखा, तो सजी संवरी गृहस्थी का त्याग कर सूर उस स्थान से निकल पड़े।

भक्त विनोद में एक कथा दी है, जिसमें ये पिछले जन्म में यादव थे, इनकी इच्छा ब्रजधाम देखने की थी। भगवान से इन्हें आशीर्वाद मिला कि अगले जन्म में तुम ब्राह्मण होगे और तुम्हारी इच्छापूर्ण होगी। भक्त विनोद इन्हें जन्मांध मानती है। भक्त विनोद में वर्णित है कि एक बार सूरदास के माता–पिता वृन्दावन गये। सूर का मन वृन्दावन में इतना रमा कि वह वही रहने के लिए जिद् करने लगे थे। माता–पिता ने एक साधू की संगत में उन्हें वहीं छोड़ दिया जहाँ रहकर सूरदास भगवद् भजन–कीर्तन किया करते थे। एक दिन वे घूमते–फिरते कुएँ में गिर गये थे, जहाँ वे सात दिन तक रहे अन्त में भगवान श्रीकृष्ण ने उन्हें स्वयं निकाला था। किन्तु सूर अपने आराध्य को पहचान गये थे। अतः उन्होंने हाथ नही छोड़ा तो श्रीकृष्ण हाथ छुड़ाकर भागने लगे, इस पर सूरदास जी ने कहा था–

अब तो बलकरि छोड़ कर चले निबल कर मोहिं
पै मन ते टूटों न जब तक देखो प्रभु तोहिं[72]

ऐसा सुनकर भगवान ने उन्हें दिव्य दृष्टि प्रदान की। भगवान को एक बार देखने के बाद इनके मन में किसी और को देखने की चाह नहीं बची थी, उन्होंने कृष्ण से वरदान माँगा कि "जिन नेत्रों से आप को देख लिया है, अब उन नेत्रों से किसी को न देखूँ।" संवत् 1533 तक वे सीही तथा उसके आसपास ही रहे उसके बाद वे आगरा–मथुरा मार्ग पर स्थित गऊघाट पर रहने लगे, उनके विनम्र स्वभाव एवं कोमलता के कारण वहाँ पर भी उनके भक्तों एवं साधकों की संख्या निरन्तर बढ़ती गई, यहाँ सूर लगभग 12 वर्षों तक रहे थे।

वल्लभ सम्प्रदाय में आने के पूर्व तक सूर गायन विधा में पूर्णतया पारंगत हो चुके थे। वे प्रारम्भ में विनय के पद गाया करते थे। जिसका उल्लेख चौरासी वैष्णवन में कुछ इस प्रकार है–

सूर ने कहा "जो महाराज हौं तो समझत नाही...

ताते सूरदास जी को नवधा भक्ति सिद्ध भई। तब सूरदास जी ने भगवत लीला वर्णन करी। अनुक्रमणिका ते सम्पूर्ण लीला फुरी... और ताही समय श्री महाप्रभु के सन्निधान पद कियो सो पद राग विलावल– चकई री चलि सरोवर जहाँ न प्रेम वियोग।"[73]

चौरासी वैष्णवन की वार्ता में जब वल्लाभाचार्य से उनके मिलने का वृतांत दिया है तो उन्होंने वल्लभाचार्य को विनय का पद गाकर सुनाया था। पद था– **"हौं हरि सब पतितन को नायक।"** वल्लभाचार्य ने आत्महीनता और विनय का पद सुनकर सूरदास से कहा कि– तू सूर होकर भगवान् के सामने घिघियाते क्यों हैं? उनकी लीला का यश वर्णन करो। तत्पश्चात सूर को उन्होंने अपने सम्प्रदाय में दीक्षित कर लिया तथा सुबोधिका की टीका का ज्ञान उन्हें कराया।

वल्लभाचार्य और सूरदास के इस संपर्क के समय विद्वानों में एक मत नही हैं। पारीख और मीतल ने श्रीनाथ जी की प्राकट्य वार्ता में उल्लिखित सूरदास के दीक्षा काल सं0 1577 वि0 को संदिग्ध बताते हुए वल्लभ दिग्विजय के आधार पर सूर का शरणकाल सं0 1585 वि0[74] निश्चित किया है। जबकि आचार्य रामचन्द्र शुक्ल के अनुसार, वल्लभाचार्य और सूरदास की भेंट का समय सं0 1580 वि0 के आस–पास है।[75] डॉ0 हरवंश लाल शर्मा ने सूर की दीक्षा का समय सं0 1567 वि0 ही माना है।[76]

अष्टाछाप की स्थापना– सम्वत् 1587 में महाप्रभु के महानिर्वाण के पश्चात गोपीनाथ ने वल्लभ सम्प्रदाय की गद्दी स्वीकार की। सम्वत 1599 में उनके स्वर्गवास के पश्चात् उनके छोटे भाई विट्ठलनाथ जी ने कार्य संभाला। विट्ठलनाथ जी ने श्रीनाथ जी की सेवा प्रणाली और कीर्तन व्यवस्था को पुनः नियोजित किया। श्रीनाथ जी की आठ समय की झाँकियों के लिए उन्होंने आठ कीर्तनकार नियुक्त किये, जिनमें से चार– सूरदास, कुम्भनदास, कृष्णदास परमानन्ददास वल्लभाचार्य जी के शिष्य थे एवं चार गोविंद स्वामी, छीतस्वामी, चतुर्भुजदास एवं नन्ददास विट्ठलनाथ जी के शिष्य थे। ये आठों श्रीनाथ जी के परम् भक्त होने के साथ ही साथ अपने समय के पुष्टि संप्रदाय के सर्वश्रेष्ठ संगीतज्ञ, गायक और कवि थे। गोसाई विट्ठलनाथ की आशीर्वाद की छाप से लगी हुई, ये आठ वीणायें अष्टछाप के नाम से प्रसिद्ध हुई। पुष्टि संप्रदाय की धार्मिक भावना के अनुसार ये श्रीनाथ जी के आठ अंतरंग सखा हैं, जो उनकी समस्त लीलाओं में सदैव उनके साथ रहते हैं, अतः उन्हें अष्टसखा भी कहा गया है।

इसका उल्लेख वार्ता साहित्य में इस प्रकार हुआ है जब **"श्री गोवर्धनाथ जी प्रगट भये, तब अष्टसखा हूँ भूमि पै प्रकट भये, अष्टछाप रूप होय के सब लीला कौ गान करते भये।"**[77] श्रीमद्भागवत में श्रीकृष्ण के एकादश सखाओं का नामोल्लेख हुआ। उनमें से आरंभिक

आठ कृष्ण तोष, भोज श्रीदामा, सुबल, अर्जुन, विशाल और ऋषभ। पुष्टि सम्प्रदाय की मान्यता के अनुसार अष्टछाप के आठों दिग्गज थे। उनमें से सूरदास, कृष्ण, परमानन्ददास तोष, कुंभनदास, अर्जुन कृष्णदास ऋषभ, गोविंदस्वामी श्रीदामा, छीतस्वामी सुबल, चतुर्भुजदास विशाल और नन्ददास भोज सखा माने जाते हैं।[78]

हे कृष्णस्तोष हे अंशो, श्रीदामन् सुबलार्जुन
विशालार्षभ तेजस्विन्, देवप्रस्थ वरूथप[79]

दिन में ठाकुर जी के सखा रूप से उनकी बाल लीला का आनन्द प्राप्त करते हैं और रात में स्वामिनी जी की सखी रूप से निकुंज लीला का सुखानुभव करते हैं। वास्तव में अष्टछाप को सांप्रदायिक दृष्टि से न देखते हुए उसके मूल महत्व पर ध्यान देना आवश्यक है। विलुप्त होती हुई संस्कृति को बचाने का माध्यम बन कर अष्टछाप उभरता है, अष्टछाप के कवियों ने विषम वातावरण में अपने अस्तित्व को बचाये रखने की कोशिश में लगातार परिश्रम किया एवं कृष्ण तथा उनकी लीलाओं के माध्यम से हिन्दू संस्कृति, गोचारण की संस्कृति को जिंदा बनाये रखा।

वल्लाभाचार्य अपने साथ सूर को गोकुल ले गये वहाँ नवनीत प्रिया के दर्शन कराये। वहाँ भी सूरदास ने कुछ पद गाये–'शोभित कर नवनीत लिए'। इसके पश्चात् वे वल्लाभाचार्य के साथ श्रीनाथ के दर्शन करने गये जहाँ सूर ने अपनी भक्ति को लक्षित करते हुए "अब हौं नाच्यों बहुत गोपाल वाला पद गया।" इसके पश्चात् कौन सुकृत इन ब्रजवासिन को जिसे सुनकर वल्लभाचार्य जी ने श्रीनाथ मन्दिर के कीर्तन का भार सौंप दिया। यह निर्विवाद है कि सूरदास वल्लभाचार्य की अड़ैल ब्रजयात्रा के समय गौघाट पर आचार्य के शिष्य दक्षिण दिग्विजय के सम्बत 1565 के पश्चात् ही बने थे।[80]

समय कोई भी हो, किन्तु इसके बाद एक नये सूर का जन्म होता है जो भगवान के सामने घिघियाता नहीं है बल्कि भगवान से बराबर आकर लड़ता है उनके प्रेम से जहाँ सुखी होता है, वहीं उनके वियोग से दुःखी भी। बढ़ते–बढ़ते सूर की प्रशंसा तत्कालीन शासक अकबर के पास भी पहुँचती है।

उनके वीणा की झनकार सुनकर केवल हरि भक्तों का ही मन नहीं डोला, बल्कि उसकी लपेट में राजा महाराजा से लेकर मुस्लिम शासक भी आ गये। सूर के गायन का स्वर उनके नाम से भी कई गुना आगे पहुँच

चुका था। वैसे सूर के भक्तों में कई नाम आते हैं, किन्तु सूर की विद्वता से उनकी भक्ति से प्रभावित होकर समकालीन अनेक महत्वपूर्ण व्यक्ति सूर से मिलने आये जिनमे दो नाम विशेष प्रसिद्ध हैं एक तो मुगल बादशाह अकबर दूसरे राम काव्य के नवजागरण के पुरौधा भक्त गोस्वामी तुलसीदास अकबर का सूरदास से मिलना जहाँ उसकी धार्मिक सहिष्णुता को प्रकट करता है, वहीं सूरदास के महात्म्य को स्वयं ही व्यंजित कर देता है। सूर निर्णय के अनुसार सूरदास एवं अकबर की भेट सं0 1623 में मथुरा में संभावित है।[81] डॉ0 दीनदयाल गुप्त ने एक उद्धरण दिया है कि एक बार सूरदास के एक पद को तानसेन ने अकबर के समक्ष दरबार में गाया। अकबर उस पद से ऐसा प्रभावित हुआ कि उसके उस पद के रचयिता से मिलने की इच्छा हुई। जब अकबर दिल्ली से आगरा आया, तब उसने अपने हलदारों से कहा "सूरदास की खबर लेकर, कि वे कहाँ है, हमको मथुरा में बताओ। उस समय सूरदास जी भी मथुरा गये हुए थे। अकबर को जब यह बात ज्ञात हुई, तब उसने सूरदास को अपने पास मथुरा में ही बुलाया और वाणी का बहुत आदर सम्मान किया। अकबर बादशाह ने कहा सूरदास जी कुछ पद सुनाओं, सूर ने उस समय आत्म–प्रबोधन, वैराग्य और भक्ति से भरा एक पद– **''मना रे तू करि माधव सो प्रीति''** विलावल राग में गाया। पद सुनकर अकबर बहुत प्रसन्न हुआ। फिर उसने अपना यश गाने को कहा। सूर तो निलिप्त निर्लोभी भक्त थे। उन्होंने दूसरा पद गाया "**नाहिन रहयो मन में ठोर। नन्द नन्दन अछत कैसे अनिये उर और चलत चितवत घौस जागत सुपन सोवत राति। हदयते वह मदन मूरति छिन न इत उत जाति।"** अकबर ने सूर को धन द्रव्य और जो वस्तु वे चाहें लेने को कहा। निर्भीक और त्यागी सूर ने कहा **''आज पाछे हमको कबहूँ फेरि मत बुलाइयों और माको कबहूँ मिलियो मती।"**[82] उपर्युक्त गद्यांश सूर के अकबर के दरबारी कवि होने की संभावना का पूरा–पूरा खण्डन करता है। वह सूरदास कोई और थे, जो अकबर के दरबार की साप्ताहिक मंडलों में गायन करते थे। भक्त कवि में अपने ईश्वर के प्रति ही समर्पण रहता है। इसके राह में आने वाली और सभी वस्तुएँ एक भक्त के लिए त्याज्य हो जाती हैं। सूरदास का यह कहना ही राजशाही व्यवस्था पर एक कड़ी चोट थी। यह उस नवजागरण का संकेत था, जिसकी गूंज आने वाले वर्षो में सुनाई देती है।

संवत 1616 के लगभग गोस्वामी विट्ठलनाथ जी जगन्नाथपुरी की यात्रा को गये साथ में सूरदास भी थे। रास्ते में कामतानाथ पर्वत पर सूर ने तुलसी से भेंट की। बाबा बेनी माधव दास जी ने इसका कुछ पंक्तियों में वर्णन किया है–

सोलह सो सोलह लगे कामद गिरि ढिंग वास
शुचि एकांत प्रदेश मँह आये सूर सुदास[83]

किन्तु क्या वास्तव में सूर तुलसी से मिले थे; इसके प्रमाण पुष्ट नहीं है।

सूरदास की मृत्यु– भक्तों की मृत्यु नहीं होती, उनका नाम सदैव बना रहता है, सूरदास आज भी हमारे सामने जिंदा हैं– अपने पदों के माध्यम से अपनी भक्ति के माध्यम से। सूर का विवादों से नाता तो नहीं, किन्तु उनकी जीवनी के सम्बंध में जितना विवाद है वह गणना से परे है, इसी में सूर के गोलोकवास का विवाद भी शामिल हो जाता है। सूर स्वयं कहते है– **"तीनों पन ऐसे ही बीते केस भए सिर स्वेत।"**

सूर की मृत्यु को लेकर विद्वानों के संभावित मतों का अध्ययन करना भी आवश्यक है। मिश्र बंधुओं ने सूर की मृत्यु वृद्धावस्था में बताया है और लिखा है यहीं रहते–रहते यह महाराज वृद्धावस्था को प्राप्त हुए। जब इन्हें विदित हुआ कि इतना अंत समय निकट है, तब यह पारसोली को चले गये।[84] इस वक्तव्य से दो बातो की पुष्टि होती है कि सूर की मृत्यु वृद्धावस्था में लगभग 80–90 के बीच हुई होगी, दूसरा इनका मृत्यु स्थान पारसोली ग्राम सिद्ध होता है, वस्तुतः यह विवरण चौरासी वैष्णवन की वार्ता के आधार पर है अतः इसे पूर्णतः असंदिग्ध तो नहीं कह सकते हैं किंतु सम्भावना ज्यादातर इसी तथ्य पर जोर देती है। आचार्य रामचन्द्र शुक्ल के अनुसार उनकी मृत्यु 1640 के आस–पास हुई।[85]

डॉ0 रामकुमार वर्मा सूरदास की मृत्यु का समय 1642 या उससे पूर्व ही मानते हैं और प्रमाण में लिखते है कि– सूरदास की मृत्यु गोसाई विट्ठलनाथ के सामने ही हुई थी जैसा चौरासी वैष्णवन की वार्ता में लिखा हुआ है। विट्ठलनाथ की मृत्यु संवत 1642 में हुई अतएव सूरदास जी संवत 1642 में या उसके पहले ही मरे होंगें।[86] हरवंश लाल शर्मा के मतानुसार सूरदास की मृत्यु फाल्गुन कृष्ण सप्तमी संवत 1642 को हुआ। सम्प्रदाय कल्पद्रुम में उनका तिरोधान संवत् 1644 फाल्गुन शुक्ला एकादशी बताया गया है।[87]

दीनदयाल गुप्त ने सूरदास की मृत्यु लगभग 1638 अथवा 1639 वि0 में मानी है, उन्होंने भी वार्ता साहित्य को ही अपना मूल आधार बनाया, इनका विवरण अन्य विवरणों के सामने ज्यादा प्रमाणिक है। उन्होने हरिराय की वार्ता का उद्धरण दिया है– **"जो प्रभु की यही रीति है, जो अब बैकुण्ठ सो भूमि पर प्रकट होयबे की इच्छा करत है, तब वैकुण्ठवासी जो भक्त हैं सो पहले भूमि पर प्रकट करत हैं। पाछे अपने भक्तन को या जगत् सो तिरोधान होय तौ पाछे बैकुण्ठ में लीला करत हैं... सो तैसे ही श्री आचार्य जी, श्री गुसाई श्री पूर्ण पुरुषोत्तम को प्राकट्य है सो लीला सम्बंधी वैष्णव प्रकट किये। अब श्री आचार्य जी आप अन्तर्द्धान लीला किये और श्री गुसाई जी को करनों है सो पहले भगवदीयन कूँ नित्य लीला में स्थापन करि के आपु पधारेंगे।"**[88]

सूर निर्णय के लेखक श्री मीतलजी सूरदास को 1640 तक जीवित मानते हैं तथा इस प्रसंग में राजभोग वाला पद भी उद्धृत करते हैं। इसे वे नवनीत प्रिया के राजभोग के समय गाया हुआ बताते हैं। यह राजभोग सादे जेवनार के रूप में सम्वत् 1640 में हुआ था।

वैसे भी बड़े आदमी संसार में अपना नाम प्रसिद्धि के लिए नहीं छोड़ना चाहते। सूर की मृत्यु भी सूर के आविर्भाव की तरह आश्चर्यजनक है। गऊघाट से सामने आया व्यक्ति जिसने प्रभुचरणों में अपना पूर्ण जीवन न्यौछावर कर दिया, उसे जब अपनी मृत्यु का आभास होता है तो वह चुपचाप निकल पड़ता है एक अन्तहीन यात्रा के लिए। सूर ने भी उस अन्तहीन यात्रा के मर्म को अपने किये से साकार किया और उसी लीला भूमि में जाकर अपने प्राणों को विसर्जित कर दिया। यह लीला भूमि पारसौली गाँव के चन्द्रसरोवर में स्थित है, जहाँ मान्यता के अनुसार श्रीकृष्ण नित्य रासलीला किया करते थे। वहाँ पहुँच कर वे श्रीनाथ जी के मन्दिर की लहलहाती हुई ध्वजा की ओर मुख कर प्रणाम की सांष्टांग मुद्रा में दंडवत लेट गये एवं तन्मय भाव से अपने आराध्य, अपने गुरु, अपने गोसाई जी का चिन्तन–मनन करने लगे। इतना वैराग्य जिसे पूरा ब्रजमंडल पूजता हो, हाथों हाथ लेता हो, वह अपने अवसान के समय बिना बताये चुपचाप निकल पड़े, कितने आश्चर्य की बात है।

वार्ता साहित्य में सूर के सन्दर्भ में लिखा है कीर्तन के समय सूर को अनुपस्थित देखकर जब विट्ठलनाथ जी ने पूछा सूर कहाँ हैं, 'किसी ने

कहा पारसौली गये हैं। एक भक्त को दूसरा भक्त ही समझ सकता है। विट्ठलनाथ जी समझ गये थे कि जहाज अब जा रहा है अतः वे कहते है पुष्टिमार्ग का जहाज जा रहा है जिसे जो कुछ लेना हो ले लो। श्रीनाथ की आरती के पश्चात वे सूरदास के पास पहुँच जाते हैं जहाँ सूरदास अपने अंतिम समय अपने प्रभु को याद कर रहे थे। वल्लभ सम्प्रदाय में मान्यता है विट्ठलनाथ ही श्रीकृष्ण के अवतार है अतः विट्ठलनाथ को देखते ही सूर सचेत हो गये और गा उठे–

दैंखो हरिकौं एवं सुभाई अति गंभीर उदार उदधि हरि
जान सिरोमनि राई
भक्त विरह–कातर करूणामय, डोलत पाछें लागे।[89]

चतुर्भुजदास के कहने पर उन्होंने पुनः एक पद गाया– भरोसो दृगः इन चरनन क़ेरौ, मृत्यु के समय व्यक्ति लोभ ग्रस्त होता है, उसे अपनी, अपने परिवार की चिन्ता रहती है किन्तु सूर की स्थिति ही भिन्न है। जिस स्वप्न के साथ वे आते हैं, वही स्वप्न उनकी आंखों में सर्वत्र छाया रहता है और अपना चित्त वृत्ति को प्रदर्शित करते हुए अन्त समय कवि का मन सहसा कह उठता है–

"बलि बलि बलि हौं कुँवरि राधिकी। नन्द सुबन जासौं रति मानी"[90] यह है अद्‌भुत प्रेम जिसकी शुरूआत नेत्र से होते हुए आत्मा की आंखों तक जाती है, यह है प्रेम की पराकाष्ठा, यह है सूर का लीलाभाव, यह है सूर का सखीरूप जिसे एकमात्र अपने प्रियतम की छवि ही दिखायी देती है। विट्ठलनाथ के पूछने पर सूरदास जी नेत्र की वृत्ति कहाँ है, भक्त मन फिर एक बार अलाप उठता है–

खंजन नैन रूप रस नाते
अतिसै चारू चपल अनियारे, पल पिंजरा न समाते
उड़ि उड़ि जात निकट स्त्रवनन्के उलटि पलटि ताटंक फँदाते
सूरदास, अंजन गुन अटके नतरू अबहिं उड़ि जाते।[91]

इस पंक्ति के साथ ही सूर इस भौतिक जगत से परायण कर कृष्ण की उस लीला भूमि में जा पहुचते हैं जहाँ पर सिर्फ भक्तों का प्रवेश सम्भव है, और सूर तो भक्तो के भी भक्त हैं। भले ही वार्ता का यह प्रसंग अतिरंजित हो, किन्तु सूर के चरित्र को व्याख्याति करता तो है। विद्धानों के उपयुक्त मतो के आधार पर जो ये बात स्पष्ट होती है वह यह है कि सूर का गोलोक वास संवत 1640 के आस–पास ही हुआ होगा।

रचनाभूमि– सूरदास के समय में भारतीय जीवन में नैराश्य संघर्ष, दारिद्रय छाया हुआ था। शंकर के मायावाद ने नैराश्य में वृद्धि की। जनता को जगत से उदासीन किया। वल्लाभाचार्य ने जगत की यथार्थता प्रतिपादित करके जीवन के प्रति नवीन आनन्दमय दृष्टिकोण एवं आस्था उत्पन्न की। महाप्रभु के इस कार्य मे प्रभुवाक् स्वरूप सूरदास का योगदान अष्टछाप में सर्वोपरि था। उनकी वाणी ने तत्कालीन–समाज में छाये हुए अवसाद और नैराश्य को दूर कर नवीन आलोक का आह्लाद फैलाया। उनका यह रूप इतना आलोकमय है कि कृष्ण–भक्ति–साहित्य के स्तम्भ उसी के आलोक में आज भी प्रकाशित हो रहे हैं।

सूर मध्यकाल के सजग कवि हैं, कृष्ण के जीवन की पूर्व गाथा को उन्होंने अपने काव्य का विषय बनाया। मध्यकाल के कृष्ण सूर के बिना अधूरे हैं और सूर कृष्ण के बिना। किन्तु कृष्ण का वह वात्सल्य रूप जिसमें वे मुट्‌ठी भर छाछ के लिए नचाये जाते हैं, दही मक्खन चुराते है माँ से लड़ते हैं, ग्वाल–बालों के साथ गाय चराते हैं और लोकजीवन के साथ अपना रागात्मक सम्बन्ध स्थापित करते है। इसीलिए सूर ने भागवत को आधार बनाकर अपना सूरसागर तो लिखा पर उसकी मौलिक उद्‌भावनाएँ उनकी रचनाधर्मिता भागवत से उन्हें अलग लाकर खड़ा कर देती है।

यह सर्वविदित है कि सूर अपने समकालीन वल्लभाचार्य द्वारा दीक्षित हुए थे। रामकाव्य के विकास में जैसा योगदान रामानन्द का है कृष्ण काव्य के विकास में वहीं योगदान वल्लभाचार्य का माना जाता है जिनका सिद्धान्त शुद्वादैत के अन्तर्गत आता है। सूर के काव्य में आदि से अन्त तक जो एक बात देखने को मिलती है वह है प्रेम। सूर का कृष्ण के प्रति प्रेम, कृष्ण का गोपी ग्वालो के प्रति प्रेम, यमुना का प्रेम, माता, पिता का प्रेम, एक चेन की तरह बंधा हुआ है। कोई भी समाज, कोई भी वर्ग, इस प्रेम के प्रभाव से अछूता नहीं रह गया है। कृष्ण ब्रज की लोक संस्कृति के महामानव है और उसी महामानव में सूर ने अपनी जीवन रेखा पायी है। सूर का प्रेम भाव खुली भूमि पर संचारित होकर उसे और अधिक प्राणवान बनाता है। कृष्ण के बाल जीवन से लेकर रासलीला और मथुरा गमन तक सूर कृष्ण के साथ हर क्षण खड़े दिखायी देते हैं।

सूर भाव तन्मयता के कवि हैं और परम्परा से चली आती कृष्ण कथा को उन्होंने युग के अनुरूप अपने बनाये साँचे में ढालकर ऐसा गढ़ा कि समस्त कृष्ण काव्य उसमें समाहित सा हो गया है। श्रृंगार के माध्यम से

अपनी पूर्ववर्ती परम्परा, हाल का गाहासप्तसई और जयदेव के गीतगोविन्द दोनों की मधुरता, श्रृंगारिकता और कोमलता को अपने में आत्मसात कर भागवत के माध्यम से उसे व्यक्त कर दिया है जिसमें कृष्ण का देवत्व उतना प्रभावी नहीं है जितना कि उनका मानवत्व।

सूर कथा को नहीं कहते, सूर कृष्ण को कहते चलते हैं, जिसमें जीवन की सारता को उन्होंने देखा है। कृष्ण का लोकरक्षक रूप उनकी बन्द आँखों में समाया हुआ है। कृष्ण का गोचारण रूप सूर की रागात्मक दृष्टि का पूर्ण परिपाक है। आज भी हमारे भारतीय समाज में छोटा बालक कृष्ण के रूप में देखा जाता है और हर बालिका राधा, यह सामाजिक सौन्दर्य है जिसे कवि हमें आज भी दिखाता चलता है।

सूर का यह सौन्दर्य बोध सहज है जिसमे कृत्रिमता नहीं है। मैनेजर पाण्डेय ने लिखा है सौन्दर्य बोध के विकास में सांस्कृतिक परम्परा और व्यक्ति चेतना का योगदान होता है। सूरदास ने श्रीकृष्ण की जो बालछवि निर्मित की है, उसमें उनकी सांस्कृतिक चेतना और आत्म–चेतना के दर्शन होते हैं। श्रीकृष्ण की रूप–माधुरी का बिम्बात्मक वर्णन सूर की आत्मानुभूति का परिणाम है।[92] यह सूर के रचनाभूमि का प्रमुख आधार है, जिसमें सूर ने जीवन के मर्म को समझा है, यह रूप आकर्षण से शुरू होकर भगवद् भक्ति पर जाकर खत्म होता है जहाँ जीवन की विविधता एकमेव हो जाती है और आत्मा, परमात्मा से संयुक्त होकर लीला की नयी भावभूमि को निर्मित कर देती है।

काव्य का क्षेत्र भावों की क्रीड़ा भूमि है, कविता के इस मूल स्वरूप को हम सभी स्वीकार करते हैं। यह तो काव्य और कलाओं की पहली कोटि है जिसके अभाव में उसका अस्तित्व ही असम्भव है; किन्तु इसके अतिरिक्त किसी दूसरे कोटि क्रम की आवश्यकता नहीं है। भावों का उद्रेक कविता द्वारा होना चाहिए।[93] सूर ने इसी भाव भूमि को अपने आराध्य के प्रति प्रेम द्वारा प्रदर्शित किया। कृष्ण का व्यक्तित्व कितना आकर्षक था और भागवत को केन्द्र में रखकर मध्यकालीन कवियों ने उसे कितना विस्तार दिया, यह विभिन्न भारतीय भाषाओं के कृष्ण भक्ति काव्य से प्रमाणित हो जाता है। सूर भक्ति की उस पृष्ठभूमि से प्रेरित हैं जो कृष्ण को आराध्य मानती आई हैं, पर निश्चय ही इस अवसर पर वे वर्णनाकार अधिक है। सूर की सम्पूर्ण सर्जनशीलता तब उजागर होती है जब वे कृष्ण को रसिक भूमि पर उतारते हैं, उनकी लीलाओं के चित्र बनाते हैं– बाललीला, रासक्रीड़ा आदि

के प्रसंगो में और यहाँ भागवत उनकी सहायता करता है तथा वल्लभाचार्य की प्रेमलक्षणा भक्ति उन्हें आधार देती है।[94]

इस प्रकार सूर की रचनाभूमि का सांस्कृतिक केंद्र ब्रजभूमि तथा उसमें व्याप्त गोचारण की संस्कृति रही है, जिसे सूर ने अपनी रचनाओं के माध्यम से व्यक्त किया है। धर्म सूर की रचनाओं में सर्वत्र रहा है। यह धर्म मानववादी है, जो अन्याय व अत्याचार का विरोध करता है। मैनेजर पाण्डेय ने सूरदास पर क्या खूब लिखा है कि "सूरदास ऐसे युग में अवतरित हुए थे जिसमे अनेक प्रकार की धार्मिक साधनाओ के बीच युग चेतना भ्रमित थी और अनेक विकृत साधनाओं से युग मानस विक्षुब्ध था। ऐसी दशा में सूरदास ने भगवान की रसमयी लीलाओं के गान द्वारा सगुण भक्ति की पीयूष धारा बहाई, जो निवृत्तिमूलक निर्गुण साधना से मुरझाये लोकमानस को सिंचित और सरस करने लगी। सारतः सूरदास के भक्ति काव्य में वेदमत (ऊँचा दार्शनिक ज्ञान), पुराणमत (अवतारवाद एवं कथातत्व) संतगत (अनुभूत ज्ञान) और लोकमत (युगचेतना) का सामंजस्य है। सूरदास लोक भाषा में लोक भावना की अभिव्यक्ति करने वाले कवि हैं।[95]

सूरदास की रचनाएँ— सूरदास कृष्णलीला के प्रखर स्वरों में से एक हैं उन्होने अपनी रचनाओं में कृष्ण को सर्वत्र रखा है। सूरदास का साहित्य शास्त्रीय साहित्य है भले ही उसमें विधि निषेधों का उस तरीके से पालन नही किया गया है कारण सूर किसी पाठशाला से पढ़ कर नही निकले थे बल्कि जो उन्होने सत्संग के माध्यम से सुना उसे ही अनुभव करके अपने साहित्य की रचना की। यह रचना गुणात्मक है। काशी नागरी प्रचारिणी सभा में सूरदास के नाम से 24 ग्रन्थों की सूची उपलब्ध है— (1) सूरसागर (प्रकाशित) (2) भागवत भाषा (अप्रकाशित) (3) दशम स्कंध भाषा (अप्रकाशित) (4) सूरदास के पद (अप्रकाशित) (5) नागलीला (आप्रकाशित) (6) गावेर्धन लीला (अप्रकाशित) (7) सूरपचीसी (प्रकाशित) (8) प्राणप्यारी (अप्रकाशित) (9) ब्याहलो (अप्रकाशित) (10) भँवरगीत (प्रकाशित) (11) सूर रामायण (प्रकाशित) (12) दानलीला (अप्रकाशित) (13) मानलीला (अप्रकाशित) (14) सूरसाठी (प्रकाशित) (15) राधा–रस केलि कौतुहल (प्रकाशित) (16) सूरसागर सार (अप्रकाशित) (17) सूरसारावली (प्रकाशित) (18) साहित्यलहरी (प्रकाशित) (19) सूरशतक (अप्रकाशित) (20) नलदंमयती (अप्रकाशित) (21) हरिवंश टीका (अप्रकाशित) (22) रामजन्म (अप्रकाशित) (23) एकादशी माहात्म्य (अप्रकाशित) (24) सेवाफल (अप्रकाशित)[96]

डॉ0 दीनदयाल गुप्त ने सूरदास की रचनाओं को चार भागों में विभाजित किया है–

अष्टछापी सूर के प्रामाणिक तथा मुख्य ग्रन्थ

(1) सूरसागर (2) सूर सारावली (3) साहित्य–लहरी।

अष्टछापी सूर कृत सूरसागर तथा साहित्य लहरी के प्रसंग तथा लंबे पद रूप में आने वाली प्रामाणिक रचनाएँ– (1) भागवत भाषा (2) दशमस्कन्ध भाषा (3) सूरदास के पद (4) नागलीला (5) गोवर्द्धन लीला (6) सूरपचीसी (7) ब्याहलो (8) भँवर–गीत (9) सूर रामायण (10) दानलीला (11) सूरसाठी (12) मानलीला (13) राधारस केलि कौतूहल अथवा मानसागर (14) सेवाफल (15) शूर शतक (16) सूरसागर सार।

अष्टछापी सूर की संदिग्ध रचना– प्राणप्यारी

सूर की अप्रामाणिक रचनाएँ– नलदमयन्ती, हरिवंशटीका, रामजन्म, एकादशी माहात्मय।[97]

मिश्रबन्धु ने सूरदास के पाँच ग्रन्थ बताए हैं– सूरसागर, सूरसारावली, साहित्य लहरी नलदमयन्ती और ब्याहलो।[98]

श्री द्वारिका दास पारीख और प्रभुदयाल मीतल हरिवंश टीका, एकादशी महात्म्य नलदमंयती तथा रामजन्म को अष्टछाप के कवि सूरदास द्वारा रचित नहीं मानते हैं तथा भागवत भाषा, दशम् स्कंध भाषा, सूरसागर सार, सूर रामायण, रासलीला, राधा रसकेलि कौतुहल, गोवर्धन लीला, दानलीला भवँरगीत, नागलीला, ब्याहलो, प्राणप्यारी, दृष्टकूट के पद सूरशतक को स्वतंत्र ग्रन्थ मानकर सूरसागर के अंतर्गत ही मानते है।[99]

ब्रज साहित्य का इतिहास के लेखक डॉ0 सत्येन्द्र तथा सूर साहित्य की भूमिका के लेखक श्री रामरतन त्रिपाठी और श्री वाचस्पति त्रिपाठी सूरसागर को ही सूरदास की कृति मानते है। डॉ0 सत्येन्द्र के अनुसार सूरसागर सूरसारावली साहित्य लहरी, नलदमन, सूरदास की रचनाएँ मानी जंाती है किन्तु नलदमन किसी अन्य कवि की रचना है।

डॉ0 रामकुमार वर्मा ने सूर के 16 ग्रन्थों का नामोल्लेख किया है, किन्तु सूरसागर का ही एकमात्र प्रमाणिक रचना माना है।

विद्वानों ने सूरदास को अनेक रचनाओं का लेखक माना है, किन्तु प्रश्न का विषय ही यह है कि क्या यह ग्रन्थ प्रमाणिक हैं अथवा वास्तव में इनकी रचना सूर ने की है। उपर्युक्त मतों को देखते हुए सूरसागर की प्रामाणिकता पर सन्देह करने का कोई प्रश्न ही नहीं उठता है।

सूरसारावली और साहित्य लहरी को लेकर विद्वानों में मतभेद अवश्य रहा हैं। जैसे इन दोनों रचनाओं को मिश्रबन्धु, रामचन्द्र शुक्ल, नन्द दुलारे वाजपेयी, दीनदयाल गुप्त, प्रभुदयाल मीतल आदि प्रामाणिक मानते हैं तो ब्रजेश्वर वर्मा अप्रामाणिक। सूरसारावली और साहित्य लहरी को विद्वानों ने किसी अन्य सूरजदास की रचना माना है। बच्चन सिंह साहित्य लहरी को सूरकृत रचना नहीं मानते हैं। उनके अनुसार "साहित्य लहरी में पेशवाओं का संकेत उसे इतिहास विरुद्ध और अप्रमाणिक सिद्ध कर देता है। सब मिलाकर यह लक्षण ग्रन्थ है जो सूर का नही है।"[100] डॉ0 ब्रजेश्वर वर्मा भी सूरसागर को प्रामाणिक मानते हैं तथा सूर सारावली एवं साहित्य लहरी को संदेह की दृष्टि से देखते हैं, उनके अनुसार जहाँ तक सूरसागर का सम्बन्ध है, उसकी प्रामाणिकता के विषय में तो कोई संदेह नहीं हो सकता। यह सम्भव है कि उसके पदों की संख्या में घटा–बढ़ी होती रही हो। परन्तु "सूरसागर–सारावली" और साहित्य लहरी के विषय में न तो स्वयं सूरसागर से और न चौरासी वैष्णवन की वार्ता से कोई साक्षी मिलती है। यहाँ तक कि अपने समय तक की लोक प्रचलित बातों का संग्रह करके सूरदास के जीवनवृत्त में सम्मिलित करने वाले पुष्टि सम्प्रदाय के मान्य विद्वान गोस्वामी हरिराय ने भी इन दो रचनाओं को ओर कोई संकेत नहीं किया।"[101]

किन्तु मेरे विचारानुसार यह दोनों ही ग्रन्थ सूर के रचित ग्रन्थ हो सकते हैं, साहित्य लहरी एवं सूरसारावली दोनों का मूल प्रतिपाद्य विषय राधा एवं कृष्ण ही हैं। सूरसागर में राधा और कृष्ण के कितने शृंगारिक वर्णन भरे पड़े हैं। साहित्य लहरी का विषय भी कमोवेश यही है अतः मेरी दृष्टि में जितना मैंने इन दोनों रचनाओं को पढ़ा है वह वास्तव में सूर की ही रचना प्रतीत होती है और प्रक्षिप्त तो रचनाओं में पीछे से जोड़े ही जाते रहे हैं और ऐसा होता तो आदिकालीन साहित्य पूर्णतया अप्रमाणिक एवं लेखक विहीन होता।

सूरदास के जीवनवृत्त से यह तो निश्चित है कि सूर वल्लभ के सम्पर्क में आने के पूर्व से ही गायन एवं पद रचना किया करते थे। महाप्रभु से दीक्षित होने के पश्चात् लीला कीर्तिनियाँ के रूप में सूरदास निरन्तर पदो की रचन। किया करते थे। तथ्य तो यह भी बताते हैं कि देहावसान तक निरन्तर काव्य रचना उन्होने की। मूलवार्ता साहित्य से यह ज्ञात होता है कि उन्होने सहस्त्राविधि पद की रचना की थी। भाव प्रकाश वाली वार्ता

में सहस्त्राविधि के साथ लक्षाविधि का भी उल्लेख मिलता है। अनुश्रुति के अनुसार सवा लाख पद रचना का संकल्प सूर ने किया था जिसमें से एक लाख पद सूर ने लिखे थे तथा पच्चीस हजार श्रीनाथ जी ने स्वयं सूर स्याम छाप लगाकर सूरसागर को पूर्ण किया था।

सूर की सर्वप्रथम रचना में सूरसागर का नाम आता है, जिसकी भावभूमि भागवत पर आधारित है। वल्लभाचार्य ने सूर को भागवत की अनुकर्मिका सुनाई थी और उसी आधार पर उन्हे कृष्णलीला का गान करने को कहा था। सूरसागर के दशम स्कंध के पूर्वार्ध को देखकर यह स्पष्ट हो जाता है कि भागवत से सूर ने कथा अवश्य ली, परन्तु उसे अपनी बन्द आँखों से ऐसा गढ़ा कि वह भागवत से अलग दिखायी देती है। जैसे सूर और भागवत कार में सबसे बड़ा अन्तर लोक का है। भागवतकार का लोक शिष्ट मर्यादित है, सूर के यहाँ मर्यादा नहीं है, सूर के यहाँ लीला प्रधान है। सूर के सभी पात्र भगवान की जी हजूरी करते नहीं खड़े होते, बल्कि वे उनकी लीला में उनके सहचर बनकर साथ चलते है। सूर की दृष्टि भागवतकार से भिन्न है। भागवत में राधा का नामोल्लेख तक नहीं है जबकि सूर ने राधा को चरम स्थान पर पहुँचा दिया है। भ्रमरगीत प्रसंग सूर की अपनी उपज है। भागवत में गोपियाँ इतनी मुखर नहीं है, जितना सूर की। डॉ0 मुंशीराम शर्मा ने भागवत और सूरसागर की तुलना करते हुए कहा है– "भागवत जहाँ निवृत्तिमूलक साधना का उपदेश करती है वही सूरसागर की राधा कृष्ण लीला मनुष्यों को प्रवृत्तिमार्ग में लगाने वाली है। अतः सूरसागर भागवत का अक्षरशः अनुवाद नही है।"[102] वास्तव में सूरसागर के स्कंध और भागवत के स्कंधो में न तो आकार का और न ही अनुपातगत साम्य है। भागवतकार की तरह सूरसागर का लक्ष्य कथा कहना नहीं है, न ही पुराण की शर्तो को पूरा करना था, बल्कि प्रेम के आधार पर कृष्ण भक्ति का प्रचार प्रसार करना ही उनका एकमात्र लक्ष्य रहा है। भागवत की तार्किक पद्धति सूरसागर में देखने को नहीं मिलती अपितु भाषात्मक पद शैली का आकर्षक प्रयोग भक्ति की महत्ता को बढ़ाने में सिद्ध हुआ है। सूर स्वयं ही कहते हैं–

व्यास कहे सुकदेव सौ द्वादश स्कंध बनाइ
सूरदास सोई कहे पद भाषा करि गाई[103]

यह भाषा शब्द बड़ा ही महत्वपूर्ण है लोक जागरण की प्रतिध्वनि इस भाषा में दिखायी देती है। सामन्ती परम्परा से हटकर यह भाषा जनजातीय

संस्कृति को एक नया आयाम देती है। सूरसागर 12 स्कंधो का ही संक्षिप्त रूप है– प्रथम स्कंध में 343 पद हैं, जिनमें श्रीमद् भागवत के निर्माण की योजना, शुकदेव जन्म की कथा व्यास अवतार, महाभारत की कथा आदि प्रसंगो का वर्णन है, जिसका मूल स्वर भक्ति एवं विनय है। द्वितीय स्कंध में 38 पद हैं जिनमें सृष्टि की उत्पत्ति, भगवान का विराट स्वरूप, चौबीस अवतार, ब्रह्म उत्पत्ति चार श्लोक, भक्ति महात्म्य नाम महिमा, भक्ति साधना आदि का वर्णन किया गया है। तृतीय स्कंध में उद्धव विदुर संवाद, सृष्टि की कथा, हिरण्यकशिपु तथा हिरण्याक्ष की कथा और चतुर्विध भक्ति सम्बन्धी 13 पद हैं। चतुर्थ स्कंध तो और भी संक्षिप्त है, इसमें कुल तेरह पद हैं। पंचम स्कंध में 4 पद हैं जिसमें ऋषभदेव और जड़भरत की कथा वर्णनात्मक शैली में है। षष्ठ स्कंध में अजामिल उद्धार, बृहस्पति का इंद्र द्वारा अनादर, वृतासुर का वध, इंद्र का सिंहासन च्युत होकर सिंहासनासीन होना आदि आठ पदों में वर्णित है। सप्तम स्कंध में नृसिंह अवतार, त्रिपुर वध तथा नारद उत्पत्ति ये तीन कथाएँ आठ पदों में हैं। अष्टम स्कंध में 17 पद हैं जिनमें मत्स्य अवतार, समुद्र मंथन, कूमावतार, वामनावतार आदि का वर्णन हैं। 9वें स्कंध में 174 पद है। इसमें पुरूरवा, च्यवन ऋषि, हलधर विवाह अंबरीष तथा सौमरि ऋषि की पांच कथाएँ, गंगा आगमन, परशुराम अवतार तथा राम अवतार वर्णित हैं। उपयुक्त इन सभी अवतारों में राम के अवतार वर्णन में सूरदास की वृत्ति ज्यादा रमी है। दशम स्कंध दो भागों में विभाजित है पूर्वार्द्ध में 4160 पद हैं इसमें भगवान के जन्म से लेकर उद्धव के मथुरा लौट कर जाने तक की कथा वर्णित है। उत्तरार्द्ध में 149 पद हैं। इसमें भृगु परीक्षा तक की कथा है। एकादश स्कंध में 4 पद हैं इनमें उद्धव का बदरिकाश्रम जाना, नारायण अवतार तथा हंसावतार का वर्णन है। द्वादश स्कंध में पांच पद हैं, जिनमें बुद्धावतार, कल्कि अवतार तथा राजा परीक्षित की हरि पद प्राप्ति तथा जनमेजय के यज्ञ का वर्णन है।

वास्तव में सूरसागर एक गीति काव्य है। प्रबन्ध योजना सूर का अभीष्ट लक्ष्य नहीं है। इसके पद पूर्ण तन्मयता के साथ गाये जाते हैं।

सूरसारावली– यह ग्रन्थ सूरसागर की कुछ प्रतियों के साथ उपलब्ध होता है। वेंकटेश्वर प्रेस से छपे सूरसागर के साथ भी यह छपा है। इसके नाम तथा पदों के विषय के अध्ययन से ज्ञात होता है कि यह ग्रन्थ सूरसागर की एक प्रकार की भूमिका है। यह भागवत तथा सूरसागर की कथा का संक्षेप में सारांश है। सूर–सारावली को प्रामाणिक ग्रन्थ मानने वाले विद्वान है :

बाबू राधाकृष्णदास लाला भगवानदीन, डॉ0 जर्नादन मिश्र, डॉ0 दीन दयाल गुप्त, डॉ0 पीतांबरदत्त बड़थ्वाल, डॉ0 हरवंशलाल शर्मा, डॉ0 रामकुमार वर्मा, डॉ0 सूर्यकांत शास्त्री आदि। जबकि सूरसारावली को सर्वथा अप्रमाणिक माना है। डॉ0 ब्रजेश्वर ने, डॉ0 वर्मा ने अपने मत की पुष्टि में तर्क दिये हैं जिसके आधार पर सूरसारावली को सूरदास की रचना वे नहीं मानते। उन्होंने स्पष्ट ही लिखा है कि यह निःसंकोच कहा जा सकता है कि सूरसागर सारावली अपना नाम सार्थक करने के लिए सूरसागर का बहिरंग अनुकरण करने की अवश्य चेष्टा करती है, किन्तु वास्तव में है वह स्वतंत्र रचना। उसके कवि की दृष्टि कथावस्तु के लिए भागवत तथा प्रेरणा के लिए भागवत के साथ अन्य पुराणों की ओर अधिक है। सूरसागर की ओर कम।[104]

अतः यह निःसंकोच कहा जा सकता है कि कथावस्तु, भाव, भाषा शैली और रचना के दृष्टिकोण के विचार से सूरसागर सारावली सूरदास की प्रामाणिक रचना नहीं जान पड़ती। तथाकथित आत्म कथनों से भी यही संकेत मिलता है।[105]

सूरसारावली को लेकर विद्वानों ने जो वितंण्डावाद खड़ा किया उसके विषय में सिर्फ एक ही बात कहने को मन करता है कि जायसी जिन्होंने पदमावत जैसा काव्य लिखा और तुलसी ने रामचरित मानस, इसके बाद इन कवियों की विविध विषयों पर लिखी गयी रचनायें क्या प्रामाणिक की श्रेणी में नहीं आती, जैसे मिश्रबंधु या रामरतन भटनागर का विचार है।

मिश्रबंधु– सूर सारावली में सूरसागर की सूची सी है। इसमें 1107 पद हैं। परंतु मूल ग्रन्थ में एक ही भेद होने के कारण इसे पढ़ना उतना रुचिकर नहीं है जितना महाकवि के अन्य ग्रन्थो को। अतः यह संदिग्ध दिखता है।[106]

डॉ0 रामरतन भटनागर– इसमें सूरतत्व का कुछ भी अंश नही आ पाया है और इसलिए यह उचित ही होगा कि हम इसे अप्रमाणिक नहीं तो संदिग्ध रचना अवश्य मानें। सूर के काव्य और व्यक्तित्व के आगे यह रचना स्वतः छोटी पड़ जाती है।[107] यदि बात करनी ही है तो सूरसागर के प्रथम 9 स्कंधो को भी ध्यान में रखना चाहिए, जहाँ काव्य का वह चमत्कार नहीं है जो सूरसागर के दशम स्कंध में है तो क्या फिर सूरसागर की प्रामाणिकता पर भी सन्देह करना पड़ेगा? किसी भी रचना का अपना अलग स्वरूप व आकार होता है। तुलसी की 12 रचनाएँ अलग–अलग शैली में लिखी गयी हैं, तो क्या यह सभी तुलसी की रचना नहीं है?

वास्तव में सूरसारावली सूरसागर की तरह सूरदास द्वारा लिखित है। कवि के स्वभाव को व्यक्त करते हुए रचना अपने आप चलती है, सूर लीलागान के गायक हैं। सूरसारावली का विषय भी भागवत की तरह कृष्ण के 24 अवतारों की चर्चा करना था तथा उस पर सैद्धान्तिक संकेत देते चलना था। इसी कारण सूरसारावली, सूरसागर से किंचित मात्र में भिन्न हो गई है। सूरसागर जहाँ लीला ग्रन्थ है वहीं सूरसारावली में लीलाओं का उल्लेख करने, उसमें ईश्वर और उसकी उद्धार लीला का प्रतिपादन है। यही कारण है कि सारावली में वे मार्मिक और रसात्मक चित्रण नहीं है जो सूरसागर में हैं। सूरसारावली में कृष्णावतार के समकक्ष ही रामावतार का वर्णन किया गया है। सारावली में अभिजात्य तत्व देखने को मिलता है। कई नये प्रसंग की उद्भावना सारावली को एक विशिष्ट रूप देती हैं जैसे– दाढ़ी प्रसंग में उपनन्द, धारानन्द, धुवनन्द आदि का दान करना, नन्द का खिलौना लेने के लिए मथुरा जाना। पूतना के काष्ठ तन को फूँकना, कृष्ण के चन्द्रमा के लिए हठ करने पर बूढ़े बाबा शिव का आना और लालमणि देकर उन्हें मनाना; ये सारे प्रसंग एक से बढ़कर एक हैं। एक पिता अपने पुत्र के लिए खिलौना लेने जाता है यह वर्णन कितना अद्भुत है। जो व्यक्ति यह मानते हैं कि यह रचना सूरकृत नहीं है वास्तव में उन्हें इसके भाव को देखना चाहिए। सूरसारावली निश्चयात्मक रूप से सूरदास की ही रचना है। इस रचना का उद्देश्य ही असुर संहार लीला को दिखाना था। सूरसागर की तरह रसात्मक काव्य का निर्माण सूर का प्रमुख उद्देश्य नहीं था।

साहित्य लहरी– यह ग्रन्थ सूरदास जी के दृष्टिकूट पदों का संग्रह है। यह कई स्थानों से प्रकाशित भी हो चुका है। इसके अनेक पद बेंटेकेश्वर प्रेस से छपे सूरसागर के भिन्न–भिन्न प्रसंगों के अन्तर्गत आ गये हैं। इसकी रचना विषय मूल रूप से साहित्य के रीति तत्व को प्रदर्शित करना था। राधाकृष्ण का प्रेम, प्रेम की दशाएँ, संयोग की दशाएँ, मान और मान के बाद वियोग की स्थिति; एक तरह से नायक नायिक के श्रृंगार पर आधृत यह रचना सूर के पाण्डित्य और शास्त्रीय ज्ञान को प्रकट करती है। सूरसागर में भी दृष्टकूट पद देखने को मिलते हैं। इस ग्रन्थ का परिचय देने वाली दो महत्वपूर्ण टीकाएँ प्रकाशित हो चुकी हैं। सरदार कवि की टीका जो नवल किशोर प्रेस से 1904 में प्रकाशित हुई थी। प्रथम भाग मे 118 पद हैं और द्वितीय भाग में 63 पद। इस प्रकार इस

प्रति में कुल 181 दृष्टकूट पद हैं। इस ग्रंथ का नाम प्रकाशक श्री सूरदास दृष्टकूट सटीक टीका' के अन्त में लिखा है– **'इति श्री सुकवि सरदार कृता साहित्य–लहरी समाप्त'** इससे विदित होता कि दृष्टकूट पदों का संग्रह ही साहित्य लहरी ग्रन्थ है। ग्रन्थ की दूसरी टीका खडगविलास प्रेस बाँकीपुर की छपी भारतेन्दु बाबू हरिश्चन्द्र द्वारा संग्रहीत तथा श्री बाबू रामदीन सिंह द्वारा प्रकाशित मिलती हैं।[108]

इस रचना का उद्देश्य सम्भवतः अष्टछाप के सबसे छोटे कवि नन्ददास को साहित्य के शास्त्रीय ज्ञान से परिचित कराने के लिए की गई थी। साहित्य लहरी में लिखा है **"नन्द नन्दन दास हित साहित्य लहरी कीन"।**[109] वल्लभ संप्रदाय के मर्मज्ञ श्री द्वारिकादास पारीख का विचार है कि– अष्टछाप के सुकवि से तात्पर्य नन्ददास जी से है। श्री प्रभुदयाल मीतल, डॉ0 दीन दयाल गुप्त तथा राम रतन भटनागर आदि विद्वानों ने इसी मत का समर्थन किया है।

साहित्य लहरी में निकुंज लीला का विशद् और व्यापक वर्णन किया गया है। मधुरा भक्ति युक्त राधा एवं कृष्ण की प्रणय लीलाओं के प्रति भक्त सूरदास की रुचि और आकर्षण उनकी दृष्टिकूट युक्त रचनाओं से प्रकट ही हैं। साहित्य लहरी में सूरदास जी ने अपने समय के पहले से प्रचलित काव्य परम्पराओं का ही पालन किया और इसीलिए इन्होंने दृष्टकूट शैली को अपनाया, जिससे साहित्य के मर्मज्ञ रसिक जन उस भाव को समझ सके।

निष्कर्ष– कवि या लेखक अपने समय या समाज का दृष्टा होता हैं। वह तथ्यों के आलोक में अपनी कविता को जाँचता परखता है। सूर और तुलसी ऐसे ही कवि हैं। कितने आश्चर्य की बात हैं जिन कवियों ने हमें जाति पाँति धर्म से दूर रहकर मानव बनने की सीख दी। आज हम उसी पर चर्चा कर रहे हैं कि यह किस युग के थे या इनकी जाति क्या थी? एक शोधार्थी होने के तहत यह विषय की मजबूरी थी कि रचनाओं के अन्तर्गत उनकी जाँच पड़ताल की जाये। वस्तुतः आत्मकथा के विस्तार में जाना, कवि की कविता के साथ अन्याय करना है, बशर्ते कविता के मूलभूत तत्वों को समझना। इसलिए तुलसी या सूर कहाँ पैदा हुए, या किस जाति के थे आदि प्रश्नों से दूर होकर, कविता को विशुद्ध कविता की दृष्टि से देखना ही ज्यादा प्रांसगिक होना चाहिए।

सन्दर्भ ग्रन्थ-सूची

1. संपा0– डॉ0 त्रिभुवन सिंह, सूर सन्दर्भ और समीक्षा, पृ. 113
2. रामचन्द्र शुक्ल, सूरदास, पृ. 104
3. वही, पृ. 75
4. संपा0– मनमोहन गौतम, सूरसारावली, पद 1002, पृ. 166
5. डॉ0 भगवत स्वरूप मिश्र, विश्वम्भर अरूण, सूर की साहित्य साधना, पृ. 53
6. मैनेजर पाण्डेय, भारतीय साहित्य के निर्माता सूरदास, पृ. 14
7. वही
8. नन्द दुलारे बाजपेयी, महाकवि सूरदास, पृ. 88
9. बृजेश्वर वर्मा, सूरदास, पृ. 3
10. वही
11. डॉ0 राम कुमार वर्मा, हिन्दी साहित्य का आलोचनात्मक इतिहास, वही, पृ. 521
12. मिश्र बन्धु, हिन्दी नवरत्न, पृ. 223
13. मुंशी राम शर्मा, सूरसौरभ–प्रथम भाग, पृ. 53
14. मैनेजर पाण्डेय, भारतीय साहित्य के निर्माता सूरदास, पृ. 14
15. रामचन्द्र शुक्ल, सूरदास, पृ. 77
16. मैनेजर पाण्डेय, भारतीय साहित्य के निर्माता सूरदास, पृ. 13
17. वही
18. हजारी प्रसाद द्विवेदी, हिन्दी साहित्य उद्भव और विकास, पृ. 126
19. द्वारिका दास पारिख, प्रभुदयाल मीतल, सूर निर्णय, पृ. 50
20. ब्रजेश्वर वर्मा, सूरदास, पृ. 12
21. हरवंश लाल शर्मा, सूरदास, पृ. 14
22. वही, पृ. 13
23. मिश्र बन्धु, हिन्दी नवरत्न, पृ. 227
24. मैनेजर पाण्डेय, भारतीय साहित्य के निर्माता सूरदास, पृ. 14
25. वही, पृ. 16
26. प्रभुदयाल मीतल, अष्टछाप परिचय, पृ. 75
27. डॉ0 भगवत स्वरूप मिश्र, विश्वम्भर अरूण, सूर की साहित्य साधना, पृ. 18
28. रामचन्द्र शुक्ल, हिन्दी साहित्य का इतिहास, पृ. 94
29. मुंशी राम शर्मा, सूरसौरभ–प्रथम भाग, पृ. 22
30. ब्रजेश्वर वर्मा, सूरदास, पृ. 8
31. डॉ0 राममूर्ति त्रिपाठी, सूर विमर्श : आगमिक चिन्तन के आलोक में, पृ. 17
32. वही, पृ. 17
33. वही, पृ. 18
34. वही, पृ. 18
35. वही, पृ. 18
36. द्वारिकादास पारिख, प्रभुदयाल मीतल, सूर निर्णय, पृ. 13

37. वही, पृ. 59
38. वही, पृ. 60
39. वही, पृ. 60
40. मिश्र बन्धु, हिन्दी नवरत्न, पृ. 227
41. संपा0–डॉ0 राम स्वरूप आर्य, डॉ0 गिरिराज शरण अग्रवाल, सूर साहित्य सन्दर्भ, पृ. 8
42. संपा0– नन्द दुलारे बाजपेयी, सूरसागर प्रथम खण्ड, 1/18, पृ. 6
43. वही, 1/19, पृ. 6
44. वही, 1/20, पृ. 6
45. वही, 1/93, पृ. 25
46. वही, 1/23, पृ. 7
47. वही, 1/24, पृ. 7
48. वही, 1/89, पृ. 24
49. वही, 1/159, पृ. 44
50. डॉ0 राममूर्ति त्रिपाठी, सूर विमर्श : आगमिक चिन्तन के आलोक में, पृ. 15
51. रामचन्द्र शुक्ल, सूरदास, पृ0 105
52. नन्द दुलारे बाजपेयी, महाकवि सूरदास, पृ. 94
53. संपा0– नन्द दुलारे बाजपेयी, सूरसागर प्रथम खण्ड, 1/90, पृ. 52
54. वही, 1/5, पृ. 2
55. वही, 1/66, पृ. 46
56. वही, 1/135, पृ. 37
57. वही, 1/180, पृ. 49
58. वही, 1/198, पृ. 54
59. मिश्र बन्धु, हिन्दी नवरत्न, पृ. 227
60. दीनदयाल गुप्त, अष्टछाप और वल्लभ सम्प्रदाय, पृ. 202
61. ब्रजेश्वर वर्मा, सूरदास, पृ. 12
62. डॉ0 राममूर्ति त्रिपाठी, सूर विमर्श : आगमिक चिन्तन के आलोक में, पृ. 15
63. संपा0– द्वारिका प्रसाद मीतल, सूरदास, पृ. 8
64. द्वारिकादास पारिख और प्रभुदयाल मीतल, सूर निर्णय, पृ. 70
65. वही
66. वही
67. मुंशीराम शर्मा, सूर सौरभ प्रथम भाग, पृ. 24
68. द्वारिकादास पारिख और प्रभुदयाल मीतल, सूर निर्णय, पृ. 69
69. अनु0– श्री सीताराम शरण भगवान प्रसाद, भक्तमाल छप्पय–405, पृ. 557
70. डॉ0 भगवत स्वरूप मिश्र, विश्वम्भर अरूण, सूर की साहित्य साधना, पृ. 13
71. वही, पृ. 13
72. वही, पृ. 24

73. वही, पृ. 15
74. द्वारिकादास पारिख और प्रभुदयाल मीतल, सूर निर्णय, पृ. 84
75. रामचन्द्र शुक्ल, सूरदास, पृ. 75
76. हरवंश लाल शर्मा, सूरदास, पृ. 20
77. प्रभुदयाल मीतल, ब्रज के धर्म सम्प्रदायों का इतिहास, पृ. 267
78. वही
79. वही
80. नन्द दुलारे बाजपेयी, महाकवि सूरदास, पृ. 101
81. द्वारिकादास पारिख और प्रभुदयाल मीतल, सूर निर्णय, पृ. 91
82. दीनदयाल गुप्त, अष्टछाप और वल्लभ सम्प्रदाय, पृ. 207
83. नन्द दुलारे बाजपेयी, महाकवि सूरदास, पृ. 103
84. मिश्रबन्धु, हिन्दी नवरत्न, पृ. 228
85. रामचन्द्र शुक्ल, सूरदास, पृ. 77
86. रामकुमार वर्मा, हिन्दी साहित्य का आलोचनात्मक इतिहास, पृ. 522
87. हरवंश लाल शर्मा, सूरदास, पृ. 24
88. दीनदयाल गुप्त, अष्टछाप और वल्लभ सम्प्रदाय, पृ. 218–219
89. संपा0–डॉ0 त्रिभुवन सिंह, सूरसन्दर्भ और समीक्षा, पृ. 11
90. वही, पृ. 11
91. वही, पृ. 12
92. मैनेजर पाण्डेय, भारतीय संस्कृति के निर्माता सूरदास, पृ. 68
93. नन्द दुलारे बाजपेयी, महाकवि सूरदास, पृ. 108
94. प्रेमशंकर, कृष्णकाव्य और सूर, पृ. 89
95. मैनेजर पाण्डेय, भारतीय संस्कृति के निर्माता सूरदास, पृ. 37
96. संपा0–देवेन्द्र नाथ, हिन्दी साहित्य का वृहद इतिहास–पंचम भाग, पृ. 58
97. दीनदयाल गुप्त, अष्टछाप और वल्लभ सम्प्रदाय–प्रथम भाग, पृ. 298
98. मिश्रबन्धु, हिन्दी नवरत्न, पृ. 229
99. द्वारिकादास पारिख और प्रभुदयाल मीतल, सूर निर्णय, पृ. 109
100. बच्चन सिंह, हिन्दी साहित्य का दूसरा इतिहास, पृ. 120
101. ब्रजेश्वर वर्मा, सूरदास, पृ. 49
102. मुंशीराम शर्मा, सूर सौरभ–प्रथम भाग, पृ. 107
103. नन्द दुलारे बाजपेयी, सूरसागर, प्रथम भाग 1/3, पृ. 61
104. ब्रजेश्वर वर्मा, सूरदास, पृ. 95
105. वही, पृ. 107
106. मिश्रबन्धु, हिन्दी नवरत्न, पृ. 230
107. डॉ0 रामरतन भटनागर, सूरदास नवमूल्यांकन, पृ. 47
108. दीनदयाल गुप्त, अष्टछाप और वल्लभ सम्प्रदाय–प्रथम भाग, पृ. 291
109. हजारी प्रसाद द्विवेदी, हिन्दी साहित्य उद्भव और विकास, पृ. 125

चतुर्थ अध्याय

सूरकाव्य में लोकतान्त्रिक चेतना

कवि या लेखक समाज के प्रति चाहे कितना भी कटाव रखे, वह अपने युग की संस्कृति एवं सामाजिक विचारधारा से अपने आपको दूर नहीं रख सकता। उसकी कविता में भले ही समाज का पूर्ण चित्रण न हो किन्तु अंशतः चित्रण तो अवश्य ही होता है। श्रीराम मल्होत्रा कहते हैं– "धर्म, कला और साहित्य समाज की सांस्कृतिक एवं संगठनात्मक उपलब्धियाँ जीवन को प्रदत्त सामाजिक मान्यताओं के अनुरूप सजाने, समृद्ध करने एवं व्यवस्था प्रदान करने की मूल माध्यम होती है। मनुष्य केवल जीना ही नहीं चाहता वरन् अच्छी तरह जीना भी चाहता है। भरभूर जीना चाहता है, और अपने जीवन के लिए दूसरों को भी जीवित देखना चाहता है। मनुष्य की इसी महत्वाकांक्षा का साकार रूप विभिन्न सामाजिक संस्थाएँ जैसे परिवार, धर्म, कला, साहित्य, राज्य आदि है।"[1]

साहित्य का कथ्य सामाजिक सत्य के एक रूप को छूता अवश्य है। कवि या लेखक अपने समय के समाज को जिस रूप में देखता या प्रकट करता है वह, उस समय के समाज का यथार्थ एवं वास्तविक चित्रण होता है। सामाजिक घटना जब साहित्य के साथ एक नये रूप में आती है तो भी उसमें पूर्वानुभव विद्यमान ही रहते हैं। किन्तु यह भी उतना ही सत्य है किसी भी लिखित सामग्री को साहित्य के अन्तर्गत नहीं जोड़ा जा सकता। जिस रचना में सामाजिक, सांस्कृतिक संगठन और विघटन के मूल्यों का समावेश, मूल्यों के आधार पर सामाजिक आदर्शो के प्रतिपालन में होता है, वहीं साहित्य के प्रतिमान स्थापित होते हैं, वही समाज ग्रहण करने के योग्य हैं। सूर का समाज कृषक एवं व्यापारी समाज है, जिसमें सूर ने सम्पूर्ण ब्रजाचंल को ही अपनी लेखनी का विषय बनाया है। सूर की कविता में

विभिन्न वर्गों के आचारों, व्यवहारों, धर्म, कला, सम्बन्धी मान्यतायें नियम व सिद्धांत व्याप्त हैं। सूर का समाज निश्छल समाज है जहाँ प्रत्येक कार्य में अधिकार की प्रधानता है। एक ऐसा समाज जहाँ वह बहुत से पुनीत प्रतीकों और कर्मकाण्डों का सम्पादन अपनी इच्छा के अनुकूल करता है। सूर के समाज में प्राकृतिक शक्तियों को पूजने का विधान है। इसलिए सूर का समाज देवी देवताओं की कृपा पर आश्रित रहता है जहाँ वह देवी देवताओं की कृपा पाने के लिए यज्ञ प्रार्थना, पूजा पाठ करता हैं, वहीं प्राकृतिक शक्तियों से बचाव के लिए याचना भी। सूर का यह समाज जीवन में आशावादी दृष्टिकोण रखता हैं इसलिए वह हर उत्सव हर क्षण को जीता है। किन्तु इस समाज में पूर्ण स्वच्छन्दता के साथ नैतिकता भी है, सम्बन्धों के प्रति एक आदर का भाव भी। सूर के समाज को देखते हुए रूथ बेन्डिक्ट (Ruth Bendict) का कथन याद आता है, जिसने अपनी पुस्तक पैटर्न ऑफ कल्चर में प्रतिपादित किया है कि "लोकगाथा (Folktale) और पुराणगाथा में कोई विशेष अन्तर नहीं है। जिस तरह पुराणगाथा जन आदर्श और जन कामनाओं की पूर्ति करता है, उसी तरह लोकगाथा भी जनता की इच्छाओं की पूर्ति करती है। कल्पनाशीलता और धर्म दोनों मिलकर पुराणगाथा को जन्म देते है।"[2] सूर इसी समाज को लक्षित करते हुए अपने समाज की रूपरेखा तैयार करते हैं। सूर फुटकर पदों के रचयिता है। सूरसागर को पूर्ण रूप से प्रबंध काव्य की श्रेणी में नहीं रख सकते है। सत्य यह है कि सूर गीतिकाव्य के अमर प्रणेता है, किन्तु उसके पश्चात् भी सूर ने सम्पूर्ण समाज को बाँधने एवं दिखाने का जो श्लाघ्य प्रयास किया वह अपने आप में अतुलनीय है। चूंकि साहित्य भाव की कृति है और सूर का पूरा काव्य ही भाव पर आधारित है, जहाँ कल्पना भाव है और कृति वस्तु कल्पना का वास्तुगत प्राकट्य ही कृति के रूप में होता है। सूर ने अपनी चेतना में तमाम तरह के तनाव आन्दोलन या बेचैनी को प्रकट करने के लिए सभी संभव माध्यम को अपनाया।

सूरकाव्य का समाज तथा उसके विविध रूप– कृष्ण भक्ति शाखा के कवियों में सूर का स्थान उच्च शिखर पर स्थित है ठीक वैसे ही जैसे रामकाव्य में तुलसी। मध्यकालीन कृष्ण भक्ति का आदर्श अलौकिक काव्य कौशल प्रतिभा उदात्त तत्व की स्थापना सूर के काव्य में विद्यमान हैं जिसका आश्रय लेकर परवर्ती कृष्ण भक्त कवियों ने काव्य की कभी न रुकने वाली धारा में अपना सहयोग प्रदान किया। सूर ने अपने आराध्य

देवकृष्ण को अपने काव्य का आलम्बन बनाकर लोकोन्मुखी काव्यधारा की इतनी विशद् व्याख्या की, कि न तो उसके आगे और न ही पीछे खड़े रहने का सामर्थ्य किसी के अन्दर नहीं रहा। यह कहना सही होगा कि सूर घुमक्कड़ थे, कारण भी उतना ही सीधा है, जिस तरह से सूर परम्पराओं, मान्यताओं की बात करते हैं उससे यही भली भांति ज्ञात होता है कि ब्रज का कोना–कोना सूर के ह्रदय में समाया हुआ है। उसका उल्लास, उसकी वेदना उनके ह्रदय से मिलती है। ब्रज जीवन का सम्पूर्ण ज्ञान, सूर की बन्द आँखों में समाया हुआ है। इसलिए अपने काव्य में उन्होंने ब्रज के सभी संस्कारों, धार्मिक विश्वासों, रहन–सहन, परम्परागत रूढ़ियों, पर्वो तथा उत्सवों, प्रथाओं, व्यवसायों, जादू टोना, तावीज डिठौना, भाग्य आदि का वर्णन जितनी समग्रता एवं सूक्ष्मता से चित्रित किया है वह सूर की सामाजिक चेतना को व्यक्त करता है। डॉ. प्रेमनारायण टंडन ने सूर की समाज दृष्टि पर ध्यान देते हुए जो बात कही वह सूर की समाज व्यवस्था को समझने के लिए काफी है– टंडन जी लिखते है कि "सूरदास ने गोकुल वृदांवन के ग्राम्य जीवन के चित्रण में जितनी रुचि दिखायी है, उतनी नागरिक जीवन का परिचय देने में नहीं। अयोध्या, मथुरा और प्राचीन भारत के इन प्रमुख नगरों से सम्बद्ध अपने आराध्य की कथाएँ उसने गौणरूप में अपनायी हैं। इनमें से अयोध्या का तो उसने एक प्रकार से नाम भर लिया है; मथुरा के राजमार्ग पर अपने इष्टदेव के साथ वह कुछ समय के लिए घूमा है और द्वारिका में वासुदेव कृष्ण के ऐश्वर्य वर्णन में भी उसकी रुचि कम ही रमी है। अतएव नागरिक जीवन सम्बन्धी उसके संकेत बहुत सामान्य है। हाँ इन नगरों की वास्तुकला और वैभव सम्पन्नता का वर्णन उसने कुछ विस्तार से किया है।[3]

इस उद्धरण से यह स्पष्ट होता है कि सूर ने विभिन्न समाजों यथा असुर, गन्धर्व, देवता, दानव ऋषि का चित्रण उतना विशद नहीं किया है जितना तुलसी के यहाँ देखने को मिलता है। यह सूर की कमी नहीं है बल्कि उस समय की मांग है।

सूर जनता के कवि है, जनता के उन तथ्यों को प्रधानता देते है जो मन को आनंदित कर सके। समाज मूल्य केन्द्रित तथा कर्तव्य केन्द्रित होता है जहाँ व्यष्टि भी है और समष्टि भी। सूर के यहाँ नगर समाज भी है और ग्रामीण समाज भी, राज्य समाज भी है तो लोक समाज भी, देव समाज है, तो दानव समाज भी। इसका कारण यह है कि सूर न तो कबीर

की तरह समाज सुधारक है और न ही तुलसी की तरह उपदेशक। उनके काव्य में कबीर के समान उस समय के समाज की कड़ी आलोचना नहीं है और न हि तुलसी के समान समाज की व्यवस्था तथा मर्यादा की रक्षा का आग्रह।[4] इस प्रकार सूर के काव्य में विभिन्न समाजों को लेकर इतनी विशद चर्चा नहीं है फिर भी अपनी सुविधानुसार सूर के विभिन्न समाजों का वर्गीकरण आवश्यक है यह समाज निम्नलिखित है– (1) देवताओं का समाज, (2) ऋषियों का समाज, (3) असुरों का समाज, (4) मनुष्यों का समाज। मनुष्यों के समाज के भी दो रूप देखने को मिलते हैं प्रथम नगरीय समाज द्वितीय कृषक या ग्रामीण समाज।

(1) देवताओं का समाज– सूर के देवता कपटी और कुचाली हैं। देवताओं के राजा इन्द्र शक्ति के घमण्ड में फूले हुये सामन्त की तरह सामने आते हैं। जिनका एकमात्र कार्य परपोषी जीव के रूप में अपने जीवन को जी लेना है। इंद्र जो कि सुरा और सुन्दरी में लीन हैं। हर कार्य के लिए उसे त्रयी (ब्रह्मा, विष्णु, महेश) के सहायता की आवश्यकता पड़ती ही है। चाहे राम कथा हो या कृष्ण कथा देवताओं का एकमात्र कार्य पुष्प वर्षा करना, स्तुति करना तथा अपने हितार्थ कार्यों के लिए कुचाले करना ही है।

(2) ऋषियों का समाज– सूर अगर किसी से प्रभावित रहे तो ऋषि समाज से। उसकी मान्यताओं विश्वासों को आधार बनाकर सूर ने अपने समाज का निर्माण किया। तुलसी की तरह यहाँ ऋषियों की लम्बी श्रृंखला नहीं है, किन्तु इस समाज में परशुराम, दुर्वासा, संदीपनी जैसे महान ऋषि आते हैं, जो लोकतंत्र के प्रभावी स्तम्भ हैं। किन्तु यहाँ इनका सिर्फ उल्लेख ही किया गया है। परशुराम के पिता जमदग्नि की गाय को सहस्त्रबाहु अपने बल से छीन लेता है। यह राजा की निरकुंशता का साफ–साफ प्रदर्शन है। जमदग्नि विरोध नहीं कर पाते, किन्तु अपने पुत्र को अपनी पीड़ा से अवगत कराते हैं। कारण ब्राह्मणों का कर्तव्य है, ज्ञान का विस्तार करना है न कि उसका विलोपन। यह समाज शांति में विश्वास करता है। प्रेम, बन्धुत्व, ज्ञान, विवेक में आस्था बनाये रखने के लिए एक आदर्श की स्थापना भी करता है।

(3) असुरों का समाज– सूरदास ने मिथकीय तत्वों के आलोक में इस समाज को गढ़ा है। असुरों का समाज वास्तव में आधुनिक (मध्यकालीन) समाज के स्वरूप को दिखाता है। चूँकि यह परपीड़क समाज है, दूसरों की सम्पत्ति हथियाने, बलात् अपहरण करने, मद्य मांस में लीन

रहने वाले अवगुणों से भरा हुआ है, किन्तु इसी समाज में प्रहलाद एवं बलि जैसे राक्षस भी हैं जिनके प्रभाव से हरि तक को धरती पर अवतार लेने के लिए विवश होना पड़ा।

मनुष्य का समाज– सूर के यहाँ न देवताओं की बात ज्यादा होती है न असुरों की, बात यदि होती है तो मनुष्यों की। सूर लोक के कवि हैं सूर के यहाँ जनता प्रधान है इसलिए सूर लोक की अधिक बात करते हैं। डॉ0 शिव कुमार मिश्र लिखते हैं कि "सूर और उनके समान धर्माओं की कविता लोकजीवन से गृहीत अनुभतियों की कविता है और इसलिए लोक जीवन को प्रभावित करने में वह इतनी सक्षम भी हैं।"[5]

इसलिए सूर के सम्पूर्ण काव्य में लोक ही उभरता है। उसके सुख, उसके दुःख, उसकी आशा, उसकी निराशा में सूर ने लोकमानस को अपने काव्य में व्यक्त किया है। परपीड़न से युक्त समाज को कृष्ण जैसा अवतारी चरित्र दिया है। यह समाज सांस्कृतिक चिन्तन की प्रक्रिया का फल है। जिसमें जीवतंता है, निष्क्रियता का विरोध, हर्ष एवं उल्लास का वातावरण है। इस समाज के प्रमुख हिस्से हैं–(1) नगरीय समाज (2) ग्रामीण समाज। सूर दोनों ही समाजों का चित्रण करते हैं। उनमें व्याप्त लोक व्यवहारों लोकक्रियाओं का प्रदर्शन भी करते हैं किन्तु नगर समाज के जहाँ ऊपरी हिस्से को छूते हैं वही ग्रामीण समाज के अन्दर घुस जाते हैं। यह ग्रामीण समाज ही सूर का प्रिय समाज है, सूर इस समाज से अपने को विगलित नहीं कर पाते। डॉ0 प्रेमशंकर ने इस समाज को देखते हुए सूर की रागात्मक दृष्टि पर लिखा है– कि "गोचारण को मध्यकाल की कृषि–चारागाही संस्कृति के सन्दर्भ में रखकर देखने पर सूर की रागात्मक लोकदृष्टि का परिचय मिलता है।"[6]

(1) नगर समाज– सूर के यहाँ नगर समाज के रूप में तीन ही नगरों का विशेष उल्लेख हुआ हैं। अयोध्या, मथुरा और द्वारिका यह तीनों ही उनके आराध्य के साथ प्रत्यक्ष एवं अप्रत्यक्ष तरीके से जुड़ी हुई हैं। अयोध्या राम की नगरी है और मथुरा और द्वारिका कृष्ण की। किन्तु यहाँ उन्होंने कथा को छुआ भर है। यह तीनों ही नगर सभ्यता के आधुनिकतम रूप में सामने आते हैं जहाँ समस्त सुविधायें सुख, वैभव व्याप्त है, अगर कुछ नहीं है तो गोकुल जैसी मासूमियत, गोकुल जैसी भावुकता।

अयोध्या का समाज– अयोध्या का समाज नगरीयता के गुणों से ओत–प्रोत है तमाम वैभव से युक्त। किन्तु इसमें राजा और प्रजा के बीच

पिता पुत्र जैसा व्यवहार है, यही कारण है कि जब राम का जन्म होता है तो अयोध्यावासियों के हृदय में आशा का संचार उत्पन्न हो जाता है। यह समाज कितना सुन्दर है–

फूले फिरत अयोध्यावासी, गनत न त्यागत चीर
परिरंभन हँसि देत परस्पर, आनन्द नैननि नीर[7]

राम के जन्म के साथ ही घर–घर में बधाई बजती है, लम्बी चौड़ी भीड़ जमा हो जाती है–

आनन्द मगन भए सब डोलत, कछू न सोध शरीर
मागध–बंदी सूत लुटाए, गो–गयंद हर चीर
देत असीर सूर चिरजीवौं रामचन्द रनधीर[8]

अयोध्या का समाज आधुनिक है। बड़े–बड़े महल–सोने का आंगन किन्तु सूर की विशेषता यह है कि सूर राजा और प्रजा के बालकों में भेद नहीं करते। इसलिए वही वस्त्र राम भी पहनते है जो नगर निवासियों के बच्चे पहनते हैं। सूर ने इस कथा को ज्यादा नहीं खींचा, किन्तु इतने में ही उस समाज की विशालता उसके संस्कारों का पता चल जाता है। राम के विवाह के समय नगरवासी (जनकपुरी) का उत्साह देखने को मिलता है। कंकण मोचन के अवसर पर जनकपुरी की नारियों का उत्साह देखते ही बनता है–

राम सिया कर परस मगन भए, कौतुक निरखि सखी सुख लूटै
गावत नारि गारि सब दै दै, तात भ्रात की कौन चलावै[9]

दूसरा प्रमुख नगर समाज मथुरा का समाज है जिसका राजा कंस अन्यायी एवं अत्याचारी हैं। जिसने अपने ही पिता को कारागार में डाल मथुरा की राज्यगद्दी पर अपना आधिपत्य जमा लिया। अपने ही बहन के पति को कारागार में डाल दिया। यह समाज दुखित समाज है जहाँ नीति, धर्म, शास्त्र को शक्ति के जोर पर दबा दिया गया है, किन्तु यह समाज व्यापार का केन्द्र भी है। तमाम तरह के वैभव से युक्त बड़े–बड़े महल, उपवन से युक्त इस समाज का क्या कहना। सूर की गोपिकायें अपनी सामग्री को बेचने मथुरा जाती हैं जिससे इसके व्यापारिक महत्व की पुष्टि होती है।

तीसरा प्रमुख नगर द्वारिका है, द्वारिका कृष्ण की नगरी है। यह भी व्यापारिक नगर है। श्रीकृष्ण की यह द्वारिका नगरी अपने आप में अनूठी है कृष्ण की इस नगरी का उल्लेख करते हुए सूर लिखते हैं–

दिन द्वारावति देखन आवत
नारदादि सनकादि महामुनि, तेऊ अवलोकि प्रीति उपजावत
विद्रुम फटिक पची कंचन खचि, मल मनि मय मन्दिर बने बनावत
जितै तितै नर नारि मीन खग, सबहिनि के प्रतिबिंब दिखावत
जल थल रंग विचित्र बहुत विधि, अवलोकत आनन्द बढ़ावत
चितै रहे चित चकित चतुर चित, कौन सत्य कछु मरम न पावत
वन उपवन फल फूल सुभग सर, सुक सारिका हंस पारावत
चातक मोर चकोर बतक पिक, मनहु मदन चटसार पढ़ावत
धाम–धाम संगीत–सरस गति, बीना बेनु मृदंग बजावत
अति आनन्द प्रेम पुलकित तन, जहाँ तहाँ जदुपति जस गावत
निसि दिन रहत विमान रूढ़रुचि, सुर बनितानि संग सब आवत
सूर स्याम कीड़त कौतूहल, अमरनि अपनौ भवन न भावत"[10]

यह है द्वारिका जो सकल गुणों की खान है, धन धान्य से पूर्ण। अनेक महलों से सजा, सुख–सुविधाओं से युक्त इस समाज की परिकल्पना जहाँ भारतीय सभ्यता संस्कृति साँस ले सके। यह समाज ऐसा समाज है जहाँ संगीत वीणा बाँसुरी बजती है। सूर मध्यकालीन वर्तमान समाज के विरोध में अपने वैकल्पिक समाज की स्थापना करते हैं। यह भक्त कवियों की सबसे बड़ी खासियत भी है चाहे सूर हो या तुलसी या कबीर या फिर जायसी इन्होंने अपनी प्रजा को कहीं भी पीड़ित दिखाने की कोशिश नहीं की।

चतुर्थ समाज सूर का अपना समाज है जिसमें सूर की आत्मा बसती है। यह समाज है ग्रामीणों का समाज, चरवाहों का समाज। यह समाज विशुद्ध मानवीय और विशुद्ध लौकिक अनुभूतियों में अपने आपको निखारता है। इसमें लोकजीवन के बहुआयामी चरित्रों का उद्‌घाटन है। लोक की वास्तविक पीड़ा तथा वास्तविक उल्लास का प्रगटन इसी समाज में मिलता है। सूर के यहाँ यह समाज दो रूपों में उभरकर आता है जहाँ एक तरफ अयोध्या से सटे गावों का रूप है वहीं दूसरी तरफ कृष्ण के गाँव गोकुल का। सूर इसी समाज की संस्कृति की बात करते हैं। डॉ0 देवराज लिखते हैं "व्यक्ति की संस्कृति सामाजिक संस्कृति के भीतर ही अपना अस्तित्व रखती हैं। इस बीच मनुष्य अनेक सम्भावनाओं की जिज्ञासा में निरन्तर रहता है।"[11] सूर की जिज्ञासा ने ही अपने भावों के अनुकूल समाज की स्थापना अपनी कविता में की, यही कारण है कि सूर का यह समाज अन्य समाजों की अपेक्षा ज्यादा प्रभावी, ज्यादा उन्मुक्त तथा स्वच्छन्द बन सका।

सूर अपनी वर्तमान अवस्था से पीड़ित थे। यह अवस्था केवल उनकी नहीं बल्कि मध्यकालीन जनता की अवस्था जहाँ समाज में व्याप्त कुरीतियों, अनाचारों बढ़ते दर्द के आलोक में सूर डर गये थे–

अब कैं राखि लेहु भगवान
हौ अनाथ बैठ्यौ द्रुम डारिया पारिधि साधेंबान
ताकैं डर मैं भाज्यौ चाहत, ऊपर ढुक्यौ सचान
दुहुँ भाँति दुख भयौ आनि यह, कौन उबारै प्रान?
सुमिरत ही अहि डस्यौ पारधी, कर छुट्यौ संधान
सूरदास सर लग्यौ सचानहि, जय जय जय कृपानिधान[12]

यह है सूर का वर्तमान समाज जो संशयग्रस्त है, इसीलिए सूर अपने समाज के संशय को मिटाने के लिए नये प्रकार के समाज का निर्माण करते हैं। जहाँ मानव जीवन एक विशिष्ट वर्ग अभिजन से हटकर जनसामान्य के भीतर प्रविष्ट करने लगता है। इसलिए तुलसी के राम से जैसे जनसमुदाय जुड़ जाता है, वैसे ही कृष्ण से ब्रज का जन समुदाय।

अयोध्या का ग्रामीण समाज अपनी चेतना में राम को बसाये हुए है। इसलिए जब राम को वनवास मिलता है, तो उस समाज में आश्चर्य दिखायी पड़ता है। यह वह समाज है जिसके पास न वस्त्र है न अन्न, लेकिन प्रेम बहुत है, आत्मीयता बहुत है। गाँव की बहुएँ तीनों को देखकर पूछे बिना नहीं रह पाती कि यह कौन है यह है– ग्रामीण समाज जो सूर का सर्वाधिक प्रिय समाज है। सूर का वह समाज जहाँ सूर हर जगह व्याप्त है। यह समाज कोई ऐसा वैसा समाज नहीं है, यह ब्रज का समाज है। सूर ने कृष्ण के ब्याज के सहारे, शैशव एवं यौवन से युक्त जिस उन्मुक्त समाज की स्थापना की है, वह अपनी आकारगत लघुता के बावजूद श्रेष्ठ है। बालक कृष्ण जो कि सामन्त पुत्र हैं, के इर्दगिर्द यह समाज घूमता है। समाज का प्रत्येक वर्ग, प्रत्येक प्राणी चाहे वह मनुष्य हो अथवा पशु पक्षी या प्रकृति सब कृष्ण में है और सब में व्याप्त कृष्ण ही हैं। यह कृषकों का समाज, अहीरों का समाज है। डॉ0 प्रेमशंकर ने इसे स्पष्ट किया है कि "सूर में ब्रजमण्डल का सांस्कृतिक जीवन किसान चरवाहा संस्कृति के माध्यम से व्यक्त हुआ है।... ग्वालजन के माध्यम से वे अहीरों की किसान–चरवाहा जिन्दगी को प्रक्षेपित करते हैं। लगता है जैसे इस जीवन को उन्होंने अपने काव्य में दुह लिया है और उसे अनेक रूपों में उजागर करना चाहा है, त्यौहार, उत्सव प्रकृति दृश्य लोकाचार, लोकविश्वास आदि"[13]

सूर का समाज वर्ण व्यवस्था के विरोध का समाज है। वर्ण व्यवस्था मध्यकालीन सामाजिक व्यवस्था के लिए बोझ बन गयी थी। इसके ठीक उलट वर्ण व्यवस्था का स्वस्थ्य रूप सूर के समाज में सामने आता है, माँ, भैया, बाबा, प्रेयसी सखा, गाँव बंधुओं, सेवकों, पड़ोसियों तथा शत्रुओं से निर्मित इस समाज व्यवस्था में सभी का एक निश्चित स्थान व निश्चित सम्मान। सूर का यह समाज प्रत्येक क्षण को जीता है, अकेले नहीं सामूहिक रूप से। इस समाज की एक निश्चित दिनचर्या है। इसीलिए सूर साहित्य में तद्युगीन जनजीवन के संस्कार रीति–रिवाज पर्व उल्लास आमोद–प्रमोद, सुख–दुःख आदि का चित्रण विशुद्ध ढंग से हुआ है। डॉ0 सत्येन्द्र ने लोक के साथ सूर के इस सामंजस्य पर लिखा है कि कृष्ण की कथा का लोकवार्ता से घनिष्ठ सम्बन्ध है। केवल भारतीय साहित्य को ही राम और कृष्ण लोकवार्ता से नहीं मिले अन्य भाषाओं के साहित्यों को भी मुख्य–मुख्य जातीय अभिप्राय ऐसे ही लोकवार्ताओं से मिला करते है और वहाँ से साहित्यकार उन्हें ग्रहण कर लोक विश्वास की मुख्य तीलियों को बिना विचलित किये अभिप्रायों में नूतन कथा–व्याख्या प्रतिष्ठित करता है।[14]

सूर की कविता के विविध समाजों का लोकतंत्र– सूर के यहाँ समाज की वैसी अवधारणा नहीं है जिसे शास्त्रीय परिपाटी में हम अभिजात्य परम्परा कह सकें। सूर ने अपनी कविता में लोक को प्रमुखता दी और इस लोक में सभी आ जाते है। चूँकि सूर भागवत के आधार पर कथा कहते हैं तथापि इस कथा में वह अपनी पीड़ा अपने मनोभाव भी व्यक्त करते चलते हैं। प्रजातंत्र में धर्म, व्यक्ति विश्वास और उन्नति का एक साधन समझा जाता है। राज्य उसमें किसी भी तरह का हस्तक्षेप नहीं करता। ये अधिकार ऐसे हैं जिसकी आवश्यकता शासन भी स्वीकार करता है और इन्हें कुचलने या नष्ट करने का परिणाम यह होता है कि उस शासन के स्थान पर एक नये शासन का अविर्भाव होना अवश्यम्भावी हो जाता है। शिक्षा और लोकतंत्र जितना अधिक जागृत और सुसंगठित होगा उस देश में प्रजातंत्र की जड़े उतनी ही अधिक गहरी और दृढ़ होंगी। वास्तव में प्रजातंत्र में असली शासन तो लोकमत का ही होता है। सूर मध्यकाल के कवि हैं और ऐसे युग के जहाँ एक नयी सत्ता जो कि विजेता है, का आधिपत्य बढ़ता जाता है कुछ क्षेत्रों को छोड़ दें तो पूरे भारत में इसका प्रसार है, जहाँ अपनी संस्कृति को उच्च तथा पराजित संस्कृति को हीन समझा जाता है और ऐसे विषम वातावरण में जहाँ संस्कृति सभ्यता हाशिए

पर खड़ी हो, बेरोजगारी चरम पर हो, सूर अपने वैकल्पिक समाज की स्थापना करते हैं। लोकतान्त्रिक मूल्यों समता, न्याय, स्वतंत्रता, सहिष्णुता के आलोक में सूर की कविता में व्याप्त समाज को देखना और अनुभव करना ही मेरे शोध प्रबंध का वास्तविक लक्ष्य है।

ऋषि समाज– सूर का ऋषि समाज काफी पवित्र वातावरण से सुवासित होता है, किन्तु इस समाज में एक दो प्रसंगों को छोड़ दें तो लोकतंत्र का सर्वथा अभाव है। एकमात्र लोकतान्त्रिक चेतना से सम्पन्न परशुराम सामने आते हैं दूसरे वशिष्ठ, बाकी यह समाज अधिकांशतः शान्त ही रहा है।

शुक्राचार्य असुरों के गुरु थे संजीवनी विद्या के ज्ञाता। देवगुरु बृहस्पति का पुत्र कच उनके पास विद्यार्जन करने के लिए गया। चाहते तो गुरु शुक्र कच को विद्यादान नहीं देते किन्तु उन्होने कच को संजीवनी विद्या सिखाई। लोक की सबसे बड़ी विशेषता तो यही है, जिसका सूर की कविता के समाज के सद पात्र हमेशा से पालन करते आये हैं। समाज में आदर्श की स्थापना भी इस कथा के साथ जुड़ी हुई है कि गुरु की बेटी बहन के तुल्य होती है। कच ने इसी कारण देवयानी के प्रणय निवेदन को ठुकरा दिया था। समाज में नैतिकता की स्थापना करने के लिए उसने उस ज्ञान तक को छोड़ दिया, जिसके कारण उसे कितने कष्ट झेलने पड़े। यह लोकतान्त्रिक चेतना का दूसरा पहलू है, जहाँ कवि आदर्श की स्थापना करना चाहता है।

असुर समाज– यह समाज रक्त पर विश्वास करने वाला समाज है। इस समाज के अन्दर लोकतान्त्रिक चेतना न के बराबर है। एक बलि दूसरे प्रहलाद तीसरे विभीषण तीनों ही राक्षस कुल में जन्म लेने के पश्चात् भी लोकतान्त्रिक चेतना से सम्पन्न हैं। कृष्ण वृषपर्वा नामक असुर ने जब सुना कि गुरु शुक्र रूष्ट होकर नगर छोड़कर जा रहे हैं तो उसने अपनी पुत्री को दासी तक बन जाने दिया। यह विवेक पर आधारित निर्णय हैं, जहाँ सम्मान नहीं उसका त्याग जरूरी है परिणाम स्वरूप राजकुमारी को सामान्य दासी तक बनना पड़ता है। दूसरा प्रमुख उदाहरण प्रहलाद है, जो हिरण्यकश्यप के पुत्र हैं। वह अनीति का समर्थन नहीं करते न ही मूक विद्रोह–हिरण्यकश्यप ने अपने पुत्र को राक्षस धर्म की शिक्षा लेने के लिए संडामरक के पास भेजा, लेकिन जिस ज्ञान का कोई महत्व नहीं, प्रहलाद उसे ग्रहण ही नहीं करते, इतना ही नहीं वह अपने साथ

पढ़ने वाले बच्चों को भी राम नाम में दीक्षित कर देते हैं। यह एक पुत्र द्वारा अपने अन्यायी पिता, उसकी नीतियों के विरूद्ध लोक की आवाज बनकर उभरता लोकतान्त्रिक चेतना की ही अभिव्यक्ति है। अपने पिता के पूछने पर कितनी निर्भीकता से उत्तर देते हैं प्रहलाद। एक पिता का विरोध उसकी अनीतियों का विरोध सूर जितनी सहजता से अपने पात्र के द्वारा करवाते हैं वह उनकी लोकचेतना का ही प्रतिफलन है, जिसके परिणामस्वरूप उन्हें विभिन्न कष्टों का सामना भी करना पड़ता है। फलस्वरूप अपने भक्त की रक्षा के लिए भगवान अवतार धारण कर अन्याय व अत्याचार का दमन करते हैं।

यह लोकतान्त्रिक चेतना यही नहीं समाप्त होती, बल्कि इसका उज्ज्वलतम् पक्ष बलि के रूप में दिखता है। जिसने अपने सामर्थ्य के द्वारा देवताओं की भी नीद उड़ा दी थी अपने सत्कर्मो से। भगवान को वामन रूप में आना पड़ा, अपने गुरु के कहने पर भी कि यह हरि है अपने निर्णय से बलि डिगे नहीं बल्कि वह कहते है– **कहिं धौ सुक, कहा अब लीजै, आपुन भए भिखारी**[15] यह है सत्य की प्रतिष्ठा, भगवान को भी अपने भक्त की भक्ति से अन्ततः हार जाना ही पड़ा–

हरि तुम बलि कौं छलि कहाँ लीन्यौ?
बाँधन गये बँधाए आपुन, कौन सयानप कीन्यौ?
लए लकुटिया द्वारै ठाढे, मन अति रहत अधीन्यौ
तीनि पैड़ बसुधा कैं कारन, सरबस, अपनौ दीन्यौ–[16]

असुर समाज में लोकतंत्र की एक प्रतिमूर्ति अभी और है, वह है विभीषण। राक्षसों के बीच रहते हुए भी संत हैं। जब हनुमान को पकड़ लिया जाता है और प्राणदण्ड देने की बात चलती है, तो विभीषण ही सर्वप्रथम हनुमान की पैरवी करते हैं–

इतनी सुनत विभीषन बोले, बंधू पाईपरौं
यह अनरीति सुनि नहिं स्रवननि, अब नई कहा करौ,[11]

इतना ही नहीं तुलसी के विभीषण की तरह सूर के विभीषण भी रावण को समझाने की चेष्टा करते है। अन्याय व असत्य के खिलाफ खड़े होते हैं किन्तु अहंकारी राक्षस रावण उन्हें पैरों से मारता है, अन्याय का विरोध करना असत्य के खिलाफ खड़े होना लोकतंत्र की प्राथमिक धारणा है।

कहौ लंकेस दै ठेस पग की तबे, जाहि मति मूढ़ कायर, डरानौ[18]

न केवल विभीषण बल्कि रावण की पत्नी मंदोदरी भी रावण की नीतियों से सहमत नहीं है। वह उससे बिना डरे कहती है– **सोवत कहा चेत रे रावन, अब क्यौ खात दगा**[19] कितनी गहरी चोट है। सूर की स्त्रियाँ, डरती नहीं जितनी स्पष्ट वक्ता सूर की नारियाँ हैं, मुझे नहीं लगता किसी और कवि ने नारियों को दी–कितना तीखा व्यंग्य है ये–

काहे कौ परतिय हरि आनी,
यह सीता जो जनक की कन्या रमा आपु रघुनन्दन रानी।
रावन मुग्ध करन के हीने, जनक सुता हैं तिय करि मानी[20]
तोहिं कवन गति रावन आई,
जाकी नारी सदा नवजीवन सो क्यौं हरै पराई,
लंक सौ कोटि देखि जानि गरवहि, अर समुद्र सी खाई
आजु–काल्हि, दिन चारि पांच मै, लंका होति पराई[21]

यह है असुरों का समाज, जिसमें भी लोकतान्त्रिक चेतना विद्यमान है।

देव समाज– इस समाज में लोकतान्त्रिक चेतना के बिन्दु नहीं दिखायी पड़ते। अपितु इस समाज में विलास, भय अवश्य दिखायी पड़ता है। यह समाज पूर्णतया ईश्वर पर आश्रित समाज है। देवताओं का राजा इन्द्र कामी एवं कुचाली है वह सदैव अपने स्वार्थ में ही रत रहता है। इन्द्र जैसे राजा केवल अभिमान के साथ वशीभूत है। वह इतना अभिमानी है कि गुरु का ही सम्मान नहीं कर सकता, जिसका कितना दुष्परिणाम इंद्र को झेलना पड़ता है। गुरु के हटते ही वह हार जाता है। क्रोधी और अविषेकी इतना है कि क्रोध के वशीभूत वह अपने पुरोहित को ही मार देता है। जिसके कारण वृत्रासुर जैसा शासक उसको मारने के लिए दौड़ पड़ता है।

नगर समाज– सूरदास का नगरीय समाज तत्कालीन शासकों के आचरण को हूबहू व्यक्त करता है। यह वह समाज है जहाँ भोग अपने चरम पर है, विलास अपने चरम पर है, सद–आचरण का लोप हो चुका है, किन्तु यह सूर का ही सामथर्य कि इस विलास में भी वह अपने समाज के लिए कुछ नयी दिशा खोज निकालता है। यूँ ही हजारी प्रसाद द्विवेदी ने नहीं कहा था, कि अगर भजन हो तो यह सारी विफलता, एक महती सफलता के रूप में परिवर्तित हो जाय। सूरदास ने वस्तुतः अपने काल की सारी विलासिता का सुन्दर उपयोग किया है और कोई भी सहृदय इस बात को अस्वीकार न करेगा कि सचमुच उन्होंने भजन के पारस पत्थर से स्पर्श

कराकर विलासिता रूपी कुधातु को सोना बना दिया है।"[22] सच यह सूर का ही सामर्थ्य था कि उन्होंने तत्कालीन समाज में व्याप्त कुरीतियों को अपनी लेखनी के माध्यम से व्यक्त किया जो यह कहते हैं कि सूर सिर्फ भागवतगायक हैं, उन्हें थोड़ा सूर की शब्दशैली पर भी ध्यान देना चाहिए। लोकतान्त्रिक चेतना सूर की कविता का प्राण है, समाज का कोई भी वर्ग इस चेतना से अछूता नहीं है चाहें वह नगर समाज हो या ग्रामीण समाज।

तत्कालीन राजनैतिक हालात और सूरसागर में तनिक भी अन्तर नहीं, राजाओं के मध्य पारिवारिक विवाद आम बात थी और इसकी आँच कभी–कभी अन्तःपुर तक पहुँच जाती थी, दूसरे मध्यकालीन समाज में जातिगत रूढ़ता किस कदर बढ़ गयी थी कि भारत में ही न जाने कितने लघु भारत उत्पन्न हो गये थे। कृष्ण इस व्यवस्था का विरोध करते है, वह दुर्योधन के यहाँ खाना नहीं खाते बल्कि दासी पुत्र विदुर के यहाँ बने शाक–पाक से अपना पेट भरते हैं यह है वास्तविक लोकतंत्र। सारे संसार का राजा तमाम तरह के वैभव को छोड़ दुर्योधन की मानसिकता पर चोट करता हुआ एक दासी पुत्र के घर भोजन करता है। यह है लोकतान्त्रिक समाज जहाँ यह भावना है न कोई बड़ा न कोई छोटा–

जाँति–पाँति कोउ पूछत नाही श्रीपति के दरबार
श्री भागवत सुनै जो हित करि, तरे सो भवजल पार
सूर सुमिरि सो रटि निसि–बास राम नाम निजसार।[23]

इतना ही नहीं कृष्ण विदूर के यहाँ पहुचते हैं, यह विदुर मध्यकालीन समाज का प्रतिनिधि पात्र है– यह मध्यकालीन जनता है जो अधिकार विहीन है, साधन विहीन है, जिसके घर की चारपाई टूटी हुई है, कृष्ण उनके यहाँ रहने जाते हैं। वह भोजन करते हैं, जिस भोजन पर सम्पूर्ण ग्रामीण समुदाय जीवनयापन करता है, जिसे अमीर लोग (अभिजन) देखना पसन्द नहीं करते, कृष्ण वह भोजन बड़े प्रेम से करते हैं– समतामूलक समाज के लिए यह पहला कदम है– कृष्ण कहते है **हम तो प्रेम–प्रीति के गाहक भाजी शाक छकइयै**[24]। कृष्ण का यह कार्य उच्च वर्ग की आँखों में खटक गया– सूर के कृष्ण राजन्य वर्ग के यहाँ खाना खाकर नहीं आते बल्कि सामान्य से व्यक्ति के यहाँ भोजन कैसे कर सकते हैं? इस तथ्य को स्वीकार करने में कितना रोष है–

दुर्योधन कहता है– **क्यौं दासी सुत कैं पग धारे,**
भीष्म करन द्रोन मन्दिर तजि, मम गृह तजे मुरारे

सुनियत हीन, दीन वृषली सुत, जाँति–पाँति तै न्यारे
तिनकै जाई कियौ तुम भोजन जदुकुल लाजनि मारे[25]

और कृष्ण इस भ्रष्ट जर्जर व्यवस्था का कितना तीखा विरोध करते हुए उत्तर देते हैं–

तुम साकट वे भगत भागवत, राग द्वेष तै न्यारे
सूरदास प्रभु नन्द नन्दन कहैं हम ग्वालिनि जुठिहारे[26]

यह है लोकतान्त्रिक चेतना। राजन्य समाज जो आपसी जलन का प्रतिनिधित्व करता है। कितने आश्चर्य की बात है, सूर राजन्यवर्ग की इस द्वेषनीति की परलंपटता पर कितना करारा प्रहार करते हैं। जहाँ भाई–भाई का नहीं, जहाँ स्त्री का सम्मान नहीं, जहाँ राजन्यवर्ग सिर्फ छीनना जानता है।

दुर्योधन अन्यायी राजा का प्रतीक है, वह उस राज–समाज का प्रतिनिधित्व करता है जो अपने आप में स्वार्थी, परस्त्रीगामी, भ्रष्टाचारी है, उसे किसी से डर नहीं, अनैतिकता की उसकी राज्य में कोई सीमा नहीं। वह राजा है, स्वार्थी राजा, जिसने चन्द जमीन के टुकड़ों के लिए अपने सगे–सम्बन्धियों का ख्याल नहीं रखा। उनकी मान–मर्यादा को धूल में मिलाने की कोशिश की। दुर्योधन जो छली कपटी है, शकुनि जिसका मामा हो और दुःशासन जैसा जिसका भाई, उस राज्य में हर प्रकार की सीमा का अतिक्रमण होना अवश्यम्भावी ही है।

दुर्योधन राजा है, भीष्म, द्रोण, कर्ण जैसे योद्धा उस सभा में बैठे हुए हैं पर किसी में विरोध करने का साहस नहीं है। यह कैसा राज समाज है? जहाँ अंधा पिता धृतराष्ट्र न्याय नहीं कर सकता, दुर्योधन के अतिकर्मो का प्रतिकार नहीं कर सकता। यह स्थिति मध्यकालीन समाज की वास्तविक स्थिति है जहाँ जमीन–जमीन के लिए लोग आपस में लड़ रहे थे, द्रौपदी जैसी कितनी ही नारियाँ शासन की राजनीति का शिकार बन रही थी। सूर ने सूरसागर में स्पष्टतः तो कहीं उस समाज का उल्लेख नहीं किया, किन्तु अपनी रचनाओं में उसे अपने काव्य का विषय अवश्य बनाया। जहाँ सत्य का साथ देने वाला कोई नहीं है। द्रौपदी सूर की गोपिकाओं जितनी ही सशक्त हैं वह इस व्यवस्था पर प्रहार करने से नहीं चुकती जहाँ न्याय अंधा हो चुका हो और नीति गूंगी–

भीषम द्रोन, करन, अस्थामा, सकुनि सहित काहूँ न सरी
महापुरुष सब बैठे देखत केस गहत धरहरि न करी[27]

यहाँ सूर का समाज बोलता हैं– **परै ब्रज या नृपति सभा पै, कहति**

प्रजा अकुलानी। यह है सूर की कविता का लोकतंत्र कि शासन चाहे जैसा भी हो, प्रजा अनीति का समर्थन नहीं कर सकती। खुद द्रौपदी भी अनीति का विरोध करती है, वह अपने पाँचो पतियों को भी नहीं छोड़ती–

प्रभु मोहि राखियै इहिं ठौर
केस गहत कलेस पाऊँ करि दुसासन जोर
करन भीषम द्रोन मानत नहिं कोउ निहोर
पांच पति हित हारि बैठे रावरैं हित मीर
धनुष बरन सिरान, कैधौ गरूड़ वाहन खोर
चक्र काहु चोरायौ कैधौं, भुजनि बल भयौ थोर[28]

यह है लोकतान्त्रिक चेतना की अभिव्यक्ति। लोकतान्त्रिक चेतना सूर की रामकथा में भी देखने को मिलती है। जहाँ राम के साथ जनता जुड़ती है, भले ही वह शास्त्रीय मानदंडों के अनुकूल न हो किन्तु चेतना वहाँ भी उतनी ही गहरी है जितनी सभ्य लोकतांत्रक समाज में होनी चाहिए। समानता, स्वतंत्रता बंधुत्व की भावना वहाँ भी उतनी ही प्रभावी है जितनी सूर के कृष्ण साहित्य में है। तुलसी की तरह सूर का केवट भी जागरूक है वह जानता है कि यदि उसकी नाँव स्त्री बन गई, तो उसकी आजीविका पर संकट आ जायेगा– इसलिए पहले ही वह पांव पखारने की बात करता है– इतना ही नहीं कितना सटीक कहता है–

"मै निरबल बित बल नहीं, जो और गढ़ाऊँ? मो कुटुंब याही लग्यौ, ऐसी कहँ पाऊँ
मै निर्धन कछु धन नहीं, परिवार घनेरौ। सेमर– ढाकहिं काटि कै बाँधौं तुम बैरो''[29]

यह है लोक की शक्ति जिसके आगे हर कोई विवश ही हो जाता है, यहाँ लोक की पीड़ा भी जो धन विहीन है, शक्ति विहीन है वह भी अपनी बात कहने का सामर्थ्य रखता है। चित्रकूट वर्णन में भी राम की लोक के प्रति, प्रजा के प्रति, चिन्ता दिखायी पड़ती है–

(1) बंधू करियौ राज सँभारे
राजनीति अरू गुरु की सेवा, गाइ बिप्र प्रतिपारे
कौसल्या–कैकई–सुमित्रा दरसन सांझ–सवारे।
गुरु वसिष्ठ अरू मिलि सुमंत सौ, परजा हेतु बिचारे।
भरत गात सीतल है आयौ, नैन उमंगि जल ढारे।
सूरदास प्रभु दई पांवरी अवधपुरी पग धारे[30]

(2) सेवा मातु, प्रजा प्रतिपालन, यह जुग जुग चलि आयौ[31]

सूर के राम और कृष्ण, गिद्ध और शबरी को भी उतना ही महत्व देते हैं, एक का अंतिम संस्कार दूसरे का जूठन। हनुमान भी इसी लोक के निवासी हैं वह रावण के अनाचार का विरोध उसकी नगरी में ही जाकर करते हैं और रावण को उसी की शैली में ही जवाब देते हैं कि अपनी वीरता की इतनी बड़ाई कर रहे हो, यह तब करते तो ज्यादा ठीक होता यदि तुम छल का आश्रय न लेते–

तब तू गयौ सून भवन, भस्म अंग पोते
करते बिन प्रान तोहि, लछिमन जौ होते
पाछे तैं हरी सिया, न मरजाद राखो
जौ पै दसकंध बली, रेख क्यौं न नाखी।[32]

यह है सूर की कविता का लोकतंत्र। लेकिन लोकतान्त्रिक चेतना को अगर कहीं देखना है अपने निर्मल स्वरूप में तो कृष्ण के ब्रज समाज से ज्यादा वह कहीं नहीं दिखती, जहाँ समानता रग–रग में बसी हुई है। अज्ञेय ने भक्त कवियों और संतों के वैचारिक दाय के महत्व को स्वीकारते हुए कहा– "संतो और भक्तों के क्रांतिकारी प्रभाव को समझने के लिए हमें स्थूल परिस्थितियों का और भावना जगत का विचार अलग–अलग भी करना होगा और फिर भावना जगत की अंतःप्रेरणाओं का विश्लेषण भी अलग से करना होगा।"[33] सूर की लोकतान्त्रिक चेतना को देखने के पहले सूर के समाज को समझना जरूरी है। भारत की लोक–संस्कृति अकृत्रिमता, सहनशक्ति और साधारण जीवन की संस्कृति है। इसके विपरीत अभिजात्य संस्कृति कृत्रिमता, औपचारिकता और बाह्य आडम्बर की संस्कृति है। अतः अभिजात्य संस्कृति जीवन को आनन्द से बहुत दूर ले जाती है। भारतीय समाज लोक संस्कृति से सर्वथा उपकृत रहा है इसलिए समाज को प्रतिबिम्बित करने वाला तथा शिव से इतर रहने वाला साहित्य, लोकतत्त्वों से सर्वथा अछूता नहीं रह सकता।

लोक संस्कृति की व्यापकता जग जाहिर है जहाँ जनता के अखिल व विराट रूप का दर्शन होता हैं जिसके बीच से लोक संस्कृति प्रतिबिम्बित होती है। सूर ऐसे ही महान सृष्टा थे।

उन्होंने भारतीय समाज का ध्यान लोक जीवन की ओर आकर्षित किया तथा जीवन में उल्लास व आनन्द की ओर भारतीय समाज की रुचि जागृत की। इसे भक्त कवियों का साहित्यिक प्रदेय ही कह सकते है जहाँ जनता को प्रमुखता दी गयी थी।

सूर की लोक शिष्टता, सहजता और स्वाभाविकता की संस्कृति है। यह प्रकृति के स्वाभाविक सौंदर्य की संस्कृति भी है। भारत का लोक गाँवों में बसता है। गाँवों के व्यापार, क्रियाकलाप उसका मनोरंजन वास्तविक है। सूर के यहाँ यही संस्कृति खुल कर निखरती है, पर्व त्योहार और व्रत उसके मनोरंजन के साधन हैं वह उसमें ही जीवन की खुशी प्राप्त करने की कोशिश करती है। इसलिए सूर की कविता के समाज में न दिखावा है न कृत्रिमता। उनकी रचनाओं में जीवन के बहुरंग अंकित है। उनकी रचना के पात्रों में ईर्ष्या व द्वेष है तो वह स्वतः प्रकट होता है, प्रेम व सहानुभूति भी जिसमें कूट–कूट कर समायी हुई है। सूर की लोकतान्त्रिकता लोक जीवन के साथ जुड़ी है उन्होंने किसी राजा की कथा नहीं उठायी, बल्कि अपने हरि का चुनाव ऐसा किया, जो गाँव में रहकर गाये चराते थे, दूध–दही के लिए लड़ते–भिड़ते थे। सूर को अपने वास्तविक समाज की चिन्ता थी जहाँ जीवन मूल्यों का ह्रास अपने चरम पर था–

चौपारि जगत मड़े जुग बीते
गुन पाँसे, क्रम अंक चार गति सारि, न कबहूँ जीते
चारि पसार दिसानि, मनोरथ घर, फिरि–फिरि गिनि आनै
काम–क्रोध–मद–संग मूढ़, मन खेलत हार न मानै[34]

इसलिए सूर अपने भाव जगत को सौन्दर्य की दृष्टि से चुनते है। जहाँ आनन्द है, यह आनन्द हमें जागृत करता है जहाँ जीवन की तपनिष्ठा, करूणा तथा कर्मण्यता विद्यमान है। डॉ0 रामरतन भटनागर ने इसे कितने सटीक शब्दों में कहा है–"सुन्दरता के प्रति विस्मय भाव और मुग्धता वैष्णव संस्कृति के मुख्य आधार है। जहाँ दृष्टि पड़ती है वहाँ ही भक्त तल्लीन हो उठता है। यह सुन्दरता, वात्सल्य, सांख्य और माधुर्य भावों को जन्म देती है और मानवीय सम्बन्धों को दिव्यता से भर देती है।"[35]

इस प्रमुखता का कारण सूर की तत्कालीन राजनैतिक स्थिति थी। डॉ0 ईश्वरी प्रसाद ने लिखा है कि विजित बादशाहों ने हिन्दुओं के साथ कैसा व्यवहार किया था। अपनी पुस्तक A History of Muslim Rule In India में लिखते हैं कि "हिन्दुओं के साथ विशेष रूप से कड़ाई की जाती थी। दोआब में तो उनकी उपज का आधा भाग ले लिया जाता था और इतनी कड़ाई से कूट किया जाता था, कि बिस्वा भर जमीन भी नहीं छोड़ी जाती थी। पशुओं के चारागाह पर अलग ही कर लिया जाता था और घर तक भी लगान से वंचित नहीं था। हिन्दू रैयतों एवं जमींदारों के लिए

घोड़े पर चढ़ना शस्त्र बांधना, महीन कपड़े पहनना तथा पान खाना तक मना था। राजा की नीति यह थी कि हिन्दुओं के पास इकट्ठा धन ही न रहने दिया जाये कि वे घोड़े पर चढ़ सके। हथियार रख सके, सुन्दर एवं महीन वस्त्र पहन सके तथा किसी प्रकार से आराम का जीवन बिता सके। उनकी ऐसी दुर्दशा कर दी गई थी कि किसानो और जमीदारों की बहू बेटियाँ मुसलमानों के घर मजदूरी का काम करती थी।[36] ''सूर ने अपनी आंखों से समाज में व्याप्त विषमता को देखा था। समाज की पीड़ा उसके कष्टों को महसूस किया था। इसलिए सूर एक नयी संस्कृति नये समाज का निर्माण अपनी कविता में करते है।

वह अपनी आकारगत लघुता के बावजूद श्रेष्ठ है। बालकृष्ण जो कि सामन्त हैं, के ही इर्द–गिर्द हैं, इसलिए मध्यकालीन समाज के ठीक विपरीत मुक्त कवि अपना समाज अपने नियमों एवं मान्यताओं के आधार पर रचते हैं। उनके भगवान ब्राह्मणों के न होकर शूद्रों के न होकर सबके होते हैं। भक्ति में बंधुत्व की भावना प्रधान है और सूर के कृष्ण समाज में भेदभाव उत्पन्न नहीं करते। सूर का समाज परम्परानुमोदित समाज है। इसकी रीढ़ में व्याप्त प्रेम, आदर्श की भावना है। जहाँ सभी वर्णों को समान महत्व एवं सम्मान दिया गया है। समाज की धुरी ब्राह्मण है, ब्राह्मण का जातिगत अर्थ न लेते हुए उसके मानसिक अर्थ पर ध्यान देना आवश्यक है, ब्राह्मण कोई भी हो सकता है। यदि वह नीति के मार्ग पर, सत्य के मार्ग पर, शिक्षा के मार्ग पर चले। सूर ब्राह्मण थे अथवा नहीं पर सूर की वाणी में उस ब्राह्मणत्त्व के दर्शन अवश्य होते हैं जो समाज मे समरसता की स्थापना में सहायक हो।

डॉ0 प्रेमशंकर ने सूर के समाज की प्रशंसा करते हुए लिखा–गोकुल की स्वतः स्फूर्ति सहज प्रसन्नता के मूल में कबीलाई संस्कृति भी है, जहाँ सब सुख–दुःख में सहभागी होते हैं। एक सम्पूर्ण अखण्डित समाज होता है, जिसे व्यापक अर्थ में आदिम साम्यवाद भी कहा गया है। नन्द यशोदा के पुत्र जन्म किसी सामन्त के प्रति विवश प्रदर्शन नहीं है, सूर इसे सहज भूमि पर प्रतिष्ठित कर, पूरे प्रसंग को सामाजिकता देते हैं।[37]

कृष्ण के जीवन अर्थात् जन्म से लेकर उनके खाने–पीने, शिक्षा–दीक्षा का समस्त उद्घाटन ब्राह्मणों के श्रीमुख से ही होता है। कृष्ण का गोचारण के लिए जाना तथा गोवर्धन धारण करना नाक–छेदन सभी कर्तव्य ब्राह्मणों की सहायता से ही किये जाते हैं। समाज को सुचारू रूप से चलने के

लिए आश्रम व्यवस्था जरूरी है, इस बात को सूर मानते थे। सूर के वर्तमान समाज में यह व्यवस्था लुप्त हो चुकी थी, किन्तु सूर ने अपने मानसिक समाज में उसे लुप्त नहीं होने दिया, सूर के यहाँ गृहस्थ आश्रम का सुन्दर स्वरूप दृष्टिगोचर होता है सूर यहाँ गोरख जगायो जोग को दूर करते हुए प्रेम मूलक समाज की स्थापना करते हैं। सूर के यहाँ श्रीकृष्ण का जन्म लोकतंत्र की स्थापना से ही शुरू होता है। यह लौकिक चित्र कितना सजीव है, प्राणंवान है। सूर के कृष्ण के जन्म के साथ ही अभिजात्य वर्ग की भावना कहीं दूर छिप जाती है। एक तरफ ब्रजवनिताएँ हैं जो हर समूह (वर्ग) से सम्बन्ध रखती है, वह सोलह श्रृंगार लिए हुए स्वर्ण निर्मित थालों में दूब–दही, रोचना रखकर बंधवा लिए जा रही हैं। सूर के कृष्ण राजा के बेटे हैं सामान्य जनता को इससे क्या... वास्तविक स्थिति तो यही है कि राजा के पुत्र का जन्म होता है तो उसे छिपाकर रखा जाता है और जनता पर एक नया बोझ अवश्य डाल दिया जाता है। लेकिन सूर के मानसिक समाज में सबका स्वागत है। प्रेम से परिपूर्ण नर नारी निशान बजाते हुए, गीत–गाते हुए उछल–कूद मचाते हुए नन्द के घर की तरफ बढ़े चले जा रहे हैं। राजा को हर कोई गले लगा रहा है, नचा रहा है। हर कोई आनंदित है। कृष्ण नन्द के पुत्र न होकर सबके पुत्र बन जाते है। दूध, दही, हल्दी से पूरे गोकुल में फिसलन मच गयी है, लोग गिर रहे है, उठ रहे है, यह आनन्दातिरेक की अवस्था सूर के समाज में ही सम्भव है।

नन्द सामन्त होने के बावजूद कहीं भी शोषण रूप में नहीं दिखायी देते, बल्कि वे लोगों को दान दे रहे हैं और इतना दे रहे हैं कि सात पुश्तों के लिए पर्याप्त हो गया। सेवकों को उनकी मांग से ज्यादा मिल रहा है। नन्द अपने परिचितों को भी उपहार बाँट रहे हैं। लोकगीतों के अलख से पूरा ब्रजमण्डल आच्छादित है। सोहर चहर का लोकगीत गाये जा रहे हैं। शास्त्र और लोक का समन्वय भी एक साथ देखने को मिलता है, नाम संस्कार के समय अन्नप्रासन के समय वेद ध्वनि के साथ लोकगीतों की अद्भुत छटा विद्यमान है। अन्नप्राशन के अवसर पर यशोदा ब्रजयुवतियों, बहुओं को आमंत्रित करती हैं जो यशोदा को गाली गाती है, नन्द का नाम ले–लेकर पुकारती हैं। यह है वास्तविक लोकतंत्र, जहाँ हर्ष का विषय एक का न होकर सबका हो जाता है।

नन्द सभा लगाकर बैठे हैं जैसे सेठ अपनी ब्याज के लिए लाईन लगाता हो, लेकिन यहाँ पर जनता का कुछ नहीं जा रहा है, बल्कि जनता

को वह सब कुछ मिल रहा है जो कि उसका प्राप्य है, रत्नों के सात पर्वत और दो लाख गाएँ एक राजा ने अपनी प्रजा में बाँट दिया, प्रजा खुश कैसे नहीं रहेगी? इसके ठीक विपरीत मध्यकाल के यथार्थ जगत में देखिये जहाँ हर बात पर कर ऐसे जुड़ा हुआ है– जैसे तलवार के साथ म्यान। यात्रा कर, जर्जिया कर, उत्सव कर पता नहीं कितने कर मुस्लिम शासकों द्वारा हिन्दू जनता पर लगाये गये थे। जिसका न तो औचित्य था, न ही उपयोगिता। ये सारे कर राजाओं की विलासिता का एक सबसे बड़ा स्त्रोत थे। राजा को जनता की परवाह कत्तई नहीं थी, बल्कि प्रजा कल मरे या आज मर जाये वाली रणनीति इन शासकों की थी। कृपा, दया, माया, ममता से इनका दूर–दूर तक कोई सरोकार नहीं था। जैसा आचरण राजा करता वैसा ही आचरण प्रजा भी करती है। राजा के सुख–दुःख से प्रजा को कोई भी मतलब नहीं रहता। इसीलिए प्रजा भी सच्चे मन के साथ शासन (कंस) से नहीं जुड़ती जितना जुड़ाव उसका नन्द के साथ है। यह कंस उस मध्यकाल का यथार्थ राजा है और नन्द वैकल्पिक जगत के राजा, ऐसा राजा जैसा हम चाहते हैं इसलिए नन्द के सुख–दुःख से हर कोई जुड़ा है, स्वयं कवि भी–

मेरैं मन आनन्द भयौ मैं गोवर्धन तै आयौ
तुम्हरै पुत्र भयौ ही सुनि कै अति आतुर उठि धायौ।[38]

इतना ही नहीं एक दाई कितने अधिकार से कहती है कि **"मनिमय जटित तर ग्रीवा कौ वहै आजु हौं लैहौं, औरनि के हैं गोप खरिक बहु, मोही गृह एक तुम्हारे"**[39] यशोदा खुशी–खुशी अपना हार दाई को पहना देती हैं।

यह लोकतंत्र हर स्थान पर कायम है। कृष्ण के थोड़ा बड़े होने पर विभिन्न खेल–क्रीड़ाओं में यह लोकतंत्र दिखायी देता है, कृष्ण सामन्त पुत्र हैं किन्तु उसके बाद भी गाय चराने जाते हैं। आज एक मामूली पार्षद का पुत्र भी अपने आगे पीछे चार पांच युवकों की सेना लिए दौड़ता है। कृष्ण के पिता नन्द यदि चाहते तो वो भी यही करते, किन्तु तब लोक का उस कृष्ण के साथ इतना घनिष्ठ सम्बन्ध नहीं होता। राजपुत्र होने के बावजूद कृष्ण पग–पग सामान्य बालकों के क्रिया–कलापों के साथ सामने आते हैं। उनकी बालसुलभ चेष्टाओं में कृत्रिमता नहीं है, बल्कि सहजता है जिसके बल पर कृष्ण का सम्पूर्ण बिम्ब उभरता है।

तृणावत एक आपदा है, यह भौतिक आपदा है, सूर के राक्षसों को यदि देखिये तो वह समाज की अर्थव्यवस्था को नीति व्यवस्था को चोट पहुँचाते हैं। सूर ऐसा समाज और लोक बिल्कुल भी नहीं चाहते, तृनावत बवंडर है जो गरीबों की झोपड़ियों को तोड़ देता है। कृष्ण ऐसे अन्यायी सामन्तों का वध करते हैं। दूसरा इस समाज में व्याप्त भय को भी दूर करते हैं।

कृष्ण के समय निम्न वर्ग की अवस्था कैसी रही होगी? कृष्ण के यहाँ षटरस प्रकार के व्यंजन बनते हैं। सुख समृद्धि की खान बसती है, किन्तु इससे सामान्य जनता को क्या उनके यहाँ तो वही बासी रोटी मक्खन ही मिलेगा, कृष्ण इस तथ्य से भली–भाँति परिचित थे, अतः वे अपना खाना न खाकर उन लोगों का खाना खाते हैं। ब्रह्मा जैसे देवता को इससे आपत्ति हो तो होती रहे। सूर के यहाँ तो सब समान हैं। सूर के कृष्ण जाँति–पाँति के बंधनो को तोड़ते दिखायी पड़ते हैं। डॉ0 प्रेमशंकर ने सूर के काव्य में व्याप्त लोकतंत्र की चेतना को अनुभूत किया, वह लिखते है–"ग्वाल–बाल गोपी–कृष्ण के जीवन में सुख लेते हैं, यही उनका प्राप्य है और कृष्ण भक्तों के जातिविहीन संज्ञा के रूप में देखते हैं। सूर ने इस जातिहीनता को कई प्रसंगों में दुहराया है......प्रार्थना भाव का मूल स्वर यही है कि भक्ति जाति वर्गविहीन राग व्यवस्था है और ईश्वर समदर्शी"[40]। इन्हीं भावों की अभिव्यिक्त सूर इसी पद में करते हैं–**"स्याम कुँवर परसेन महर सुत अरू श्रीदामा स्याम सबनि मिलि खात है लै–लै कौर छुड़ाई"**[41] यह विद्रोह है उस जाँति–पाँति की व्यवस्था के खिलाफ सशक्त प्रयास जहाँ न कोई बड़ा है, न कोई छोटा।

चरावत वृंदावन हरि धेनु
ग्वाल सखा सब संग लगाए, खेलत है करि चैनु
कोउ गावत, कोउ मुरलि बजावत कोउ विषान कोउ बेनु
कोउ निरतत कोउ उघटि तार दै, जुरी ब्रज बालक सेनु
त्रिविध पवन जहँ बहुत निस दिन सुभग कुंज धन ऐनु
सूरस्याम निज धाम बिसारत आवत यह सुख लैनु[42]

समानता भी यदि देखनी है तो आप को इसी समाज में देखने को मिलेगी, केवल कृष्ण ही अच्छा खाना नहीं, खाते यशोदा दो आँखि करती नहीं दिखती। कृष्ण के साथ घूमने वाले गोप ग्वाल भी कृष्ण के साथ बैठकर वहीं खाना खाते हैं–

बहु व्यंजन बहु भाँति रसोई, षटरस के परकार
सूर स्याम हलधर दोउ भैया और सखा सब ग्वार[43]
कनक थार मैं हाथ धुवाए, सत्रह सौ भोजन तहँ आए
लै–लै धरति सबनि के आगे मातु परोसै जो हरि माँगै[44]

यह वह समाज है जहाँ श्रम पर सबका बराबर हक है। कृष्ण राजपुत्र होने के पश्चात् भी गाय दूहना सीखते हैं। गोचारण संस्कृति में यह आम बात है, किन्तु यहाँ कितनी समरसता है। जमींदार के पुत्र होने के बावजूद भी कृष्ण वह हर कार्य करते दिखते हैं जिनसे जनसामान्य का जीवन प्रभावित होता है–कृष्ण भी गाय को चराते हुए ग्वालों को देखकर, माता से गाय चराने की जिद करते हैं, किसी तरह माता जाने देती हैं–कृष्ण के लिए भोजन आता है, कृष्ण अकेले नहीं खाते, बल्कि कृष्ण उन गोप बालकों के साथ उनका रूखा सूखा भोजन ग्रहण करते हैं। गोचारण संस्कृति में एक की ही गायें चरने नहीं जाती, अपितु पूरे समुदाय की गाय एक साथ चरने जाती हैं। कृष्ण अभिजात्य ने वर्चस्व को तोड़ते हुए, **''जूठौ लेत सबनि के मुख कौ, अपनै सुख लै नरवत। षटरस के पकवान घरे सब, तिनमें रुचि नहिं लावत। हा–हा करि करि माँगि लेत हैं, कहत मोहि अति भावत**[45] क्या वास्तव में यह सम्भव था? उस समाज में जहाँ जाँति व्यवस्था के नियम इतने निर्मम एवं कठोर हुआ करते थे...सूर क्यों प्रासंगिक है, भले ही सूर पर आरोप लगायें कि वह भक्ति के कवि हैं समाज के लिए उन्होंने क्या किया? किन्तु इन बातों के लिए सूर जैसी लोकतान्त्रिक चेतना सम्पन्न व्यक्ति शायद ही आपको मिलेगा। इसीलिए पाण्डित्य रूपी ब्रह्मा सदैव आश्चर्यचकित ही रहा, इस लीला को देखकर।

कृष्ण एक लोकतान्त्रिक महापुरुष है, वह विरोध करते है, राजा के पुत्र हैं किन्तु सामाजिक हैं, वे अघासुर का वध करते हैं, क्योंकि ये सभी (पाश्विक शक्तियों के स्वामी) निर्मम जनता पर अत्याचार करते हैं? कृष्ण अपने आत्मविश्वास से ही, उन व्यक्तियों की रक्षा करते हैं जिनके साथ सदियों से बुरा होता चला आया है, यह वर्ग निर्धन वर्ग है। इसी तरह एक और राक्षस है, धेनुका असुर, यह उस मनोवृत्ति का सामन्त है जो जनता की संपत्ति पर अपना जबरन हक जमा लेता है...जिसे जनसामान्य दबंग या गुंडे के नाम से जानते हैं वह राजा भी हो सकता है? और नौकरशाह भी।

कृष्ण वन की सम्पत्ति पर सभी का बराबर हक समझते हैं और जो सबके लिए है वह किसी एक के अधिकार में कैसे रह सकता है,

अतः सूर के कृष्ण वध करते है निर्मम शक्ति का जो बल के आवेश में आकर सामान्य जनता का खून चूसती है! यहाँ निराला याद आते है जो लिखते है—अबे सुन वे गुलाब, भूल मत पाई जो खुशबू रंगो आब खून चूसा खाद का तूने अशिष्ट डाल पर इतरा रहा है कैपटलिस्ट, कृष्ण ऐसे पूंजीपतियों का वध करते है। कृष्ण कालियदमन करते हैं : कालिया एक नाग है जो जीवन के आधार पानी पर अपना स्वामित्व किये बैठा है। पानी पर स्वामित्व, जनता को उससे वंचित रखना, कृष्ण का कालियादमन करना उस प्रतिगामी शक्ति को हराना है, जो जनता को उसके मौलिक अधिकारों से वंचित रखती है, बल्लभाचार्य के समय यमुना में नहाने पर रोक लगा दी गयी थी और उस पर कर लिया जाता था...सूर उस सामन्ती सोच को काव्य के स्तर पर उतार कर रख देते हैं कृष्ण केवल कालियानाग का दमन नहीं करते बल्कि वह उस सोच का दमन करते हैं जो भारत के एकतंत्रीय सत्ता को विभाजित करता है।

यह लोकतंत्रीय सोच दावानल पान के समय दिखता है—कृष्ण राजा है, उनके पास इतना कुछ है कि यदि वे कुछ न भी करें तो क्या फर्क पड़ेगा.....लेकिन ब्रज के लोगों के दुःख देखकर, कृष्ण उस आग को अकेले पी लेते है, यह आग कैसी भी हो सकती है? इस आग से मध्यकालीन जनता आक्रांत है, सोचिये उस आग का स्वरूप कैसा होगा? जहाँ कर का दानव मुँह बांये खड़ा हुआ है—

ज्वाला देखि अकाश बराबरि, दसहुँ दिसा कहुँ पार न पाई
भरहरात बन पात गिरत तरू, धरनी तरकि तराकि सुनाई[46]
भये बेहाल सब ग्वाल ब्रज—बाल तब सरन गोपाल कहिकै पुकारयौ[47]

और कृष्ण उस आग को अपनी प्रजा के हितार्थ अकेले पी जाते है। भारतीय अस्मिता की रक्षा के लिए कृष्ण उस राक्षस (शंखचूड़) का वध करते है, जो मध्यकालीन विलास का प्रतिनिधित्व करता है। मध्यकालीन समाज में यह स्थिति आम थी जहाँ हिन्दुओं की स्त्रियों, युवतियों का बलात् अपहरण कर लिया जाता था। एक बार जिस स्त्री को किसी अन्य जाति के पुरुष ने स्पर्श कर लिया वह स्त्री अशुद्ध हो जाती थी। ऐसे घनघोर अराजक वातावरण में कृष्ण स्त्रियों की रक्षा करने के लिए उठते हैं, और उस दानव का वध करते हैं—

गोपी टेर सुनत हरि पहुँचे, दानव देखि डरायौ
मुष्टिक मारि गिराइ दियौ तिहिं, गोपिनि हरष बढ़ायौ[48]

यह लोकतान्त्रिक चेतना यूँ ही नहीं दिखायी देती, इसे देखने के लिए पूंजीवादी चश्में को दूर रखना पड़ेगा। एक सामान्य से बच्चों के साथ कृष्ण खेलते है, हँसते हैं, तू–तू भी करते हैं। सूर की लोकतान्त्रिक चेतना को अगर आप को खोजना है, तो इन्हीं पदों में आप को उस लोकतंत्र के विशाल स्वरूप के दर्शन होंगे जहाँ श्रीदामा जैसा पात्र सामन्त पुत्र को सुनाने का जहाँ सामर्थ्य रखता हो, वही लोकतंत्र हो सकता है–

खेलन मैं को काकौ गुसैयाँ
हरि हारे जीते श्रीदामा, बरबस हीं कत करत रसैयाँ
जाँति पाँति हमते बड़ नाहीं, नाहिं बसत तुम्हारी छैया
अति अधिकार जनावत यातै अधिक तुम्हारै गैया[49]

सूर के कृष्ण धार्मिक क्षेत्र में भी लोकतान्त्रिक है, वह उस व्यवस्था पर प्रहार करते हैं जो व्यवस्था पंगु बनाती है। सूर अपने युग के धर्माधिकारियों के व्यवहारों उनकी आडम्बर प्रियता को धर्म एवं भगवान की आड़ लेकर शोषण करने वाले गोसाईयों, महंतो, जिन्होंने सामाजिक भारंतीय व्यवस्था को मृतप्राय कर दिया था, ईश्वर के नाम पर डराने की कोशिश, धर्म की आड़ में अपना सिक्का चलाने की पहल, अवतार वाद के नाम पर सामन्तीय शक्ति की प्रतिष्ठापना के प्रभाव को अपने हित साधनों के लिए प्रयुक्त करने वाले लोगों का प्रतिकार सूर अपने स्वामी के मुख से कराते हैं। कृष्ण का शालिग्राम को मुख में रखना क्या बताता है? ऐसे भगवान का क्या फायदा जो भक्तों के बुलाने पर भी न आये, जो भक्तों के वशीभूत न हो। सूर के कृष्ण सामान्य जनों की पुकार पर उपस्थित हो जाते हैं, यही उनकी सहृदयता है और उनके चरित्र की उदारता।

सूर की कविता का समाज, धर्म प्रधान है। धर्म का प्रथम रूप विषमता मूलक था और द्वितीय समता मूलक प्रथम रूप में वह परतन्त्र बन गया था, वह उन वृत्तियों के अधीन था जिनका पोषण करने के लिए वाह्य प्रकृति पर नियन्त्रण एवं अन्य व्यक्तियों का दमन आवश्यक था, जो कि उसके हाथ की बात थी। अतः देवता के रूप में अपने से भिन्न शक्ति का आश्रय लेना पड़ा। द्वितीय रूप में वह स्वतन्त्र एवं स्वाधीन हो गया, इस सन्दर्भ को इन्द्र की पूजा तथा गोवर्धन की पूजा से जोड़ कर देखा जाना चाहिए। इन्द्र राज है, देवों के अधिपति, विलासी और मद् से युक्त जो कुलदेवता के रूप में गोकुल में पूजे जाते है। ग्रामीणों में देवताओं को लेकर एक भ्रम की स्थिति बनी हुई है– रोम जैसे राज्य में भी, देवता इसी तरह कर लेते हैं।

सामान्य जनता से उनकी रक्षा के हितार्थ, कितनी गहरी दृष्टि है सूर की, यशोदा गोपियों को बुलाकर इन्द्र पूजा करने के लिए कहती हैं.. यह समाज कितना भोला है? धर्म अफीम है। सूर का समाज इस अफीम के नशे में खोया हुआ है, यह उस शक्ति को प्रसन्न करने की बात कर रहा है, जो कभी भी इनसे बिना मतलब के कोई काम नहीं करता। सारे ब्रज में धूम मची हुई है, कवि यही अपने विवेक को प्रदर्शित करता है– एक सात बरस के बच्चे के माध्यम से कृष्ण अपने पिता से पूछ रहे हैं कि इस पूजा में इंद्र का विधान क्यों? इससे तो कई गुना ज्यादा अच्छा तो उसकी पूजा करें, जिससे हमें अन्न फल की प्राप्ति होती है, इतना ही नहीं गाय जो दूध देती है उसका आधार भी यही वनस्पति ही है–

छाँड़ि देहु सुरपति की पूजा, कान्ह कहयौ गिरि गोवर्धन तै और देव नहीं दूजा[50]

किंतु इंद्र की पूजा नहीं होने से, इन्द्र को घमण्ड हो गया। सामन्ती शक्ति को कैसा लगेगा, जब जनता जागरूक होकर उसके खिलाफ खड़ी हो जाये। प्रश्न कितना सही था, सामन्त करता क्या है? प्रजा से ही धन लेता और उसी के बल पर शक्ति अर्जित करता है और उसी जनता पर अत्याचार करता है, इंद्र भी ऐसा ही शासक है जो जनता से बलि के नाम पर कर लेता है और कर न मिलने पर जनता को मारने के लिए तैयार बैठा है–

ब्रज वासिनि मोकौं बिसरायो
भली करी बलि मेरी जो कछु सो सब लै परबतहिं चढ़ायौ
मोसौं गर्व कियौ लघु प्रानि ना जानियैं कहा मन आयौ[51]

इन्द्र अपनी ही प्रजा से बदला लेने के लिए उतारू हो जाते है, क्या लोकतान्त्रिक दृष्टि से यह सही था? तानाशाही का विरोध करने पर अनाचार करना। कृष्ण प्रतिगामी शक्ति के आगे झुकते नहीं, बल्कि उसका प्रतिरोध करते हैं।

यह चेतनता यहीं खत्म नहीं होती, बल्कि कृष्ण जब मथुरा पहुँचते हैं, तो वहाँ की आबोहवा में अपनी आधुनिक चेतना को व्यक्त कर देते हैं। एक छोटा सा प्रसंग है धोबी का, कृष्ण उस धोबी का बध करते हैं, वध का कारण भी विषयानुकूल है। राजा के पास महंगे–महंगे वस्त्र है, किन्तु लोक कैसा है, अधनंगा इसलिए कृष्ण रोटी, कपड़ा और मकान जैसी बुनियादी सुविधाओं पर अपना ध्यान रखते हैं वह सामन्ती व्यवस्था के प्रचारकों से प्रश्न करते है–

हम माँगता है सहज सौ तुम अति रिस कीन्हौं
कहा करै तौं जाहिंगे तुम हमदिन दीन्हौं[52]

कंस ने परोछ रूप से रोटी कपड़ा और मकान तीनों पर ही अपना कब्जा कर रखा था। सूर के कृष्ण इस तथ्य का विरोध करते हैं, और धोबी को मार कर गोप–ग्वालों को वस्त्र पहनाते है और अंत में कृष्ण कंस को मार कर उस राक्षस विहीन संस्कृति को समाप्त कर लोकतान्त्रिक व्यवस्था की स्थापना करते है–कंस पर विजय प्राप्त करने के लिए, लोकहितार्थ के लिए अपने प्राणों की बाजी लगाने से कृष्ण नहीं चूकते, जिसकी परिणति आनन्द में होती है–

आज हो निसान बाजै बसुदेव राइकै
मथुरा के नरनारि उठे सुख पाई के[53]

कृष्ण कुछ भी नहीं रखते अपने पास, कंस ने जो कुछ लूटा था जनता से, कृष्ण उसे जनता में ही वितरित कर देते हैं–

कंस कौ भंडार सब देत हैं लुटाई के
धेनु ने संकल्प राखी लई त गनाई के।[54]

गोपिका समाज

सूर ने कृष्ण के बहाने से ही सही सम्पूर्ण ब्रजभूमि का आधार केन्द्र नारी को कितनी सहजता एवं स्वतंत्रता दी है। पूर्ववर्ती साहित्य में यह स्वतंत्रता सहजता किसी कवि में न तो प्रत्यक्ष ही दिखायी पड़ती है, न अप्रत्यक्ष ही। सूर का समाज श्रमशील समाज है, कर्मप्रधान है वह जीवन से वैराग्य की बात नहीं करता, बल्कि इसी जीवन में अपने प्रेम के माध्यम से अपनी सार्थकता को सिद्ध करता है। समाज समय सापेक्ष चले तो उसमें तरह–तरह की विसंगतियाँ नहीं आने पाती। सूर का गोप–गोपी समाज समयानुकूल है। इसमें प्रेग का तत्व सर्वत्र व्याप्त है, न किसी से दुराव, न किसी से छुपाव, जो है जितना है सब खुला हुआ है, ब्रज के सांस्कृतिक परिमण्डल जैसा। यहाँ कृष्ण सबके हैं– गोपी यशोदा से स्पष्ट कहती हैं–

नैंकु गोपालीहं मौकों दै री
देखौ बदन कमल नीकैं करि ता पाछें तू कनियाँ लैरी
बासर निसा विचारति हौं सखि, यह सुख कबहुँ न पायौ मै री[55]

यह ही लोकतंत्र है जहां एक रानी से इतना लाड़ दिखाया जाता है। कृष्ण भले ही राजपुत्र हों, लेकिन सब चाहते हैं कि कृष्ण उनके घर आयें और उनका दिया खाना खायें और उनसे खेलें–

मैया री मोहि माखन भावै
जो मेवा पकवान कहति तू, मोहि नहि रुचि आवे
ब्रज युवती एक पाछें ठाढ़ी, सुनत श्याम की बात
मन–मन कहित कबहुँ अपने घर देखौं माखन खात[56]

कृष्ण भी कहाँ पीछा छोड़ते हैं पहुँच गये–

प्रथम करी हरि माखन चोरी
ग्वालिन मन इच्छा करि पूरन, आप भजै ब्रज खोरी[57]

गोपियों का यह प्रेम कृष्ण के सामन्त पुत्र होने के बावजूद निरन्तर चलता रहता है। जहाँ उनकी मानसिक अवस्था कृष्ण में ही अनुरक्त है, सोते–जागते वे नित्य कृष्ण प्रेम में ही आकण्ठ डूबी हुई। उनकी स्थिति उन आँखों की तरह हो गयी है, जहाँ सूर श्याम बिनु और न भावे कोउ कितनो समझावे। ऐसा तो नहीं है कि गोकुल में इससे पूर्व किसी बालक का जन्म नहीं हुआ होगा यह अवश्य है कि प्रजा के रक्षक, पालक के यहाँ पुत्र का जन्म हुआ और उस पालक के साथ पूरा ब्रजाचंल है, क्योंकि इस समाज में सर्वहारा या आभिजात्य वर्ग जैसी कोई बात ही नहीं है– इसीलिए सूर का गोपी समाज कृष्ण के हाथों बिका हुआ है–

कोउ कहति, किहिं भाँति हरि कौं, देखौं अपनैं धाम
हेरि माखन देउँ आछौ, खाई जितनौं स्याम
कोउ कहति, मैं देखि पाउँ, भरि धरौ अंकवार
कोउ कहति में बाँधि राखो को सकै निरवारि[58]

यही गोपियाँ कृष्ण के चोरी करने पर उलाहना देने सीधे नन्दरानी के पास पहुँच जाती हैं, साथ ही गोपियाँ यशोदा पर आक्षेप भी करती हैं कि वह कान्हा को खाने के लिए नहीं देती– दधि माखन गाँठी दे राखति करत फिरत सुत चोरी[59]। यह विवेक लोकतंत्र की विशेषता है– यशोदा लोकतंत्र के मरम को समझती हैं, इसलिए अपने पुत्र को सजा देती है– गोपियाँ भले ही मनाये पर यशोदा का न्याय नहीं डिगता। गोपियाँ इस तथ्य के लिए डाँटती हैं, किन्तु क्या फर्क पड़ता है, बालक को इतनी कठोर सजा नहीं देनी चाहिए। कितना कटु व्यंग्य है, जो गोपियाँ यशोदा के लिए करती हैं–

ऐसी रिस तोकौ नन्दरानी, भली बुद्धि तेरैं जिय उपजी, बड़ी बैस अब 'भयी सयानी[60]

"क्य किसी भी व्यवस्था में सर्वाधिकार को ऐसी चुनौती दी जा सकती है।

सूर की गोपियाँ न्याय को चुनौती देती हैं– यह लोकतंत्र की उस शर्त को पूरा करता है जहाँ कहने और मानने पर विश्वास किया जाता है, विवेक पर आस्था व्यक्त की जाती है"।

कृष्ण और गोपिकाओं का प्रेम भी सामाजिक नियमों का अतिक्रमण करता है– वह जाति पाँत या ऊँच–नीच में यकीन नहीं करता, बल्कि कृष्ण से प्रेम करने का हक सबको देता है– न कि केवल उच्च कुल की युवतियों को ही। गोपिकाओं का यह प्रेम कितना सात्विक है भोला सा। मुरली प्रसंग भी लोकतान्त्रिकता से भरा हुआ है, कृष्ण की एक–एक बात पर यह समाज न्यौछावर है लेकिन उतना ही जागरूक भी। यह समाज उन्मुख है। पनघट लीला में इसका परिचय मिलता है– कृष्ण किसी गोपी का घड़ा पानी में गिरा देते हैं। ग्वालिने भी कम नहीं निकलती वे कृष्ण की बांसुरी छीन लेती हैं और तब तक कृष्ण को उनकी बाँसुरी नहीं देती, जब तक वो पानी नहीं भर देते।

घट भरि देहु लकुट तब दैहौं
हौ हूँ बड़े महर की बेटी तुम सौं नहीं डरैहों[61]
कृष्ण... मेरी कनक लकुटिया दैरी मै भरि दैहौं नीर[62]

यह लोकतंत्र ही है जहाँ कृष्ण से गोपियाँ कहने का सामर्थ्य रखती है। वाद–विवाद लोकतान्त्रिक व्यवस्था में ही सम्भव है। एक राजा के पुत्र से गोपियों का यह प्रतिवाद मायने रखता है।

अतिहिं करत तुम स्याम अचगरी
काहू की छीनत हौं इँडुरी, काहू की फोरत हौ गगरी[63]

कृष्ण के दिनों–दिन बढ़ते उत्पातों से तंग आकर यह भोली गोपिकाएँ अपनी शिकायत सुनाने यशोदा के पास चल पड़ती है। यह है लोकतंत्र की शक्ति गोपियाँ सीधे कहती हैं–

सुनहु महरिं तेरौ लाड़िलौ, अति करत अचगरी
जमुन भरन जल हम गई तहँ रोकत डगरी[64]

यशोदा भी अपने लाडले की हरकतों पर पर्दा नहीं डालती, बल्कि उन्हें आश्वासन देती हैं कि जैसे ही कृष्ण आते हैं उनकी खबर ली जायेगी, यह राजतंत्र में सम्भव नहीं है–

मै जानति हौ ढ़ीठ कन्हाई
आवन तौ घर देहु स्याम कौ कैसी करौं सजाई
मोसौं करत ढिठाई मोहन, मैं वाकी हो माई[65]

यह है एक राजा की पत्नी का कर्तव्य। वह अपराध पर सौ परदे नहीं डालती, बल्कि उसे जानकर कृष्ण को दण्ड देने के लिए तैयार हो जाती है। कृष्ण के मथुरा प्रस्थान के बाद इस समाज के प्रेम का नया अध्याय शुरू होता है। एक तरफ कृष्ण राजा हो गये है दूसरी तरफ ब्रह्म गोपियाँ वैसी की वैसी निपट भोरी, किन्तु प्रेम के गाम्भीर्य से परिचित, कृष्ण के द्वारा दिया गया उपदेश और गोपियों की वचन वक्रता आमने–सामने खड़ी हो जाती हैं। यहाँ गोपियाँ राजा के मित्र को भला बुरा कहने से नहीं चूकतीं, साफ–साफ शब्दों की लताड जहाँ कहने सुनने के लिए कोई जगह ही नहीं बचती वह कृष्ण को भी नही छोड़ती है, न उद्धव, न अक्रूर और न ही कुब्जा को। कृष्ण से उन्हें प्रेम था और प्रिय ही उनके लिए ज्ञान की पोथी भेजेगा। यह गोपिकाओं के हृदय में नहीं उतरता इसीलिए वे कृष्ण को भी सुनाने से बाज नहीं आती–

बँसी मधुर सुनाई हर्‌यौ मन, दधि खायौ ले पात
सूर स्याम नृपराज भए अब, गोपनि देखि लजात[66]

गोपियों ने लोकतान्त्रिक व्यवस्था के सिद्धान्तों को मानते हुए उद्धव के निर्गुण ज्ञान की बखिया उखेड़ कर रख दी। सूर की मध्यकालीन जनता अनपढ़ है जिसके लिए निर्गुण बातें या निर्गुण ज्ञान को समझना असंभव है। सूर की गोपियों अपने आराध्य (कृष्ण) राजा के सामने प्रश्न करने का साहस रखती है। उनके प्रश्न यथार्थ के धरातल पर खड़े हैं, वह कृष्ण के प्रेम उनकी स्वार्थ प्रियता पर भी अपनी बाते रखने, कहने का सामर्थ्य रखती हैं। कुछ प्रश्न जो केवल लोकतान्त्रिक समाज के नागरिकों द्वारा ही सम्भव है–

1. गोपियाँ उद्धव से प्रश्न करती हैं कृष्ण ने अपनी जन्मभूमि का त्याग क्यों किया?

2. अपनी प्रेयसी राधा को किस अपराध के कारण त्याग दिया– गुण सम्पन्न प्रेम को छोड़कर कुब्जा का वरण किस तरह प्रेम की कसौटी पर सही हो सकता है?

जिसने इस ज्ञान को भेजा है वह हमारे पास रहकर ही पला–बढ़ा है, भले ही वह आज राजा बन बैठा है, किन्तु उसे हमने थोड़े से दूध और दही के कारण बहुत परेशान किया है। यह है गोपिकाओं का निश्छल समाज जिसमें असत्य को अस्वीकार करने का साहस है अनर्गल बातों का प्रतिरोध करने का सामर्थ्य भी है और यही समाज सूर की लोकतान्त्रिक

चेतना का प्राण है। इसलिए सूर की गोपियों झुकती नहीं हैं, वह सीधा बोलती हैं। यह अभिव्यक्ति की स्वतंत्रता है–

सब खोटे मधुवन के लोग
जिनके संग स्यामसुंदर सखि सीखे है अपजोग
आए है ब्रज के हित ऊधौ, जुवतिनि कौ लै जोग
आसन ध्यान नैन मूँदे सखि कैसे कढ़े वियोग
हम अहीर इतनी का जानैं, कुबिजा सौ संजोग
सूर सुवैद कहा लै कीजे, कहैं न जाने रोग[67]

यह है गोकुल का निश्छल समाज जिसमें लोक की चेतना उसके भाव, उसकी पीड़ा, मनोव्यथा सब प्रकट होती है।

सूरदास की भक्ति भावना– सगुण भक्ति विशेषकर कृष्ण भक्ति साहित्य में सूरदास का नाम पहली पंक्ति में पहले स्थान पर आता है और यह कहना अतिश्योक्ति न होकर सूर की महिमा के महत्व को स्वीकार करने से है। सूर सर्वप्रथम यदि कुछ हैं तो पहले भक्त हैं और यही उनकी उपाधि; इसके अतिरिक्त अन्य सम्बन्धवाची संज्ञा सूर की भक्ति के आगे गौण हो जाती है। यह सर्वविदित है कि पुष्टिमार्ग में दिक्षित होने से पूर्व सूर कृष्ण–भक्ति मे अनुरक्त थे तथा विनय के पद गाया करते थे। वल्लभ सम्प्रदाय में दीक्षित होने के उपरांत "पोषण तद्नुग्रहम् अर्थात् भगवदनुग्रह जीव के पोषण को प्रधानता देने वाले पुष्ट मार्ग की प्रेम लक्षणा भक्ति को सूर ने अपनाया था, जिसका सूत्र रूप श्रीमद्भगवद गीता के 'सर्वधर्मान परित्यज्य मामेंकं शरणं ब्रजः' और यही पुष्टि मार्गी भक्ति का ध्येय था।

आचार्य वल्लभ द्वारा सूरदास को पुष्टिमार्ग में दीक्षित कराने का एक मात्र लक्ष्य सूर को भगवान कृष्ण की नित्यलीला में प्रविष्ट करना था। यह लीला भक्ति प्रेगा भक्ति के सिद्धान्त पर आधारित है; जिसके दो मुख्य भाग है– (1) वात्सल्य (2) माधुर्य या कान्त भाव। पूरे सूर साहित्य को यदि ध्यान से देखें तो आदि से अन्त तक यही दो भाव मुख्य रूप से परिलक्षित होते हैं, इन भावों का सम्बन्ध सूर ने परब्रह्म परमात्मा और कृष्ण के गोचारी दोनों रूपों से जोड़ा है। वल्लभ सम्प्रदाय की मान्यता के अनुसार भगवान श्रीकृष्ण का वह स्वरूप जो बृज में प्रकट हुआ वह उनके शुद्धअमिश्रित आनन्द से सम्बन्धित है।

सूर कृष्ण लीलागान के अमर गायक हैं। कृष्णलीला और माधुर्य भक्ति के आवेश में वे अपने प्रभु का यश गान करते हैं। भक्ति मनोराग

का उत्कृष्टतम स्वरूप है। यह भगवान के प्रति भक्त के रागात्मक सम्बन्ध का सर्वाधिक कोमल व्यमनीय संस्थान है। यह भक्ति वाणी से सर्वथा परे, स्वानुभुतिगम्य अद्भूत तत्व है। राधा और कृष्ण, कृष्ण और गोपियाँ, कृष्ण और यशोदा, कृष्ण और समस्त ब्रजाचंल की रीति; वात्सल्य–प्रेम विषयक चेष्टाओं के पीछे श्रद्धा का रूप झाँकता हैं। आचार्य शुक्ल जब यह कहते है कि "भक्तिमार्ग अपने विशुद्ध रूप में धर्मभावना का भावात्मक या रसात्मक विकास है। यह विकास उपास्य ईश्वर के स्वरूप की प्रतिष्ठा के उपरान्त ही होता है। स्वरूप की यह प्रतिष्ठा तत्वचिन्तन या ज्ञान की प्रकृति पद्धति के द्वारा ही हो सकती है और सर्वत्र हुई है।[68] सूर अनायास ही नहीं कहते; कृष्ण की भक्ति इसका जीता जागता प्रमाण है। सूर के कृष्ण अपनी भक्ति के सन्दर्भ में स्वयं कहते हैं–

कर्म धर्म कैं बस मैं नाही, जोग जज्ञ मन मैं न करौं
दीन गुहारि सुनौ स्तवनि भरि, गर्व वचन सुनि हृदय जरौं
भाव अधीन रहौं सबही कै और न काहू नैकु डरौं
ब्रह्म कीट आदि लौ व्यापक, सबकौ सुख दै दुखहि हरौं
सूर स्याम तब कही प्रगट ही, जहँ भाव तहँ तै न टरौं[69]

सुधर्म बोधिनी में प्रेमा भक्ति के स्वरूप को स्पष्ट करते हुए लिखा है–

गुणा शक्ति सो काम सुख चिदांशक्ति सो नेह
चिदाशक्ति तत्सुखसुखी गुणा शक्ति सो देह[70]

अर्थात् सत्व, रज, तम, की वृत्तियों तथा इनकी आसक्तियों से परे कृष्ण रति चिदासक्ति है। इसे इस प्रकार समझना चाहिए कि जैसे शुद्ध आनन्द की अनुभूति मानव के वाह्य चिन्तन से सम्भव नहीं ठीक उसी प्रकार भगवादोन्मुख प्रेमशक्ति मानव मात्र की कल्पना से बहुत दूर की वस्तु है। कृष्णभक्त कवियों की यही विशेषता है कि "उन्होने अपने भावों को चेतना के विशुद्ध धरातल पर प्रेमाभक्ति के माध्यम से पहुँचाया है।" यहाँ धर्म की उपयोगिता मात्र इतनी है, जिससे मन की कलुषिता नष्ट हो जाये– सिद्धान्त पंचाध्यायी में नन्द ने लिखा है–

धरंमा करयौ दृढ़ ताकौ, धरनहि रट कोई
जा धरमहि आचरत, समल मल निरमल होई
मन निर्मल भये सुबुधि, तहाँ विग्यान प्रकासै
सत्य ज्ञान आनन्द, आत्मा तब अभासै[71]

इस प्रेमा भक्ति का अन्तिम लक्ष्य सिर्फ कृष्ण के चरणों की प्रीति प्राप्त करने से है–

तब तुमरी निज प्रेम भगति रति अति है आवै
तो कहुँ तुम्हरे चरन कमल कौ निकटहिं पावै[72]

सूर की गोपियाँ कृष्ण को प्रेम करती हैं। सभी के नयनों में उनकी यह मधुरतम छवि व्याप्त है–

साँवरों मनमोहन माई
देखि सखी बनतैं ब्रज आवत, सुन्दर नन्द कुमार कन्हाई[73]

कृष्ण की भक्ति विशुद्ध प्रेम के धरातल पर स्थित है जहाँ कृष्ण नित्यलीला में प्रवेश करते हैं तथा अपने भक्तों को भी प्रवेश कराते हैं। यहाँ आत्मा–परमात्मा के साथ लीन होकर नहीं बैठती बल्कि अपने समस्त अवयवों सहित वैचित्र्य का विस्तार करती है। डॉ0 मीरा श्रीवास्तव ने कृष्ण लीला को भक्ति के मानदण्ड पर कसते हुए लिखा है कि "लीला में जीव के प्रत्येक अंश की क्रीड़ा है, इसलिए कृष्ण प्रेम में इन्द्रियों की भी चिन्मयता साधित होती है। कृष्ण के प्रति प्रेम में ऐन्द्रिकता काम नहीं प्रेम है। आत्मेन्द्रिय की लिप्सा काम है, किन्तु सच्चिदानन्द की तृप्ति प्रेम है। कृष्ण भक्त की इन्द्रियाँ स्वसुख या विषयसुख के हेतु नहीं हैं। वे परमानन्द रूपी श्रीकृष्ण केवल श्रीकृष्ण के आस्वादन हेतु है–[74]

यह भक्ति सहजा है जिसमें कृष्ण ही कृष्ण व्याप्त है। भक्त उस रूप लावण्य की लालिमा से ग्रसित होकर प्रेम की तीव्रता को नापता है। भक्त अपने आराध्य के प्रति पूर्ण समर्पित हो जाता है। आराध्य की एक–एक चेष्टाओं पर वह अपने आप को उस मधुर मूर्ति के सामने वार देता है। यह भक्ति से पूर्ण हृदय की अनुगूंज है– सूर का समाज इस भक्ति रस में प्लावित है–

'देखौ माई सुन्दरता को सागर'
बुद्धि विवेक बल पार न पावत मगन होत मन नागर[75]

यह प्रेम एकटक निर्निमेष है–

तरुनि निरखि हरि–प्रति–अंग
कोउ निरखि नख इंदु भूली कोउ चरन जुग रंग
कोउ निरखि नूपुर रही थामि कोउ निरखि जुग जानु
कोउ निरखि जुग जंघ सोभा करित मन अनुमान[76]

आचार्य रामचन्द्र शुक्ल ने लिखा है "जब श्रद्धेय के दर्शन, श्रवण,

कीर्तन, ध्यान आदि में आनन्द का अनुभव होने लगे, जब उससे सम्बन्ध रखने वाले श्रद्धा के विषयों में अतिरिक्त बातों की ओर भी मन आकर्षित होने लगे, तब भक्तिरस का संचार समझना चाहिए।"[77]

सूर की भक्ति में ये समस्त तत्व समाहित हैं। यह भक्ति उच्च सीमा पर पहुँची हुई है। कृष्ण का एक मिनट का वियोग उन्हें सह्य नहीं। पुष्टिमार्गी भक्ति में भक्त को एकमात्र कृष्णाश्रय का ही सहारा है। इसके अभाव में भक्त की स्थिति पानी से निकाली गयी मछली जैसी है जिसके प्राण (जल) में अर्थात् कृष्ण में अटके हुए है—

हुते कान्ह अबहीं सँग वन में मोहन–मोहन कहि कहि टेरैं
ऐसो सँग तजि दूर गये क्यौं जानि परत गैयनि घेरैं
चूक मानि लीन्ही हम अपनी कैसहुँ लाल बहुरि फिर हेरैं
कहियत हौं तुम अंतर जामी पूरन कामी सबही केरैं
ढूँढ़ति हैं द्रुम वेलिवाला भई[78]

यह भक्ति का प्रभाव ही है कि सूर की गोपियाँ उस हर वस्तु के प्रति आदर का भाव दिखाती है जो कृष्ण से जुड़ी हुई है। वह अपने भाग्य की सराहना करते नहीं थकती—

गोपी कहतिं धन्य हम नारी
धन्य दूध, धनि दधि, धनि माखन
हम परूसतिं जेंवत गिरधारी
धन्य घोष धनि दिन धनि निसि वह
धनि गोकुल प्रगटे बनवारी[79]

सूर की यह भक्ति रूप, दर्शन से प्रारम्भ होकर कान्तासम्मित् भाव से आगे बढ़कर भगवद् भक्ति में परिवर्तित हो जाती है। यह प्रेम कृष्ण और भक्ति का अनोखा लोकतंत्र जहाँ वह भक्ति का अधिकारी किसी एक या वर्ग या विशिष्ट पात्र को नहीं बनाते बल्कि यह भक्ति सर्वजन सुलभ है जहाँ न उम्र का अन्तर्विरोध है, न ही जाँति–पाँति का जोर। सूर के कृष्ण सबसे अलग हैं। महारास में वे किसी भी स्त्री (भक्त) के मनोभावों को पीड़ा नहीं पहुँचाते बल्कि सबको एक समान रूप से प्राप्त होते हैं जहाँ इस भक्ति का स्थायी भाव भगवान के प्रति अनुराग है। श्रद्धा के अतिरेक की अवस्था में शारीरिक चेष्टाओं में परिवर्तन होता है। इस श्रद्धा के प्रभाव से व्यक्ति आत्म विस्तृत हो जाता है। गोपियाँ एवं सूर का प्रेम सिर्फ हरि दर्शन से ही सफल हो सकता है। इनकी आत्मा भक्ति रस से सराबोर

हो सकती है, फिर भक्ति के मार्ग में समाज लांछन लगाये, अपशब्द कहे, इससे भक्त को कोई फर्क नहीं पड़ता। सूर की गोपी इस भाव को कितनी आसानी से कहती है–

सखि मोहिं हरि–दरस–रस प्याई
हौं रँगी अब स्याम मूरति लाख लोग रिसाई
स्यामसुन्दर मदन–मोहन, रंग रूप सुभाई
सूर स्वामी प्रीति कारन, सीस रहौ कि जाई[80]

सूर की गोपियाँ का कृष्ण के प्रति प्रेम उनके प्रति भक्ति एकरूप है। यह भक्ति (प्रेम) ऐसी है कि इससे परे न उन्हें कुछ दिखायी देता है न सुनाई, जितने भी भौतिक उपादान हैं कृष्ण भक्ति रस के आगे उन्हें तिलांजली दे दी जाती है। ब्रजेश्वर वर्मा ने सूर की भक्ति के सन्दर्भ में गोपिकाओं के मनोभावों को देखते हुए ठीक ही कहा है कि "सन्यासी सूरदास वुद्धि के प्रयोग से ज्ञान प्राप्त करके हरि ब्रम्ह के अद्वैत निर्गुण अरूप को देखने के विशेष इच्छुक नहीं जान पड़ते। वे तो हरि से उसी कृपा की आंकाक्षा करते हैं जिसके कारण वे सगुण और सरूप होकर अपने अधीन दीन जन की सहायता के लिए दौड पड़ते हैं।"[81]

भक्ति रसामृत सिन्धु में भक्ति के विविध रूपों का सांगोपांग वर्णन मिलता है। व्यक्ति की चेतना को विकास कर्म के अनुरूप वल्लभाचार्य ने भी भक्ति का मनोवैज्ञानिक वर्गीकरण प्रस्तुत किया था। भक्ति रसामृत सिंधु में भक्ति के तीन प्रकार कहे गये हैं– (1) साधन भक्ति, (2) भाव भक्ति और (3) प्रेमाभक्ति। साधन भक्ति से तात्पर्य इन्द्रियों की प्रेरणा से जैसे श्रवण कीर्तन वंदन आदि उपायों से युक्त सामान्य भक्ति को साधन भक्ति कहा जाता है, जिसके द्वारा भाव या प्रेम साध्य होता है, यह भक्ति वैधी तथा रागानुगा दो प्रकार की होती है।

भक्ति
वैधी भक्ति
रागानुगा भक्ति
कामरूपा
सम्बन्ध रूपा

वैधी रागानुगा चेति सा द्विधा साधनाभिधा[82]

वैधी भक्ति में एक तरह का निषेध दिखायी पड़ता है, यह भय पर आश्रित व्यक्ति के कर्मो के अनुसार शास्त्र के जितने भी विधि निषेध हैं

वे सब वैधी भक्ति की सीमा में आते हैं। अपने कर्मो द्वारा इहलोक एवं परलोक सुधारने की प्रकिया में हम जिन विधि निषेधों का पालन करते हैं वह सब वैधी भक्ति के अर्न्तगत आते हैं जिनका एकमात्र लक्ष्य भगवान के प्रति श्रद्धा उत्पन्न करना है, जबकि रागानुगा भक्ति ईश्वर के प्रति अनुराग से सम्बन्धित है यह राग क्या है? ईश्वर जो हमारी अभिलाषित चेतना है, उसके प्रति स्वभाविक सहज परम आवेश या आकर्षण जिसे हम राग की संज्ञा से अभिव्यंजित कर सकते हैं, के द्वारा ईश्वर से अपना निश्छल सम्बन्ध जोड़ प्रकाश्यमान भक्ति को रागात्मिका भक्ति कह सकते हैं। सूर के ब्रजवासियों में यह भक्ति व्याप्त है। सूर ने भी रागानुगा भक्ति को अपनाया है। इस रागानुगा भक्ति के दो भेद है। (1) कामरूपा, (2) सम्बन्ध रूपा।

कामरूपा भक्ति ब्रज की गोपियों की विशेषता है एवं सम्बन्धरूपा भक्ति में भक्त अपने आराध्य के साथ पिता, सखा, बन्धु, माता आदि अनेक सम्बन्धों की परिकल्पना कर लेता है। जहाँ इन दोनों ही से भाव का अविर्भाव उत्पन्न हो जाता है, वहाँ प्रयोजन जो साधन भक्ति का मुख्य मार्ग है, वह समाप्त होकर विशुद्ध प्रेम या श्रद्धा में परिगणत हो जाता है।

भावभक्ति– शुद्ध सत्त विशेषात्मा प्रेम सूर्याशुसाम्य भाक्
रुचिभिश्चि तमासृव्य कृदसौ भाव उच्यते[83]

अर्थात् शुद्धामत्वमय, प्रेमस्वरूप सूर्यकिरण की सादृश्यमयी तथा रुचि (अर्थात् भगवान के सान्धिय प्राप्ति की अभिलाषा) द्वारा चित्त को स्निग्ध करने वाली भक्ति का नाम भाव भक्ति है। यह भक्ति सूर्य के प्रकाश की तरह एकाएक जाग्रत होती है। भाव के उत्पन्न होने की अवस्था में व्यक्ति के अन्दर सांसारिकता की क्षुद्र सीमाओं का त्याग स्वतः ही हो जाता है– सूर की कुब्जा इस भाव के प्रभाव से ही श्रीकृष्ण से अनुग्रह का आशीर्वाद पाती हैः–

कृष्ण कृपा सबही तैं न्यारी, कोटि करै तप नहीं मुरारी।
भाव भजन कुबिजा भई प्यारी दनुज भाव बिनु डारे मारी।।[84]

प्रेमाभक्ति के सन्दर्भ में भक्तिरसामृत सिन्धु में लिखा है–

"सम्यगम सृराणितस्वान्तो ममत्वातिशयांकितः, भावः स एवं सान्द्रात्मा बुधैः प्रेम निगधते[85]

अर्थात् जिससे चित्त सर्वतो भावेन निर्मल होता है एवं जो अतिशय ममता सम्पन्न है, ऐसा जो भाव है, गाढ़ता प्राप्त होने पर वह प्रेम

कहलाता है। यह प्रेम दो प्रकार का होता है– भावोत्थ व भगवान के अति प्रासादोत्थ भेद के नाम से जानी जाती है। भक्ति के अन्तरंग अंगों का निरन्तर सेवन करने पर भाव जब परमोत्कर्ष को प्राप्त करता है तब उसे भावोत्थ प्रेम कहते हैं। यह भावोत्थप्रेम भी दो प्रकार का होता है, वैधी भक्ति सञ्जात एवं रागानुगीय। भगवान श्रीकृष्ण स्वीय संगदान को अतिप्रसादोत्थ प्रेम कहते हैं। यह प्रेम दो प्रकार का होता है। महात्मयज्ञान युक्त तथा केवल अर्थात माधुर्यमात्र संवलित। इस भक्ति का उत्कर्ष उदाहरण ब्रज कुमारिकायें हैं। अणुभाष्य में बल्लभाचार्य जी ने भक्ति के सन्दर्भ में लिखा है–

> **"भक्तिस्तु विहिता अविहिता च इति द्विविधः माहात्म्यज्ञानयुत ईश्वरत्वेन प्रथौ निरूपाधि स्नेहात्मिका विहिता। अन्यतो प्राप्तत्वातः कर्मादउपाधिजा सा तु अविहिता"**[86]

यह माधुर्य मात्र संवालित भक्ति ही वल्लभाचार्य द्वारा प्रतिपादित पुष्टिमार्गीय भक्ति का प्राण है। वह पूर्ण है स्वयं में और इस भक्ति के प्रभाव से हर कोई वशीभूत हो जाता है। यह हृदय की परितृप्त एवं अभिसन्धिशून्य निरविच्छिन्न गति है।

सूर पुष्टि मार्गीय भक्त हैं। पुष्टि भक्ति को समझने के लिए इस संसार को समझना आवश्यक है। यह सम्पूर्ण चराचर संसार मानसिक वृत्तियों के अनुसार दैवी एवं आसुरी शक्तियों में विभक्त हैं। आसुरी वृत्तियाँ या जीव दुर्ज और अज्ञ दो प्रकार के होते हैं। दुर्ज का कभी उद्धार नहीं होता, अज्ञ का ईश्वर द्वारा संहार होने पर उद्धार होता है। अज्ञ के प्रतीक है कंस एवं रावण जिनके विनाश के लिए ही भगवान अवतार लेते है।

किन्तु जो भक्ति जन–जन में व्याप्त है यही वास्तविक भक्ति है, जिसका निरूपण दैवी जीव के प्रसंग में किया गया है। दैवी जीव दो प्रकार के होते हैं पुष्टि जीव एवं मर्यादा जीव। मर्यादा जीव कर्म ज्ञान द्वारा स्वर्ग किवां अक्षर सायुज्य मुक्ति प्राप्त करते हैं। उद्धव ऐसे ही भक्त हैं। कृष्ण यदि चाहें तो अपने कृपा बल से इन्हें सायुज्य मुक्ति से निकालकर नित्य लीला में प्रवेश करा सकते हैं। लीला में प्रवेश के साथ ही यह पुष्टि जीव में परिवर्तित हो जाते है। पुष्टिजीव का क्रम है (1) प्रवाहपुष्ट (2) मर्यादापुष्ट (3) पुष्टिपुष्ट (4) शुद्धपुष्ट– यही भक्ति के चार प्रकार भी हैं।

(1) प्रवाह पुष्ट भक्त उन जीवों को कहते हैं जो भ्रान्त है संसार चक्र में प्रवाहित हो रहे हैं, किन्तु श्रीकृष्ण से पुष्टि की याचना करते हैं।

(2) मर्यादा पुष्ट भक्त वह है जो विधिमार्ग का पालन करते हुए भक्ति में प्रविष्ट होते हैं। शास्त्र द्वारा निर्धारित कर्मो का निर्वहन करते हुए ये एकमात्र भक्ति को ही अपना लक्ष्य मानते हैं।

(3) पुष्टि पुष्ट भक्त श्रीकृष्ण के अनुग्रह एवं उनके स्वरूप बल से ही भक्ति सिद्ध कर लेते हैं। पुष्टि पुष्ट भक्त साधनों का त्याग नहीं करते, किन्तु स्वभावतः उसका मन साधनों के रहस्य को समझकर अकर्म होता है।

(4) इन सभी श्रेणियों से इतर शुद्ध पुष्ट भक्त आते हैं। ये किसी भी मार्ग का अनुसरण नहीं करते हैं। ये साधक न होकर सिद्ध भक्तों में गिने जाते हैं। यहाँ कुछ है तो सिर्फ प्रेम। यहाँ यह प्रेम व्यसन का रूप धारण कर लेता है, जहाँ भक्त एक–टक भगवान की लीलाओं का दर्शन एवं उपभोग करता है। भक्तों की यह श्रेणी पुष्टि मार्गी भक्तों के नाम से जानी जाती है। यहाँ पृथक सत्ता नहीं रहती, भक्त एवं भगवान के बीच में। यह पुष्टिमार्गीय भक्त अपनी चेतना को त्याग कर श्रीकृष्ण में अर्पित कर देता है और उनका ही अंश स्वरूप होकर उनकी लीला की अधिकारिणी बनता है।

सूरसागर और भागवत इसी भक्ति का नमूना भर है। गज फँसता है और कृष्ण से अनुग्रह की आशा करता है तत्क्षण कृष्ण उसके कष्टों को हर लेते हैं और वह कृष्ण में समाहित हो जाता है। प्रहलाद की भक्ति भी इसी का उदाहरण है। यह अनुग्रह हेतु रहित होता है, भगवान की कृपा अहेतुकी होती है, उनकी कृपा उनके प्रेम का ही एक रूप है। यह प्रेम अज्ञानग्रस्त जीव के लिए प्रसाद स्वरूप है। डॉ0 मीरा श्रीवास्तव ने पुष्टि मार्गीयभक्ति के सार तत्व को समझाते हुए लिखा है कि "वल्लभाचार्य जी ने कहा है कि कृष्ण की अनुग्रह रूपिणी पुष्टि काल, कर्म एवं स्वभाव आदि की बाधिका है अर्थात् इन सीमाओं से उत्पन्न मानव की तमाम् असमर्थताओं को केवल मात्र भगवान की अनुग्रहकारिणी पुष्टि ही निरस्त कर सकती है। बिना इन बाधाओं के ध्वंस हुए भक्ति नहीं हो सकती और इन बाधाओं का पूर्णरूपेण अतिक्रमण करना जीव की स्वशक्ति से साध्य नहीं है, कृष्ण के अनुग्रह से ही साध्य है। अतएव भगवान का अनुगह भक्ति का सर्वसमर्थ सशक्त एवं अपरिहार्य साधन है। अनुग्रह श्रीकृष्ण का पराक्रम है।[87]

भगवद् अनुग्रह क्या है? इसकी योग्यता क्या है? इसका सीधा सा जवाब यही है कि यहाँ भक्ति की योग्यता नहीं देखी जाती, बल्कि व्यक्ति की सात्विकता उसके भाव की पवित्रता, यह जिसके पास है वह इस अनुग्रह के उत्तराधिकारी बन सकते हैं सूर ने लिखा भी है–

रामभक्त वत्सल निज बानौं
जाति, गोत, कुल, नाम गनत नहिं रंक होइ कै रानौं[88]

यह है पुष्टिमार्गीय भक्ति जहाँ न जाति प्रधान है, न धर्म बल्कि इनसे इतर यहाँ प्रेम का भाव ही प्रधान है। कृष्ण का अनुग्रह उनका स्वरूप बल है। यह उनके प्रेम की स्वरूप शक्ति है इसके लिए व्यक्ति को किसी योग्यता की आवश्यकता कदापि नहीं है बल्कि सम्पूर्ण समर्पण की भावना ही इस भगवद्कृपा की प्राप्ति का सर्वोत्कृष्ट माध्यम है। किन्तु इस कृपा को पाना इतना आसान भी नहीं है इसके लिए भक्त को सर्वप्रथम निष्काम बनना आवश्यक है जैसे एक छोटा बच्चा अपने हर कार्य के लिए अपनी माँ पर आश्रित होता है, ठीक उसी प्रकार कृष्ण के प्रति उनका भक्त। गज एक हाथी था, अजामिल भ्रष्ट और अम्बरीष राजा–लेकिन इन तीनों में एक बात समान हैं, वह है ईश्वर के प्रति उनकी आस्था उनका विश्वास जिसके प्रभाव से यह तीनों ही संकटमुक्त होते हैं।

सूर के यहाँ इस भक्ति को प्राप्त करने के लिए गुरु आवश्यक है जो भक्त को प्रशस्त कर सके। सूर इस तथ्य के सर्वोत्कृष्ट उदाहरण हैं। वल्लभाचार्य से मिलने के पूर्व सूर विनय के पद गाते थे, किन्तु उनका मन व्यथित था, उन्हें परमगति तब ही प्राप्त होती जब वल्लभाचार्य उन्हें दीक्षित करते हैं। उन्हें उनके स्वरूप से परिचित कराते हैं, जिससे उन्हें वास्तविक अनुग्रह की प्राप्ति हो सके। बिना गुरु के ज्ञान कदापि सम्भव नहीं है, व्यक्ति के चरित्र का निर्माण गुरु कृपा से ही सम्भव है। यदि तुलसी को बाबा नरहरिदास नहीं मिलते या कबीर को रामानन्द, तो भारतीय साहित्य इनकी काव्य–प्रतिभा के प्रभाव से अछूता रहता। यह बताता है कि भक्ति के मार्ग में गुरुकृपा का होना आवश्यक है।

आकर्षण एवं समर्पण भक्ति का मूल है, भक्त अपनी त्रुटियों को आत्मा के स्तर से महसूस करता है। वह अपने मानसिक उद्वेग को अपने आराध्य के समक्ष उद्घाटित करता है। यही भाव उसका आत्मसर्पण है। भक्त ईश्वर के सम्मुख अपनी त्रुटियों के साथ, उपलब्धियों के साथ उपस्थित होता है। यह सम्पूर्ण व्यक्तित्व का निःशेष आत्मसमर्पण कृष्ण भक्त की प्रबल इच्छा है। यह शरणागति भाव या आत्मसमर्पण प्रपत्ति ही है। सूर क यहाँ यह प्रपत्ति भाव अपने तीनों रूपों में देखने को प्राप्त होता है। (1) भगवत्कृत भक्त स्वीकार (2) भक्तकृत भगवान का स्वीकार और (3) मित्र–ये तीनों प्रकार के उदाहरण क्रमशः गोपिका, प्रहलाद एवं अर्जुन है।

इस प्रपत्ति भाव के छह अंग हैं, अनुकूल का संकल्प, प्रतिकूलता का वर्जन, रक्षा में विश्वास, गोप्तृत्ववरण, आत्मनिक्षेप, तथा कार्पण्य। सूर के यहाँ यह समस्त अंग अपनी गरिमा के साथ मौजूद हैं।[89]

(1) **अनुकूल्स्य संकल्प :**
जैसे राखहु तैसे रहौं
जानत हौ दुःख–सुख सब जन के मुख करि कहा कहौं[90]

(2) **प्रतिकूल का वर्जन**
तजौ मन, हरि–विमुखन कौ संग[91]
सोई कछु कीजै दीन दयाल
जातैं जन छन चरन न छाँडे, करूना सागर भक्त रसाल[92]

(3) ईश्वर द्वारा रक्षा में विश्वास
सरन गय को–को न उबारयौ
जब–जब भीर परी संतनि कौ चक सुदरसन तहाँ सभारयौ[93]
तुम हरि साँकरे के साथी
सुनत पुकार, परम आतुर है दौरि छुड़ायौ हाथी[94]

(4) गोपतृत्व वरण–
करनी करूणा सिन्धु की मुख कहत न आवै
कपट हेतु परसे बकी, जननी गति पावैं[95]
दीना नाथ अब बारि तुम्हारी
पतित उधारन बिरद जानि कै, बिगरी लेहु सँवारी[96]

(5) आत्मनिक्षेप–
कृपा अब कीजिये, बलि जाऊँ
नाहिन मेरै और कोउ बलि, चरन कमल बिन ठाउँ[97]
जो हम भले बुरे तौ तेरे?
सब तजि तुव सरनागति आयो दृढ़ करि चरण गहे रे[98]

(6) कार्पण्य–
नाथ सकौ तौं मोहि उधारौ
पतितनि मै विख्यात पतित हौं, पावन नाम तुम्हारौ[99]

नाम– कृष्ण भक्ति की सगुण धारा में नाम से ज्यादा महत्व रूप को दिया गया है। नाम ईश्वर से साक्षात्कार करता है। यह नाम दो प्रकार से देखने को प्राप्त होते हैं– (1) स्वरूपनाम (2) लक्षण द्योतक। चैतन्य सम्प्रदाय ने "हरे राम, हरे राम, राम राम हरे हरे, हरे कृष्णा हरे कृष्णा, कृष्ण

कृष्ण हरे हरे" से मध्यकालीन जनता में नाम शक्ति के महत्व को प्रदर्शित किया। आज भी सामान्यतः हर घरों में ईश्वर का नाम लेने की प्रथा बदस्तूर कायम है नाम विश्वास है, भगवद्कृपा कृपा शक्ति का आवाह्न है– यह कभी भी किया जा सकता है। सूर नाम के सम्बन्ध में लिखते है–

अदभुत राम नाम के अंक
धर्म अंकुर के पावन द्वै दल मुक्ति बधू ताटंक
मुनि–मने–हंस–पच्छ–जुग जाकैं बल उड़ि ऊरध जात
जनम–मरन कारन कौं कर्तरी तीछन बहु विख्यात
अंधकार–अज्ञान हरन कौं रवि ससि जुगल प्रकास
बासर निसि दोउ करै प्रकासित महाकुमग अनयास
दूहूँ लोक सुखकरन, हरनदुख, वेद पुराननि साखि
भक्ति ज्ञान के पन्थ सूर ये प्रेम निरन्तर भाखि[100]

यह नाम का प्रभाव है कि जो कोई भी सुनता है, सर्वप्रथम वह आकर्षित हो जाता है। यह नाम आकर्षण का जनक है। राधा नाम के प्रभाव से ही कृष्ण से मन ही मन प्रेम करती है और इस नाम स्मरण में जब रूप सौन्दर्य का समावेश होता है तो क्या कहना ? नाम स्मरण के साथ सूर के यहाँ सत्संग पर भी जोर दिया गया है। सत्संग से ही जीवन को एक निश्चित दिशा व निश्चित ज्ञान प्राप्त होता है। सत्संग के प्रभाव से वाल्मीकि, रामायण के रचयिता बनते हैं–

"जा दिन सन्त पाहुने आवत
तीरथ कोटि सनान करै फल जैसौं दरसन पावत
नयौ नेह दिन–दिन प्रति उनकै चरन कमल चित लावत
मन–वच–कर्म और नहिं जानत, सुमिरत औ सुमिरावत
मिथ्यावाद उपाधि रहित हवै, बिमल–बिमल जस गावत"[101]

सुर की नवधा भक्ति– यह कहने की आवश्यकता नहीं कि भक्त का सम्बन्ध हृदय से है। यह वह भावात्मक सम्बध है, जिसमें अन्तर्जगत की नाना वृत्तियों, प्रवृत्तियों के साथ ईश्वर के साथ सूक्ष्म किन्तु मजबूत सम्बन्ध जोड़ा जाता है। नवधा भक्ति को भक्ति का शास्त्रीय रूप कह सकते हैं। पुष्टिमार्गीय आचार्यो के मतानुसार जब स्नेह का प्रादुर्भाव होने लगे, तभी सेवा प्रणाली में रत होना चाहिए।

नवधा भक्ति इसके नौ अंग हैं जो सुप्रसिद्ध हैं। यह भक्ति सेवा मार्ग में रत होती है–

(1) श्रवण– अन्तकरण की शुद्धि के लिए नाम श्रवण सबसे अधिक महत्वपूर्ण सिद्ध होता है। भगवान को हृदय में धारण कर भक्तिभाव से सुना गया नाम चित्तशुद्धि में सहायक है। यह नाम आस्था का जनक है। भक्त को यह विश्वास दिलाता है कि भगवान के भक्तवत्सल, पतितपावन, अशरण शरण आदि गुणों का श्रवण करने से भक्त के मन का नैराश्य दूर होता है। सूर ने लिखा है–

मिथ्यावाद विवाद छाँडि दै, काम क्रोध मद लोभहिं परिहरि
चरन प्रताप आनि उर अन्तर, और सकलसुख या सुख तरहरि
वेदनि कह्यौं सुमृतिहूँ भाष्यौ, पावन पतित नाम निज नरहरि
जाकौ सुजस सुनत अरू गावत, जैहै पाप वृन्द भजि भरिहरि[102]

(2) कीर्तन– पुष्टिमार्गीय भक्ति में कीर्तन का विशेष महत्व है। स्वयं महाप्रभु वल्लभाचार्य ने इस कीर्तन को ध्यान में रखते हुए अष्टछाप की स्थापना की, जिसके प्रधान गवैये सूरदास जी ही थे। कीर्तन भगवान के रूप गुण एवं लीला के गायन का सम्मिलित रूप है। कीर्तन का सुख, धर्म, अर्थ, काम, मोक्ष, जप, तप आदि सभी सुखों का अतिक्रमण कराता है तथा ईश्वर से सीधा सम्बन्ध जोड़ देता है–

जो सुख होत गुपालहिं गायें
सो सुख होत न जप–तप कीन्हैं कोटिक तीरथ न्हाऐं
दिये लेत नहिं चारि पदारथ, चरन कमल चित्त लाऐं
तीनि लोक तृन सम करि लेखत, नन्द नन्दन उर आऐं
बंसीवट, वृन्दावन, जमुना तजि बैकुण्ठ न जावै
सूरदास हरि को सुमिरन करि, बहुरि न भव जल आवै[103]

3. **स्मरण**– जो कुछ भी सुनते है उसे यदि निरन्तर याद न रखें तो उसकी स्मृति धूमिल पड़ती जाती है। भक्ति के साधना मार्ग में भी यही बात लागू होती है। सम्पूर्ण भक्ति साहित्य में स्मरण पर ज्यादा जोर दिया गया है। सूर भी स्मरण की बात अपनी कविताओं में करते हैं–

काम–क्रोध–लोभ–मोह–तृष्ना मन मोयौ
गोविन्द गुन चित बिसारि, कौन नींद सौयौं
सूर कहै चित्त बिचारि भूल्यों भ्रम अन्धा
राम नाम भजि लै तजि और सकल धन्धा[104]

यह अवस्था प्रत्येक व्यक्ति के अन्तस में एक क्षण के लिए अवश्य आती है। जहाँ ज्ञान को पुर्नस्थापित करने के लिए स्मरण का महत्व

होता है। स्मरण का एक क्रम है, स्मरण, धारणा, ध्यान, धुव्रानुस्मति तथा समाधि। स्मरण के प्रभाव से ही भगवान की सत्ता उसकी उपस्थिति हृदय में केन्द्रित या स्थापित हो जाती है और भक्त के व्यक्तित्व में अमूलचूल परिवर्तन लक्षित होता है।

4. पाद सेवन – पुष्टि सम्प्रदाय में पाद सेवन से तात्पर्य भगवान के चरणों में अपने आपको पूर्णतया समर्पित करने से है। सूर कहते भी है–

चरण कमल बन्दौ हरिराई
जाकी कृपा पंगु गिरि लंघै, अन्धै को सब कुछ दरसाई[105]
भृंगी री भजि स्याम–कमल पद जहाँ न निसि को त्रास
जहँ विधु भानू समान एक रस, सौ बारिज सुख रास[106]

5. अर्चन– पुष्प धूप दीप, नैवेंद आदि से भगवान का पूजन अर्चन भक्त के अन्दर पूजा और आराधना का भाव जाग्रत करती है। भले ही यह वाह्य विधान है, जिसे आजकल के नास्तिक कर्मकाण्ड कहते हैं, किन्तु इसके गूढ़ अर्थ को समझते नहीं। यह मानवीय क्रिया–कलाप का एक अंग है, श्रद्वा के अतिरेक में जब हम उस दैवीय शक्ति के सामने कुछ भी नहीं, तो अपने भावों का अर्पण इसी छोटी–छोटी खुशियों से करते हैं। जो भी हमें प्रिय था उनका पहला अधिकारी हम ईश्वर को मानते हैं, और यह अर्चन अन्त में हमारे मन मन्दिर में भगवान के प्रति कभी न मिटने वाली प्यास के रूप में परिवर्तित हो जाता है।

6. वन्दन– अपने हृदय के स्वामी के प्रति नमन वन्दन है। यह वंदन तब संभव है, जब मनुष्य मात्र में अंधकार त्याग, समर्पण एवं आराधना की वृत्तियाँ जन्म लेती है। यह वन्दन हृदय में उद्‌बोधित करना है। सूर अपने स्वामी के रूप गुण कृतित्व का बोध मन ही मन करते हैं।

7. दास्य– आत्मा या जीव प्रभु का अंश होने के कारण उसका सेवक है, जब तक उसे अपने स्वरूप का बोध नहीं होता, वह उस अनादि शक्ति से अपने सम्बन्ध को जोड़ नहीं पाता है। दास्यता से दैन्य व भाव उत्पन्न होता है, जो कि भक्ति का प्रथम आधार है। यहाँ चाकर की भावना है।

8. साख्य– दास्य भाव की अगली कड़ी साख्य है जहाँ भक्त और भगवान के बीच का विरोध भाव हट जाता है तथा भक्त एवं भगवान के बीच साख्य भाव स्थापित होने लगता है।

9. आत्मनिवेदन– पुष्टिमार्गीय भक्ति में आत्मनिवेदन, उनके समर्पण, प्रेम की उनकी अन्ययता को प्रदर्शित करता है। यह सम्पर्ण भाव

ही आत्मनिवेदन है– वल्लभ सम्प्रदाय का दीक्षा मंत्र– "श्री कृष्णः शरणं मम्। सहस्त्र परिवत्सरमित कालजात कृष्ण वियोग जनितताप क्लैशानन्द तिरोभावोऽहं। भगवते कृष्णाय देहिन्द्रिय प्राणान्तः करणानि तद्दर्माश्च दारागार पुत्र वित्तेहापराणि आत्मना सह समर्पयामि दासोहं कृष्ण तवास्मि।"[107]

सेवा विधि– सेवा द्वारा इष्टदेव का सान्निध्य प्राप्त होता है। सेवा नवधा भक्ति की अपेक्षा अधिक क्रियात्मक एवं भावात्मक होती है। सेवा नाम एवं स्वरूप दोनों में ही सम्भव है। पुष्टिमार्गी भक्ति में स्वरूप सेवा पर ज्यादा जोर दिया गया है। यह सेवा तीन प्रकार की होती है– तनुजा, वित्तजा तथा मानसी। मानवीय सम्बन्धों को भावना के द्वारा ऐश्वर्य से युक्त सेवा जहाँ सम्बन्ध भी है, मन भी है और वैभव से व्याप्त रोचकता भी। इसलिए सूर के कृष्ण अपने पूरे ताम–झाम के साथ दिखायी देते हैं। वह छप्पन प्रकार के व्यंजन करते हैं। इस प्रकार की सेवा द्वारा सौन्दर्यबोध की तृप्ति के साथ वाह्य चेतना का उत्कर्ष तथा मानस का अन्तर्मुखि स्वभाव व्यक्त होता जाता है। जहाँ अपने भोग का त्याग कर कृष्ण की सेवा को ही अपना भोग, अपना व्यसन बना डाला है भक्तों ने।

वल्लभ सम्प्रदाय में वात्सल्य एवं साख्य भाव की प्रधानता है। यहाँ एक ही भाव नहीं है बल्कि भावों की एक विस्तृत श्रृंखला विद्यमान है। जिसके कारण यहाँ रंजकता का समावेश ज्यादा है, यही कारण है कि कृष्ण भक्ति के अन्य सम्प्रदायों से इसके सेवाकर्म में थोड़ा सा अन्तर दिखायी पड़ता है।

मंगला– यहाँ कृष्ण एक बालक है जिसके कारण सर्वप्रथम वात्सल्य भाव व्यक्त होता है। कितनी सीधी और सच्ची भक्ति है। कृष्ण को जगाने के लिए, कृष्ण को देखने के लिए भीड़ लग जाती है जब मुख चन्द से कपड़ा हटाया जाता है, तो उस स्वरूप वर्णन के लिए न उपमा मिलती है न व्यंजना, एक माँ अपने पुत्र को जगाती है, एक भक्त अपने आराध्य को जगाता है–

जागिये गोपाल लाल, आनन्द निधि नन्द–बाल
जसुमति कहै बार–बार, भोर भयौ प्यारे
नैन कमल–दल बिसाल, प्रीति बापिका मराल
मदन ललित बदन उपर कोटि वारि डारैं[108]

कृष्ण के उठने के साथ ही कलेवा दिया जाता है। कृष्ण को माखन मिश्री विशेष रूप से प्रिय है। कृष्ण कुछ खाते हैं, कुछ गिराते हैं। वह

सारी बाल सुलभ चेष्टाएँ करते हैं जो एक सामान्य बालक करता है, इसके पश्चात मंगल आरती की जाती है।

2. श्रृंगार– यह भौतिक क्रिया है किन्तु इसमें आध्यात्मिकता का आवरण कितना गहरा है। माँ यशोदा खड़ी है, कृष्ण से अनुनय विनय करती है, कृष्ण रोते है उन्हें उबटन नहीं लगवाना, कपड़े नहीं पहनना, नहाना नहीं। माँ अपने बच्चे को कितना समझाती है। उसी भावना से रीझ कर सूर अनायास नहीं कह उठते। यहाँ भक्त अपने आराध्य की लीलाओं से चकित, मोहित हो जाता है–

जसुमति जबहिं कहयौं अन्हवावन, रोइ गये हरि लोटत री
तेल उबटनौ लै आगै धरि, लालहिं चोटत पोटत री[109]

ग्वाल– श्रृंगार भोग तथा ग्वाल धैया आरोगना ग्वाल के अन्तर्गत आता है। कृष्ण खेलते हैं गोपियों का मन मयूर नाच उठता है। यहाँ हर एक खेल एक रहस्यमय संकेतों, आध्यात्मिक प्रतीकों से भरा हुआ है।

राजभोग– यह मध्यान्ह का भोजन है जिसे यशोदा किसी ग्वालिन के द्वारा वन में भेजती हैं। ब्रजांचल में इसे आज भी छॉक कहते हैं। यह छॉक सूर की भक्ति के लोकतंत्रात्मक चेतना का आधार है।

उत्थापन– भोजन करने के पश्चात् कृष्ण दोपहर को शयन करते हैं उसके बाद उन्हें जगाने की प्रक्रिया को उत्थापन कहा जाता है, जिसमें फल–फूल का भोग लगता है। कृष्ण गायों को बुलाते हैं कृष्ण की एक तान पर ही गायें खड़ी हो जाती हैं। कृष्ण में धूलमंडित रूप दर्शन की लालसा से गोपियाँ अपने–अपने घरों में खिड़कियों के पास यत्र–तत्र खड़ी हो जाती हैं।

भोग– कृष्ण घर आ गये हैं। थक कर चूर हैं अतः यशोदा कृष्ण को संध्या भोग खिलाती हैं।

संध्या आरती– भोग के उपरान्त कृष्ण की संध्या की आरती की जाती है। रत्नजटित सोने की थाल में अगर चन्दन आदि मिलाकर दीप सजाया जाता है। घण्टा झालर आदि वाद्यों तथा गोपियों के समूह गान से उनकी आरती उतारी जाती है।

शयन– यह पुष्टिमार्गीय भक्ति की अन्तिम क्रिया है जहाँ भक्त अपने आराध्य को थका जानकर रात्रि भोजन जिसे ब्यारू कहते हैं, को करवाकर पलंग पर अपने आराध्य को सुला दिया जाता है।

वस्तुतः सूर की भक्ति का फलक बहुत विस्तृत है। सूर भाव के कवि हैं, भाव के साधक हैं इसलिए सूर की भक्तिभावना में वह सब कुछ है जो एक भक्त के अन्दर होना चाहिए। कृष्ण की सभी प्रेमिकाएँ, गोपियाँ माधुर्यभाव से उनकी ओर उन्मुख हुईं। ग्वाल–बालों ने सखा भाव से उनकी उपासना की। नन्द, यशोदा एवं वसुदेव, देवकी ने वात्सल्य भाव से उनसे स्नेह किया। आततायी कंस, जरासंध, शिशुपाल, पूतना आदि शत्रु भाव से उनकी ओर उन्मुख हुए, पर सबको समान भाव से मुक्ति की प्राप्ति हुई।[110] यह है सूर की भक्ति भावना की व्यापकता– जहाँ जन सामान्य को इतना महत्व दिया गया है। सूर के कृष्ण अपनी भक्ति के द्वारा मध्यकालीन जड़ता पर प्रहार करते हैं। सूर के कृष्ण अपने भक्तों की रक्षा के हितार्थ वह समस्त कार्य करते हैं जो सामन्तशाही मूल्यों पर चोट करता है, चाहे गोवर्धन पूजा के समय वृद्वा के घर से लेकर अन्न खाना हो या कालिदमन या फिर इन्द्र के अत्याचारों से अपनी प्रजा की रक्षा। प्रो0 वीरेन्द मोहन ने सूर की भक्ति भावना का कितना सटीक आकलन किया है जहाँ वह कहते हैं कि भक्ति से बड़ा कोई दूसरा मूल्य नहीं हो सकता है। सूर भक्ति के लिए शास्त्रीय मर्यादाओं का अतिक्रमण करते हैं। उनकी गोपियाँ इसका प्रमाण है, जो व्यक्तिगत सुख कामना नहीं करती वरन् कृष्ण सुख की कामना करती हैं। इसे असामाजिक नहीं कहा जा सकता, परार्थभाव का उदात्तीकरण कहा जा सकता है।[111]

प्रमुख लोकतान्त्रिक चरित्र– सूर के सूरसागर में यदि कुछ है तो वह है कृष्ण का प्रेम और यही प्रेम सूर के कृष्ण को सबसे जोड़े रखता है। सूर गीतिकाव्य के प्रणेता और उनका सूरसागर कृष्ण लीला की एक वृहद् प्रबन्ध कल्पना। यह अलग बात है कि सूर का सूरसागर प्रबन्ध काव्य न होते हुए मुक्तक शैली में लिखा गया है, जिसके कारण उसमें प्रबन्ध काव्य की पूर्ण विशेषताएँ नहीं प्राप्त होती। सूर के यहाँ प्रबन्ध काव्य का वह कौशल नहीं, जिसमें एक महाकाव्य के समस्त गुण मिले। इसके पश्चात् भी सूरसागर के सामने खड़े होने का सामर्थ्य यदि किसी काव्य ग्रन्थ को है तो वह रामचरित मानस ही है। कृष्ण लीला के चरित्र वस्तुतः भावानुभूति का ही विकास है और इस दृष्टि से सभी पात्र कृष्ण पर पूर्ण रूप से निर्भर कृष्णमय छवि के साथ अवतरित होते हैं। ब्रजेश्वर वर्मा का कहना कि उनकी व्यक्ति विविधता कृष्ण के व्यक्तित्व की भावालम्बन रूप विविध्ता पर ही आधारित है।[112]

सूर के पात्रों की सबसे बड़ी विशेषता भक्ति भावना है और इस भावना के कारण उनका सहज स्वरूप सामने नहीं आ पाता, यही कारण है कि सूर साहित्य के पात्रों पर विशेष टिप्पणी नहीं मिलेगी, किन्तु ऐसा भी नहीं कि इन पात्रों का कोई विशेष अर्थ न हो।

सूरसागर को शील और स्वभाव का चित्रण कह सकते हैं। मैनेजर पाण्डेय ने सूरसागर में व्याप्त चरित्र–चित्रण की विवेचना करते हुए लिखा कि "पुरुष पात्रों में केवल कृष्ण का ही व्यक्तित्व मानवीय, अतिमानवीय और अलौकिक स्तरों पर अपनी सम्पूर्णता में उद्घाटित है। बलराम, नन्द, वसुदेव, उद्धव, अक्रूर तथा कंस आदि का चरित्र विशेष मुखर नहीं हो पाया है। सूरसागर में स्त्री पात्रों की प्रधानता है इसमें नारी के अनेक रूपों का व्यापक चित्रण है।"[113]

सूरसागर श्रीमदभागवत पर आधारित है। इसलिए यहाँ नारायण के रूप की चर्चा उसकी भक्ति की चर्चा प्रमुख हो उठती है, अन्य चर्चायें गौण। सूर की रचनाओं के अवलोकन के पश्चात् सूर के यहाँ पात्रों के तीन तरह के वर्ग देखने में आते हैं–

(1) मानव
(2) राक्षस
(3) देव

मानव में राजा–रानी, सामान्यजन ऋषि मुनि आते हैं। राक्षसों में एक से एक पात्र हैं जिनके विनाश के लिए विष्णु को पूरे दस अवतार लेना पड़ता है। तीसरे देवता जिसमें स्वयं कृष्ण राम, इंद्र, ब्रह्मा आदि का उल्लेख सूर के यहाँ हुआ है। प्रमुखता सिर्फ राम और कृष्ण को ही मिली है। इसके अतिरिक्त सूर के यहाँ पशु–पक्षियों का भी वर्णन है, किन्तु यहाँ वह तुलसी की तरह कोई विशेष महत्व प्राप्त नहीं कर पाता। सूर की लोकतान्त्रिक चेतना को ध्यान में रखकर कुछ ही पात्र अपने स्वरूप में निखार ला पाते हैं। यह पात्र संख्या की दृष्टि से अधिक नहीं है किन्तु प्रभाव की दृष्टि से अतुलनीय अवश्य हैं।

(1) कृष्ण, राम, बलराम, नृसिंह, प्रहलाद, हनुमान, केवट, अंगद, श्रीदामा आदि।

(2) द्रौपदी, सीता, राधा, यशोदा, मंदोदरी, कुब्जा एवं संकेत रूप में मुरली।

कृष्ण– सूर के कृष्ण एक विस्तृत यात्रा का परिणाम है ठीक तुलसी

के राम की तरह। यह कृष्ण अचानक ही नहीं उभरते बल्कि एक लम्बा समय लेते हैं, सूर के कृष्ण बनने तक। कृष्ण को नायक बनाकर जितना कवियों ने लिखा उसका दशमांश भी अन्य अवतारों के बारे में नहीं, ऐसा लगता है कि कृष्ण ही नायकत्व की भूमिका पर खरे उतरते रहे हैं, कवियों के लिए। डॉ0 कृष्ण दत्त पालीवाल ने इस सन्दर्भ में लिखा है कि "कृष्ण को आधार बनाकर हिन्दी का मध्ययुगीन साहित्य उनके लौकिक लोकोत्तर तथा अलौकिक छटाओं से धन्य हो गया है। प्रेम और सौन्दर्य का यह नायक भारतीय जनमानस के बहुत निकट रहा है। उन पर मुग्ध होकर विदग्ध मन से कवियों ने रीति कोश न्यौछावर किये हैं। यही कारण है कि कृष्ण पर मन–तरंग के साथ मुक्तक पद लिखे गये है, विद्यापति एवं सूर के पद इस मत को पुष्ट करते है।[114]

यह कृष्ण अचानक प्रकट नहीं होते। सर्वप्रथम वेदों में (ऋग्वेद) में कृष्ण का उल्लेख होता है ऋषि, कृष्ण ही ऋग्वेद में अष्ट्रम तथा दशम मण्डल के रचयिता है। एक असुर कृष्ण का भी उल्लेख ऋग्वेद[115] में होता है। विष्णु पुराण तथा भागवत पुराण में इन्द्र युद्ध विरोध देखकर पाश्चात्य विद्वान इलियट ने उसे वैदिक कृष्ण का रूप ही माना है।[116] छान्दोग्योपनिषद में कृष्ण देवकी के पुत्र और अंगीरस के शिष्य कहे गये हैं। इस प्रकार कुल तीन कृष्णों का उल्लेख वैदिक साहित्य में मिलता है[117]

(1) मंत्रो के रचयिता अंगीरस कृष्ण
(2) आर्येत्तर संस्कृति से सम्बद्ध कृष्णासुर कृष्ण
(3) अर्जुन के सहचर कृष्ण।

डॉ0 केलकर ने ऋग्वेद में चार विष्णुपरक मंत्रों के आधार पर विष्णु तथा कृष्ण को एक ही माना है। वहीं से विष्णु का गायों से सम्बन्ध देखकर उन्हें पशुपालन देवता विष्णु को सूर्यवंशी मानकर उसे पीछे के काल में कृष्ण मान लिया है।[118] संस्कृति के चार अध्याय में दिनकर लिखते है "कृष्ण नाम के साथ गाय, चरवाहा खेती और किसानी की कथाएँ देखकर तथा यह देखकर कि उनके भाई बलराम हल लेकर चलते हैं, पश्चिम के विद्वानों ने यह अनुमान लगाया था कि पहले कृष्ण फसल तथा वनस्पति के देवता रहे होगें। मगर भारतीय पण्डित इस अनुमान को नहीं मानते। कृष्ण नाम बहुत प्राचीन है।[119]

श्रीमदभगवद् गीता में कृष्ण को अवतारी मानते हुए अनेक अवतार के समय का वर्णन किया है–

निशीथे तमउद्भूते जायमाने जनार्दने।
देवक्यां देवरूपिण्यां विष्णुः सर्वगुहाशयः।
आविरासीद् यथा प्राच्यां दिशीन्दुरिव पुष्कलः।।[120]

महाभारत में कृष्ण का व्यक्तित्व अद्भुत गुणों से सम्पन्न है। कृष्ण एक नेता की तरह उसमें उभरते है एक ऐसा नेता जो महान योगी बेजोड़ राजनीतिज्ञ तथा साक्षात् ब्रह्म का अवतार हैं यह विराट रूप है। किन्तु इस विराट रूप से जनता मोहित नहीं होती। यही कारण रहा है कि मध्यकालीन कवियों ने कृष्ण के बाल रूप को चुना, न कि उनके विराट रूप को।

लेकिन सूर की विशेषता यह है कि उनके कृष्ण इन सभी कृष्णों से भिन्न विशुद्ध प्रेम के धरातल पर खड़े दिखायी देते हैं। यह कृष्ण एक विस्तृत सोच का परिणाम है। "लोक संग्रह की भावना और लोक चेतना के प्रति सचेत कृष्ण जैसे लोकनेता, प्राचीनता की लकीर न पीटकर, प्राचीनता की शाश्वतता में अंध आस्था न रखकर, मनुष्य और नियम के बीच मनुष्य में अधिक आस्थावान होने के कारण, मानव जीवन के संचालन नियमों और आदर्शों की युगानुरूप परिवर्तनशीलता में विश्वास करते हैं। मनुष्य से श्रेष्ठ कुछ भी नहीं है, न हिमानुषाच्द्रेष्ठतर हि किचिंत्" यह है कृष्ण का वास्तविक अर्थ। सूर के कृष्ण का उद्भव लोक से होता है वह गलियों में घूमता है, विचरता है सभी के सुख में सुखी, सभी के दुःख में दुखी। सूर ने कृष्ण उपनिषदों, पुराणों लोक प्रचलित मान्याताओं पर बनते हैं। सूर के कृष्ण काव्य नायक होने के साथ–साथ लोकनायक भी हैं। सूर की विशेषता यह है कि वह उस अवतारी चरित्र का पूर्णतया मानवीकरण कर देते हैं, सूर के कृष्ण के साथ प्रेम का आकर्षण जुड़ा हुआ है। यह कृष्ण लीलाधारी होने के साथ मानवीय मूल्यों और मानवीय सम्बन्धों में आस्था व्यक्त करते हैं। चूँकि कृष्ण का आविर्भाव एक और राजा के यहाँ होता है, किन्तु इस राजा के अन्दर न दंभ है न मान, बल्कि वह भी एक आम इंसान की तरह अपने व्यवहार को प्रकट करता है, सूर की यही रागात्मकता है। वह प्रेम की चाशनी में कृष्ण कथा को ऐसा डुबाते हैं, जहाँ सारा समुदाय एक होकर हर्षित हो उठता है। यह समाज कितना विस्तृत है–

आजु बन कोऊ वै जनि जाइ
सब गाइनि बछरनि समेत, लै आनहु चित्र बनाई
ढोटा है रे भयौ महर कैं, कहत सुनाइ–सुनाई
सबहि घोष मैं भयौ कुलाहल, आनन्द उर न समाई[121]

यह कृष्ण लोक की चेतना से सम्बद्ध है। वह वैदिक कर्मकाण्ड को स्वीकार नहीं करते बल्कि वैदिक कर्मकाण्ड के विरोध में अपनी प्रगतिशीलता को व्यक्त करते हैं। सूर के यहाँ कृष्ण लोकोद्दारक के रूप में भी सामने आते हैं। वह विनाश की नीति अपनाते हैं, असद्वृत्तियों तथा प्रवृत्तियों के खिलाफ सूर के कृष्ण के जन्म का कारण ही लोगों की पीड़ा को दूर करने के लिए होता है–

धेनु रूप धरि पुहुमि पुकारी, शिव विरंचि कै द्वारा
सब मिलि गये जहाँ पुरुषोत्तम जिहिं गति अगम अपारा
छीर–समुद्र–मध्य तैं यौं हरि दीरघ वचन उचारा
उधरौं धरनि, असुर कुल मारौ, धरि नर–तन अवतारा[122]

यह है कृष्ण के जन्म का कारण– यह कृष्ण सदियों से पीड़ित जनता के कष्टों को हरने के लिए अवतार लेते हैं और जो सामाजिक व्यवस्था नष्ट हो रही थी, उसका पुनर्रूत्थान करते हैं इसलिए सूर एक ऐसे समाज का चुनाव करते हैं जहाँ समतामूलक भावना व्याप्त हो। इसलिए सूर के कृष्ण के साथ जनता जुड़ती है हर एक उत्सव में, सुख में, दुःख में। कृष्ण के रूप माधुरी से हर कोई प्रभावित होता है कृष्ण की एक–एक अद्भुत छटा है और पूरा गोकुल समाज उस छटा में आकण्ठ डूबा हुआ है–

आजु बधायौ नन्दराइ कैं, गावहु मंगलचार
आई मंगल–कलस साजि कै दधि फल नूतन–डार
उर मेले नँदराई कैं, गोप–सखनि मिलि हार
मागध–बंदी–सूत अति करत कुतूहल बार
आए पूरन आस कै, सब मिलि देत असीस
नन्दराई कौ लाड़िलो, जीवै कोटि बरीस[123]

यह है समता मूलक समाज। कृष्ण की रूप माधुरी पर हर कोई मुग्ध है। कृष्ण एक सामान्य गोप बालक की तरह सामने आते हैं–

धूरि धूसर जटा जुटली, हरि किये हर–भेषु
नील पाट पिरोई मनि गन, फनिग धोखैं जाई[124]

हरवंश लाल शर्मा ने शायद इन्हीं पदों को देखते हुए लिखा होगा कि "सूरदास जी का मुख्य उद्देश्य भागवतकार की भाँति कृष्ण के चरित्र की अलौकिकता चित्रित करना नहीं है। उन्होंने तो कृष्ण के मानवरूप को ही प्रधानता दी है। यही कारण है कि सूर के चित्रण में कृष्ण के अति प्राकृत और लोकातीत तथा मानवीय रूप की धाराएँ समानान्तर रूप से बहती हुई चलती है।"[125]

सूर ने सामन्त के पुत्र को सबका पुत्र बनाकर कृष्ण की अनेक छवियों को उकेरा है, वह भारतीय जनमानस से एकदम मिलता है। कृष्ण सामान्य अहीर बालक के रूप में आते हैं और भारतीय जनमानस में छा जाते हैं–

सोभित कर नवनीत लिए
घुटुरूनि चलत रेनु–तन–मंडित, मुख दधि लेप किये,
चारू कपोल, लोल लोचन, गोरोचन–तिलक दिये।[126]

कृष्ण अपनी लोकतान्त्रिक चेतना को अपने परिवेश के साथ जुड़ते हुए व्यक्त करते चलते हैं– भले ही वह उसमें मानवचरित्र और दिव्य लीला को अभिव्यक्त करते हैं। यह लोक और देवताओं दोनों के लिए पूजनीय है। इनकी छवि पर पूरा गोकुल मुग्ध है। यह कृष्ण अपनी बाल सुलभ चेष्टाओं से सभी को मुग्ध करते हैं। वह एक तरफ विनोदी बालक के रूप में खड़े हो जाते हैं, आंखों के सामने तो दूसरी ओर माखनचोर बनकर ब्रजवासियों को जहाँ आनन्द प्रदान करते हैं वहीं गोपियों से उनकी तीखी नोक–झोंक उनके प्रगाढ़ प्रेम का आधार बनती हैं।

कृष्ण जैसा लोकनेता इतिहास में शायद ही दूसरा हुआ हो, वह आरम्भ से लोक विरोधी तत्वों का विनाश करते हैं, सर्वप्रथम पूतना वध कर ममता को कलंकित करने वाली भावना को ही जड़ से समाप्त कर देने की कोशिश करते हैं–

कुच विष बांटि लगाइ कपट करि बालघातिनी परम सुहाई[127]

इसके पश्चात् वह कागासुर का वध करते हैं काग एक ऐसा प्रतीक हैं जो अनाज का विनाश करता है तथा कृषक संस्कृति को मटियामेट करने की कोशिश करता है आज भी गाँवों मे फसल के ठीक बीचो–बीच एक पुतला बनाकर टाँग दिया जाता है– ऐसे ही शकटासुर तृणावत का वध कर कृष्ण समाज को प्राकृतिक आपदाओं से बचाने की कोशिश करते हैं। वृन्दावन में विहार करते हुऐ वृषभासुर, केशी आदि राक्षसों का वध कर, समाज में नीति व मर्यादा की पुनः स्थापना करने का कार्य सूर अपने कृष्ण के द्वारा ही करवाते हैं। इतना ही नहीं सूर के कृष्ण ब्राह्मणों के मिथ्या अभिमान पर कितना कठोर प्रहार ब्राह्मण की कथा के द्वारा करते हैं। यह ब्राह्मण मध्य कालीन व्यवस्था का प्रतिनिधि है, जो धन के लोभ में अपना सब कुछ बिगाड़ना चाहता है, धन के लिए किसी भी सीमा तक गिर सकता है– कृष्ण उन सभी कुरीतियों का दमन करते हैं, जो तत्कालीन समाज में व्याप्त थी।

एक लोकरक्षक का कर्तव्य निभाते हुए कृष्ण दावानल का पान करते हैं। यह दावानल रूपी राक्षस संसार में व्याप्त दुःखों तथा विपत्तियों का समष्टिगत प्रतीक है। कृष्ण इस विपत्ति को हर कर एक स्वस्थ समाज को बचाते हैं। इसी तरह कृष्ण एकता की स्थापना करते हैं जब प्रलंभ नामक राक्षस ग्वाले का रूप धारण कर उनके बीच फूट डालने की नियत से घुस आता है कृष्ण समाज में एकता चाहते हैं... यह एकता ऐसी नहीं बनती, जबकि उसमें विस्फोटक तत्व मौजूद हो इसलिए कृष्ण प्रलंभ का वध कर गोपों के प्रेम की रक्षा करते हैं।

कृष्ण जाति–पाँति के बंधनों को तोड़कर पुरातन पंथी व्यवस्था को ठेंगा दिखाते हैं। जाति–पाँति की व्यवस्था को तोड़ने का साहस कृष्ण के लोकतान्त्रिक चेतना का परिणाम है। यह कृष्ण उस समाज में रहते हैं, उसके जैसा कार्य करते हैं– यहाँ कोई बड़ा या छोटा नहीं है। कृष्ण को अपनी जमीन, अपनी संस्कृति से प्रेम है–यह लोकतंत्र की दूसरी शर्त हैं, कृष्ण को वृन्दावन गोकुल से जितना प्यार हैं उतना प्यार वह द्वारका या मथुरा से कभी नहीं करते।

वृंदावन मौकों अति भावत्
सुनहु सखा तुम सुबल, श्रीदामा, ब्रज तैं गौ–चारन आवत
कामधेनु सुरतरू सुख जितने, रमा सहित बैकुंठ भुलावत
इहिं वृंदावन, इहिं जमुना तट ये सुरभी अति सुखद चरावत[128]

सूर ने कृष्ण का सामाजीकरण कर भारतीय जनमानस के साथ उन्हें बांध दिया है–

कान्ह बाँधे कामरिया कारी, लुकुट लिए कर घेरै हो
वृंदावन मैं गाई चरावै, धौरी धुमरी टेरै हो,
लै लिवाई ग्वालनि बुलाई कै, जहँ–तहँ वन–वन हेरै हो
सूरदास प्रभु सकल लोकपति पीतांबर कर फेरै हो[129]

यह है सूर के कृष्ण की वास्तविक स्थिति–पूरा ब्रज, उसके आचार उसके व्यवहार की छाप कृष्ण में पूर्णतया परिभाषित होती हैं। कृष्ण केवल हास–परिहास ही नहीं करते बल्कि वह ब्रज के सुखों–दुःखों में शरीक होकर उसकी विसंगतियों को भी दूर करने की चेष्टा करते हैं। गोवर्धन पूजा की शुरूआत और इन्द्र पूजा का निषेध कृष्ण की इसी लोकतान्त्रिक चेतना की अभिव्यक्ति है। कृष्ण के द्वारा इन्द्र का विरोध उस सामन्तशाही व्यवस्था के खिलाफ एक लोकनायक की हुँकार है, जो यह जानता है कि इस तरह के क्रिया–कलापों से उसकी वास्तविक स्थिति में कोई अन्तर

नहीं पड़ने वाला, अतः सूर के कृष्ण विरोध करते हैं। यह विवेक में विश्वास है कि, किसी अदृश्य शक्ति की पूजा क्यों करे? जबकि ब्रज की आर्थिक स्थिति का मेरूदण्ड गोवर्धन पर्वत है, कृष्ण की बातों से प्रभावित होकर समाज में जागरूकता आती है, वह प्रतिरोध करता है, कृष्ण कहते हैं—

जौ चाहौ ब्रज की कुसलाई, तो गोवर्धन मानौं[130]

यह है मानव—मूल्यों के प्रति लोक कल्याण की भावना श्री कृष्ण इसके कारण इन्द्र के गर्व को चुनौती देते हैं, वह उस मनोवृत्ति पर विजय प्राप्त करते हैं जो सामान्य को तुच्छ समझता है।

घरनि—घरनि ब्रजु होति बधाई
सात बरस कौ कुँवर कन्हैया, गिरिधर धरि जीत्यौ सुरदाई
गर्व सहित आयो ब्रज बोरन, यह कहि मेरी भक्ति घटाई
सात दिवस जल बरसि सिरांयौ, तब आयौ पाइनि तर धाई
कहाँ—कहाँ नहि संकट मेटत नर—नारि सब करत बड़ाई[131]

सूर के कृष्ण एक स्वस्थ्य समाज की परिकल्पना के साथ उदित होते हैं। देखने वाली बात यह है कि पूरे सूरसागर को यदि उठाकर देखा जाये, तो विविध प्रकार के व्यंजन वे अपने कृष्ण के लिए बनवाते हैं, सोचा है क्यों... क्योंकि सूर के वास्तविक समाज के पास न खान—पान के लिए पैसा था, न ही नौकरी थी, न चाकरी... अभावग्रस्त जीवन। एक तरह का रूग्ण समाज जिसमें बालकों का उचित पालन—पोषण नहीं हो पा रहा था... बच्चे भविष्य हैं सूर इस तथ्य से भली भाँति अवगत थे अतः अपने काव्य में उस अभाव की पुष्टि वे भरसक करते हैं, उनके काव्य का समाज पुष्ट है वैभवशाली है, जबकि वास्तविकता में ऐसा कुछ भी नहीं था, कवि का यह क्षोभ ही उसके रचनात्मक संसार का आधार बनता है। सूर के कृष्ण इस अभाव को दूर करते हैं, जाति—पाँति की व्यवस्था को हाँशिए पर रख एक स्वस्थ समाज का निर्माण करते हैं—

भोजन करत मोहन राई
पाक अमृत विविध षट, रुचि किये हित माई
गोपी ग्वाल सखाहुँ ते सब लिए निकट बुलाई
हरषि मुख तन देत मोहन, आपु लेट छुँड़ाई
देखहीं मुख नन्द कौतुक आनन्द उर न समाई[132]

कृष्ण उस व्यवस्था पर भी प्रहार करते हैं जिसके तहत गरीब और गरीब तथा अमीर और अमीर होता जाता है, कृष्ण की दान—लीला के

आध्यात्मिक अर्थ को हटाकर एक बार उसे विशुद्ध भौतिक धरातल पर देखने का प्रयास करना जरूरी है। ब्रज की युवतियाँ प्रायः ही दही दूध मक्खन को ले जाकर मथुरा में बेचती हैं, जो पैसा मिलता है **कर** के रूप में वह वापस मथुरा ही पहुँच जाता है परिणामस्वरूप जनता कमजोर की कमजोर ही रहती है। इससे अच्छा तो यह ही है कि वह अपनी वस्तुओं से ही अपने आपको स्वस्थ रखे। यह कहाँ का न्याय है? कि वह दूध को बेच दे, कर भी दे, तो सामान्य जनता के पास खाने के लिए क्या बचेगा? यह अर्थ का विकृत पक्ष था। कृष्ण एक बड़े अर्थशास्त्री की तरह सामने आते हैं अतः वे मथुरा में अपनी वस्तुओं को न बेचकर ब्रज के विकास के लिए उन वस्तुओं के उपभोग की बात करते हैं। यही कारण है कि कृष्ण माखन चोरी जैसा कार्य करने से नहीं हिचकते। यहाँ कृष्ण बाद में राजपुत्र हैं, पहले वह गोकुल के निवासी हैं, राष्ट्रीय एवं मानवीय चेतना से युक्त प्राणी के रूप में उभरते हैं। मानव हित की रक्षा के लिए वह किसी भी सीमा तक जा सकते हैं, जनता का सुख–दुःख ही कृष्ण का सुख–दुःख है। कृष्ण के इस चरित्र में आत्म–सम्मान की भावना कूट–कूट कर भरी हुई है। यह आत्म सम्मान की रक्षा का उपाय है। कालियानाग दमन भी इसी का परिणाम है, कंस भले ही असुरों का राजा हो, किन्तु इससे मानवीय गरिमा के महत्व को कम नहीं आकना चाहिए। यह आत्मगौरव का भाव ही भक्ति युगीन कवियों की प्रमुख विशेषता है।

कृष्ण का कंस को मारना अराजक साम्राज्य की समाप्ति तथा एक नवीन युग का उद्घोष है। कंस अन्यायी एवं अत्याचारी राजा है। वह कृष्ण को मारना चाहता था, अनेक प्रकार के उपाय करके, अनेकों राक्षसों को भेज कर वह अपनी मंशा पहले ही व्यक्त कर देता है। कंस यह जानता था कि लोकतंत्र की चिंगारी एक न एक दिन उसके ऊपर अवश्य पड़ेगी–

मथुरा निकट चरित हैं गाई
दुष्ट कंस भय करत मनहि मन, सुनै कृष्ण प्रभुताई
सीस धुनै नृप रिसनि, मनहि, मन, बहुत उपाई करै[133]

कृष्ण सदियों से पीड़ित जनता की आवाज बन, लोकनायक बन, कंस के समर्थकों का एक–एक कर वध करते चलते हैं। यही कारण है कि कंस को मारने तक वह किसी भी प्रकार के दिव्यास्त्र का प्रयोग नहीं करते। वे जितने भी राक्षसों को मारते हैं, उन्हें अपनी ही शक्ति से मारते हैं न किसी हथियार से, न छल से, न भय से यह आत्मविश्वास मध्यकालीन युग की आवश्यक

माँग थी। अगर शस्त्र नहीं तो क्या आत्मसम्मान या आत्मरक्षा का भाव नहीं। सूर के कृष्ण निष्क्रिय पड़ चुकी भारतीय अस्मिता को जगाने का प्रयास करते हैं। एक तेरह वर्ष का बालक जिससे कंस जैसा आततायी शासक डरा हुआ है। कृष्ण नयी व्यवस्था के लिए शंखनाद करते हैं, कृष्ण का राजा के धोबी को मारना लोकतान्त्रिक नियमों की स्थापना के लिए किया गया प्रयास है, जहाँ वह अन्न वस्त्र पर जनता का हक न मारते हुए राजा के खिलाफ विद्रोह करते हैं और समस्त जनता में राजा के वस्त्र को बाँट देते हैं।

यह कृष्ण कूटनीतिज्ञ भी हैं। वह एक नये नगर का निर्माण कर अपनी जनता को सकुशल वहाँ पहुँचा देते हैं... कालयवन रूपी मंदाग्ध शासक को जला देते हैं, नारी के सम्मान की रक्षा करते हुए रूक्मिणी के साथ विवाह करना कृष्ण के प्रेम को प्रकट करता है। जहाँ नारी को यह हक है कि वह अपने अनुरूप वर चुन सके। अपनी बहन सुभद्रा का विवाह भी वह उसकी मर्जी से ही कराते हैं। दुर्योधन का चुनाव वह नहीं करते, बल्कि निःस्पृह भाव से वह उसे चुनते हैं जो सत्य का अनुगामी था।

सूर के कृष्ण की लोकतान्त्रिक चेतना सुदामा प्रसंग में और भी निखरती है भले ही कृष्ण राजा हो गये हो लेकिन दोस्तो (मित्रों) के लिए वह आज भी वैसे ही हैं। समस्त भारत ने राजा होने के पश्चात भी जैसे ही सुना कि सुदामा आये हैं, सब काम छोड़कर नंगे पैर वह मिलने के लिए दौड़ पड़ते हैं, यहाँ वह मित्रता को सर्वोपरि समझते हैं। वास्तव में कृष्ण का चरित्र मध्ययुगीन भारतीय नायक की विशेषताओं से युक्त है। कृष्ण के इस चरित्र में सामाजिक भावना प्रबल है।

बलराम– बलराम का रूप अदभुत है, इतना कि समस्त जनता उस रूप के आगे नतमस्तक है।

वै हैं रोहिनी सुत राम
गौर अंग सुरंग लोचन प्रलय जिनके ताम
एक कुंडल स्त्रवन धारी, द्यौतृ दरसी ग्राम
नील अंबर अंग धारी, स्याम पूरन काम
महा जे खल तिनहुँ ते अति, तरह हैं इक नाम
ब्रह्म पूरन सकल स्वामी, रहे ब्रजह निज धाम
ताल बन इन बच्छ मारयौ, ब्रह्म पूरन काम
सूर प्रभू आकरषि तातै, संकर्षन है नाम

(सू.सा.द्वि. 10 / 3045)

बलराम का चरित्र सूरसागर में कृष्ण के साथ–साथ ही चलती दिखायी पड़ती है यह चरित्र आरम्भ से अतिमानवीय है। बलराम कृष्ण के अलौकिक स्वरूप के अंश के प्रतीक हैं। जहाँ अवतार का प्रयोजन सिद्ध करना होता है वहाँ वह कृष्ण के कार्यो में सहयोग करते दिख जाते हैं। बलराम के आध्यात्मिक पक्ष को यदि हटा कर विशुद्ध मानवीय धरातल पर देखा जाये तो बलराम एक भ्राता के रूप में सामने आते हैं। यह भ्राता भाई के लिए संचेत है, उसे चिढ़ाता है किन्तु उनकी अनर्थक अनर्गल बातों का समर्थन नहीं करता। कृष्ण खेल में हार कर लड़ते हैं ग्वाल बालों से तो बलराम उन्हें डाटते भी हैं। लेकिन जैसे ही पता चलता है कि यशोदा ने नन्हे कान्हा को बाँध दिया तुरन्त दौड़ पड़ते हैं। भ्रातृत्व प्रेम का आदर्श निभाते कि मुझे बांध लो पर कान्हा को छोड़ दो–

देखि स्याम ऊखल सौं बांधे, तबही दोउ लोचन भरि आए
मैं बरज्यौ कै बार कन्हैया, भली करी दोउ हाथ बँधाए
अजहूँ छाँड़ौगे लँगराई, दोउ कर जोरि जननी पै आए
स्यामहिं छोरि मोहिं बाँधै बरू, निकसत सगुन भले नहि पाए।[134]

बलराम जनता के आक्रोश की अभिव्यक्ति हैं, बलराम क्रोध की प्रतिमूर्ति भी हैं वह डरते नहीं। बलराम कहते हैं कंस के महावत से रास्ते से हटने के लिए जो उस विद्रोह को अन्दर आने से मना करता है, बलराम कितना कटु कहते हैं–

सुनिहि महावत बात हमारी
बार बार संकर्षन भाषत, लेत नहिं ह्याँ तैं गज टारी
मेरी कह्यौ मानि रे मुरख, गज समेत तोहि डारौं मारी
द्वारै खड़े रहे हैं कबके, जनि रे गर्व करहि जिय भारी
न्यारौ करि गंयद तू अजहूँ, ज़ान देहि कै आपु सँभारी
सूरदास प्रभू दुष्ट निकंदन धरती भार उतारनकारी[135]

पूरे सूरसागर में बलराम एवं कृष्ण साथ साथ चलते है किन्तु उनका उल्लेख कहीं भी उभरकर ज्यादा नहीं आया है। किन्तु सूर के बलराम कृष्ण से एक जगह बाजी मारते दिखते हैं वह है उनकी अपनो के प्रति निश्छल प्रेम भावना। भले ही सूर के कृष्ण कभी लौटकर गोकुल वापस नहीं जाते हैं, किन्तु सूर के बलराम जाते हैं। उसी बालसुलभ चेष्टा के साथ वह नन्द यशोदा से मिलते हैं वह कृष्ण की तरह कूटनीतिज्ञ नहीं हैं, भावना उनके जीवन में प्रधान है। इसलिए सूर के कृष्ण भले ही व्यस्त

रहे, बलराम जाते हैं, मिलते हैं अपने पिता से अपने संगे सम्बन्धियों से। बलराम सबसे मिलते हैं किसी को नमस्कार करते हैं किसी को असीस देते है। यह है उनका अपनी जड़ों से जुड़ाव।

नृसिंह अवतार– सूर ने भागवत के आधार पर अपने सूरसागर का निर्माण किया है, यह सर्वविदित है किन्तु उनकी मान्यतायें मध्यकालीन समाज के सापेक्ष थी। नृसिहं अवतार का उद्देश्य धर्म की स्थापना तथा अपने भक्त प्रहलाद की रक्षा करना था। एक पिता ने अपने ही पुत्र की असुर विरोधी नीतियों से तंग होकर जब उसे मारना चाहा तब भक्त की रक्षा के हितार्थ भगवान नृसिंह का अवतार लेते है। श्रीमद्भागवत में नृसिंह के उस क्रोधी एवं अदभुत रूप की विषद् चर्चा है वह रूप इतना भयंकर है कि सत्ता के मद में चूर रहने वाला हिरण्यकश्यप भी डर गया।

मीमांसमानस्य समुत्थितोऽदुग्रतो, नृसिंहरूपस्तदलं भयानकम्।
प्रतप्तचामीकरचण्डलोचनं स्फुरत्सटाकेसरजुम्भितानानम्[136]

सूर ने इस नृसिंह अवतार की कथा को लोक की पीड़ा से जोड़ते हुए एक नया रूप दे दिया–

फटि तब खंभ भयौ द्वै फारि निकसे हरि नरहरि–वपु धारि
देखि असुर चकित है गयौ। बहुरि गदा लै सन्मुख भयौ।[137]

और अपने भक्त की रक्षा के हितार्थ वह हिरण्यकश्यप का वध कर उसे, मुक्ति प्रदान करते हैं। भले ही यह प्रसंग बहुत बड़ा न हो, किन्तु यहाँ पर भक्ति के लोकतंत्र की प्रतिष्ठा होती हैं। सामान्य निरीह जनता पर कष्ट, क्यों और कब तक शासक वर्ग करेगा, नृसिंह भगवान समाज को नियम से चलाने के लिए क्रोध करते हैं, वह प्रहलाद को गद्दी पर बिठातै हैं–

तब लगि हों बैकुंठ न जैहों
सुन प्रहलाद प्रतिज्ञा मेरी, जब लगि तब सिर छत्र न दैहों
मन–वच–कर्म जानि जिय अपनै, जहाँ–जहाँ जन तहँ–तहँ ऐहौं[138]

यह शब्द ही लोकतंत्र की प्रतिष्ठा करता है कि असत्य का विरोध करने के लिए, अपने भक्तों का संताप हरने के लिए भगवान को अवतार धारण करना ही पड़ता है।

प्रहलाद– प्रहलाद सूर की लोकतान्त्रिक चेतना का सर्वोच्च शिखर हैं, अभी तक जितने भी अवतार दिखे उन सबमें सबसे अलग। वह विशुद्ध भक्त का चरित्र है, पुष्टिमार्गीय सिद्धान्त का सच्चा उदाहरण।

लेकिन उसकी सबसे बड़ी विशेषता यह है कि वह अपने ही पिता की अनीति के खिलाफ खड़ा होता है... यह सबसे बड़ा विद्रोह, रहा मेरी नजर में, शायद ही प्रहलाद जैसे व्यक्तित्व का स्वामी, कोई रचना पात्र गुजरा हो या उसने प्रभावित किया हो, यह कुछ प्रेमचन्द के उपन्यास रंगभूमि के पात्र से मिलता है जो अपने पिता की आर्थिक नीतियों का समर्थन नहीं करता, किन्तु प्रकट रूप से विद्रोह भी नहीं कर पाता, पर सूर के प्रहलाद विद्रोह करते हैं अपने पिता की अलोकतान्त्रिक बातों का। इसलिए वह असुरों के समाज में रहते हुए भी, उस समाज में राम नाम की महिमा का प्रसार करता है। अपने खुद के पिता द्वारा ही कई बार मारने का प्रयास, उसकी आत्मविश्वास के सामने बौने से दिखायी देता है। वह उस समाज में हरि भक्ति का प्रसार करता हैं जहाँ, रक्त, माँस, भष्ट्राचार आम बात है। प्रहलाद की भक्ति का ही यह प्रभाव था कि अपने भक्त की रक्षा के हितार्थ भगवान नृसिंह अवतरित होकर हिरण्यकश्यप का वध कर देते हैं।

श्रीदामा– श्रीदामा लोकतान्त्रिक चेतना सम्पन्न पात्र है, वह एक गोप है, ब्रज का एक मामूली सा निवासी किन्तु स्पष्टवादी है जो कि लोकतंत्र का प्रमुख गुण है। कृष्ण से आयु में बड़ा है, इसके पश्चात् भी वह उनका प्रिय मित्र है। खेल में समानता का समर्थक है और यही कारण है कि कृष्ण को भी वह केवल अपना मित्र ही समझता है न कि एक सामन्त का पुत्र। कृष्ण जब खिसिया कर उसे छोटे बड़ौ न जानत कोउ कहते हैं तो उसकी निर्भीकता प्रकट है– वह स्पष्ट करता है–

खेलन मैं को काको गोसैईयाँ
हरि हारे जीते श्रीदामा, बरबस ही कत करत रिसैंया–[139]

कितनी निर्भीकता है इन शब्दों में– अपने ही मालिक के बेटे से कहने में, तुम तो बड़े नन्द के पुत्र हो, परन्तु गेंद देने से ही तुम्हारी बात बन सकती है, तुम्हारी धूर्तता जगजाहिर है, गेंद लाने पर ही तुम्हें मुक्ति मिलेगी, अन्यथा मुक्ति का कोई और मार्ग मुझे नहीं दिख रहा है, एक सामान्य से बालक का अभिव्यक्ति पक्ष जिसे बल प्राप्त है, अपने लोक का– जिससे वह सामन्त पुत्र का प्रतिकार करता है।

केवट– केवट आदिवासी समूह का प्रतिनिधित्व करता है। सूर की खासियत यह है कि यहाँ केवट सीधे राम से वार्तालाप नहीं करता बल्कि वह लक्ष्मण से अपने मन की बात कहता है, लक्ष्मण उससे नाव लाने के लिए कहते हैं। उसकी बातों में कितनी मासूमियत है, वह अपनी नाव पर

सम्पूर्ण विश्व के स्वामी को नहीं बैठाना चाहता, उसे डर है कि यदि यह नाव स्त्री बन गई तो उसका क्या होगा?–

जो यह बहू हौई काहू की, दारू स्वरूप धरे
छूटे देह, जाइ सरिता तजि, पग सौं परस करे
मेरो सकल जीविका यामैं, रघुपति मुक्ति न कीजै
सूरदास चढ़ौ प्रभु पाछे, रेनु पखारन दीजै[140]
मैं निरबल बित बल नहीं जो और गढ़ाऊँ
मो कुटुंब याही लग्यौ, ऐसी कहँ पाऊँ?
मैं निर्धन, कछु धन नहीं, परिवार घनेरौ
सेमर–ढाकहिं काटि कै, बाँधौ तुम बैंरो[141]

यह है भक्त कवियों की लोकतान्त्रिक चेतना, जहाँ उनका गढ़ा हुआ पात्र भगवान से भी तर्क विर्तक कर सकता है। अपनी नाव में बैठाने का हक सिर्फ उस केवट को ही है– भले ही सामने वाला राजा हो, तो क्या? वह यह कहने का सामर्थ्य रखता है, कि आप एक दूसरी नाव स्वयं बना लीजिये।

राम– सूरदास ने कृष्णमार्गी होते हुए भी भारतीय समाज की समन्वयशीलता का प्रदर्शन अपने काव्य में किया है। सूर को अधिकांश विद्वान साम्प्रदायिक कहते हैं यदि सूर साम्प्रदायिक होते तो वह कतई किसी अन्य अवतार की चर्चा न करते। सूर की महत्ता तो इसी बात से प्रकट होती है, कि तुलसी भी अपने राम के बाल वर्णन में उनका सहारा लेने से नहीं चूकते। तुलसी के राम की ही तरह सूर के राम भी सौंदर्य के अगाध सागर हैं पृथ्वी को राक्षस विहीन करने के कारण अवतरित हुए हैं। सारी अयोध्या राम के प्रगट होने से खुश है, यह राम तीनों लोकों के सुख ऐश्तर्ग की खान हैं– अद्भुत रूप धारी। सूर का वात्सल्य वर्णन राम के चरित्र में भी अपना वही स्वरूप पाता है जो कृष्ण के बाल वर्णन में है–

करतल सोभित बान धनुहियाँ
खेलत फिरत कनकमय आंगन, पहिरे लाल पनहियाँ
दसरथ कौसिल्या कै आगै, लसत सुमन की छहियाँ
मानौ चारि हंस सरबर तै बैठे आई सदेहियाँ[142]

किन्तु यहाँ राम की कथा का उतना विस्तार नहीं है। सूर के राम सारे दैनिक विधि विधान करते हैं, विश्वामित्र के यज्ञ की रक्षा कर ताड़का का वध करते हैं। अहिल्या का उद्धार करते हैं। धनुष भंग कर सीता का

वरण भी करते हैं यह राम सकल गुणों की खान हैं– राजाओं के मध्य हंस की तरह है–

नरपति सभा मध्य मनौ ठाढ़े, जुगल हंस मति धीर–
अलख अनंत अपरमिति महिमा, कटि तट कसे तुनीर
कर धनु, काकपच्छ सिर सोभित, अंग अंग दोउ बीर[143]

सूर के राम का स्वभाव विनय है, वह झुकते हैं, अपने बड़े बुजुर्गों के सामने चाहे वह परशुराम हों या विश्वमित्र या जनक या फिर दशरथ। जनता के साथ राम जुड़े हुए हैं– राम को देखते ही प्रजा में आनन्द छा जाता है। पिता द्वारा वनवास दिये जाने पर भी क्रोध नहीं करते। बल्कि सहज भाव से वनवास के लिए तैयार हो जाते हैं। इतना ही नहीं राम भरत को विपत्ति के समय भी राजनीति की शिक्षा देते हैं यह उनके चरित्र की विशालता है।

समाज में व्याप्त बहुपत्नीवाद का विरोध कर शूर्पणखा को नासिका, कान से विहीन कर, उस सम्पूर्ण प्रदेश को राक्षस विहीन कर एक नये साम्राज्य (वन) की स्थापना करते हैं। रावण द्वारा सीता का हरण करने के पश्चात्, राम का विलाप हृदय को द्रवित कर देता है। राम इस अवस्था में भी जटायु का अन्तिम संस्कार कर उसे मोक्ष प्रदान करते हैं, और शबरी के यहाँ जूठे बेर खाकर सामन्तवादी सोच पर एक तीखा प्रहार करते हैं। विपत्ति में पड़े सुग्रीव की सहायता राम सहजता से करते हैं। वह तब शस्त्र नहीं उठाते जब तक बातों से काम चल रहा हो। धीर विवेकी और राष्ट्र प्रेम की भावना से भरा हुआ, राम का यह चरित्र अद्भुत है। यह राम असुर सत्ता का समूल नाश कर लोकतंत्र की स्थापना करते हैं।

हनुमान– हनुमान एक वनवासी हैं, वानर जाति से सम्बद्ध, केसरी के पुत्र। परम् रामभक्त होने के पश्चात् इनमें अहंकार लेशमात्र भी नहीं है। राम से इनका प्रथम परिचय सूर सीता हरण के पश्चात् करवाते हैं– जहाँ हनुमान अपना स्वाभाविक परिचय देते हैं–

अंजनि कौ सुत, केसरि कैं कुल पवन–गवन उपजायौ गात[144]

संपाती के द्वारा सीता की जानकारी होने के पश्चात् जब वानर समाज में कुलबुलाहट थी, कि यह समुद्र कौन पार करेगा, तब हनुमान सामने आते हैं। अपने राम की खुशी के लिए हनुमान सहर्ष ही लंका पार करने के लिए तैयार हो जाते हैं; उस लंका में जहाँ महाअसुर रावण रहता है, जिसके प्रभाव से देवता छिपे–छिपे रहते हैं, उस रावण के नगर में जाने की हुंकार भरना ही उनकी अद्वितीय वीरता का परिचायक है।

लियौ तँबोल माथ धरि हनुमत, कियो चतुरगुन गात
चढ़ि गिरि–शिखर शब्द इक उचरयौ गगन उटयो आघात [145]

हनुमान जब सीता से मिलते हैं, तो सीता की दयनीय दशा देखकर उनसे रहा नहीं जाता। वह सीता से अपनी मनोव्यथा प्रकट कर देते हैं–

अनुचर रघुनाथ कौ तब दरस काज आयौ
पवन–पूत कपिस्वरूप, भक्तनि मैं गायौ
आयसु जौ होई जननि, सकल असुर मारौं
लंकेस्वर बाँधि राम–चरननि तर डारौं [146]

यह है साहस जो इस अराजक स्थिति के बीच भी अपने आत्म बल में विश्वास रखता है। वह रावण की अशोक–वाटिका को उजाड़ कर रख देते हैं राक्षसों को मारते हैं। एक तरफ असुरों की सुसज्जित सेना है दूसरी तरफ पेड़, पत्थर, इसके पश्चात् भी हनुमान की शक्ति से डर कर राक्षस भाग जाते हैं। ये हनुमान पकड़े जाने पर भी सत्य से हटते नहीं, रावण की सभा में रहकर रावण को खरी खोटी वह भी तार्किक ढंग से कहने के कारण उनकी बुद्धिमत्ता का परिचय मिलता है, यहाँ व्यंग्य है– रावण महाबली हुआ तो क्या सीता को सीधे–सीधे अपहरण करने का सामर्थ उसके अन्दर नहीं था, कितनी तीखी व्यंजना है–

तब तू गयौ सून भवन, भस्म अंग पोते
करते बिन प्रान तोहिं, लक्ष्मिन जो होते
पाछे तैं हरी सिया, न मरजाद राखो
जौ पै दसकंध बली, रेख क्यौं न नाखी [147]

राम के कहने पर इतना असाध्य कार्य तुमने अकेले कैसे किया? हनुमान वह सारा प्रभाव राम के प्रताप के मत्थे मढ़ते हैं, यह एक भक्त ही कर सकता है–

हौं जगदीश कहा कहौ तुमसौ, तुम बल तेज मुरी [148]
सूरजदास सुनौ सब संतो अविगत की गति न्यारी [149]

इतना ही नहीं, हनुमान एक आदर्श सेवक की तरह अपने राम के लिए कार्य करने से नहीं चूकते। राम को चितिंत देख कितने आसानी से वह कहते हैं कि यदि आप आज्ञा दें तो लंका को विनष्ट कर दूँ। समुद्र में पुल के बजाय मैं खुद ही पुल बनकर सभी को उस पार उतार दूँ– बस आप आज्ञा दीजिये। जब लक्ष्मण को शक्ति लगती है– राम हनुमान को ही बुलाते हैं यह प्रेम, यह विश्वास अपने सेवक के प्रति कितना मधुर है।

लक्ष्मण की रक्षा के लिए हनुमान असंभव लगने वाला कार्य कितनी आसानी से कर जाते हैं।

अंगद– हनुमान की तरह अंगद भी वानर जाति से सम्बन्ध रखते हैं। बालि के पुत्र तथा किष्किंधा के राजकुमार हैं, अंगद। राम ने इनके पिता बालि को मारा इसके बावजूद यह राम के साथ खड़े हैं, जिसका सीधा सा अर्थ यही ध्वनित होता है कि अपने पिता की अनीतिकर बातों का समर्थन वह नहीं करते हैं। वह शिक्षित हैं, श्रीराम उसे दूत बनाकर रावण के पास भेजते हैं। प्रारम्भ में रावण उनका परिहास करता हैं, किन्तु अंगद की वीरोचित बातों से वह प्रभावित भी होता है। वह अपने तर्कों से रावण की बोलती बंद कर देते हैं।

कंध उपारि डारिहौ भूतल, सूर सकल सुख पावत[150]

रावण अंगद को भड़काता है, किन्तु अंगद विवेकी है, तर्क सम्मत है, वह रावण के झांसे में नहीं आता।

यशोदा– यशोदा के चरित्र वर्णन में सूरदास ने वात्सल्यासक्ति की जो अजस्र धारा बहाई वह अपने आप में अनूठी हैं। यहाँ यशोदा विश्व माँ के रूप में उभरती है, ममता की साक्षात प्रतिमा। मैनेजर पाण्डेय ने यशोदा के व्यक्तित्व को देखते हुए कहा कि यशोदा के व्यक्तित्व में अतीत वर्तमान और भविष्य की माताओं का स्नेहशील ह्रदय समाहित है, प्रतिबिंबित है। यशोदा का मातृ ह्रदय माँ की आशा, आकांक्षा, प्रेम करूणा, ममता, माया, आनन्द एवं वेदना की समस्त सम्भावनाओं तथा उपलब्धियों का अक्षय कोष हैं।[151] यशोदा को वृद्धावस्था में पुत्र रत्न की प्राप्ति होती हैं। कहने को तो वह महर की पत्नी, किन्तु उनका यह रूप कहीं दिखायी नहीं पड़ता वह सह्रदयी, भोली–व्यक्तित्व की स्वामिनी हैं। ब्रज में कृष्ण के जन्म के पश्चात् वह कहीं भी घमण्ड में दिखायी नहीं पड़ती बल्कि वह सभी गोपियों को बुलाकर कृष्ण से खेलने की अनुमति देती हैं। भोली इतनी कि किसी अज्ञात महिला (पूतना) को भी अपना कान्हा देने से नहीं चूकतीं। एक माँ होने के नाते अपने पुत्र से उनका अत्याधिक लगाव दिखायी देता है, वह दिनों को गिनती हैं, कान्हा आज इतने दिन के हो गये, पलटने लगे, चलने लगे। कितनी कोमल व मार्मिक अभिव्यक्ति है अपने पुत्र के प्रति। माँ के सम्पूर्ण भाव को देखना है, तो यशोदा को देख लीजिये–

नान्हरिया गोपाल लाल, तू बेगि बड़ो किन होहि
इहिं मुख मधुर बचन हँसि कै धौं जननि कहै कब मोंहि[152]

यह यशोदा प्रेम ही था कि भयानक असुरों को मारने वाले कृष्ण को वो हाउ से डराने की कोशिश करती हैं–

खेलन दूरि जात कत कान्हा?
आजु सुन्यौ मैं हाऊ आयौ तुम्ह नहिं जानत नान्हा[153]

यह माँ का प्रेम है अपने पुत्र के प्रति, जिसे वह अपनी आँखों से दूर नहीं करना चाहती। यहाँ यशोदा सामान्य नारी बनकर उभरती हैं। रामरतन भटनागर ने कितना सही कहा है "इस चरित्र में कोई विशेषता नहीं, यही इसका सबसे बड़ा गुण हैं।"[154] वह इन्तजार करती है, दरवाजे पर खड़े–खड़े कि श्याम कब घर आयेंगे गाय चराके–

आवहु कान्ह, साँझ की बेरिया
गाइन साँझ भये हो ठाढ़े, कहत जननि, यह बड़ी कुबेरिया।[155]

वास्तव में यशोदा जैसा पात्र अद्भुत है, यशोदा अपने पुत्र पर न्यौछावर है। उस मुख चन्द्र पर कृष्ण को घुटनों के बल चलता देख हर्षित होती हैं। कृष्ण बड़े होकर माखन चुराने लगे यशोदा गोपियों की बात नहीं मानती, माने भी कैसे पाँच वर्ष का कान्हा, प्रारम्भ में वह ग्वालिनों को डाटती हैं, कृष्ण को समझाती हैं, लेकिन जब गोपियों की पीड़ा बढ़ जाती है, तो यशोदा अपने लाडले पुत्र को दण्ड देती हैं यह न्याय है, भले ही रो रही है, कान्हा को मार रही हैं किन्तु उनकी ममता उनके आँसुओं से बह रही है यह उनकी न्यायप्रियता का ही प्रमाण है–

जाहु चली अपनै–अपनै घर,
तुमहीं सबनि मिलि ढीठ करायौ, अब आई छोरन बर
मोहिं अपने बाबा की सौहैं, कान्हहि अब न पत्याऊँ
भवन जाहु अपनै–अपनै सब, लागति हौं मैं पाऊँ
मोकौं जानि बरेजो जुवती कोउ, देखो हरि के ख्याल[156]

अन्ततः कृष्ण को दण्ड मिलता ही हैं। यह यशोदा सिर्फ कृष्ण की माता नहीं हैं समस्त गोकुल के गोप बालकों के प्रति उनके हृदय में ममता हैं। राधा का तो वह श्रृंगार ही करती हैं कृष्ण जब गोवर्धन धारण करते हैं सबको उनमें भगवान दिखायी पड़ते हैं पर एक यशोदा ही है जिन्हें पीड़ा होती है कि आखिर उनका पुत्र सात दिन किस तरह से पर्वत को उठाये रहा होगा? यह एक माँ की ममता है, किन्तु वह विवेकी नारी भी हैं। जब कृष्ण पनघट लीला में गोपियों को पानी भरने से रोकते हैं, उनकी

गगरिया फोड़ देते हैं, तब यही यशोदा अपने पुत्र की गलती छिपाती नहीं बल्कि खुद ही कहती हैं–

मैं जानति हौं दीठ कन्हाई
आवत तौ घर देहु स्याम कौं, कैसी करौं सजाई
मोसो करत ढिठाई मोहन, मैं वाकी हौं माई[157]

यह कर्त्तव्यशीलता को प्रदर्शित करता है, न्याय पर सभी का बराबर हक होना चाहिए।

यशोदा जब कान्हा को मथुरा जाने की बात सुनाती है, तो उनके भीतर की ममता घुट–घुट कर निकलती हैं यशोदा का मातृ–हृदय इस समय व्याकुल हो उठता है? भोली हैं, अनपढ़ हैं इसके बावजूद प्रेम से परिपूर्ण है। कितनी, मार्मिकता से वह अक्रूर से कहती हैं– ये तो अबोध बालक है ये राजसभा के बारे में क्या जाने। ये न गुरुजनों को प्रणाम करते हैं। ऊपर से मथुरा में राक्षसों का समूह रहता है जो युद्ध में कुशल हत्यारे की तरह है। छोटे बच्चे हैं, इन लोगों ने कब युद्ध को देखा है (2968) यह पीड़ा उसकी आत्मिक है, और ये मनोभाव कृष्ण के वियोग से निकले हुए एकदम सच्चे। जिनको देखे बिना वह पानी नहीं पीतीं। वही, स्यामधन मथुरा जा रहे हैं, राजा का भय ऐसा, कि कोई भी उन्हें अपने पास रखने से डरता है– यशोदा दुःखी है। निर्धन का धन, बुढ़ापे का पुत्र उसे भी छीन कर ले जाया जा रहा है। जिसे देख–देख कर आंनदित होती थीं थोड़ी देर के लिए भी आँखों से ओझल नहीं करती, वहीं प्राणों से प्रिय पुत्र राजनीति की भेट चढ़ गया, वह नन्द पर आक्षेप करने से बाज नहीं आता कि राजाज्ञा के कारण वह कृष्ण को भेज रहे हैं–

है कोउ ब्रज मैं हितू हमारौ, चलत गुपालहिं राखै
कहा काज मेरे छगन मगन कौं, नृप मधुपुरी बुलायौ[158]

जब नन्द मोहन को साथ लेकर वापस नहीं लौटते तो यशोदा उन्हें भी भला बुरा कहने से नहीं चूकती यशोदा का यह विलाप सुनकर कोई भी मातृ–हृदय बिलखने पर मजबूर हो जाता है। इतना सब कुछ होने के बाद भी जब वह अपना संदेश देवकी को भेजती हैं तो उनकी भावाभिव्यक्ति मुग्ध कर देती है, जिसे पाला पोसा, उसे दूसरे का पुत्र कहना कितना निर्मम है–

सँदेसौ देवकी सौं कहियौ
हौं तौ धाई तिहारे सुत की, मया करत ही रहियो[159]

यशोदा लोकतान्त्रिक चेतना सम्पन्न पात्र हैं, किन्तु उसमें प्रेम की अधिकता इतनी ज्यादा है कि अन्य प्रसंग उभर कर सामने ही नहीं आ पाते। हजारी प्रसाद द्विवेदी ने यशोदा के चरित्र पर ऐसे ही नहीं कहा था कि सूरदास जहाँ पुत्रवती जननी के प्रेमप्लव हृदय को छूने में समर्थ हुए हैं, वही वियोगिनी माता के करूण विगलित हृदय को भी उसी सतर्कता से छू सके है।''[160]

द्रौपदी– कृष्ण भक्ति धारा में सूरदास की सबसे सशक्त नारी पात्र जिसे देख सहसा ध्रुवस्वामिनी (जय शंकर प्रसाद) की याद आती है। द्रौपदी राजा की पुत्री हैं और पाँच पाण्डवों की पत्नी, किन्तु वह अपना स्वतंत्र अस्तित्व बनाये रखती हैं। द्रौपदी बोलती हैं, वह मौन नहीं रहती। सामाजिक मान मर्यादा उसे बाँध नहीं पाती। सूर के नारी पात्रों की यह खासियत है। अभिव्यक्ति की आजादी जितनी सूर के यहाँ है, उतनी किसी अन्य स्थान पर नहीं। द्रोपदी अपने अपमान के कारण अपने पति की बेईज्जती करती हैं और सभा में बैठे सभी बड़े बुजुर्गो को भी; यह मध्यकालीन समाज की नारी का वास्तविक अंकन है। उसकी पीड़ा उसके शब्दों से ही प्रकट होती है।

अब कछु नाहिंन नाथ, रहयौ
सकल सभा मैं पेठि दुसासन, अंबर आनि गहयौ[161]

वह समाज नष्ट हो जाये जहाँ स्त्री का सम्मान नहीं, जो एक स्त्री को अपमानित करे, लज्जित करे–

भीष्म, द्रोन, करन, अस्थामा, सकुनि सहित काहूँ न सरी
महापुरुष सब बैठे देखत केस गहत धरहिर न करी[162]

यह कैसी वचनबद्धता है? जहाँ स्त्री को वस्तु समझकर जुएँ में खेला जा रहा है, उसकी अस्मिता को तार–तार किया जा रहा है। द्रौपदी आधुनिक नारीवादी से मिलती है, वह अपने अधिकारों के प्रति अपने सम्मान के प्रति सचेत हैं। जिस समाज में स्त्री को हँसी का पात्र समझा जाता है, जहाँ खुद का पति ही अपने प्रौरूषत्व से हार जाये, उस समाज का क्या होगा? ऐसे समाज में द्रौपदी आवाज उठाती है, यह है न्याय के प्रति आक्रोश।

मुरली– सूर की मुरली, सूर की काव्य प्रतिभा का जीता–जागता प्रमाण है। यह सूर की मौलिक उदभावना है; जहाँ उन्होंने एक निर्जीव वस्तु को सजीव बनाकर उसे मानवीय भावों से युक्तकर समाज के सामने

इस तरह से खड़ा किया, कि उस पर संशय करना सूर की कविता को चुनौती देने जैसा है। सूर के कृष्ण मुरली वादन में निपुण है। सूर की गोपियाँ मुरली की आवाज सुन अपनी चेतना खो देती हैं–

जब हरि मुरली अधर धरी
गृह व्यौहार थके आरज–पथ, चलत न संक करी।
पद–रिपु यह पट अँटक्यौ न सम्हारति, न उलटि–पलटि उबरी[163]

मुरली मधुर बजाई स्याम
मन हरि लियौ भवन नहिं भावैं, व्याकुल ब्रज की बाम
भोजन, भूषन की सुधि नाहीं, तन कीं नहीं सँभार
गृह गुरु–लाज सूत सौं तोरयो, डरीं नहीं व्यवहार[164]

यह हैं मुरली का प्रभाव जिसके कारण सारे नैतिक नियम मर्यादाओं का त्याग कर गोपियां कृष्ण के पास पहुँच जाती थी। क्या जड़, क्या चेतन, सब में यह मुरली अपनी वाणी का प्रभाव फैला रही है किन्तु इस मुरली से गोपियों को समस्या भी है। डॉ0 मुशीराम शर्मा ने मुरली के व्यवहार व गोपियों के भाव को देखते हुए लिखा है– ''मुरली सौत ही नहीं बड़ी धृष्ट मानवती पत्नी भी है। इसने कृष्ण को मोहित ही नहीं किया, उनका सर्वस्व तक हरण कर लिया हैं। कुल की हेटी है न[165]

गोपियों को यह मुरली तनिक भी रास नहीं आती। इनके प्रियतम कृष्ण के हाथों में जब देखो तब यह मुरली अपना वर्चस्व दिखाती है। अपना पैर दबवाती हैं, कृष्ण के ओठो पर सोती है। यह ईर्ष्याजनित प्रेम मुरली के प्रति अनायास नहीं फूटता जहाँ वह प्रारम्भ में उसकी आवाज पर मुग्ध हो जाती थी किन्तु प्रेम में प्राप्त समयाभाव के कारण वह उस मुरली से सौतिया–डाह भी करने लगती है।

मुरली तऊ गुपालहिं भावति, सुनि री सखी जदपि, नन्दलालहि नाना भाँति नचावति[166]

गोपिकाओं का यह प्रेम कितना सात्विक है, भोला है उन्हें हर वस्तु से समस्या होती है, जिसे कृष्ण ज्यादा महत्व देते हैं। इसलिए वह तमाम तरह के लांछन लगाने से भी नहीं चूकती, गोपियाँ मुरली के सन्दर्भ में कहती हैं–

जा कुल मैं उपजी, ता कुल कौ, जारि करति है छार
तनही तन मैं अगिनि प्रकासति, ऐसी याकी झार[167]

और उनके प्रेमी तो इतने भोले है कि जो व्यक्ति संसार की धुरी है वह ही इस मुरली का स्वभाव नहीं जान सके। बिना जाने समझे इसे अपनी पटरानी बना लिया, हर बार इसकी मधुर वाणी को सुन हृदय से लगा लेते है। यहाँ गोपियां जो जाँति–पाँति का विरोध, मान मर्यादा का विरोध करती हैं वही मुरली की जाँति पर प्रश्न उठाती है–

गाउँ न ठाऊँ बाँस–बँसी कौ, जाई कहाँ तैं आनी
जिनि कुल दाहत बिलँब न कीन्हौं, कौन धर्म ठहरानी[168]

यह है उनकी भावुकता। इन्होंने तप कर कृष्ण को पाया, किन्तु मुरली ने उस फल को तुरन्त ही प्राप्त कर लिया (1265)। इतनी सारी प्रवंचनाओं को सुन मुरली कब तक चुप रहती हैं, बेचारी कब तक सुनती; लोकतान्त्रिक समाज में अभिव्यक्ति की आजादी तो सभी को है– तो मुरली भी बोलती है और उसकी बातों में कितनी सार्थकता है? मुरली जिसे पैदा होते ही उसके परिवार से अलग कर दिया गया, जिसने एक ही पैर में खड़े रहकर तप किया।

सूर का समाज लोकतान्त्रिक समाज है, जहाँ जाति का तो प्रश्न ही नहीं उठता है प्रेम में क्या कुलीनता क्या अकुलीनता? प्रेम बस प्रेम होता है, शुद्ध सात्विक। कितनी पीड़ा है मुरली के शब्दों में जब वह गोपियों से कहती है अगर तुम्हारे सामर्थ्य है तो तुम कृष्ण को रीझा ले मैं कुछ भी नहीं कहूँगी तुमसे (1336) मैंने तप किया, ठंडी गर्मी सब सहा। कितनी करूण गाथा है मुरली के दुःख की। यह वेदना उस प्रेम की वेदना है जिसे समाज त्याज्य समझता है–

मेरे दुख कौं और नहीं
षट रितु सीत उष्न बरषा मैं, ठाढ़े पाई रही
कसकी नहीं नैकुहूँ काटत, धामैं राखी डारि
अगिनि–सुलाक देत नहिं मुरकी बेह बनावत जारि
तुम जानति मोहि बाँस–बँसुरिया, अगिनि छाप दै आई[169]

यह है मुरली का आत्म सम्मान, जहाँ वह चरित्र पर उठाये गये लाँछनों का करारा जवाब देती हैं। यह बँशी सूर की उदात्त कल्पना है। सूर ने मुरली को लेकर अनोखी कल्पनाएँ बनायी उसे ब्रह्मा तक कहा (1865), यह है मुरली का प्रभाव जिसके परिणाम स्वरूप प्रेम में बावली गोपियों को अन्ततः मुरली की बातों में प्रभावित होकर कहना ही पड़ता है–

मुरलियाँ दिन–दिन भली भई
वन की रहनि नहीं अब यामैं, मधु ही पागि गई
अमिय समान कहति हैं बानी, नीकै जानि लई
जैसी संगति बुद्धि तैसीयै ह्वै गई सुधामई[170]

यह है लोकतंत्र की चेतना, जहां तर्कों पर विश्वास किया जाता है, समानता को महत्व दिया जाता है।

मंदोदरी– मंदोदरी सूर की अद्‌भुत नारी पात्र है। मानवीय गुणों से युक्त सत्य असत्य का विवेक रखने वाली असुर कन्या है। चिर यौवना तथा असुरराज रावण की पत्नी। इसके पश्चात् भी वह राम के ईश्वरत्व में विश्वास करती हैं। बुद्धिमती नारी के रूप में वह रावण को समझाने का प्रयत्न करती है। उसे राम के ब्रहमत्व में विश्वास है। विभीषण के पश्चात् वह पहली नारी है जो रावण को समझाने का प्रयत्न करती है–

सोवत कहा चेत रे रावन, अब क्यौं खात दगा?
कहति मँदोदरि सुनु पिय रावन, मेरी बात अगा
तृन दसननि लै मिलि दसकंधर, कंठनि मेलि पगा
सूरदास प्रभु रघुपति आए, दंहपट होइ लँका[171]

इतना ही नहीं उसे विश्वास है, यदि रावण नहीं मानेगा, तो प्रभु श्रीराम एक ही क्षण में लंका को कीचड़ में डूबो देंगे। पूरे परिवार सहित तुम्हे बांधने में उन्हें तनिक भी विलम्ब नहीं होगा। वह रावण की लपंटता पर प्रहार करने से नहीं चुकती–

काहे कौ परतिय हरि आनी?[172]

उसे यकीन था यदि रावण सीता को नहीं छोड़ता तो लंका चार पांच दिनों में ही पराई हो जायेगी। वह रावण को समझाती है– **"चेतत क्यों नाहिं मूढ़, सुनि सुबात मेरी"** (118)। वह रावण को उस दिन की भी याद दिलाती है, जिस दिन एक मामूली से वानर ने सोने की लंका को जला डाला था। वह साफ शब्दों में रावण से कहती है–

मो मति अजहुँ जानकी दीजै।
लंकापति–तिय कहति पिया सौं, यामैं कछू न छीजै
पाहन तारे, सागर बाँध्यौ तापर चरन न भीजै
बनचर एक लंक तिहिं जारी, ताकी सरि क्यौं, कीजै
चरन टेकि दोउ हाथ जोरि कै बिनती क्यौं नहिं कीजै
वै त्रिभुवन पति, करहिं कृपा अति, कुटुंब सहित सुख जीजै

आवत देखि बान रघुपति कै, तेरौ मन न पतीजै
सूरदास प्रभु लंका जारि कै, राज विभीषन दीजै[173]

किन्तु रावण उसकी बातों को गम्भीरता से नहीं लेता, यह देखकर भी वह बार–बार अपने पति को सत्य, धर्म के मार्ग पर लाने का प्रयास करती है–

रावन, उठि निरखि देखि, आजु लंक घेरी
कोटि जतन करि रही, सिख मानी नहिं मेरी[174]
लंका फिरि गई राम–दुहाई
कहति मंदोदरि सुनि पिय रावन, तै कहा कुमति कमाई?[175]

रावण जैसे अन्यायी शासक को बार–बार समझना, यह है लोक की चेतना जहाँ खुद की पत्नी ही उसके असत् कार्यों का विरोध कर के सत्य के मार्ग में लाने की लगातार कोशिश करें।

सीता– सूर के यहाँ सीता का प्रथम परिचय, धनुष–भंग के पहले होता है। सूर सारावली में सीता श्रीराम को देखकर उनसे प्रभावित हो जाती हैं, इसे प्रथम प्रेम भी कह सकते हैं। वह अपनी सखी से श्रीराम से पूर्व में भी देखने की बात कहती हैं। किन्तु कहाँ शिव धनुष और कहाँ यह सुकोमल शरीर–

बारंबार जिय सोच करत हैं विधि सों वचन उचारी
मन क्रम वचन यहै वर दीजौ मांगत गौद पसारी[176]
चितै रघुनाथ बदन की ओर
रघुपति सौं अब नेम हमारौ, विधि सौं करति निहोर
यह अति दुसह पिनाक पिता प्रन, राघव–बयस किसोर[177]

तुलसी की तरह सूर की सीता भी प्रथम बार श्रीराम के सामने अपना मुख वनवास के समय ही खोलती हैं। यह नारी चेतना है, भारतीय नारी धर्म की अभिव्यक्ति यही उसकी विशिष्टता भी है। सूर की सीता, तुलसी की सीता से आंशिक भेद रखती हैं। यह सीता बोलती हैं, जब ग्राम–बधुएँ उनसे पूछती हैं कि तुम कौन हो? और तुम्हारे साथ ये दो वीर चल रहे हैं यह कौन हैं? तो यह सीता हिचकिचाती नहीं, न ही तुलसी की सीता की तरह इशारों से बात करती हैं, बल्कि वह सामान्य जीवन में उतरकर एक सामान्य स्त्री की तरह उनकी शंकाओं का समाधान करती हैं। जब ग्रामवासी पूछते हैं तो यह सीता अपने ऊपर पड़ी विपत्ति को जनसामान्य के साथ बाँटती है माँ कैकेयी की करतूतें, जिसे तुलसी की सीता छुपाती हैं। उसे सूर की सीता व्यक्त करती हैं–

सासु की सौति सुहागिनी सो सखी, अतिही प्रिय की प्यारी
अपने सुत कौं, राज दिवायौ, हमकौ, देस निकारी।[178]

यह सीता रावण द्वारा अपहरण करने के पश्चात् मौन हो जाती है, रावण की दूतियाँ (राक्षसियाँ) उसे समझाने का प्रयत्न करती हैं, किन्तु सीता उनके अप्रिय वचनों को सुनकर शांत नहीं रहती बल्कि अप्रिय भाषण के खिलाफ अपना रोष प्रकट करती हैं। रावण द्वारा दिये गये प्रलोभनों पर सीता उसी के राज्य मे रहकर उसका विरोध करती हैं–

पापी जाउ जीभ गरि तेरी, अजुगुत बात बिचारी
सिंह कौ भच्छ सृगाल न पावै, हौं समरथ की नारी[179]

यह सीता जो इतनी सहज थी अपहरण के पश्चात् अब उसे संदेह ही लगता है हर व्यक्ति से फिर चाहे वह हनुमान ही क्यों न हो–

छल करि आयौ निसिचर कोऊ, बानर रूपहिं धारि
स्त्रवन मूँदि मुख आँचर ढाँप्यौ अरे निसाचर चोर
काहे कौं छल करि–करि आवत, धर्म विनासन मोर[180]

यह डरी हुई नारी की शंका है। मध्यकाल में स्त्री का अपहरण होना आम बात थी। सीता उन सभी पीड़ित स्त्रियों की आवाज है। वे राम की वीरता पर संशय कर मध्यकालीन पुरुषों की कायरता पर प्रहार भी करती हैं– जहाँ एक स्त्री के सम्मान की रक्षा, पुरुष न कर सके क्या इससे बड़ा प्रमाण मिल सकता है, सूर की प्रगतिशीलता के सम्बन्ध में?

सुनु कपि, वै रघुनाथ नहीं?
जिन रघुनाथ पिनाक पिता–गृह तोरयौ निमिष महीं।
जिन रघुनाथ फेरि भृगुपति–गति डारी काटि तहीं
जिन रघुनाथ हाथ खर–दूषन प्रान हरे सरहीं
कै रघुनाथ तज्यौ प्रन अपनौ, जोगिनि दसा गही?
कै रघुनाथ दुखित कानन, कै नृप भए रघुकुलहीं।
कै रघुनाथ अतुल बल राच्छस दसकंधर डरही
छाँड़ि नारि विचारि पवन–सुत, लंक बाग बसही,
कै हौं कुटिल, कुचील, कुलच्छनि तजी कंत तबहीं
सूरदास स्वामी सौ कहियौ, अब बिरमाहिं नहीं[181]

सूर के राम को सीता के चरित्र पर संदेह नहीं है। यह आस्था है, प्रेम पर। इसलिए सूर के राम सीता की अग्नि परीक्षा नहीं लेते, यही है प्रेम की सार्थकता, यही है प्रेम का वास्तविक लोकतंत्र।

कुब्जा– सूर की कुब्जा के उल्लेख के बिना सूर की चेतना, उसकी सजगता, उसकी संपूर्णता तब तक समझ में नहीं आती जब तक कुब्जा को समझा न जाये। यह कुब्जा सूर की विशिष्ट उद्‌भावना है। कुब्जा का प्रथम उल्लेख वहाँ पर होता है जब कंस की रंगभूमि में जाते हुए कृष्ण को मार्ग में चन्दन का अंगराग लिए कुबरी मिलती है और कृष्ण के रूप–सौन्दर्य पर मुग्ध हो उनकी वीरता से प्रभावित होकर राजा को लगाये जाने वाला चन्दन कृष्ण को लगा देती है। वह लोकनायक का स्वागत अपने प्रेम के द्वारा करती है। किन्तु ब्रज में उसे लेकर तमाम तरह के विरोध के स्वर सुनाई देते हैं। गोपियों को यह कुब्जा फूटी आँख नहीं सुहाती। कुब्जा और कृष्ण की जोडी. काग और हँस जैसी, लहसुन और कपूर तथा कंचन और कांच के समान है। तमाम तरह की लांछनाये सूर की गोपियाँ कुब्जा के प्रति लगाती है। जिनका तर्क सम्मत उत्तर वह अपने पाती में करती हैं। वह साफ–साफ शब्दों में गोपियों से कहती है, कि मेरे ऊपर क्रोध करना व्यर्थ है।

हरि की कृपा पर, उनके प्रेम पर किसी का अधिकार नहीं रह सकता? कृष्ण को रोकने वाली मैं कौन होती हूँ? इतना ही नहीं वह गोपियों पर प्रश्नों की बौछार कर देती हैं– कि तुम्हारे ही प्रेम में कुछ खोट थी, तभी कृष्ण वहाँ नहीं रूके, बल्कि मथुरा चले आये। इसके बावजूद भी यह कुब्जा राधा के सामने अपने आप को कहीं नहीं गिनती। यह एक भक्त की आवाज है, जिसकी भक्ति पर हमेशा से समाज में संशय ही बना रहा। कुब्जा इस संशय को तोड़ प्रेम को दिव्यता के धरातल पर प्रतिष्ठित करती है।

सूर की राधा– हिन्दी भक्ति साहित्य में राधा एक पहचान है, प्रेम का प्रतीक, प्रेम की दिव्यता का उसकी पूर्णता का साक्षात रूप। यह राधा, विद्यापति की राधा से भिन्न है, जयदेव की राधा का चरित्र भी इनसे कहीं नहीं मिलता चण्डीदास की राधा का भी स्वरूप सूर की राधा में प्रत्यक्ष रूप से तो नहीं ही दिखायी पड़ता। यह राधा सूर की अपनी सृष्टि है, जिसे सूर ने अपनी भक्ति के द्वारा एक उदात्त रूप दिया है। मैनेजर पाण्डेय ने राधा के चरित्र को गहराई से महसूस कर उसके चरित्र में व्याप्त मानवीय दैवीय भावों को देखकर कितना सुन्दर कहा है–"विश्व के कई कलाकारों ने कुछ ऐसे नारी चरित्रों की सुन्दरतम कल्पना और सृष्टि

की है जिनके जीवन में सत्य की शाश्वत प्राण प्रतिष्ठा हुई तथा जिनकी दृष्टि से सहज ही शिवत्व की झलक आ गई है उनमें सूर की राधा का अन्यतम स्थान है।''[182]

यह राधा जो साहित्य का प्राण बनी बैठी है, उनके अस्तित्व पर प्रारम्भ से ही विवाद उठते रहे हैं। राधा का उल्लेख न भागवत में है न महाभारत, न हरिवंशपुराण, न विष्णुपुराण, ब्रह्मपुराण जैसे प्राचीन ग्रन्थो में राधा का नामोल्लेख भी नहीं है यहाँ तक कि भास के नाटकों में भी राधा कहीं दिखायी नहीं पड़ती, इस सन्दर्भ में हजारी प्रसाद का विवेचन देखने योग्य है जहाँ वह राधा शब्द का उल्लेख करते हुए राधा की ऐतिहासिकता के बारे में लिखते है कि "राधा में इस प्रकार के ऐतिहासिक व्यक्तित्व का कोई लक्षण नहीं पाया जाता; गोपियों में तो यह है ही नहीं फिर मजे की बात यह है कि भागवत, हरिवंश और विष्णु पुराण आदि प्राचीन ग्रन्थों में राधा का नामोल्लेख नहीं पाया जाता दूसरी ओर गाथा सप्तशती और पंचतंत्र में इस शब्द का आना इस अनुमान को संभव कर देता है कि राधा का अस्तित्व ईसवी सन से पहले भी असम्भव नहीं है।"[183]

इसको देखकर एक बार आश्चर्य अवश्य होता है कि यह राधा भारतीय साहित्य में कहा से आयी? राधा की व्युत्पत्ति को लेकर अनेकों मत प्रचालित हैं जहाँ भण्डारकर ने इसे सीरिया से आये अभीरों की इष्टदेवी कहा है– वहीं प्रो0 मुंशीराम ने राधा के सन्दर्भ में लिखा कि "राधा शब्द ग्राम्य गीतों में भागवत निर्माण के पूर्व ही प्रसिद्धि प्राप्त कर चुका था। अतः आराधित शब्द से राधा शब्द की उदभावना कर लेना कठिन कार्य नहीं था। कृष्ण की जो आराधिका है, वही राधा या राधिका है। मुंशी राम शर्मा ने इसे सांख्य दर्शन की प्रकृति माना है।"[184]

राधा छठवीं शताब्दी के आस–पास अपना एक स्वरूप ग्रहण करती है। धारा के अमोध वर्ष के 980 ई0 के शिलालेख में राधा कृष्ण की प्रेयसी के रूप में वर्णित है। राधा के देवत्व रूप का प्रथम परिचय ब्रह्मवैवर्त पुराण को ही दिया जाना चाहिए, कारण–इसके बाद ही राधा–कृष्ण प्रेम विषयक धारा का हिन्दी साहित्य में प्रादुर्भाव होता है जहाँ प्रेम के नये युग का आगमन होता है, जहाँ ऐंन्द्रिकता आध्यात्मिकता, प्रेम, भाव, मान विरह सब कुछ है।

ब्रह्मवैवर्त पुराण में राधा को कृष्ण की शक्ति माना गया है जहाँ कृष्ण और राधा में तनिक भी भेद नहीं–

ममार्द्धशस्वरूपा त्वं मूल प्रकृतिरीश्वरी

(66/81–ब्रम्हवैवृतपुराण)

यथा त्वऽच तथाऽहं च समौ प्रकृति पुरुषौ
नहि सृष्टिर्मवेद्देवि द्वयोरेकतरं बिना

काव्य शास्त्रज्ञों ने राधा पर अपनी विशेष कृपा दृष्टि बरसायी। मुझे ऐसा लगता है कि संस्कृत की सहायता के बिना राधा का इतना विकास होना सम्भव ही न था। आनन्दवर्धन ने ध्वन्यालोक में, रूद्रट ने काव्यांलकार की टीका में, कुन्तक के ध्वन्यालोक में राधा से सम्बोधित श्लोक का उल्लेख मिलता है। क्षेमेन्द्र के काव्य दशावतारचरित में चार श्लोक में प्रेमश्रृंगार के माध्यम से राधा का वर्णन किया गया है।

सूर की राधा और तुलसी की सीता, अपने गुण व स्वभाव में किंचित परिवर्तन के साथ एक जैसी ही है। तुलसी की सीता रामबल्लभा हैं तो सूर की राधा जगदीश की। दोनों एक ही है, एक समान सौन्दर्य की अगाध रूप राशि तुलसी की सीता जहाँ उद्भव स्थिति, संहारकारिणी, सर्वश्रेयस्करी, क्लेशहारिणी है; वही सूर की राधा प्रेम की देवी, जगत जननी, महागुणों की राषि, भगतन की गति, भव भय हरनी, सब कुछ हैं। सूर पर साम्प्रदायिकता का दोषारोपण करने वाले कवियों को यह पद अवश्य देखना चाहिए जहाँ वह राम और कृष्ण, सीता तथा राधा के ऐक्य की बात सूर करते हैं–

समुझि री नाहिन नई सगाई
सुनु राधिके तोहि माधौ सौं, प्रीति सदा चलि आई
सिन्धु मथ्यौं, सागरबल बाँध्यौ, रिपुरन जीति मिलाई
अब सो त्रिभुवननाथ नेहबस, बन बाँसुरी बजाई
प्रकृति पुरुष, श्रीपति, सीतापति, अनुक्रम कथा सुनाई
सूर इती रस रीति स्याम सो ते ब्रजबसि बिसराई[185]

राधा और कृष्ण का प्रेम धर्म सम्मत है। कृष्ण धर्म के रूप हैं और उनका प्रेम धर्म का ही एक अभिन्न अंग। राधा छोटी है किन्तु चंचलता उनमें कूट–कूट कर समायी हुई है। वह जानती हैं कि गोकुल में किसी के आतंक का साया है, जिसकी शरारतों से सब पीड़ित हैं और उसका नाम कृष्ण है। यहाँ राधा के सामाजिक रूप पर प्रकाश पड़ता है। कृष्ण राधा को देखकर मोहित हो जाते हैं किन्तु राधा कृष्ण की रूप छवि पर मोहित होने के बावजूद उनकी बुराई उनके सामने ही करती है वह भी

बिना किसी संकोच के। सूर की राधा के शास्त्रीय विवेचन के सन्दर्भ में मेरी रुचि कतई नहीं, बल्कि मैं राधा को उसके सहज भारतीय नारी के रूप में देखने की पक्षधर हूँ राधा का यही रूप मुझे प्रिय है जहाँ कृष्ण और राधा, दो प्रेमियों का मिलन अचानक ही होता है। राधा गोपिकाओं के बीच से अचानक आती हैं, कृष्ण चकडोरी खेल रहे हैं, जमुना का वह पवित्र किनारा जहाँ राधा से उनका प्रथम परिचय होता है– यह राधा सौन्दर्य की खान है–

औचक ही देखी तहँ राधा, नैन विसाल भाल दिये रोरी
नील बसन फरिया कटि पहिरे, बेनी पीठि रूलति झकझोरी
संग लरिकिनी चली इत आवति, दिन थोरी, अति छवितन गोरी
सूर स्याम देखत ही रीझे, नैन–नैन मिलि परी ठगौरी[186]

सूर की राधा विरह के पूर्व चंचल नदी की तरह उछलती कूदती है वह कृष्ण के प्रश्नों का सीधा जवाब नहीं देती बल्कि टेढ़े कृष्ण की तरह टेढ़े जवाब देती है– 'हम ब्रज तन क्यों आवे' सुना है नन्द का पुत्र माखन और दही चुराता है। यह राधा कृष्ण से भी कहीं–कहीं तेज दिखायी पड़ती है, विशुद्ध यथार्थ के धरातल पर खड़ी सामाजिक सीमाओं एवं मर्यादाओं का अतिक्रमण करती है। वह कृष्ण से कहती है, उन्हें परेशान करते है, कि नन्द बाबा ने तुम्हें देखने के लिए मुझसे कहा यह प्रेम का नया–नया स्वरूप है, जहाँ प्रेमी में आतुरता है, दर्शन की तीव्र लालसा भी।

नवल गुपाल, नवेली राधा, नये प्रेम–रस पागे
अंतर बन–बिहार दोउ कीड़त, आपु–आपु अनुरागे[187]

सूर ने इस राधा का निर्माण हृदय तन्तुओं की सहायता के साथ किया था। यह केवल हँसने या रोने वाली नायिका मात्र नहीं हैं, वह अपने अधिकारों के प्रति सजग भी हैं। कृष्ण से कितना साफ–साफ यह राधा कहती हैं–

नहिं आधीन तेरे बाबा के, नहि तुम हमरे नाथ गुसैयाँ
हम तुम जाँति–पाँति के एकै कहा भयौ अधिकी द्वै गैयाँ[188]

यह अधिकी द्वै गैयाँ, सूर की राधा में व्याप्त श्रेष्ठता के भाव को प्रकट करता है, जातीय संस्कार भरी यह राधा स्वाभिमानी है, चातुरी है, कृष्ण की चातुरी को समझ वह लक्षणा में अपनी बात कह जाती है–

तुम पै कौन दुहावै गैया
इत चितवत, उत धार चलावत, यहै सिखायौ मैया[189]

यह प्रेम का लोकतंत्र है, यही कारण भी है कि वह गोपिकाओं के मध्य प्रतिष्ठा पाने में सफल होती है। सूर की राधा गौरवशालिनी मानवती नारी है, काम कला में प्रवीण है कृष्ण की अब्याहता है। यशोदा द्वारा अपनी माँ को गाली दिये जाने पर वह प्रतिवाद भी करती है। यह राधा एकदम से भोली नहीं है द्वारिका प्रसाद मित्तल ने राधा के सन्दर्भ में क्या खूब कहा है कि "राधा भोली नहीं है, छोटी होने पर भी खोटी है, वह साज सजाती है, मस्तक पर बेंदी लगाती है, नेत्रों में अंजन आंजती है और अपने गोरे शरीर की ओर निहारती है और यही गुण कृष्ण को राधा के प्रेम के प्रति बावला कर देता है। इस प्रेम के परिणामस्वरूप लोकापवाद भी उभरता है सामन्तीय संस्कारों से मुक्त राधा उसका बावलापन और प्रेम की कसक सूर की राधा को सामाजिक मर्यादा तोड़ने पर उतारू भी करता है—माँ भले ही गुस्सा करे, पिता डांटे, किन्तु प्रेम की तीव्रता का अनुभव उसकी विकलता का अनुभव प्रेमी ही कर सकता है—

बार—बार जननी समुझावति
काहै कौं जहँ—तहँ डोलति, हमकौ अतिहिं लजावति
अपने कुल की खबरि करौ धौं, सकुच नहीं जिय आवति
दधि बेंचहु धर सूधैं आवहु, काहे झेर लगावति[190]

कृष्ण के प्रेम पर अतिरंजना, अमर्यादा का जो लेबल लगाया जाता है, देहवादी का ठप्पा ठोका जाता है— सूर के कृष्ण, इसे ठप्पे को साफ कर उसकी ऐन्द्रिकता को आध्यात्मिकता में बदल कर सामाजिक नियमों की भी प्रतिष्ठा करते हैं—

देह धरे कौ यह फल प्यारी
लोक—लाज—कुल—कानि मानियै, डरियै बंधु पिता महतारी[191]

इतना बोलने वाली नायिका अचानक ही चुप हो जाती है। उसका बावलापन कृष्ण के मथुरा जाते ही समाप्त हो जाती है। चचंलता की प्रतिमूर्ति दुख की मूर्ति में परिवर्तित हो जाती है— गोपियाँ राधा के इस रूप को देखकर ऊधो से कहती है—

जसुमति जननी प्रिया राधिका देखे औरहि देस
(सू.सा. 10/4078)

यह राधा कृष्ण पर आपेक्ष भी नहीं करती। गोपियों की तरह उन्हें तीखे वचन भी नहीं सुनाती। बल्कि अपनी अवस्था अपने विषाद को करूणा के साथ व्यक्त करती है—

रति माँगत मै मान कियौ सखि (सू.सा. 10/3395)

इस प्रेम का परिणाम कितना गहरा था कि सूर की राधा की स्थिति उद्धव जैसे ज्ञानी को व्यथित कर गयी, वह उद्धव जो कृष्ण के वकील वन कर गोकुल पहुँचे थे, वह गोपियों के वकील बन जाते हैं– यह राधा के चरित्र की महिमा का ही प्रभाव है–

चित्त दै सुनौ स्याम प्रवीन
हरि तुम्हारैं विरह राधा, मैं जु देखी दीन
तज्यौ तेल तमोल भूषन, अंग बसन मलीन
कंकना कर रहत नाहीं, टाड़ भुज गहि लीन (सू.सा. 10/4107)

और अन्त में कृष्ण को राधा से मिलने के लिए विवश होना ही पड़ता है। यह राधा का प्रभाव था जहाँ सूर इस मिलन की सृष्टि किये बिना रह ही नहीं पाते। दो प्रेमी जिनका सम्बन्ध अविभाज्य है, सनातन है, इतना की कृष्ण की पत्नी भी इस प्रेम की दिव्यता को स्वीकार कर लेती हैं वह भी बिना किसी ईर्ष्या भाव के–बल्कि यहाँ जिज्ञासा ज्यादा दिखायी पड़ती है। रूक्मणि के पति राधा और कृष्ण का यह महामिलन मेरी नजरों में एक त्रासदी भी है। यह उस भावाभिव्यक्ति का विषय है जहाँ सूर की राधा को कृष्ण से बहुत कुछ कहना सुनना था, किन्तु कृष्ण के सम्मुख आते ही वाणी का स्थान मौन ले लेती है।

इस प्रकार राधा का यह चरित्र लोकतान्त्रिक भावभूमि पर खड़ा हो प्रेम का एक नया अध्याय ही रचता है।

सूर के लोकतंत्र की प्रासंगिकता– प्रांसगिकता का प्रश्न जितना सीधा दिखता है, जब उसके अन्तर में उतरिये तो वह इतना ही विचित्र दिखायी पड़ता है– वह भी तब जब रचना और रचनाकार के साथ आधुनिकता का द्वंद लगातार चल रहा हो। सूर का काव्य मानवीय संवेदना से युक्त काव्य है। यह कभी बासी नहीं हो सकता, जब भी पढ़िये हमेशा नवीन एवं अनुभवगम्य। सूर के कृष्ण मानवीय संवेदनाओं का गुंजन है। यह संवेदना कचोटती है कि क्या ऐसी स्थिति जैसी भक्ति कवियों के काव्य में दिखायी देती है, कल्पना जगत से इतर वास्तविक स्तर पर नहीं हो सकती?

आधुनिकता के दौर में सूर का समाज उसकी व्यवस्था उसका प्रेम आदर्श का कार्य करता है। यह वह लोकतान्त्रिक समाज है जहाँ लोगों का जुड़ाव सिर्फ कार्य व्यापार से न होकर मानसिक होता है। डॉ0 शिव

प्रसाद ने सूर की प्रासंगिकता पर लिखा है–"परन्तु हम भूल जाते हैं जब–जब देश में संकट पड़ता है, तब–तब जनता का प्रतिरोध उमड़ता है। यह प्रतिरोध दुहरा होता है, एक तो आमने–सामने किया गया संघर्ष और दूसरा सांस्कृतिक प्रतिरोध। मुस्लिम शासक के केन्द्र के पास ही वृन्दावन प्रतिरोधी शक्ति का केन्द्र बन कर उभरती है। जहाँ के भक्त कवियों ने किसी विदेशी या आक्रान्ता को अपना शासक नहीं माना बल्कि जन के तारक राधा श्रीकृष्ण के रूप में अपने महाराजा महारानी का चुनाव किया–यह सूर का आयोजित विद्रोह सामन्ती व्यवस्था व मूल्यों के प्रति किया गया विद्रोह था।[192]

मन में रहयों नाहिंन ठौर
नन्दनन्दन अछत कैसैं, अनियै उर और
चलत चितवत दिवस जागत स्वप्न सोवत राति
हृदय तैं वह मदन मूरति, छिन न इत–उत जाति
कहत कथा अनेक ऊधौ लोक लोभ दिखायी
कह करौ मन प्रेमपूरन, घट न सिंधु समाई।

सूर प्रेम का एक नया समाज रचते हैं, यह समाज पैसे पर टिका नहीं है। यह वह लोकतान्त्रिक समाज है जहाँ लोगों का जुड़ाव सिर्फ कार्य व्यापार से न होकर मानसिक होता है। सूर की भक्ति का अपना एक अलग लोकतंत्र जहाँ सभी को सम्मान दिया गया है। भक्त चाहे जिस जाति का हो, कुल, गोत्र, वंश का हो, गरीब हो अमीर हो, वह कृष्ण के लिए स्वीकार्य है। सूर के यहाँ कथनी और करनी में भेद नहीं। सूर की गोपियाँ भी प्रेम करती हैं, इस प्रेम में न सड़ी गली मान्यतायें है न लोभ और न ही जातिगत श्रेष्ठता या हीनता का भाव यह उस सामन्ती समाज के प्रेम का विपर्यय है जहाँ सम्बध स्वार्थगत होते थे।

सूर लोक संस्कृति के ज्ञाता है लोक व्यवहार, व्रत उपवास, मान्यताएँ आस्थाएँ सब कुछ सूर के यहाँ भरा पड़ा है। रीतिकालीन कविता में यह लोक विलुप्त सा हो गया। यही कारण है कि सूर की प्रासंगिकता उनके लोकतंत्र की प्रासंगिकता आने वाले हर युग के लिए आदर्श ही रहेगी जब तक सृष्टि में प्रेम का कुछ भी अंश व्याप्त रहेगा। सूर उभरती हुई कल्पना, उभरते हुए जीवन संदर्भो के कवि थे। सूर ने अपनी कविता के द्वारा अनेकानेक विसंगतियों से जूझ रहे रूग्ण मनोवृतियों और तरह–तरह के अन्तर्वाह्य द्वन्दों से ग्रस्त समाज के अनेक रूप, चित्रों के माध्यम से,

आशा की किरण को जगाने का और उसके निर्माण का अद्भूत प्रयास अपनी भक्ति के माध्यम से किया। जाँति–पाँति अनाचार वाह्यचार का दमन करना समाज को सुचारू रूप से चलाने के लिए आवश्यक है। यह आवश्यकता न केवल तत्कालीन युग में बल्कि आज भी आवश्यक है, सूर इसीलिए प्रासंगिक है, वे मूल्यों का निर्माण करते हैं, लोकतान्त्रिक और धर्मनिरपेक्ष आस्थाओं को मजबूत कर एकता और सहिष्णुता के माहौल को बढ़ाने के लिए सूर की कविता प्रांसगिक है।

लोकतंत्र की प्रासंगिकता विषय पर सच्चिदानन्द सिन्हा की कही बात याद आती है जहाँ वे जे0पी0 का सहारा लेते हुए कहते है– जे0पी0 ने कभी कहा था कि क्राँतियाँ अपनी किताब खुद लिखती हैं; वे यह बतलाना चाहते थे कि किसी महाआख्यान द्वारा पूर्व निर्धारित लकीर पर चलने की बजाय क्रांतियों को अप्रत्याशित अवरोधों के बीच हर मुकाम पर नये सिरे से अपना मार्ग बनाना पड़ता है।[193]

वर्तमान राजनीतिक व्यवस्था में समाज के सामने सांप्रदायिकता की चुनौती मुँहबाये खड़ी है। अलगाववाद की समस्या और लोकतंत्र का सिकुड़न, अर्थनीति और विकास नीति का हास्र, नीतिहीनता, अनैतिकता जिसके मूल में भ्रष्टाचार की जड़ व्याप्त हैं तथा पिछड़ी एवं दलीय राजनीति के नाम पर नेताओं द्वारा वर्ग विभाजन का जो मकड़जाल बुना गया है इन सभी जालों का काट सूर के पात्रों में दिखायी पड़ता है। यह कर्म प्रधान समाज है, जहाँ गतिशीलता है, नयी मान्यताओं, स्थापनाओं का स्वीकार है। धार्मिक वितिण्डावाद के खिलाफ सूर के द्वारा गोवर्धन की पूजा किसी सामन्त शाही की पूजा न होकर उस शक्ति के प्रति श्रद्धा का भाव है, जहाँ पोषण है, न्याय है, प्रेम है, तथा विकास है।

वास्तव में आज की राजनीति में लोक और तंत्र दो भागो में बँट चुका है, पंचवर्षीय योजना की तरह। जहाँ कथित शासक पाँचवे वर्ष में अपने खोखले वादों के साथ आता है। नेताओं की महत्वाकांक्षाओं की टकराहट जनता को हाशिये पर रखकर लड़ा रही है। शासकों और प्रशासकों की अक्षमता और राजनेताओं द्वारा राजनीतिक लाभ के लिए विविध समूहों को एक दूसरे के खिलाफ लड़ाने की रणनीति ने आज लोगों के अन्दर संवेदनहीनता को बढ़ावा दिया है और ऐसे समय में सूर का समाज वहाँ की राजनीतिक, धार्मिक व्यवस्था प्रासंगिक हो उठती है। कृष्ण पर थोड़ा सा भी संकट आता है तो सारे गोकुलवासी मिलकर कृष्ण की रक्षा के

लिए अपने भरसक दान दक्षिणा करते हैं, यह लगाव है, अपने शासक के प्रति, शासक भी आज जैसा नहीं है बल्कि गोकुल या ब्रज की जनता पर कोई भी संकट आ खड़ा होता हो तो कृष्ण (राजा) की परवाह न करते हुए उस संकट से भिड़ जाते हैं। यह कहना कि सूर साहित्य में सिर्फ अतिरंजना है, सूर की कविता के समाज को देखते हुए सही नहीं लगता बल्कि सूर के समाज में वह सब कुछ है जो एक स्वस्थ लोकतान्त्रिक समाज में होना चाहिए यह वैष्णव धर्म का उत्कर्ष रूप है।

आज के लोकतान्त्रिक भारत में बढ़ रहे राजतांत्रिक (परिवारवाद) दरबारीपन का माहौल राजनीति को उसके वास्तविक मूल्यों से दूर कर स्वार्थ की रोटी में अपनी अपनी सत्ता को बचाये रखने की पहल में लोकतंत्र के उस रूप का मटियामेट किया जा रहा हैं जिसके लिए लोगों ने अपनी शहादते दी। "प्रेमशंकर समाज की लोकतान्त्रिक व्यवस्था को सूर के यहाँ देखते है, जहाँ राजनीति नहीं है बल्कि प्रेम है पर मनुष्य समाज से उसे जोड़ने के लिए वे उसके लोक जीवन की अनदेखी नहीं कर सकते। गोपिकाएँ यशोदा के पास उलाहना देने के लिए आती हैं, पर अनजाने ही उसके सौन्दर्य की प्रशंसा भी कर जाती हैं।"[194]

प्रश्न उठता है कि क्या सूर का समाज प्रांसगिक हो सकता है? वचन देव कुमार कहते हैं कि जिस मध्यकालीन संस्कृति की, दरबारी अथवा भक्त विहल तस्वीर उसमें खींची गयी है, क्या वह संस्कृति आज भी अर्थवृत्ता रखती हैं जिन जीवन मूल्यों और विचार दर्शनों की स्थापना साहित्य में हुई है क्या सांप्रत्य परिवेश में वे मूल्य और दर्शन चुक नहीं पाये हैं?

इसका सीधा सा जवाब यही है कि साहित्य कभी आप्रांसगिक नहीं हो सकता। सूर ने जिस मध्यकालीन सामन्ती संस्कृति की, यांत्रिकता की पीड़ा से; जिसने पारम्परिक मूल्यों को राजनीतिक मूल्यों को विघटनशील कर दिया था, से त्रस्त होकर सूर समाज के उस स्वरूप को सामने लाकर खड़ा कर देते हैं। जहाँ एक पुत्र के साथ सारे गाँव का सम्बन्ध जोड़ विश्वव्यापी बनाने की कल्पना कर कृष्ण भक्ति का आदर्श जनता तक पहुँचाया हैं, जहाँ राजभवन में रानी या राजा से मिलने के लिए रोकटोक नहीं लगायी जाती बल्कि गोपियाँ जब मर्जी चाहे उस भवन के भीतर जाकर वहाँ के राजपुत्र को चाहे तो खिलाये या फिर शिकायते करें।

आज राजनीति की हालत गटर में व्याप्त सड़ांध जैसी है। सामान्य पार्षद का भी बेटा भी करोड़ों की गाड़ियों से धूम रहा है, विदेशों में पढ़

रहा है, इसके विपरीत सूर की कविता का भी एक लोकतंत्र आँखों के आगे टकराता है, जहाँ सामन्त या राजा का पुत्र विदेश में जाकर नहीं पढ़ता बल्कि वह भी सामान्य गोप ग्वालों के साथ गायें चराता है। अपनी प्रजा की रक्षा के लिए आसुरी विध्वंसकारी शक्तियों से लड़ता है। एक सामान्य बच्चे की तरह, अपनी आस्थायें, अपने मनोभाव सहजता से व्यक्त करता है, झूठ बोलता है, मिट्टी खाता है, उसके घर में भले ही सम्पत्ति का अथाह सागर हो, नवो–निधियाँ हों, किन्तु वह एक सामान्य से बच्चे की तरह दूध रोटी खाता है, अहीर जैसी निम्न जातियों का जूठा बड़े प्रेम से छीन–छीनकर खाता है उसकी प्रेमिका ग्रामीण परिवेश की भोली भाली सी कन्या है। एक राजपुत्र होने के बावजूद वह अभिजात्य का विरोध और लोकतंत्र की स्थापना अपने हर कार्य के द्वारा करता है– सूर के कृष्ण दूध दुहना लोकतंत्र की स्थापना करना ही है। यह लोकतंत्र ही है जहाँ स्त्री और पुरुष बराबर है, लोहिया जी ने लिखा है कि नारी अगर नर के बराबर हुई तो सिर्फ ब्रज और कान्हा के पास, नर नारी के ऐक्य का सर्वाधिक रुचिकर क्राँतिकारी रूपायन सूर ने किया है। नारी को पुरुष के साथ यहाँ उससे भी ज्यादा समता, अधिकार देने का सराहनीय प्रयास सूर की कविता में ही सम्भव है– यह प्रेम के लोकतंत्र का कितना अच्छा उदाहरण है–

राधा माधव भेंट भई
राधा माधव, माधव राधा, कीट भृंग गति ह्वैं जु गई
माधव राधा के रंग राँचे, राधा माधव रंग गई
माधव राधा प्रीति निरंतर, रसना करि सो कह नि गई।
(सू.सा. 10/4292)

यहाँ किसी भी प्रकार का भेद दिखायी जहाँ पड़ता, सूर की कविता के कृष्ण दुर्दम्य जिजीविषा के प्रतीक है। वे विपत्ति आने पर संघर्ष करते हैं, पराजय नहीं स्वीकार करते बल्कि उसके सापेक्ष वे अपनी रणनीति बनाते हैं, आसुरी शक्तियों के खिलाफ खुला मोर्चा लेते हैं, कंस के अनुयायियों अत्याचारियों का एक–एक कर दमन करते हैं, शंखचूड़ राक्षस का वध लोकतंत्र की मर्यादा की दृष्टि से करते हैं। जहाँ नारी का अपमान सहने योग्य नहीं, भले ही शासक चाहे कितना भी शक्तिशाली क्यों न हो, और अन्ततः उसी की नगरी में जाकर उसकी पीड़ित प्रजा के सामने अन्यायी शासक का अन्त कर जनता को उसके दुःखों से मुक्त कर उनके जीवन

में नवोल्लास उत्पन्न करते हैं। जनता से बलात् छीना गया धन उसी जनता को पुनः लौटा कर स्वस्थ लोकतान्त्रिक समाज की परिकल्पना को साकार कर देते है।

वह भाषा में नये प्राण भरते हैं अभिजात्य वर्ग की भाषा के खिलाफ वह देशी भाषा के वर्चस्व को कायम करते है, अपनी भाषा अपनी जनता के बीच, उन्हीं के पहनावे के साथ उतरकर उसके दुःख–सुख को महसूस करते हैं।

सूर का काव्य सांमतीय समाज के विरोध में खड़ा काव्य है। खासकर पारिवारिक जड़ता को तोड़ने का महत्तर कार्य उसने किया है। यहाँ हर सम्बन्ध में प्रेम की भावना हैं चाहे वह पिता पुत्र का हो, शासक या प्रजा का हो सब एक दूसरे से गुम्फित है। सामन्तवाद का विरोध किसी राजा की उपेक्षा मात्र से ही पूरा नहीं होता बल्कि समाज में व्याप्त उन सभी विसंगतियों से होता है जो धीरे–धीरे मानवीय आस्थाएँ मानवीय मूल्यों को मृतप्राय कर रही है। सूर का समाज प्रेम के जीवनोत्सव का समाज है। यहाँ गत्यात्मकता भी है और नवोत्थान भी। यदि देखना चाहे तो सूर की कविता में व्रिदोह के स्वर भी है बस इसे देखने के लिए चश्मा दूसरे नम्बर का पहनना पड़ेगा–

नैन–अमीन आधर्मिन कै बस, जहँ कौ तहाँ छयौ
दगाबाज कुतवाल काम रिपु सरबस लुटि लयौ
पाप उजीर कहयौ सोई मान्यो, धर्म सुधन लुटयौ

यह केवल सूर के समाज का यथार्थ चित्रण नहीं हैं जहाँ अमीन अधर्मी है, कोतवाल दगाबाज बेईमान वजीर भी ऐसे में जनता का क्या होगा? आज का समाज भी कुछ ऐसा ही है। यहाँ हर छोटा व्यक्ति अपने से छोटे व्यक्ति को दबा रहा है। बड़े व्यक्तियों की बात ही क्या? सुनी उसकी जा रही हैं जिसके पास धन है, बल है। सूर के समय की राजनैतिक स्थिति ऐसी थी जहाँ बादल खेत ही चर जाता है यह विडम्बना उस समाज की है जहाँ पोषण करने वाला शोषण करने पर उतारू था। सूर को यह व्यवस्था स्वीकार्य नहीं थी। सूर के लिए यह सरकार अन्धधुंध सरकार थी। जहाँ भोग विलास के पीछे जनता की बदहाली छिपी हुई है। सूर की गोपियाँ छल–कपट और राजनीति का प्रयोग जिस तरह से भ्रमरगीत में करती है, आज जनता भी राजनीति को उसी अर्थ मे कहना चाहती है। लोकतान्त्रिक शासन के नाम पर छला जा रहा है, मासूम और

बेबस जनता को हर आन्दोलन के पीछे, यह पीड़ा ही काम कर रही है; आदिवासी तबको को उनकी जमीन जायदाद से बेदखल कर बड़ी–बड़ी फैक्टरियाँ बन रही हैं। किसानों की जमीन लेकर उन्हें कृषिकर्म से भी वंचित किया जा रहा है। लोकतंत्र के नाम पर दुष्यंत की एक पंक्ति हमेशा याद आती है– 'कहाँ तो तय था चिरागाँ हर एक घर के लिए कहाँ चिराग तक मयस्सर नही शहर के लिए' यह सूर की प्रासंगिकता ही है, कि सूर के यहाँ आबादी का आधा हिस्सा जिसके बोलने पर निषेध है, वह अपनी पूर्ण सत्ता के साथ पेश आता है, राजनीति के नाम पर यह कितना तीव्र व्यंग्य है जब सूर की गोपियाँ कहती हैं हरि हैं राजनीति पढ़िआँए– इस राजनीति शब्द की मुखरता पर मैनेजर पाण्डेय कहते हैं कि "राजनीति का ऐसा सार्थक अभिप्राय सूर से पहले और बाद में भी शायद ही कही मिले।"[195] दूसरा उदाहरण राजधर्म सब गये जहाँ प्रजा न जाय सताए। तब वे अतीत और अत्याचार से मुक्त राजनीति का माँग करते हैं और ही सामन्त युग में प्रजातन्त्र की तीव्र आकांक्षा की अभिव्यक्ति को सार्थक करते हैं। जबकि आज धर्म की नीति की जगह राजनीति की अराजकता व्याप्त हैं। प्रजातांत्रिक व्यवस्था में भी यह अराजकता धंसी हुई है जहाँ कुचक्र है, यातना है और आवश्यकता के नाम पर यहाँ आज के भारत में आश्वासन नाम का लॉलीपाप थमा दिया जाता है।

प्रजातांत्रिक व्यवस्था की नीव जो जनभावना, जन कल्याण थी, आज कुछ लोगों के स्वयं के कल्याण तक सीमित हो गयी जिसका खामियाजा आज प्रजा को चुकाना पड़ रहा है। आज लोकतंत्र है, समानता है, न्याय है, पर सब कुछ नियमों में ही है। व्यावहारिक स्तर पर न तो समानता है, न न्याय और न ही बन्धुत्व; जाति की छुद्रगत राजनीति ने लोकतंत्र की हत्या करवा दी है। आज किसी के भी मन में राजनीति या शासक को लेकर अच्छी छवि नही उभरती किन्तु सूर के शासक (कृष्ण) की लीला, उनकी छवि, उनका आदेश, लोककल्याण की भावना, आधुनिक भारत को एक सीख अवश्य देती हैं–

स्याम गरीबनि हूँ के ग्राहक
दीनानाथ हमारे ठाकुर साँचे प्रीति निवाहक (वि. 19)
नाथ अनाथनि ही के संगी
दीनदयाल, परम करूनामय जनहित बहुरंगी (वि. 21)

सूर एक स्वस्थ आदर्श खड़ा करते हैं। अपने समाज के सामने एक

ऐसे समाज का निर्माण करते हैं जो हर व्यक्ति को आत्मीय प्रतीत होता है। उसके लिए विलास की आवश्यकता नहीं सूर के राजा कृष्ण, राजा होने के पश्चात भी उस समाज के मोह से उबर नहीं सके कहते हैं–

उधौ मोहिं ब्रज बिसरत नाहीं
हंस सुता की सुन्दर कगरी, अरू कुंजनि की छँाही
वै सुरभी वै वच्छ दोहनी, खरिक दुहावन जाहीं
ग्वाल बाल मिलि करत कोलाहल नाचत गहि गहि बाँही
(सू.सा. 10/4157)

सूर की ईश्वर विषयक कल्पना का आधार जनवादी है। इसमें निषेध के तत्व न के बराबर हैं यहाँ भले ही क्रॉंति न हो, किन्तु जन की पीड़ा उसकी हिमायत अवश्य है। सूर अपने पात्रों का समाज के सापेक्ष ढाल कर रचते है। उनके पात्र ईश्वर के पीछे खड़े नहीं बल्कि उसके साथ–साथ चलते हैं। भगवान के साथ समानता का भाव सूर की कविता में ही सम्भव है। जहाँ की जनता अपने राजा पर आक्षेप कर सकती है। न्याय, पालन, प्रेम, धर्म इन सभी दृष्टियों से सूर का लोकतंत्र हमेशा ही प्रभावी रहेगा और उसके लोकतंत्र की प्रासंगिकता भी। वास्तव में सूर की कविता अपने समय के समाज के पीछे चलने या उसकी आलोचना करने के स्थान पर उस सामन्ती समाज की व्यवस्थाओं, संस्थाओं और रूढ़ियों के दमनकारी प्रभावों का निषेध करती हुई एक ऐसे समाज की रचना करती हैं जिसमें लोक और शास्त्र के सम्बन्ध से स्वतंत्र मानवीय भावों और मानवीय सम्बन्धों का सहज स्वाभाविक विकास हुआ है।

निष्कर्ष– सूर भारतीय संस्कृति में व्याप्त जीवन मूल्यों का भावना के स्तर पर रखकर नये दृष्टि से देखने के आकांक्षी हैं। सूर की कविता में वह सब कुछ है जो एक स्वस्थ लोकतान्त्रिक समाज में होना चाहिए व्यक्ति के केन्द्र के साथ सम्पूर्ण सम्बन्धों का जुड़ाव यहाँ व्यक्ति एक ईकाई नहीं बल्कि समाज का वह अभिन्न हिस्सा है, जिसके बिना समाज की वास्तविक परिकल्पना असम्भव है। हरगुलाल ने इस समाज के सन्दर्भ में कितना श्रेष्ठ आंकलन किया है कि कृष्ण अपने इस रूप में वैभव की तिलांजलि देकर सर्वसाधारण में आ मिलते हैं। इस रूप में उनके जीवन को समाज के जीवन से पृथक करके नहीं देखा जा सकता। गोप–गोपियों के बीच घिरकर वे अनेक ऐसे कार्य करते हैं जो उस युग के सामाजिक जीवन को अभिव्यंजित करते हैं। कृष्ण के जनवादी रूप का निर्माण समाज

के बीच में ही हुआ है, लोक विरोधी तत्वों का इसमें नितान्त अभाव है।[196]

कितना सटीक आंकलन है सूर के यहाँ विशिष्ट है पात्रों की, वह सारे संस्कार जिनसे लोकजीवन प्रभावित होता रहा है, वह सब कुछ सूर की कविता में हैं। लोक की अभिव्यक्ति का पूर्ण दिग्दर्शन यशोदा नन्द, राधा, गोप–गोपिकाओं के माध्यम से सूर ने बखूबी दिखाया है।

लोकतंत्र क्या है? अस्सी प्रश्न और उत्तर में डेविड बीथम और केबिन बॉयले लोकतंत्र के सन्दर्भ में कहते हैं कि "लोकतंत्र सामूहिक निर्णय निर्धारण की एक पद्धति है यह एक आदर्श को लेकर चलता है कि जिन विषयों से सारा समूह या संगठन प्रभावित होता है वे उस संगठन के सभी घटकों की सहमति से होने चाहिए और सभी घटकों को निर्णय लेने में शामिल होने का बराबर अधिकार होना चाहिए।"[197]

सूर के यहाँ एक की प्रधानता होने के बावजूद निर्णय लेने का अधिकार सभी को है, बिना सभा बुलाये न तो सूर के नन्द कुछ कार्य पूर्ण कर सकते हैं, चाहे वह गोवर्धन का प्रंसग है, या कालियादमन के समय नन्द के सम्मुख आया हुआ संकट। सूर के लोक तांत्रिक समाज की एक छोटी सी घटना, जिसकी मर्मस्पर्शीयता अकथनीय है– वह सूर के समाज के अन्दर व्याप्त उदात्त भावों का सुन्दर बिम्ब है– तृणावत जब कृष्ण को उठाकर ले जाता है, और उसका वध कर देता है तब गोप समाज का वह सुन्दर रूप सामने आता है, जो मन को मोहित करता है कृष्ण उपवन में बैठे हैं, गोपियाँ उन्हें उठाती है, कृष्ण के बच जाने के उपलक्ष्य में सबने अपने–अपने घर आनन्दोत्सव मनाया। अपने खुद के गहनों को कृष्ण पर न्योछावर कर दिया, एक परम्परा है कि किसी पर विपत्ति अगर आती है, तो उस पर पानी भी न्यौछावर कर उसकी विपत्ति टालने की कोशिश की जाती है। सूर का समाज कृष्ण पर पानी न्यौछावर कर उस पानी को पी जाता है, ताकि उनके लाल की सारी बलायें उन्हें लग जाएँ, जो कुछ भी हों उन्हें हों, उनके कृष्ण सही सलामत रहें, एक प्रजा के लिए सामन्त पुत्र की इतनी सेवा करना, बिना लोकतान्त्रिक राज्य के सम्भव ही नहीं हो सकता–

ब्रज–जुवतिनि उपवन मैं पाए, लयौ उठाई कंठ लपटानी
लै आई गृह चूमति चाटति, घर –घर सबनि बधाई मानी
देति अभूषन वारि वारि सब पीवतिं, सूर वारि सब पानी।

(सू.सा. 10/78)

ब्रज का यह समाज एक परिवार की तरह सामने आता है, जिसने सुना कि कृष्ण अब उलटने– पलटने लगे है सब दौड़े चले आ रहें, यहाँ कितनी आत्मीयता है, इन पदों में समाज जहाँ नगरीय सभ्यता का दम्भ नहीं है। बल्कि प्रेम समानता, न्याय बंधुत्व पर आधारित इस समाज की संवेदना देखते ही बनती है, जहाँ शासन का भाव नहीं, न ही शासित का एक अनुशासन कृष्ण जिसकी डोर से यह पूरा ब्रज फल फूल रहा है इससे अद्वितीय चेतना लोकतंत्र की और कहाँ मिलेगी? इस लोकतान्त्रिक चेतना का रूप धर्म के विविधता के प्रसंग में भी मिलता है, सूर को अधिकांश लोग साम्प्रदायिक कवि कहते हैं, किन्तु शिव और विष्णु का जो अद्‌भुत समन्वय उन्होंने किया वह बधाई के पात्र है। लोकतान्त्रिक कवि वही होता है, जो सभी धर्मों को समान समझे, सूर ने धर्म को हमेशा श्रद्धा की नजर से देखा, शैव और वैष्णव दोनों की महत्ता को व्यक्त किया।

सन्दर्भ ग्रन्थ-सूची

1. श्री राम मल्होत्रा : साहित्य का समाज शास्त्र, मान्यता और स्थापना, पृ. 09
2. वही, पृ. 88
3. प्रेम नारायण टण्डन : सूर की भाषा, पृ. 534
4. मैनेजर पाण्डेय : भक्ति आन्दोलन और सूर का काव्य, पृ. 290
5. शिव कुमार मिश्रा : भक्ति आन्दोलन और भक्ति काव्य, पृ. 159
6. प्रेम शंकर : भक्ति काव्य का समाज दर्शन, पृ. 137
7. सूरदास : सूरसागर, नागिरी प्रचारिणी सभा काशी, प्रथम–भाग, पद 9/16 पृ. 159
8. वही, 9/18, पृ. 159
9. वही, 9/20, पृ. 160
10. वही, द्वितीय खण्ड 10/4165, पृ. 532
11. हरिश्चन्द्र मिश्र : भक्ति कालीन कृष्ण काव्य और मानव मूल्य, पृ. 11
12. सूरसागर : प्रथम खण्ड, 1/97, पृ. 26
13. प्रेम शंकर : कृष्ण काव्य और सूर, पृ. 130
14. डॉ0 सत्येन्द्र : मध्ययुगीन हिन्दी साहित्य का लोकतात्विक अध्ययन, पृ. 51
15. सूरसागर : प्रथम खण्ड, 8/14, पृ. 147
16. वही, 8/15, पृ. 147
17. वही, 9/98, पृ. 183
18. वही, 9/111, पृ. 187
19. वही, 9/114, पृ. 188
20. वही, 9/116, पृ. 189
21. वही, 9/117, पृ. 189

22. हजारी प्रसाद द्विवेदी : सूरदास, पृ. 67
23. सूरदास सूरसागर : प्रथम खण्ड 1/231, पृ. 63
24. वही, 1/239, पृ. 65
25. वही, 1/242, पृ. 65
26. वही, 1/242, पृ. 65
27. वही, 1/249, पृ. 67
28. वही, 1/253, पृ. 68
29. वही, 9/42, पृ. 165
30. वही, 9/54, पृ. 168
31. वही, 9/55, पृ. 168
32. वही, 9/97, पृ. 183
33. संपा0– कृष्ण दत्त पालीवाल सहित्य संस्कृति और समाज परिवर्तन की प्रक्रिया, पृ. 68
34. सूरदास का सूरसागर प्रथम खण्ड : 1/60, पृ. 17
35. डॉ0 राम रतन भटनागर : सूरदास नव मूल्यांकन, पृ. 72
36. डॉ0 सन्तराम वैश्य : सूर की सांस्कृति चेतना, और उनका युगबोध, पृ. 33
37. प्रेम शंकर : भक्ति काव्य का समाज दर्शन, पृ. 139
38. सूरसागर : प्रथम खण्ड, 10/35, पृ. 222
39. वही, 10/15, पृ. 215
40. प्रेम शंकर : भक्तिकाव्य का समाज दर्शन, पृ. 137
41. सूरसागर प्रथम खण्ड : 10/437, पृ. 329
42. वही, 10/448, पृ. 333
43. वही, 10/395, पृ. 316
44. वही, 10/396, पृ. 317
45. वही, 10/468, पृ. 337
46. वही, 10/594, पृ. 378
47. वही, 10/596, पृ. 378
48. वही, 10/1208, पृ. 544
49. वही, 10/245, पृ. 278
50. वही, 10/822, पृ. 435
51. वही, 10/851, पृ. 443
52. सूरसागर द्वितीय खण्ड : 10/3039, पृ. 291
53. वही, 10/3092, पृ. 305
54. वही, 10/3092, पृ. 305
55. सूरसागर प्रथम खण्ड : 10/55, पृ. 228
56. वही, 10/264, पृ. 282
57. वही, 10/268, पृ. 283

58. वही, 10 / 273, पृ. 284
59. वही, 10 / 324, पृ. 296
60. वही, 10 / 368, पृ. 307
61. वही, 10 / 1406, पृ. 590
62. वही, 10 / 1406, पृ. 590
63. वही, 10 / 1415, पृ. 592
64. वही, 10 / 1420, पृ. 592
65. वही, 10 / 1424, पृ. 593
66. सूरसागर द्वितीय खण्ड : 10 / 3499, पृ. 371
67. वही, 10 / 3590, पृ. 390
68. रामचन्द्र शुक्ल : सूरदास, पृ. 32
69. सूरसागर प्रथम खण्ड : 10 / 1522, पृ. 619
70. डॉ0 मीरा श्रीवास्तव : मध्ययुगीन हिन्दी कृष्ण भक्ति धारा, और चैतन्य सम्प्रदाय, पृ. 76
71. वही, पृ. 77
72. वही, पृ. 79
73. सूरसागर प्रथम खण्ड : 10 / 616, पृ. 300
74. डॉ0 मीरा श्रीवास्तव : मध्ययुगीन कृष्ण भक्ति धारा और चैतन्य सम्प्रदाय, पृ. 78
75. सूरसागर प्रथम खण्ड : 10 / 628, पृ. 387
76. वही, 10 / 634, पृ. 389
77. आचार्य रामचन्द्र शुक्ल : चिन्तामणि, पृ. 32
78. सूरसागर सूरदास प्रथम खण्ड : 10 / 1086, पृ. 503
79. सूरसागर प्रथम खण्ड : 10 / 1602, पृ. 636
80. वही, 10 / 1653, पृ. 655
81. बृजेश्वर वर्मा : सूरदास, पृ. 134
82. डॉ0 मीरा श्रीवास्तव : मध्ययुगीन हिन्दी कृष्ण भक्ति धारा और चैतन्य सम्प्रदाय, पृ. 82
83. वही, पृ. 83
84. सूरदास सूरसागर : द्वितीय खण्ड, 10 / 3109, पृ. 309
85. डॉ0 मीरा श्रीवास्तव : मध्ययुगीन हिन्दी कृष्ण भक्तिधारा और चैतन्य सम्प्रदाय, पृ. 91
86. वही, पृ. 92
87. वही, पृ. 95
88. सूरदास सूरसागर प्रथम खण्ड : 1 / 11, पृ. 4
89. पारसनाथ तिवारी : कबीर वाणी सुधा, पृ. 77
90. सूरदास सूरसागर प्रथम खण्ड : 1 / 161, पृ. 44
91. वही, 1 / 332, पृ. 91

92. वही, 1/127, पृ. 35
93. वही, 1/14, पृ. 4
94. वही, 1/112, पृ. 30
95. वही, 1/4, पृ. 1
96. वही, 1/118, पृ. 32
97. वही, 1/128, पृ. 35
98. वही, 1/170, पृ. 46
99. वही, 1/131, पृ. 35
100. वही, 1/90, पृ. 24
101. वही, 2/17, पृ. 99
102. वही, 1/312, पृ. 85
103. वही, 2/6, पृ. 97
104. वही, 1/330, पृ. 91
105. वही, 1/1, पृ. 105
106. वही, 1/339, पृ. 93
107. प्रभुदयाल मीतल : अष्टछाप परिचय, पृ. 60
108. सूरदास सूरसागर प्रथम खण्ड : 10/205, पृ. 267
109. वही, 10/186, पृ. 263
110. डॉ0 राम स्वरूप आर्य, डॉ0 गिरिजा शरण अग्रवाल : सूर साहित्य सन्दर्भ, पृ. 417
111. डॉ0 वीरेन्द्र मोहन : तुलसी और सूर मानव मूल्य, पृ. 116
112. ब्रजेश्वर वर्मा : सूर मीमांसा, पृ. 216
113. मैनेजर पाण्डेय : भक्ति आन्दोलन और सूरदास का काव्य, पृ. 151
114. डॉ0 कृष्ण दत्त पालीवाल : मध्ययुगीन हिन्दी महाकाव्यों में नायक, पृ. 255
115. वही, पृ. 258
116. वही, पृ. 155
117. वही, पृ. 258
118. वही, पृ. 259
119. रामधारी सिंह दिनकर : संस्कृति के चार अध्याय, पृ. 73
120. श्रीमद्भागवत गीता : गीता प्रेस गोरखपुर, 10/8, पृ. 119
121. सूरदास का सूरसागर प्रथम खण्ड : 10/20, पृ. 216
122. वही, 10/4, पृ. 211
123. वही, 10/27, पृ. 219
124. वही, 10/170, पृ. 258
125. हरिवंश लाल शर्मा : सूरदास और उनका साहित्य, पृ. 35
126. सूरदास सूरसागर प्रथम खण्ड : 10/99, पृ. 240
127. वही, 10/50, पृ. 227
128. वही, 10/449, पृ. 333

129. वही, 10/452, पृ. 334
130. वही, 10/821, पृ. 435
131. वही, 10/961, पृ. 470
132. वही, 10/1214, पृ. 547
133. वही, द्वितीय–भाग 10/2925 पृ. 267
134. वही, 10/370, प्रथम भाग, पृ. 308
135. वही, 10/3052 द्वितीय भाग, पृ. 294
136. श्रीमद्भागवत प्रथम खण्ड : गीताप्रेस 7/20, पृ. 709
137. सूरसागर प्रथम खण्ड : 7/2, पृ. 137
138. वही, 7/5, पृ. 139
139. वही, 10/254 पृ. 278
140. वही, 9/41, पृ. 165
141. वही, 9/42, पृ. 166
142. वही, 9/19, पृ. 159
143. वही, 9/26, पृ. 161
144. वही, 9/69, पृ. 172
145. वही, 9/74, पृ. 173
146. वही, 9/85, पृ. 179
147. वही, 9/97, पृ. 183
148. वही, 9/105, पृ. 186
149. वही, 9/105, पृ. 186
150. वही, 9/133, पृ. 194
151. मैनेजर पाण्डेय : भक्ति आन्दोलन और सूरदास का काव्य, पृ. 148
152. सूरदास का सूरसागर प्रथम खण्ड : 10/75, पृ. 233
153. वही, 10/220, पृ. 271
154. रामरतन भटनागर : सूर साहित्य की भूमिका, पृ. 105
155. सूरदास का सूरसागर प्रथम खण्ड : 10/246, पृ. 278
156. वही, 10/345, पृ. 301
157. वही, 10/1424, पृ. 593
158. वही, 10/2973, पृ. 277
159. वही, 10/3175, पृ. 323
160. हजारी प्रसाद द्विवेदी : सूर साहित्य की भूमिका, पृ. 52
161. सूरदास की सूरसागर प्रथम खण्ड : 1/247, पृ. 66
162. वही, 1/249, पृ. 67
163. वही, 10/659, पृ. 394
164. वही, 10/996, पृ. 480
165. मुंशीराम शर्मा सोम : भारतीय साधना और सूर साहित्य, पृ. 262

166. सूरदास सूरसागर प्रथम खण्ड : 10/655, पृ. 393
167. वही, 10/1258, पृ. 557
168. वही, 10/1262, पृ. 558
169. वही, 10/1337, पृ. 574
170. वही, 10/1362, पृ. 579
171. वही, 9/114, पृ. 188
172. वही, 9/116, पृ. 189
173. वही, 9/126, पृ. 192
174. वही, 9/139, पृ. 196
175. वही, 9/140, पृ. 196
176. मनमोहन गौतम : सूरसारावली, 18/220, पृ. 39
177. सूरसागर, प्रथम खण्ड 9/23, पृ. 160
178. वही, 9/44, पृ. 165
179. वही, 9/79, पृ. 176
180. वही, 9/83, पृ. 178
181. वही, 9/91, पृ. 181
182. मैनेजर पाण्डेय : भक्ति आन्दोलन और सूरदास का काव्य, पृ. 130
183. हजारी प्रसाद द्विवेदी : सूरदास, पृ. 28
184. मुंशीराम शर्मा सोम : भारतीय साधना और सूर साहित्य, पृ. 157
185. सूरदास सूरसागर प्रथम खण्ड : 10/2618, पृ. 212
186. सूरदास सूरसागर प्रथम खण्ड : 10/672, पृ. 397
187. वही, 10/686, पृ. 401
188. वही, 10/735, पृ. 412
189. वही, 10/734, पृ. 412
190. वही, 10/1632, पृ. 649
191. वही, 10/1960, पृ. 662
192. संपा0–त्रिभुवन सिंह : सूर सन्दर्भ और समीक्षा, पृ. 491
193. सच्चिदानन्द सिन्हा : लोकतंत्र की चुनौतियाँ, पृ. 7
194. डॉ0 राम स्वरूप आर्या : सूर सन्दर्भ समीक्षा, पृ. 427
195. मैनेजर पाण्डेय : भक्ति आन्दोलन और सूरदास का क़ाव्य, पृ. 201
196. हरगुलाल : मध्ययुगीन कृष्ण काव्य में सामाजिक जीवन की अभिव्यक्ति, पृ. 201
197. डेविड बीथम, केबिन बायले : लोकतंत्र 80 प्रश्न और उत्तर, पृ. 1